玄洋社社史

玄洋社社史

玄洋社社史編纂会

書肆心水

玄洋社社史

目次

第一篇

第二篇

第三篇

第四篇

第五篇

復刻版凡例

一、本書は一九一七年刊行『玄洋社社史』（玄洋社社史編纂会編輯発行）の新活字による復刻版である。
一、各章節末に附記された詩歌引用や関連資料引用の類で掲載を省いたものがある。また改行を省いたところもある。巻末附録の歴代内閣一覧と一般的な政治史年譜も省いた。
一、漢字は新字体を使用した。
一、現代仮名遣いを使用した。
一、平仮名表記を多用した。同じ語でも語の続き具合や品詞の別により平仮名表記か漢字表記か読みやすいほうを選んで使い分けた。
一、合略仮名は平仮名に置き換えた。
一、踊り字は「々」のみを使用した。
一、句読点を加減按排した。
一、送り仮名を加減按排した。
一、濁点を補ったところがある。
一、〔 〕括りの説明は本書刊行書が補った。
一、過剰に使用されている傍点を基本的にすべて削除した。
一、小活字で組まれている範囲を「 」を付して区別した場合がある。
一、闕字等の敬礼書式は基本的に省いた。
一、正誤を判断しかねる記述等には「ママ」とルビ書きした。

玄洋社社史

緒　言

福島県人中野天門、福岡県人葦津耕次郎両氏は、つとに朝鮮支那大陸に遊び、国事に奔走する所あり、共に憂世慷慨、節を尚ぶの士なり。

両氏深く国民の対外的元気萎靡せるを憂えかつ慨すること久し。すなわち前に玄洋社が満韓南清の野に活躍せるを想起し、広くその事跡を天下に伝うるあらば、以て国民の元気振作に資する所すくなからざるべきを論ず。

宮崎県人菊池秋四郎氏福岡に滞留年あり、深く玄洋社員と親交を結びその史を審し、かつ史蹟の湮滅せんことを憂え、閑を得てこれを編述せんことを期す。たまたま葦津氏の知友福岡県人幡掛正木氏玄洋社史編纂に志あり。

ここにおいて幡掛氏同志と計りて、玄洋社々史編纂会を起す。すなわち中野、葦津両氏の後援を得、玄洋社員にして前代議士たりし的野半介、大原義剛および国民党幹事美和作次郎三氏の監修の下に菊池氏もっぱらその編纂の任に当たり、ついに玄洋社々史一巻を上梓するに至れり。記する所は玄洋社の対外的奮闘を緯とし、その国家的活躍を経とせり。

もしそれこの計史一巻の汎布に因って、国民元気振策の一端に資し、対外的観念鼓舞の一助たるを得ば、あに独り本会の光栄のみならんや。

大正六年春三月

玄洋社々史編纂会

監修の辞

寡頭政治もとより不可なり、藩閥専制また排せざるべからず。明治維新におよび百制これかわるといえども、上に藩閥蕃居して聖明を蔽い、また民論を塞ぐ。下これを喜ばずして、鬱勃の不平あり、同郷の志士先輩、憂国慨世、ついに政治結社を起し民権伸張に努む。その西南に風雲起るや、直に剣を提げて起つ所以のもの、一に君側の奸をしりぞけて、聖明の昭々を顕彰せんとするにあるのみ。しかもついに一敗地にまみれ、志士多くこれにほろぶ。

玄洋社は実にこれら西南呼応の残党によりて形成せられたる団結なり。その国事に奔走するもの、先人の遺志を継げるのみ。外大陸に対して国威の発揚に努むるもの、また先人の遺志を継承せるに外ならざるなり。予らもとより玄洋社に籍を有する者、自画自賛の厚顔をあえてなさずといえども、玄洋社員が、その憲章の定むる所に則り、或いは南船北馬、或いは東争西戦する所以は、一に君恩に報い、国家に尽さんとする至誠に出づるにあらずして何ぞや。それしかり。しかりといえども、我が玄洋社未だかつてその記録を編むなし。たまたま菊池、幡掛両君、予らの僑居を歴訪し、告ぐるに玄洋社々史編纂会設立の事を以てし、かつ社史編纂の監修を乞わる。すなわちこれを諾し随って稿成れば、随ってこれを監修す。しかれども時たまたま第三十八議会解散後の総選挙に当たり、予らまた選挙場裏に往来出入、奔走転戦寧日なし。わずかに動中少閑をぬすんでこれを閲す。もとより一の遺漏なきを保し難し。すなわち監修の辞を撰する所以のものは切に読者の諒察を乞わんとするにあるのみ。

大正六年三月

監修者

前代議士　的野　半助

前代議士　大原　義剛

国民党幹事　美和作次郎

この理由の下に社史を編めり

吾人は到底死を免るべからず。しかれども国家は地球の存在と共に永遠に存続す。吾人の短生涯は以て国家の悠久と終始する能わず。しかも吾人は吾人の短生涯においてその一身を国家に捧げ、その全力を傾倒して国家に尽さんと欲す。

しかれども吾人の一身と全力は国家より見て甚だ微少ならずんばあらず。その微少を以てあえて報国尽忠を呼号す。或いは世の嗤笑を招かん。しかりもとより招笑吾れ何ぞ関せん。故人がつむ一石の上にさらに吾人の一石を以てし、故人と吾人のつめる石上加うるに子孫の一石を積ましめよ。万々年ののち必ず大山を目前に現じ得べからずとせんや。

吾人の力未だ以て甚だ強大ならず。しかも先人のなせし所にこれを加え、さらに限りなき子孫の限りなき力をこれに加えしめよ。始めて我が祖宗建国の大理想、我が祖宗世界統一の一大垂示を顕彰するに至らん。一玄洋社が国家に尽す所その値幾何なりやこれを知らずといえども、さらに万々の玄洋社を興し、以て国家に尽さしめば、その功けだし大なるべし。予の玄洋社史に筆を執るもの、只一玄洋社を伝えんがためのみにあらず、さらにこれに因って国民に尽忠報国を説き、玄洋社になろうて新たに万千の玄洋社を起さしめんためのみ。しかれども予もと菲才浅学、加うるに文に甚だ拙なり。案に対して渋滞筆進まず、稿を起して稿また成らず、わずかにここに奮励勇を鼓し社史一巻を編了す。しかも上梓ののちこれを翻読するに当たり、内容の不整、行文の稚幼渋晦、或いはかえって名誉ある玄洋社の歴史を傷つけ、或いは謹厳なる監修者の徳を汚すなきかを思い、心中忸怩たるものあり。

しかれども、筑紫健児が抱蔵する満腔の至誠と、玄洋社員が常に天下の憂に先だちて国家に尽したるの赤心に至りては、記して余すなきを世に示して密かに誇りとせんと欲す。

この書編纂大成に当たり、監修諸先輩並びに史料提供、修正改訂の示教を賜わりし諸先生の好意を謝し、併せて相沢小四郎、阿部暢太郎、池松節君の材料蒐集に対する労を感謝す。

大正六年三月　　編修主任　菊池秋城識す

すめらみ国の武士は　いかなる事をか勉むべき
唯身に持てる真心を　君と親とに尽すまで　（加藤徳成作筑前今様）

酒は呑め呑め呑むならば　日の本一のこの槍を
呑み取る程に呑むならば　これぞ誠の黒田武士　（黒田藩武士歌今様）

凡例

一、本書に記する所の氏名は記事の簡潔を計るため凡て敬語尊称を省略せり。

二、本書はただに玄洋社の記述のみに止めず、その関聯あるものにして時代思潮観察の資料たるべきものは、努めてこれを蒐録掲記せり。これ玄洋社活動の因って起る所以を知るに便宜多きを以てなり。

三、日韓関係は我が明治史上万般の事想と甚だ密接の関係を有するを以て努めて精細に記述せり。

四、本書中記述する所は多くの資料中最も正確なるものを参考とし、事実の正鵠を判断し能わざるものに就いては各説を対照掲記せり。なお疑いあるものに関しては当時の関係者にして今なお生存する人々に就きてこれを訊し努めて誤謬なからん事を期したり。

五、「玄洋社の面影」中に蒐録すべきもの、現に本書監修者たる的野半介、大原義剛、美和作次郎氏および内田良平、浦上正孝、中島翔氏を始めその数すくなからざるも、いずれも目今社会にありて活動中なるを以てその行動成敗、直にこれを世に公にすべからざるものあり、故に記伝中に収むる所はその主なる人々のみにして社員の一部分にすぎず。読者これを諒せよ。

六、本書編纂に際し材料蒐集未だ完からず、また関係者談話の講聴十分なりと云うを得ず、故に書中不備不足の点なからずとせず、版を重ぬるに従って訂正補綴せんと欲す。

七、本書編纂に当り多大の便宜と指導を与えられし先輩諸士の好意をここに感謝す。

大正六年陽春三月

玄洋社史編纂員識

五箇条の御誓文

一、広く会議を興し、万機公論に決すべし。
一、上下心を一にして、盛んに経綸を行うべし。
一、官武一途庶民にいたるまで、おのおのその志を遂げ、人心をして倦まざらしめんことを要す。
一、旧来の陋習を破り、天地の公道に基づくべし。
一、智識を世界に求め、大いに皇基を振起すべし。

我が国未曽有の変革を為んとし、朕、躬を以て衆に先んじ天地神明に誓い、大いにこの国是を定め、万民保全の道を立てんとす。衆またこの旨趣に基き協心努力せよ。

第一篇

第1章　玄洋社

古えのいわゆる筑紫の国、乾《いぬい》に海を控えうしろに山を背おう、海はすなわち日本海にして深碧一望韓海と連り渤海に波し、時に怒濤澎湃としていわゆる玄洋の壮観を呈す。山はすなわち立花、鉾立、若杉、竈門、天拝、背振等、連巒畳峰、起伏円をなして神人瓠を浮べて波に騎すものの如く、その海、その山あい塞む所に平野あり、平野の中央那珂河の流れ潺々、水清冽その注ぐ所これ古の那の津にして今の博多海なり。海は立花山下に基せる海の中道《なかみち》の長堤によって外海と絶ち、あたかも弦月の状をなし滄波わずかに動く、十里の長松白砂に映じて、風韻雅趣深き所、すなわち福岡市を包む。

福岡市は今、博多と黒田氏の旧城下福岡町とを以て一囲を結びし所、博多湾に臨みて、海陸の便を控う。その西に佇む所の荒津山の麓、翠色煙波とあい映じ、煙波静かに渚に寄せて白鷗浮沈する西職人町の一角に巨然として蹲踞し、帳然として嘯き、弗然として叱吃し、冷然として白眼するものあり。これ何ぞや。すなわち玄洋社なり。その白眼して天の一方を睨むものは何の故か。その長嘯して動かざるものは何の故か。巨然、冷然たるもの又何の故か。我これを知らず、往いてこれを山霊に問う。山霊不語《かたらず》、しかれども知る、一片憂国の赤誠発してここに至るにあらざるなきか。我これを知らず、去って海神に訊す。海神不云《いわず》、しかれども知る、鬱勃たる愛国の至情凝ってここに至るにあらざるなきか。我これを知らず、さらに往いて巨人に問う。巨人また黙して口を不開《ひらかず》、しかれども知る、昭々たる尊王の大義を奉じて、ここに至るにあらざるなきか。我これを知らず、さらに去ってこれを史乗に求む。史乗記せず、しかれども知る、民権の伸張を説いてここに至るにあらざるなきか。しかり山霊これを不語《かたらず》、海神これを不云《いわず》。巨人また黙し、史乗記せずと云えども、その慷慨するものこれ先憂後楽の士の常軌、玄洋社は憂国志士の団結なり、愛国志士の団結なり、尊王殉忠の団結なり、しかして民権伸長論者の団結なり、しかもまた軍国主義者の団結なり、一許千金を重んずるの義気、豪邁天下を負うの意気、悲歌慷慨の血性、雑然打して一丸をなし、ここに玄洋社を生む。

惟うに光輝ある国史の回顧は、国民の元気を振作し国民の元気振作は、さらに光輝ある国史を顕彰すべし。我が玄洋社の博多湾頭に生るる所以のもの実にその成るの日にあらずして、遠く筑紫健児が祖先より伝承の遺血はついにこれを成さしめたるものに非ざるなからんや。

そもそも筑紫の地は、往古より対外の関係はなはだ密にして、その満韓に対する観念は、祖先の血より血に、これを伝えに伝う。彼の蒙古賊の襲来の如き、我が全国民の以て深く脳裏に印象する所なりといえども、殊に筑紫の民はその襲来を蒙りし地点なるを以て、さらに一層これを肝銘するものあり、その他幾多の対外的大事件にもっとも多くの交渉関係を有する筑紫の民が、つとに対外的観念の旺盛なりしは、もとよりしかる所ならずんばあらず。それ対外的観念と云う、すなわちこれ愛国心の反映にあらずして何ぞ。掌を表すれば、すなわち愛国心なり。これを裏すれば、すなわち対外的観念なり。故にその発露する所一として愛国の至誠に基かざるなし。

論者あり、玄洋社員来島恒喜、霞ヶ関に大隈を一撃す、その兇暴、君子の採らざる所と。しかり兇暴もとより非なり。兇暴以て国家の重臣を斃さんとするその動機の如何を論せずこれを排し又これを難ぜざるべからず。しかれども来島の心事を察するに条約改正に関する国論の沸騰を見て青春の血いたずらに湧き、その慷慨の余勢、ついに霞ヶ関の一撃となりしならんが、その浅慮憐むべく、その行難ずべしといえども、来島の挙は来島一個の決意にしてあえて玄洋社の預り知る所にあらず、また玄洋社の後援する所にあらず、来島の挙を以て直に玄洋社を難ぜんとするはもとより当らざるなり。

再び謂う、玄洋社は慷慨志士の団結、憂国志士の集団なり。まさに国家のために大いになさざるべからざるの機に会せば、もとより身命を鴻毛の軽きに比し、そのまさに殉ぜざるべからざるの時に際しては、猛猪奮進の状あり。彼のいわゆる玄洋社壮士なるものの行動に至っては、世評区々たりといえども、その主義と実行とはみな尊王愛国の至情に基づき、余勢遡ってやや常軌を逸したる者あるべしといえども、深くこれを咎むるの要あらんや。それしかり、已《ママ》にしかり、玄洋社の志はもとより、内国の政策闘撃に非ずして、清韓にあり。志を清韓に披《の》べんとするもの、その最も主たる所なり。しかるに内国事端多く、坐視するに忍びざるものあり、時に活動を内地に試みたる迄なり。

これを聞くかつて玄洋社養う所の壮士実に一千、領袖一度手を挙ぐれば、決死の志士立ちどころにその傘下に集まり、殺気天下を圧し、廟堂の大官肝胆ために塞《せ》く。人をして慄然たらしめ、威武屈すべからず、利禄誘うべからざるものありしと。かくの如くにして玄洋社は社会に重きをなし、かくの如くにして玄洋社は天下国家に尽さんとしたりき。しかもそれ豪邁奔放の意気かくの如きものを抱き、博多湾頭に立って、西の方対岸大陸に思いを走らせし玄洋社員のその活躍、その進退、如何に我が明治史の一頁に活気あらしめたる事よ。しかもそれ悲歌慷慨の熱血を内に蔵して、玄洋社員がその得意の鉄腕を揮う時、如何に我が明治側面史に色彩を帯ばしめたる事よ。乞うしばらく我にこれが記述を宥せ。玄洋社を説かんとする先ず、その郷土と対外的関係を説かざるべからず。

第2章　その郷土と外交関係

上古の対外関係

吾人民族の祖が、それ何の地より来たりて、この善美なる国土の固成修理に従い、ついに日本民族なる者を大成し得るに至りしや、もとより事史乗に超越し、茫漠々としてこれを尋ね難しといえども、その勇敢にして、武略に富み、つとに国威の発揚に努めたるを覗い得べく、その英図偉略の跡、赫々昭々、誠に国民の誇りとする所なり。史家の伝うる所、すでに素盞嗚命、その子五十猛《いそたける》神を帥いて新羅（根の国）を征し、神武天皇の御兄三毛入野命常世国（夜食国すなわち支那）に入り、稲永命は妣国に入る。妣は朝鮮の南にして新宸貴の祖は稲永命なりと。史家久米氏の考証する所によれば、稲永命は豊玉彦の外孫なれば、これ必ず海神国王の計いに出でたるなるべしと。史を按ずるに海神国は、すなわち筑紫沿海の地にして博多湾はその勢力中心地たり。これによりてかんがうるも、我が筑前が、往古より清韓と特殊の関係を有したるを覗うべし。

地図を披いてこれを注視せよ。さらに史を繙きてこれを読め、実に我が筑前の地は、外大陸に対して攻守交通の要衝を扼し、内に対しては辺境征討の策源地なりしなり。崇神朝以降外朝の入貢するものこの地を経ざるなく、神功皇后ならびに欽明朝の征韓みな軍船をこの国に整させ給い、天智天皇の朝この地に水城を起し、烽を壱岐、対馬および筑紫に置き、外敵に備うるものあり。奈良朝に及び、隋唐三韓の通貢ようやく繁を加うるや、ここに大宰府、都督府を置き、また鎮西府を設け、津を開き、永く通交貿易の基を作す。延喜の聖帝醍醐天皇御即位の頃、泰平すでに久しく、文恬武熙、乾綱弛び、百制ようやく廃る。当時在廷の公卿縉神、概ね歌舞管絃に日を送り、邦家の大事を忘れ、士民また浮華驕奢に奔りて、尚武の気ほとんど地を払い、天皇の撰修せしめられし延喜格式も、あたらこの弊政を済うに効なく、満行の封事も、この頽風を革むること能わずして、日夜宸襟を悩まし給えり。時に、太宰少弐真材朝臣、職府政を管し、兼ねて管内大社の幣使に預かる。図らずも、延喜二十一年辛巳六月二十一日、八幡大神の託宣あり、宣わく、「御殿を乾《いぬい》に向けて、柱に栢《かや》を用うべし。末代に至り、異国より我が国を窺う事あらば、吾その敵を防ぎ去るべし。故に敵国降伏の四字を書して、吾座の下に置くべし」と。朝臣直にこの旨を奏するや、叡感浅からず、これぞ正しく我が祖宗の宏謨にかないて、天下の弊政を刷新し、国家（欠字）護の大事を遂げさせ給うべき神託にこそと、痛く畏こませ給いて、立ちどころに勅許を下し給えり。その官符に曰く、

託宣之旨、為レ禦二来寇一、加レ之外賓通摂之境也、営二其宮殿一宜レ尽二美麗一云々、

すなわちここに宮殿を筥崎の地に建設せさせ給う、荘麗至らざるなし、

依レ醍醐天皇、紺紙に金泥を以て、敵国降伏の四字を宸書して、納め給えるもの、三十七葉あり。これ聖算の数に因りて染めさせ給う所宸翰闕損せず、今なお筥崎宮に存在す。その結構言語の及ぶ所に非ず。

ああ天皇は、かかる政綱不振、百度廃頽、しかも士道地を払い、民衆驕惰にして、邦家ほとんど畳卵の境に処し給いながら、日本第一の関門たる、筑前筥崎の地に、かくの如き破天荒の対外的雄図を断行あらせ給いて、以て対外的元気を振作あらせられたるなり。

今試みに筥崎宮伏敵門棲より第一第二の鳥居を通して、海面を眺望せよ。遥に志賀島の一端を掠めて、大洋に通ずる一線を画すれば、その極まる所は、朝鮮釜山なり。しかして古来我が国に対する外寇は、常に朝鮮を経ざるはなし。我が国の存立上、彼の地を以て我が主権の下に置かざるべからざるを思えば、この神託の決して偶然にあらざる、まさに驚歎措く能わざるものあり。すなわち、幾干《いくばく》ならずして、後一条天皇の寛仁三年三月二十七日、賊あり、刀伊兵船五十余艘を以て、突として対島に寇す。島守、わずかに逃れて太宰府に還り、賊は進んで翌月七日筑前に到り、掠奪をほしいままにし博多に迫る。太宰権帥藤原隆家前少監大蔵種材らをして警固所を守らしめ、討ちて賊をしりぞく。たまたま神風起り、刀伊わずかに外洋に逃れ、我が軍大いに勝つ。次いで文永、弘安年間国家の安危に係わる大事件は突発せり。大事件とは何ぞ、すなわち元寇これなり。

始め、元主フビライ高麗人趙彝の勧めにより、日本に修好せんと欲し、文永五年、高麗王元宗の臣潘阜をして太宰府に使いす。その牒状に曰く、

「大蒙古皇帝奉二書日本国王一。朕即位始、高麗君主来朝。義雖二君臣一歓如二父子一。計王之君臣亦知レ之。高麗朕之東藩也。日本密二邇高麗一。開国以来亦時通二中国一。至二於朕躬一而一乗之使無レ通二和好一。今特遣レ使持レ書布二告朕志一。冀自今以往通商結好、以相親睦。且聖人以二四海一為レ家。不二相通好一豈一家之理哉。至レ用レ兵夫就所レ好。王其図レ之。不宜、至元三年八月」

すなわち少弐覚恵太宰府に潘阜を引見し牒状を鎌倉に致しさらに朝廷に捧ぐ。朝廷その辞令礼を欠くを怒り、これに答えず。文永八年趙良弼再び来たり、通交を求むといえども、又これをしりぞく。ここにおいて文永十一年十月、兵三万を以て釣島を侵す。宗助国力戦、ついに死す。元兵さらに壱岐を侵す。平景隆また戦死す。元兵勝ちに乗じて、十月二十日博多を侵す。菊池、原田ら水城に退き防ぎ戦う。

たまたま颶風起り敵船覆没、夥しく元兵破れ還る。建治元年元使博多に来たる。鎌倉将軍これを鎌倉に招致し竜の口に斬り、さらに弘安二年元使周福、欒忠来たる。執権時宗これを博多に斬らしむ。ここにおいて元主弘安四年、阿刺罕を都督とし、元、高麗の兵十万を以て来たり我が国を攻む。五月二十一日壱岐を侵し、六月五日我が志賀の島を襲う。河野通有、大矢野種保、竹崎季長、少弐景資らを始め、菊池、赤星、原田、草野、松浦らの諸将防戦大いに努む。しかるに又再び颶風起りて、海波簸蕩、敵船数々覆没破壊し溺死算なく、敵軍完く伏敵門頭に鏖滅し了んぬ。

貝原益軒の博多古畳記に曰く、

「昔、宋朝の末に、蒙古の国王北狄より起り、世を経て後、終に中華を攻め従えて、国号を大元と改む。これを元の世祖皇帝とす。我朝亀山院、文久八年に当れり。世祖位につきし初めより、度々日本に書翰を渡し、貢物を

捧ぐべき由告げ来しかども、我が国よりは返翰にさえ及ばざりしかば、元の世祖、甚だ怒りて兵船を催し、忻都と云う者を大将として、本朝文永十一年十一月、対馬島に攻め来たる。筑紫の武士ら壱岐にて防戦す。この時、博多にても防戦あり。蒙古の軍法乱れて調わず、その上箭たね尽きければ、筑紫の海辺処々濫妨して帰りぬ。その後杜世忠と云う者を使者として日本に渡す。我が国また返答に及ばず、杜世忠を捕えてこれを殺す。これよりして、蒙古の軍兵、また攻め来たる事もあらんとて、その備をなさしめらる。さて、博多の海辺より、東は箱崎、多々良湾、西は鳥飼の海辺、姪の浜、生の松原、今津に至るまで、石畳を築きて、海面は急に一丈より高く、こちらはのべにして、馬に乗りながら馳せ登り、賊船を見おろして、さて矢に射るよう拵えたり。この石畳修理の事など、鎌倉より催促せし文書、当国所々に今に残れり。長政公入国の初までは、博多、箱崎、福岡の海辺に、石畳所々残りてありしに、慶長六年、福岡城の石畳を築く為に取り用いて今はなし。かくの如く昔は博多の海辺に石垣ありしかば『海東諸国記』に、博多を石城府と云うよし記せるもこの故なるべし。

かくて、本朝の弘安四年正月、元世祖皇帝、日本を攻めんとて、阿刺罕、范文虎、洪茶丘、李庭張、抜都らを将として、士卒およそ十万人を渡す。その折節、高麗王勝も、中華に参勤せしが、高麗国の兵を中華に加勢して、日本を討たんと請いて、兵を副えて日本に渡す。中華高麗の軍兵都合十余万人。数千艘の舟に乗り来たる。阿刺罕は路次にて病死す。范文虎らが軍、評判区々にして一決し難き故、ようやく七月に蒙古の兵船ならび高麗の加勢みな日本の地に着き、志賀島、残島まで寄せ来たる日本の軍勢ども待ちかけて合戦する所に、閏七月一日、大風吹きて蒙古の船多く破損し、士卒多く溺れ死す。同月五日苑文虎らの諸大将は、わずかに残りて堅固なる船七、八艘に取り乗りて逃げ帰る。その余の軍勢は、鷹島（今の玄海島なり）の下に漂い、或いは大波に打ち上げられていたりしが、その内、破船を繕いて、蒙古、高麗人ども多く逃げ去りぬ。残る者どもは、糧さえ尽きて飲食せざること三日に及びぬ。されば諸人相談し、張百戸と云う者を残兵の将として、彼が下知を聞く。さて木を切り舟を作りて帰らんとする所に、同七日に筑前の兵、太宰少弐三郎左衛門景資を大将として、兵船数百艘に取り乗りて、鷹島に押し寄せて攻めければ、蒙古高麗人戦負けて討たるるもの多し。打ち残されし二万人をば、日本の兵、これを生け捕りて、同九日、博多の那珂川の辺にてことごとく切り殺す。その内、于闐、莫青、呉万五と云える三人をゆるしてこの趣を語れとて本国に帰らしむ。この時高麗の兵も、元朝の兵の加勢に来たりしかば、世俗に蒙古《むくり》、高勾麗《こくり》とて恐ろしき事に語り侍るは、この時の事をいうなり。そのとき殺せし高麗人の屍を、怡土郡高祖村の近きあたりに埋め、そのために寺を建つ。高麗寺これなり。いま寺なくしてその祉のみ残れり。」

書中長政公入国の初めまでは、博多、箱崎、福岡の海辺に石畳所々残りてありしに、慶長六年福岡城の石畳を築く時に、取り用いて今はなしとあれど、現今福岡師範学校後庭および荒津伊崎の附近に石畳なお存せりと云う。又糸島郡今津海辺に石畳を発掘し歓光の士にこれが探賞をほしいままにせしめつつあるを以て、福岡に遊ぶものは、一度杖をこの地に曳かば、けだし元冠当時の追憾に感懐深きものあらんか。

中世以降の対外関係

行客、杖を止めて箱崎宮伏敵門頭醍醐天皇の宸翰「敵国降伏」の四大文字を拝し、さらに砂白く松翠なる葦津が浦の小波寄する渚に立ちて四方を展望せよ。立花宗茂が居城の跡立花山下香推宮の所在を知るべく、多々良浜に聯って小早川隆景の城跡名島を望むべし。さらに眼界の及ぶところ博多海の青波を隔てて、筑前橋立の称ある海の中道を見るべく、海の中道の尽くる辺、緑樹に蔽わるる一島を見出すべし。これ志賀島にして、これに隣し能古島あり、志賀、能古の中間をとおして外洋と境する海上に浮べるもの、これ玄海島なり。指呼の間、眺望する所のものみな対外史乗の旧跡にあらざるなし。思うに足利幕末の倭寇の根拠地は、或いはこの地にあらざるなきか。後、豊太閤大志を懐いて外征の師を起すや、兵備帷幄の計謀もっぱらこの地においてす。その名護屋にのぞまんとする途、筥崎に茗醮を開き、韓山を雲濤淼茫の間に想見して、意気すでに大陸を呑むものあり。領主長政また征韓の軍旅に従うて、勲功すくなからず、後藤基次、毛利太兵衛ら、黒田二十四将以下これに従う。

当時博多の外国貿易その極に達し、後世博多三傑を以て呼ばるる神谷宗湛、島井宗室、大賀宗伯あり、また伊藤小左衛門あり、みな富巨万を積み、隠然商国の王者を以て居り、朝鮮、支那、呂宋、シャム等各地に支店を設け、通商貿易に従う。殊に宗湛は茶道を以て豊臣秀吉の知遇を受くるや、博多再興の宿志を告げ、秀吉の島津氏を伐つや軍馬糧秣の事を掌りて従軍す。凱旋の際、秀吉博多の罹災地を巡視し、ついに市区経営の工を起す。文禄の役、秀吉の命に依って、名護屋陣営の建築に従事し、出征諸軍の輜重輸送を担任す。宗室もまた茶道の造詣深く、織田信長、豊臣秀吉、徳川家康を始め、文禄慶長の諸侯伯に知らる。博多市区の再興名島城の建築何れも神屋宗湛とその事を倶にせり。文禄の役に先だち秀吉の内命を受け、渡航彼の地要部の地理を探検せしめたり。福岡城の建築また宗湛と共にその用度を弁ぜり。

彼の豊太公に南洋征服を勧めたりし原田孫七郎も筑前の産にてありき。近松の筆に成る「博多小女郎浪枕」を読むもの、必ず当時の搏多港頭の殷盛を追想し得べし。

益軒筑前風土記に書して曰く、

「この国は平地広潤にして、村里絡繹せり。北方には海をうけ、戌亥の方は遠く異国に向い、西は山を隔てて肥前にさかいし、南には平田遠く連なり、山野続きて、肥前、筑後、豊後に隣し、東もまた山つづきて、豊前に相ならべり。東西二十六里余、南北十三里余あり。北に海を帯び、南に山を負いたれば、魚塩多く薪材乏しからず。民部式に上国と定めたるも宜なるかな。かつ四方運漕の便よければ、この国の商賈しばしば諸国に往来して、有無を交易す。又京大阪諸州の商客も多くこの地に来て、貨財をあきなう。長崎に近くして、異国の物産を求め買うに便よろし。肥前、対馬、中国、四国、泉州、紀州、北国、出羽、奥州等諸国の客船もその土物をのせて、多くここにいたりあつまる故に、民生日用のたから備わりて乏しからず。故に九州二島の諸国の人は、この国の城下福岡博多を一都会として来たりつどい、万の資用を買い調う。誠に天府の国と言うべし。昔は当国に太宰府あり、帥以下官人多くここに居て、九州二島の政事をとり行い蕃客にも対摂せり。故に西の都と称して富庶の所なりしとかや。」

又益軒の福岡城沿革を記するものに曰く、

「慶長五年、黒田長政公、初めてこの国を領したまい、その年十二月十一日入国し、先ず名島の城に住み給う。名島の城は、天正十五年、豊臣秀吉公より、この国を小早川隆景に給りし時、始めて築かる。良将の経営せる城にて、要害よければ、長政公の父如水公は旧に依ってこれを居城とすべし。別に城を築かん事は、国の費え、民の苦しみ幾許ならん。何ぞ必ず改め作らんやと仰せける。されども長政公つらつら未然を考え給い、この城境地かたよりて、城下せばき故、乱世には宜しけれども世治りては久しく国を守るべき地にあらずとて、その由を如水公と相議し、別に城郭に宜しかるべき地を、処々見そなわし給う。住吉、箱崎、荒戸山など海河を帯びて、要害ある地なれば、城を築くべきかと評議し給えど、又よろしからざる事もありて、利害あい半ばせしかば皆心に叶わずして、終に那珂郡警固村の境内、福崎と云う所において新たに城地を経営して、山に依りて城を築き、堀をはり廻し、郭を構え、要害を堅くし給う。慶長六年に城郭営作の事始まりしが世すでに無事に属すといえども、大乱の後なれば、なお不意の変もあらんかとて、長政公城郭の造作を急ぎたまい自ら計り営み、長臣と共に日々その功程を察したまいし故、諸臣も庶民もみな勤めて怠らざりしかば、かほどの城郭その功すみやかに成れり。」

益軒の言う、「西の都と称して富庶の所」も、勢いには及ぶべからず、貿易の中心、平戸、長崎に移るや、従って、昨の殷盛漸次衰状を誘い、しかも明治以後貿易交通みな汽船を用うるに至りて、海遠浅にして船を入るべからず、ただ開港場の空名を有するのみにして、微々たる朝鮮取引を除いては、ほとんど見るべきものなきに至れり。近者博多湾築港会社起りて、もっぱら築港の工を急ぎつつあり。東郷大将が、「皇国の興廃ただこの一挙にあり」と呼号して、ついに露国艦隊を鏖滅し、大いに武威を万邦に発揚したる日本海戦も、また実に筑前の海上にあり。

翻って再びこれを思う、筑前の地は、常に対外関係の要衝関門に当たり、博多海は実にその中心地点たり。帝国の海外と釁《きん》を開くや、大事多くは、この海、この地に関係せざるものなく、また大陸発展の国史多くこの海、この地に脈絡を有せざるなし。

嗚呼!! その海、その山、一としてみな史跡ならざるはなし、以て日本民族の光輝ある史跡を辿るべく、以て光輝ある国史を顧るべく、また以て我が日本民族の元気鼓舞振作の資とすべし。

それこの歴史あり、博多湾頭に生成せる玄洋社が、常に対外的元気の鼓舞振作に力め、愛国心の湧養に努むるもの、また大いに所以ありと謂うべし。

第3章　明治初年の日韓関係

我が維新政府が、外交問題において、その難渋に苦しめるもの明治四年の条約改正運動、マリア・ルーズ号の売奴解放事件、樺太境域劃定問題、小笠原島問題、琉球問題、台湾問題等、数うるにいとまあらず、当時の国勢よりこれを観じて外交当局の苦衷ははなはだ同情に価すべきものあり、中にも韓国修交問題は、その難中の難にして、ついに征韓論の惹起を見、その我が国の内治外交上に影響するところははなはだ大なるものあり、我が内治これによって紛議を生じ、これによって或いは廃れ或いは興る、しかも我が外交またこれによって屈し、或いはこれによって延ぶ。今その冗長を忍びしばらくこれが顚末を詳記せん。読過して瞑想四十年前の史乗を追想す。誰か感慨なからんや。征韓論は実に明治五、六年のころ我が国上下に澎湃たりし、国権伸張論の一端なり。我が国と韓国との往古より近世に及べる関係はすでにこれを前章に述べたり。これより維新当初以降征韓論に至る間の関係を詳述せん。

新政府は明治元年一月十五日（西暦一八六八年）を以て外務の当局者をして先ず各国公使と兵庫に会せしめ、これに告ぐるに大政復古を以てし、三月二十三日また宗氏に命ずるに対韓交渉の任を以てせり。その辞令書に曰く、

「今般王政御一新、総而外国御交際之儀、於朝廷御取扱被為仕候に付而者、朝鮮国之儀者、古より来往之国柄、益々御威信を被為立候御旨趣に付、是迄之通、両国交通を掌候様家役に被命候、対朝鮮国御用筋取扱候節者、外国事務補之心得を以可相勤旨被仰出候条御国威相立候様可致尽力御沙汰候事。

但王政御一新の折柄、海外之儀、別而厚く相心得、旧弊等一洗致し、屹度御奉公可有之候事。」

また同時に別書を添えて、

「今般被廃幕府王政御一新、万機御宸断を以被仰出候に付而者、今後、朝鮮御取扱之事件等、総而従朝廷可被仰出候条、朝鮮国へ可達御沙汰候事。」

と、右によりこの年十一月を以て我が政府より維新の報告を韓国に送る。その文、左の如し、

「我邦皇祖聯綿、一系相承、総二攬大政一、二三千有余歳于斯矣。然中世以降、兵馬之権、挙二任武将一、外国交際並管レ之爾後昇平之久、不レ能レ無二流弊一、而貴国交誼業既久矣、宜下益結二懇欵一、万世不上レ渝、是、我皇上之盛意也、乃馳レ使以修二旧好一、冀諒二此旨一」

ここにおいて宗氏は大差使樋口鉄四郎、副差使菰田多記の二人を遣使としてさらに左の書翰を携えしむ、曰く、

「　先問書契

本邦頃時勢一変、政権一帰二皇室一、在二貴国隣誼一、固厚、豈不二欣然一乎、遣二差別使一、且陳二顚末一、不レ贅二于兹一、不佞嚮奉レ勅朝二京師一、朝廷特褒二旧勲一、加レ爵進二官左近衛少将一、更命二交隣職一、永伝二不朽一、又賜二証明印記一、要レ之両国交際益厚、誠信永遠罔レ渝、叡慮所レ在、感佩曷極、今般差別使書翰、押二新印一、以表二朝廷誠意一、貴国亦宜二領可一、旧来受二図書一事、其原由全出二厚誼所一レ存、則有下不可二容易改一者上、雖レ然即是係二朝廷特命一、豈有二以レ私害レ公之理一耶、不佞情実至レ此、貴朝幸垂二体諒一、所二深望一也。」

これに対し明治二年二月韓国は左の書を宗氏の使司に送致す。これ我が政府の文中、皇祖、皇上の文字あり、宗氏の書中、皇宗および勅の文字あり、ために韓人、日本韓国をその下風に見るものと解し政府文書の受理を拒めるなり。

「論下難告二王政維新一之両書上朝鮮国接待官訓道口陳書

蓋自二貴敝両国交好一以来、義同二兄弟之弘懐一、信如二河山之帯礪一、設二置和館一、専務二相憐一、固是大経也、大法也。伊后三百年之間、何嘗少忽二於経法之上一乎、此非二但上行而下効一也、亦未二必不レ由下於両国斡旋人之服二膺径法一、不レ渝二塗前修一焉、則今日居二其職一、掌二其事一、者捨レ此何求、而今日順付二書契一、到レ館後積レ月、公幹不二啻屢遭一、然蔽一言曰、書契往復所重、自二別除非レ違二大格式一、可二遅滞不一レ捧乎、貴船来往、例為転二達朝廷一、則賚二来書一、亦当レ上二送南宮一、故僕等先為取下見二外面上一職衔之与与レ前有上レ異、雖レ知二加レ級之称一、而至二於姓字下朝臣二字一、是何格例耶、従レ此回二答之一、亦傚二此例一、雖レ似レ無レ間、恐取二嘲於各国一、聴二聞此一、猶第二件事也、且書契文字、亦多二格外之語一、甚至二以レ私害レ公句一、而至二於我国鋳送図書還納之説一、又不レ覚二口挙不レ合舌挙不一レ下也、厥初請レ鋳、不二惟貴邦之願一、亦為関二我国之寵錫一、而忽焉変改、要レ著二新造之印一者、此果率二由旧章一、益敦二隣好一之意乎、此皆不レ可二捧出一之大旨故已、即稟二告于本府釜山両使道前一、同為舞二挙論於来船啓聞中一矣、及三伏見二回下一、非但退却可也之教、又有二無レ難レ煩レ聞之責一、僕等情地之惶隕待罪、願不レ足レ恤、而雖レ以二和館僉公言之宜一、即援二拠事情一、通二報貴州一、無レ至下遽著二新印一、転生中無限公幹従損二事面一、之地上、是深望耳。

宗家すなわちこれを弁駁して彼の疑心を解き誤解を正さんとして左の書を送る。

「交隣の道要は誠信にあり、言、真と違い、名、実と反す、何を以て誠信の言となさん。朝廷、前に我が君上の官階を進む、即速にその実を以て朝鮮に告ぐ、隣誼の当然なり。今訓導請う所に従い、主居すでにこれを去り、旧官を称し、いやしくも一時の穏当に甘んじ、内は朝命を矯め、外は隣邦を欺き、信を両間に失すべけんや。そもそも訓導見て権宜とするものは、吾が理のなすべからざる者にあり。いわんやすでに戊戌の例瞭然たるあり、もしその陳不已《やまざる》ときは公昇官の事情を筆記し、これに附して足る、何ぞその他を論ぜんや。又朝臣の二字の如きこの我が朝の古制、以て氏族尊卑を分つなり。これ故に一姓の内朝臣あり、真人あり、その他数名おのおの差等ありて姓字と連用す。号して葛八涅《カバネ》とす。先聖氏族を重んずるの意、厚しと云うべし。這回、朝政復古し、温ねて古制を用ゆ。訓導、朝臣の文字を誤解して朝廷の臣とす。その似を疑うに起るゆえありといえども、普天率土誰か王臣に非ざらん。すでに上に国号官銜を掲げ何ぞさらに朝臣なる文字を以て謂わん。かつ往昔信聘の書式、幕府の執政、朝臣を以て称するの例あり、我、先君もまた用之《これをもちい》、訓導不明族古而今及此言、なお疑う所あるが如くばその旧籍を検査して事の虚ならざるを証すべし。いわんやその事、元、我が国制に係るといえども、朝鮮において何ぞ干せん。訓導曰く書体大いに格式に違うと。また云う、格外之語多と、問其由則曰、書契中皇字不可用又字行位置失其行、これ何らの持論ならん。事理を解せざる何ぞかくの如く甚しき、実に驚嘆に堪えざるなり。けだし書契の体裁、字行の位置、もとより有定規、書中所陳の如き交隣の誼従其実告其実、国諱を避くるの外、書すべからざるの字なく、書すべからざるの事なきは何ぞ言を待たん。そもそも、我が国天皇一姓終古不渝、君臨億兆総攬大政、至今二千有余年、その事実朝鮮もとより聞知する所にして、梁の書籍中その概略を所載すれば、さらに贅せず、方今本邦政体更革し、天皇親裁万機、即具其実朝鮮に告ぐ、道理まさにしかるべし。その皇子を称するにありて何の嫌う所あらんや。いわんや往昔朝鮮贈我州之書に西土を称して天朝皇朝とす、もししからば、果してこれ何と謂わん。字行位置の如き前に幕府すらなお定規あり、その体裁言わずして知るべきなり。また以て私害公の言に至り訓導言う所もっとも当らず、今ほぼこれを陳してその惑を解かん。中古我が邦兵乱の障に膺り、政府の令四方に行われず、本州の如き又不待公命、私に信を朝鮮に通ず。図書鋳贈の事、元これ交際悃款の至る所、今日卒然以不可革而這回皇朝綱紀を一新し、益敦隣交為特命賜印記以表その盛意、要之朝廷さらに修隣好特命賜印信、これすなわち両国の公義也、公交也、旧来受図書今日不好革は本州の私交也、私情也、原公義断私情、実君臣大義之所存也、是所以有不可以私害公之理而本州旧来隣誼を重んじ事理不得已の意を表するなり。今不審其由更費口吻、隣誼相孚之道に反すること彼に在て事体を失すと謂うべし。

　己巳三月」

しかれども韓人ついにその蒙を啓く能わず二年十一月さらにその不受理の理由を細記し、これを釜山鎮西草梁村なる我が倭館司に致す。

「　覚

一、左近衛少将　因レ功増レ秩、想或有レ此、而行二之本国一可也、至二於交隣文一自有レ講定二不易之規一、則、何遽加二幾字於此一乎、若二我国体曹参議一、原是右侍郎、東萊府使例兼二礼参議一、而自レ前刪而不レ書、貴邦何独惟意増減、不レ遵二前例一乎。

一、平朝臣　歴二考往牒一、雖二高大職之人一、未レ有下官職之贅二於姓名中間一者上、是亦格外。

一、書契押二新印一　貴国封疆之臣、想当下原有二印章一、行中之本国上、而貴州之必用二我国印章於書契一者、欽レ為二憑信一之意、乃是不易之規、今欲三改以二他印一、則決不レ可レ受也。

一、礼曹参判公　公是君公之称、首二於五等侯伯之爵一、則較二諸大人一、実非二貶降一、蓋此書契之称以二大人一、三百年已行之例、今忽称レ公、係二是格外一也、亦当レ依レ前而已。

一、皇　皇是統二一天下一、率土共尊之称、雖レ行二之於貴国一而貴我間在来書中、則交隣以来未レ有之事、如レ此句、決不レ可レ受。

一、奉勅　勅是天子詔命、此雖二貴国人尊奉之説一、而蓋自二交隣一以来瑕見之字也、不レ須二更論一。

一、厚誼所存者、有下不二容易改一者上、貴州之世受二我印一、非レ私伊公而帰二之厚誼所一レ存、微者以レ此為二私誼底意一而至二下段以レ私害レ公之句一、大覚二駭異一当初受印、何嘗私与受、而及下以二私之一字一挿中入其中上乎、貴国典州之官、若私受二印章於隣一、則貴国之事、豈不レ異乎。

一、大抵両国約条、即金石不刊之文也　書契往復、非二汗漫宇一、而苟其一言違レ格、一字碍レ眼、必無二容受擯接之理一、雖二百年相持一徒傷二隣好一而已、豈有二済レ事之期一乎、想貴国亦有下深識二事体道理一之人上、而終不レ知レ情、窃為レ之深慨々々。

己巳十一月　日　　訓導　俊卿　安　僉知

別差　旻文　李　主簿

館司尊公

覚

貴国之於二弊邦一誼同二兄弟一、礼以二賓主一、自二夫交隣一以来、諸凡所二懇除一、非《ママ》下大違二格例一、有レ乖二義理一、則可レ謂下無二言不一レ従無中願不上レ遂、而至レ若三今番書契中一二字句、与二印章改易之説一、此誠三百年以来所レ無之挙也、惟我両邦之率二由旧章一、永以為レ好者、為《ママ》下其誠信之不レ可レ渝、約条之不レ可レ違、則今日之事謂二之誠信一乎、想亦自揣下其必不中見施上而尚此遅留、一向執拗、窃為二貴邦一、慨レ之、近日朝廷処分、至厳且重、本府使道方在二悚惶待勘中一、則不レ能二幹事之任官一、罪尤何居、籍使三十年淹留、万般為二此説一、無二可レ行之日一、幸勿レ希レ倖、幡然改図、務帰二妥当之地一、是所二深企一、苟有二一分可レ図之望一則為二任官一、曷大極レ力斡旋、以副二遠人之心一哉、言止レ此矣、庶可諒焉。

己巳十一月　日

訓導　俊卿　安　僉　知

館司尊公」

ここにおいてか我が差使これに答えこれを弁駁して曰く、

「一、我君因二旧勲一、進二官階一、固可レ行二之本国一、豈有下不レ行二之他邦一乏理上耶、交隣之道、莫レ大二於誠信一、随二其実一、告二其実一、安容三一毫欺二誣於其間一也哉、書契文字、講二定例一者、在二字行布置書体封裁一、如事件且名物、無二不レ可レ書之字一無二不レ可レ言之事一則今日不レ可二挙論一者也、凡事有レ経有レ権、拘泥固滞或称字経法、臨機応変、所謂通二権道一、各位所三以難二於採択一也、今以二時勢一論レ之、守常之説、可レ行二一国一、豈可レ行二他国一耶、貴国自有二貴国制度一、本邦自有二本邦制度一、今以下与二貴国官制一、不二和合一、者上動輒有二孟浪可否一、俺等所二以不レ解、蓋先聖必也、正レ名而況於二両国執信之文書一乎哉、君至レ今不レ称二旧官一者、貴国宜下体悉而以加上幾字、不レ捧二書契官名一、固無二字数常額一、各国皆然、新官多字、直以二例外一目レ之、不レ弁二事理一之甚何以至レ此乎、貴国在二右官顕職一、無二此等失措一也、必矣、想各位稟告之際、語意恐有二齟齬一、去冬以来屡遭二討論一殆属二虚套一、則所レ謂極力斡旋者未レ知レ為二如何一。

一、朝臣之非二官職一者、前論浦瀬幹伝書内備悉レ之矣、想当二会得一、今又為二官職一論レ之事渉二怪訝一莫レ甚レ此、其書意倘有二遺忘一筆レ之可二以附一耳、復奚論二其他一、又曰歴二考経牒一、無二此等例一、正是無根之説、如二令文一、非二俺等所レ知、抑亦不レ可三以聞二於隣国一、両国処レ事之官、以二精詳周密一、為二体要一、今以二泛忽疎放一加レ我者果何意乎、従前信使之来、毎頂有二東武閣老書契一、其式姓名中間、必有二朝臣之字一、安得レ不レ戴哉、人臣之奉レ国制二大義一、所レ関不レ待二多口一、且戊戌有二昇官事一、随二其実一、書二其実一、貴国未レ聞レ有二一言異議一、交好所レ書、非レ可レ疑也、因更筆二梗概一、以証二事之不レ虚、披二閲之一、熟想当二永釈一。

一、夫士之有二官職一者、固有二印章一不二独封疆之臣為一レ然也、而貴国鋳贈之図書用レ之、書契者、両間欲レ為二勘合一之意、乃是係二于交誼懇到一以レ故三百年之久未三曽有二改易之議一也、這回我邦政体復古。
皇上新有二印記一、寵二錫人臣一之道、不レ可レ不二挙行一者大義也、大節也、今指二所レ錫一者至為二他印一論レ之則在二名教上一、若レ不二相関一貴国文物之隆豈有二如レ是泛聴一耶、稟告切至、要在二日後順成一。

一、公与二大人一有二高卑一置而不レ論、本州之於二礼曹一往復書式、従前用二匹敵礼一而一以レ公称之、一以二大人一称レ之、体段有二可レ疑者一、因襲之久、不レ有下改称之挙上者、交好之厚、未レ遑レ及耳、今官銜之進一同二閣老一則在二書式一亦当二同等一、非二我所一レ得レ私、即是朝廷之特旨也、事勢之至、似レ有二圭角一雖レ然原二詰条理一、無二間然一、則貴国諒二和情実一而可也。

一、我朝之為二皇国一古今各国之所二聞知一、而不レ待二弁明一也、我之称二於他邦一、後将レ以二何字一乎、王国之称レ王、
皇国之称レ皇無二内外一、無二古今一、一定不易之通義也、曰皇曰王皆所二其固有一、安得レ容二私議一哉、二帝三王同レ道而不レ同レ称、倶是無上之称、謂三固無二一交之昇降一也尚矣、如二清国一称二皇帝一者、秦、漢、以降之因襲、而所謂固有者也、則在二各国一未二嘗聞一レ有二異議一、雖レ然、宇内有二許多独立国一、而レ不レ奉二清国一着、不レ遑二枚挙一、今我之指二他皇国一、称レ皇、於レ我何所レ嫌、以レ称レ皇為二臣従之義一者可レ謂二不レ通論一耳、今日莫下重二於国節一者上、皇上親交一挙、在レ問二貴国一言諾否如何一而已、夫有二綱領一、而後可レ語二条目一、苟綱領不レ存、条目講究、復何所レ用耶、去冬以来両間言論多、是糊塗逐二致今日之緯緯一、我朝厳命之出有二難レ測者一、則実為二貴国一不レ勝二慨嘆一、客歳使命之出、在二兵馬倥偬之際一者、両国通交、思レ無二其敵主一也、事体厳緊不レ待二多及一、所謂伝令者、貴国内之事、不レ可三以為二復命之資一也明矣。今也姑措二弁論一、一捧二出大差書契一転々致二達都下一、回翰之来、判二然于一句上一、於是可レ謂レ蔽二区々言説一而已。

一、皇上之用レ勅者、自然理勢不レ容レ疑、則不三独為二邦内尊奉之説一也、可レ称二之各国一、可レ謂二四海一、復何有レ所二忌憚一哉、隣盟再修以後、殆三百年未レ有二皇上之親交一、則所三以有二掬見之語一、雖レ然曰レ皇、曰レ勅、皆是国体、所レ係在レ我豈有二変通之理一耶。

一、公私之字句論三浦瀬幹伝書内、仔細説二明其書想一、在二各位処一、浦瀬前以レ疾帰レ州、各位至レ今若レ不二聞知一、而突然説出来、抑亦初意耶。当初受レ印之事、於二両間一有レ不レ好、屢次弁論者如有レ所レ疑、須レ検二旧籍一、猶且欲レ究二其説一、則応下与二幹伝官一、議上之耳。

右項事件、邇速稟二告莱府一処、近日内必以得二使道裁為期者一。

月　日

館　司

幹事官」

かくの如く往復交渉幾回を重ぬるといえども韓人の蒙昧その理を解するなく、またその要を得るなし。ここにおいてか、我が外務省は内閣に建言して曰く、

「韓国は昔年、素尊、親征の先例あり、列聖垂念の国とす。その国脈の保存は欠くべからざるの要務なり。いわんや近時、露国垂涎の状あるにおいて、皇国の公法を以て匡救妥撫するに非ずんば、到底皇国の大害なるべく、朝使を派遣するは、実に今日の急務たるべし」と。内閣また以てこれを可とし、権大録佐田素一郎（号白茅）少録森山茂らを挙げてこれを韓国に派遣せり。

韓国差遣の命を受けたる佐田白茅、森山茂は、対馬を経て明治三年一月釜山に到り倭館に入りて、大差使を兼ねたる樋口鉄四郎に面会し、これをして書契を受けざる意を筆して確答すべき旨を東莱府使及訓導俊卿、安僉知、別差旻文、李主簿に議らしむ。三年三月返翰我が大差使の許に到達す。その書左の如し。

「大抵

貴国之称レ皇称レ勅、天下無二異辞一、則行二之其国一、自当二犁然而順一、苟其不レ然、則此重宝之所レ不レ可レ啗、衆力之所レ可レ脅、

貴国亦知二弊邦之必不一レ許レ受、而軽試以レ之、無二亦不レ諒之甚一歟、夫以二三百年金石之盟一、至今彼是無レ斁、而徒二費無益之辞一、欲レ行二難レ強之事一、非レ所二以永為一レ好也、恐不レ知下及レ茲改レ図、務循二常旧一、不レ至レ失レ和之為上レ貴、至レ若二左近衛朝臣等字、図書換用之説、大人之改書以一レ公、又不レ可レ暁也、交隣之道、貴在三一遵二旧規一、則弊邦之不二肯唯唯一、不二亦宜一哉、誠欲丁申二講旧好一、使丙千百年如乙一日甲、則諸凡書契中、何患二酌レ宜遣レ辞之為一レ難、而苟然持レ久乎、遥想、貴国之中亦多二通錬賛画之人一、尚且計不レ出レ此、良可レ慨也、統希諒悉、不備

庚午三月　日　　　東萊府

大差使公

館　司公」

右の文意によりて韓廷、我に答えざるの理由、ここに明白となりしかば、これら従来彼我往復の文書を副差使菰田多記に捧持せしめ、これを政府に呈出す。佐田、森山あい次いで帰朝しおのおの建白する処あり、佐田の建白に曰く、

「佐田白茅誠恐惶昧死再拝謹白、白茅奉二朝命一、入二朝鮮一、探二討其状情一、謹奉二貢探索紙若干一、今又条二上白茅之妄論一、敢取二進止一、明治三年三月、

朝鮮近年、大与二武官一、練二兵制一、製二器械一、諸方作二兵営一、諸道蓄二金穀一、文官則恝然不問也、嚮天朝下二一新之書一、文官皆曰、

宜下以二結交一、答上レ之、武官皆曰、結レ交則日本終以レ我為二藩属一、須レ排二斥其書一、国王採二武官之説一、以有二不遜之

文字㆒、擯㆓却之㆒、嗚呼其擯㆓却之㆒、是朝鮮辱㆓皇国㆒也、皇国豈可㆑不㆘下㆓皇使㆒以問㆗其罪㆖乎哉。

朝鮮知㆑守不㆑知㆑攻、知㆑我不㆑知㆑彼、其人深沈狡獰、固陋傲頑、覚㆑之不㆑覚、激㆑之不㆑激、故断然、不㆘《ママ》以㆓兵力㆒蒞焉、則不㆑為㆓我用㆒也、況朝鮮蔑㆓視皇国㆒、謂文字有㆓不孫㆒以与㆔恥辱於㆓皇国㆒、君辱臣死、実不㆑戴㆑天之寇也、必不㆑可㆑不㆑伐之、則皇威不㆑立也、非㆓臣子㆒也、速下㆓皇使㆒、挙㆓大義㆒、問㆘所㆔以辱㆓皇国㆒者㆖、彼必屯邅諮趄、不㆑能㆓降伏謝罪㆒、唯命是聴焉、於㆑是皇使忽去、大兵遂入、其十大隊向㆓江華府㆒、直攻㆓王城㆒、大将率㆑之、其一少将率㆓六大隊㆒、進㆑自㆓慶尚、全羅、忠清三道㆒、其一少将率㆓四大隊㆒、進㆑自㆓江原、京畿㆒、其一少将率㆓十大隊㆒、遡㆓鴨緑江㆒、自㆓咸鏡平安、黄海三道㆒、而進、遠近相待緩急相応、角㆑之掎㆑之、必可㆘不㆑出㆓五旬㆒、而虜㆗其国王㆖矣、若不㆑然而徒下㆓皇使㆒、雖㆓百往復㆒、実下策却法、不㆑若㆓征討之最速㆒、決非㆓浪挙㆒也。

朝鮮仰㆓正朔於清国㆒、而其実不㆑欲㆑事㆑之、以㆔其清祖興㆓乎夷狄㆒也、然苟仰㆓正朔㆒、則患難相救、義当㆑然、故当㆓天朝加㆑兵之日㆒、則遣㆓皇使於清国㆒、告㆘所㆓以伐㆑之者㆖、而清若出㆓援兵㆒、則可㆓并㆑清而伐㆑之。

朝鮮有㆓大院君者㆒、国王之宝父也、丙寅之年、朝鮮与㆓仏蘭西㆒戦争之後専握㆓政柄㆒擅㆓威福㆒、唯好㆑武而無㆓深謀深慮㆒、厚㆓税斂㆒、蓄㆓金穀㆒、下民莫㆑不㆓怨懟㆒焉、一日挙㆓我三十大隊㆒、以蹂㆓躙彼之巣窟㆒、則土崩瓦解、一夫大院七縦七擒実易易耳。

全皇国為㆓一大城㆒、則若㆓蝦夷、呂宋、台湾、満清、朝鮮㆒、皆皇国之藩屏也、蝦夷業既創㆓開拓㆒、満清可㆑交朝鮮可㆑伐、呂宋、台湾可㆓唾㆑手而取㆒矣、夫所㆓以朝鮮之不㆑可㆑不㆑伐者有㆑之、四年前、仏国攻㆓朝鮮㆒、取㆓敗衂㆒、懊恨無恨、必不㆑使㆘朝鮮長久㆖矣、又露国窃窺㆓其動静㆒、米国亦有㆓攻伐之志㆒、皇国若失㆓斯好機会㆒、而与㆓之於外国㆒、則実失㆓我唇㆒、而我歯必寒、故白茅痛為㆓皇国㆒、唱㆓撻伐㆒也。

今発㆓出師之論㆒、則人必以㆓糜㆑財蠹㆑国破㆓其論㆒、白茅謹按、伐㆓朝鮮㆒、有㆑利而無㆑損、一日雖㆑投㆓若干金穀㆒、不㆑出㆑五旬而得㆓其償㆒矣、今大蔵省毎歳出㆓金凡二十万円於蝦夷㆒、未㆑知幾年而成㆓開拓㆒矣、朝鮮則金穴也、米麦亦頗多、一挙抜レ之、徴三其人民与二金穀一以用二之於蝦夷一、則大蔵省不三唯取二其償一、省二幾年間開拓之費一、其利害豈不レ浩乎、故伐二朝鮮一者、富国強兵之策、不レ可下容易以二糜レ財蠹レ国論一却上之也。

今皇国実患二兵之多一而不レ患二兵之少一、諸方兵士、未レ足二東北之師一、頗好二戦闘一、翹レ足思レ乱、或恐醸二成私闘内乱之憂一、幸有二朝鮮之挙一、用二之於斯一而洩二其兵士鬱勃之気一、則唯一挙屠二朝鮮一、大練二我兵制一、又大輝二皇威於海外一、豈可レ不二神速伐一レ之乎哉。」

又森山の建白書を抄録せんに、曰く、

「韓国の故なくして我に非礼を加うる、元よりこれを膺懲せざるべからずといえども、今、卒如、兵を派してこれを討ずるは暴なり、たとい彼に責むべきありとも、我にしてまた責むべきあらば、これ決して王者の師と云うべからず、よりて宜しく彼に折衝せしむるに我堂々の国使を以てすべし。宗氏は多年交際の事に鞅掌し来たりたる者なれば、彼を我が外務の一高等官に任じて交渉の任務に当らしむるは、思うに問題を解決する最便の一方策ならん。事、破るるの暁こそは、これぞ我征韓の師を興すべきの時なれ。この時に当たりては五十万の士族を挙げて半島の地に渡海せしめよ。今や御一新の革命、成を告げたりとは云うものの、四方志を得ざるもの、英気勃々としてひそかに変あらんことをこいねがわざるなし。故に彼らを半島に移植するは、一にはこの来たるべき内乱を外に避くる所以なるべく、また一には、よりて以て国利を海外に拓く所以にして、まことに一挙両得の策たるべし。思うに韓国を伐つ、汽船軍艦はほとんどこれが用を見ず、ただ我が武士の軽舸に搭じて海峡を横断するあれば、ここに足る。我が兵にして韓土に上陸せんか、先、慶尚、全羅の二道を占領し、ここに持久の策を施し、永居の法を定め、以てしばらく進軍を停止すべし。我幾万無職の士族はこれによりて優にその生業を得べく、果してしからば、財政当局者は、幸に又秩禄を公債の道に求むるの窮策なきを得べし、云々」と。

佐田、森山二人者の所論は条理明白、当局の意大いに動き、また国民その論に聴いて韓膺つべし、鶏林抜かざるべからざるの意を起すに至れり。

第4章　征韓論

佐田白茅の論ずる所はすなわち「朝鮮辱二皇国一也、皇国豈可レ不下下二皇使一以問中其罪上乎哉」「故断然不下以二兵力一蒞上焉、則不レ為二我用一也」「必不レ可レ不レ伐レ之、不レ伐レ之則皇威不レ立也」「仏国必不レ使下朝鮮長久上矣、又露国窃窺二其動静一、米国亦有二攻伐之志一、皇国若失二斯好機会一、而与二之於外国一」と言うにあり。しかも東北の諸藩民未だ完く鎮静ならず、或いは私闘内乱の憂醸成す。幸いに朝鮮の挙あるありて、兵にこれを用いば、その兵らも鬱勃の気を洩すを得て内国また静かなるを得べしと云うにあり、森山の論ずる所は佐田に比しその論やや穏健なりといえども、帰する所は征韓の一にあり、上下その論を壮なりとし、又、内地に志を得ざるもの大いにこれを喜ぶ所あり。

すなわちここに征韓論は勃然として起り、その論議靡然として全国に弥漫するに至れり。

明治新政府成るののち開国進取の国是に則り内国の不平を外征によりて鎮転せんとの経綸を有したりしは、彼の兵部大輔大村益次郎にして、大村はつとに征韓の策を樹てて木戸に説きし事あり。新政府に対し木戸が韓国処分の議を他に先んじて提出せるもの、所以ありと謂うべし。土佐の後藤、板垣またみな同意見を有したりき。しかるに明治二年九月四日木戸が力と恃みたる大村は、不幸、暴徒に刺されてその冬死したれば、彼はここに痛く落胆し、その論鋒ようやく軟化して、佐田、森山らがさかんに征韓論を説きし当時にありては、木戸は先ず充分に我が兵備を修めてしかるのち遠征せんと云うの温和論となり、その洋行の後に至ってほとんど全く豹変したり。

また佐田、森山らが極力征韓論を首唱しつつある間に、宗義達（重正）は一家の存亡得失のためにも、是非にこの談判を平穏の間に取りまとめんと欲し、明治三年五月十三四、韓吏に内議し八月外務省に出頭して親しく事情を陳ず。政府の意、大いに軟化し九月十八日、外務権少丞吉岡鞹蔵、大録森山茂、権大録広津俊蔵らにこれが修交の使命を委ね韓国に派遣す。その携うる所の書左の如し。

「嚮奉二
朝命一差二使价一者以報二知
本邦政権復古顛末一也、彼徒持二区区言説一不三敢捧二出書契萊府一、遂書二不レ諾之書一、以レ故右件情実仔細
朝廷仰二決
官裁一者尽職事当然也、然而
廷議謂、事実未二貫徹一、困差二官員吉岡弘毅、森山茂、広津弘信一、会二面萊府一親告二本邦鄭厚之誠意一、以尋二旧盟一、
要二隣誼愈篤而永遠不一レ渝也、諭到之日須下将二此由一懇告中訓別当上両国交際務使レ帰二于敦厚之望一為宣当。

庚午十月　日　右　諭　　館　司」

政　所

この年閏十月上旬、一行釜山倭館に入り彼と交渉する処あり、さらに宗重正を外務大丞に拝して韓国の事に当らしむるも、頑々不霊の韓吏、我の言を聴かず、我が政府また大いに悩む。

当時外務大丞丸山作楽、樺太にありて露国官吏と交渉の任にありしが、帰りて征韓論を是としドイツ人より金二十万円を借り入れて独力兵を集めて鶏林八道を蹂躙せんと計画大いに力めたりしも、不幸中途に事現われ捕われて獄に投ぜらる。

当時参議西郷、板垣、外務卿副島ら対外硬論を持して大いに劃策する処あり、対韓交渉を完く政府の手に収め、

外務大丞花房義質、少記森山を韓国に派し交渉する処あらしむ。文書往復の繁、折衝の渋難、到底心あるものをして座視するに忍びざらしめたり。西郷かつて廟議に連なり、しかして曰く「韓国に任に赴く、あに書類文書を持参に及ぶべきや」と。明治六年に至って対韓交渉はもっとも危険の極に達したり。

四月東莱府水軍大調練を名とし、我が倭館附近において徒に発砲し、大いに示威運動に力む。

しかのみならず、韓人排日の熱はますます加わりて官妓売娼の日本嫖客に侍するものあれば、これを処するに刑を以てし、しかも東萊、釜山両吏、潜商の防塞に託して我を侮辱するの伝令書を掲示するに至れり。

「　伝令門将及小通事等処書

近日彼我人相持、可下以二一言一打破上、我則一依二三百年条約一、而彼之欲レ変二不易之法一、抑独何心乎、事若違レ例則雖レ行二之本国一、亦所レ難レ強、而況可下以行二於隣国一、而唯意上行之乎、彼雖レ受二制於人一、不レ耻、其変レ形易レ俗、此則不レ可レ謂二日本之人一、不レ可レ許三其来二往我境一、所レ騎船隻、若レ非二日本旧様一、則亦不レ可レ赦レ入二我境一、馬州人与レ我和売、本是一定不レ易之法、則他島人交易、又我国之決不レ許者也、潜貨冒犯、又両国之所二同禁一也、近見二彼人所一レ為可レ謂二無法之国一、而亦不二以レ此為一レ羞、我国則法令自在、行二之我境之内一、留館諸人、欲レ行二約条中事一、則皆当二聴施一、而欲レ行二法外之事一、則永無二可レ成之日一、雖レ欲レ潜二売一物一、此路終不レ開、我之守レ径奉レ法、彼亦想無二他説一矣、須下以二此意一洞中諭於彼中頭領之人上、使レ不レ至二妄錯生一レ事以有一レ後二悔而汝一矣、則与譏二棄諸狡一、昼則秘密廉探夜則水陸諸処巡行、守直更無レ如二前解弛之弊一、是矣、若不二恪勤挙行一、至二於現露一、則堂々三尺之法、先施二汝輩一、苟欲レ保二汝首領一、各別惕レ念向レ事。

　癸酉五月　日」

我が居留民その無礼を怒り切歯扼腕、憤激措かず、森山茂また五月釜山に赴きこの伝令書を見て大いに憤り、直ちに帰京してこれを外務省に示す。

時に副島外務、台湾問題に関し支那に使して少輔井上敬助外政を総裁し、森山のもたらす所の伝令書を見てまた大いに怒り、これを諸参議に示し、かつ大呼して曰く、

「韓国の頑迷不霊なる、言をかまえて我が修交の文書を斥け、加うるにかくの如き無礼の文書を以てす。これをして忍ぶべくんば国辱を如何せん。これをしも顧みるなくんば、以て国威の失墜を如何せん。しかも韓吏、民を煽動して我が日本を排斥するや甚だし。我が居留民にして韓地にあるもの困憊、今やその極に達す。この国辱の回復と居留民の保護は只一つあるのみ。居留民を撤退帰国せしめ、兵を以て彼に臨み、これを膺って、しかるのち修好条約を締結するあるのみ」と。

この席参議として内閣に列せしものは、三条実美、西郷隆盛、板垣退助、大隈重信、大木喬任、江藤新平、後藤象次郎の七人なり。

板垣論じて曰く「韓国にある我が同胞にしてこの困憊を蒙らしむ、堪うる所にあらず。殊に伝令書の無礼、正に一大隊の兵を派して問罪すべし」と。西郷これを難じて、「板垣の説く所もとより可ならざるに非ず。しかれども、直ちに兵を派するは穏当に非ず。宜しく要路の大官を派して直接京城朝廷に到りて、その非礼を責むべし」と。衆その説を可とす。ここにおいて三条これに加えて曰く、「大使は兵を帯びざれば、韓廷を威圧し能わざるべし。宜しく兵を帯ばしむべし」と。西郷再びこれを沮んで曰く、「いやしくも誠意誠心以て韓廷と交渉論議すべく、これを威圧すべからず。衣冠を整うしてこれに対すべく、兵甲を以て臨むべからず。天地の正道、人倫の大義を以てこれとあい見ゆ。しかも彼これに聴かず、非礼なお改むるなくんば、すなわち兵と剣とを以てすべし。しかりといえども兵と剣とはいやしくもこれをゆるがせにすべからず」と。ここにおいて大使を派遣し、東莱府の如き地方庁に対するなく、直に京城朝廷に迫らん事に衆議決し、西郷自ら以てその任に当らん事を乞う。この年七月二十六日副島種臣清国より帰来し、また征韓論に賛し、かつ遣韓大使たらん事を西郷と争う。しかも二者互に

使を争うて相下らず、三条温厚にしてこれが裁断に苦しむ。当時西郷が板垣に与うる所の私信、よく彼の心事を忖度するに足るものあり。その文に曰く。

「先日は遠方迄御来訪被成下、厚く御礼申し上げ候。さて朝鮮の一条、副島氏にも帰着相成り候わば、御決議被成下候。もし万一御評議無之候わば、何日には押して参朝可致旨御達相成り候わば、病を侵し罷出候様可仕候間、左様御含被下度奉願候。弥御評決相成り候わば、兵隊を先に御遣し相成り候儀は如何に御座候哉。兵隊を御繰込み相成り候わば、必ず彼方よりは引揚げ候様申立て候には相違無之、その節はこの方よりは不引取旨相答え候わば、これより兵端を開き候乎。左候えば、初めよりの御趣意とは大いに相変じ、戦を醸成候様に相当り可申候と愚考仕候間、断然使節を先に被差立候方御宜敷は有之間敷や。左候えば、決して彼より暴挙の事は差見得候に付き、可討之名もたしかに相立ち候事と奉存候。兵隊を先に繰込み候訳に相成候わば、樺太の如きは、最早魯より兵隊を以て保護を備え、度々暴挙も有之候事故、朝鮮よりは先に保護の兵を御繰込み可相成事と相考え申し候間、旁往先の処、故障出来候乎。それよりは公然と使節を被差向候わば暴殺は可致義と被相察候に付き、何卒、私を御遣し被下候様伏而奉願候。副島君の如き立派の使節は出来べく申し候えども、死ぬる位の事は相調うべく申候と奉存候間、宜敷奉希候。この度乍略儀以書面中奉得御意候。頓首

七月二十九日　　　　　　　　　　　　　　　　　　西郷　拝

追啓、上御評議の節御呼出被下候節は、何卒、前日に御達し被下度く、瀉薬を相用い候えば、決而他出相調不申候間、これまた御含み置き可被下候。

板垣　様」

次いで彼は八月三日板垣に書を遣りさらに三条大臣にその意見書を提出す。

「先朝、参楼仕り候処、色々御高話拝承仕り厚く御礼申し上げ候。さてその折申し上げ置き候大臣公へ参殿可仕

旨申し上げ置き候えども、数十度の瀉し方にて、甚だ以て疲労致し候に付、別紙の通り相認め、今日差出し置き候間、定而御覧可被下候えども、卒度写し取り候て差し上げ置き候に付、何卒この上の処、乍居恐れ入り候えども、御尽力被成下候様奉希候。この度乍略儀以書中奉得御意候。頓首

八月三月　　　　　　　　　　　　　　　　　　西郷　拝

坂垣　様

意　見　書

近来、副島氏帰朝相成談判の次第、細大御分相成候由、就而は台湾の一条も速やかに処分相定度事柄と奉存候、世上にても紛紜の議論有之、私にも数人の論を受候次第に御座候処、畢竟、名分条理を正し候儀、討幕の根元、御一新の基に候処只今に至り、右等の筋を不被相正候而者、全物好の討幕に相当たり可申などとの説を以て責懸参り候者も有之、閉口の外、無他仕合に御座候。いずれ副島氏不罷帰候ては御処分難相立との儀を以てとかく会釈置き候え共、今日に至り候ては、休暇の訳を以て御決定不相成との言逃れは、とても出来不申、幾度も世人の難論を受候義に御座候えば、実に困難の次第に御座候間、至急御処分被相定度事に御座候。左候えば如何程責を蒙り候共、一言の申し開き不致候共、自、安心の場有之候故、困窮不仕候え共、何も無之処を責め付けられ候ては、独り心に恥じ、辛苦の仕合に御座候。勿論使節帰朝後、数日経候共、為何御処分も不相定候ては実に御不体裁を極め候間、速やかに御評決相成度儀と奉存候。

一、朝鮮の一条は御一新後、御手を被付、最早五、六年も相立候乎。然る処最初より親睦を求められ候儀にては有之間敷、定而御方略為有候儀被存候、今日彼が驕誇侮慢の時に至り、始を変じ、因循の論に渉り候ては天下の嘲を蒙り、誰あってか、国家を隆興することを得んや。即今私共、事を好み、猥に主張する論にては決而無之、是迄の行き懸りにて、如此場合に行き当たり候故、最初の御趣意不被候ては、後世迄の汚辱に御座候故、ここに

至り一涯、人事の限り被為尽度儀与奉存候間、断然使節被差立、彼の曲、分明に分普すべき事に御座候。是迄御辛抱被為在候も必ずこの日を被相待候事と奉存候に付き、誠に奉恐入候え共、何卒私を被差遣被下度く決して御国辱を醸出し候儀は万々無之候に付き、至急に御評決被成下度義と奉存候。左候えば寸分なり共、御鴻恩を可奉報事にて無此上難有仕合に御座候間、速やかに御許可被成下候様奉伏願候。

右の趣、参殿の上、言上可仕候に御座候処、近頃激剤を用い甚だ疲労に及び候間、不顧恐懼、書面を以て呈上仕り候に付き、何卒御採用被成下度奉願候。恐惶謹言

八月三日

西郷隆盛」

しかれども三条未だこれに答えず、西郷さらに書を板垣に送る。

「御清福奉恭賀候、陳者副島氏の談判書御回達相成拝見仕候。台湾の御処分御評議何日頃に御座候哉。最早事を左右に託し、時日を遅延せし義は相叶申間敷と奉存候。弥、御評議は不被仕との事に御座候わば、その段卒度御知被下度奉合掌候。此度乍異儀以書中奉伺候。頓首」

かくして議、荏苒決せず、すなわち西郷、副島を私邸に訪うて遣韓大使の任を譲らん事を乞う。副島、西郷の苦衷を察し、ついに自説を撓げて、これを西郷に委す。ここにおいて征韓論大いに活気を帯び来たれり。八月十四日附、西郷が板垣に送りし書信に曰く、

「昨日建言致置候朝鮮使節の儀、何卒この上の処、偏に御尽力被成下度奉願候。又々罷出候て暴論を吐き不申候ては不相済と思し召しも御座候えば、卒度、御知らせ被下度、早速罷出候様可仕候。ついては小弟被差出候儀、先生の処にて御猶与被成下候ては又々遷延可仕に付、何卒振り切りて御差遣候下度と御口出し被成下度、是非此処を以て戦に持ち込み不申候てはとても出来候丈に御座なく候に付、この温順の論を以て嵌め込み候えば、必ず可戦機会を引き起し可申に付、只この一挙に先き立ち、死なせ候ては不便などと若哉姑息の心を御起し被下候ては、

何も相叶不申候間、只前後の差別あるのみに御座候間、これ迄の御厚情を以て御尽力被成下候えば、死後迄の御厚意難有事に御座候間、偏に奉願候、最早八分通りは参掛居候に付き、今ここに御座候故、何卒奉希候、この度乍異儀以書中御願旁々奉得御意候。頓首」

さらに西郷、板垣に書を送り、

「昨日は遠方迄方々御来臨被成下御厚志深く御礼申し上げ候。さて昨日は参殿仕候て縷々言上致候処、先生方御療治罷行届候御様子にて先日、於正院申し立て候砌とは余程相替り居り候に付、只使節の御帰り迄御待被成と申す義、何分安心致し兼ね、この節は戦を直接相始め候訳にては、決して無之、戦は二段に相成り居り申し候。只今の行き掛りにても公法上より押し詰め候えば、可討之道理は可有之事に候えども、これは全、言訳之有之迄にて、天下の人は更に存知無之候えば、今日に至り候ては全く戦の意を不持候て隣交を薄する義を責め、且つこれ迄の不遜を相正し、往者隣交を厚する厚意を被示候賦を以て使節被差向候えば、必ず彼が軽蔑の振舞い相顕れ候のみならず、使節を暴殺に及び候義は決して相違無之事に候間、その節は天下の人皆挙げて可討之罪を知り可申候間、是非此処迄に不持参候ては不相済場合に候段、内乱を冀う心を外に移して国を興すの遠略勿論旧政府の機会を失し、無事を計りて終に天下を失う所以の確説を取りて論じ候処、能々御腹に入れ候間、然らば使節を被差立候義は先度、花房被差遣候同様の訳に御座候間、今日に被相決候ては何様に御座候哉御迫り申し上げ候処、至極尤に被思召候間、今日は参議中へ御談の上、何分及御返答可致旨承知仕候に付、何卒今日御出仕被成下候て、小弟被差遣候義、御決し被下度、左候えば、弥よ戦に持ち込み可申候に付、この末の処は、先生に御譲り可申候間、それ迄の手順は御任し被下度奉合掌候。若哉使節を被差立候義不宜と思し召し候わば、その段聴仕度、被差立候義至当に思し召し候わば、大使の御帰りを御待被成候共、是非手順は御立不被下候ては不相済候に付、早速、外務卿へ御達相成、彼方へ被差遣候文案の草稿取調被仰付、御帰迄には右等の義御手揃被成候義無御座候ては御待被成候御趣意さらに不相分候に付き、その辺の処、判然と御処分被成下、安心の出来候様被成下度段も押し付け置き候間この上は先生方御決定の議論相立ち候わば、決而被相行可申義と相楽しみ居り申し候間、何卒宜敷様御願い申し上げ候。この旨自由の働き恐れ入り候え共、以書中奉希候。頓首」

時に西郷、板垣、江藤、後藤を始め満廷多くは征韓論に賛するもの、直にこれに賛意を表せずとも、あえて不同意を唱うるものなかりしを以て、三条もついに西郷を以て遣韓大使に任ずる事に決し、その発表は遣外大使岩倉公一行の帰朝を待ちてしかる後になす事に陛下の内裁をも得るに至れり。西郷の心事果して如何なりけん。彼はこの命に接するや、書を板垣に送り、

「昨日は参上仕候処、御他出にて御礼も不申上、実に先生のお蔭を以て快然たる心持始めて生じ申し候。病気も頓に平癒、条公の御殿より先生の御宅迄、飛んで参り候仕合、足も軽く覚え申し候。もふは横棒の憂も有之間敷、生涯の愉快此事に御座候。用事も相済み候故又々青山へ潜居仕候。この旨乍略儀以書中御礼而已如此に御座候。頓首」

と、彼また賦して曰く、

酷吏去来壮気清　鶏林城畔レ逐涼行
須レ比蘇武歳塞操　応レ擬真郷身後名
欲レ告不レ言遺子訓　難レ離難レ忘旧朋盟
故天紅葉凋零日　遥拝雲房霜剣横

さらに八月二十三日、板垣に書を寄せて、

「先日はわざと潜居まで御訪ね被成下、御教示の趣深く奉感佩候、死を見ることは帰する如く、決而死をおしみ不申候え共、過激に出て死を急ぎ候義は不致候間この義も御安堵被成下奉希候。

乍然《しかしながら》無理に死を促し候との説は疑心必ず起り可申、畢竟その辺を以て戦を逃げ候策を廻し候義必定の事と奉存候に付き、先生は御動き被下間敷、今日より御願い申し上げ置き候。さて小弟この節の病気に付き、主上より御沙汰を以て医師へ下命治養仕候間、医師の命ずる通り致来候処、最早治養処にては無之候え共、難有御沙汰を以て加養致候に付ては、死する前日迄は治養決而不怠と申し居り候位に御座候間、死を六つかしく思うものは、狂死でなくては出来不申候故、皆々左様のものかと相考うべく申候えども、それらの義は兼ねて落着致し居き候間、申し上げ様も余計の事とは奉存候えども、先生の御厚志忘却難致、御安心迄に卒度申し上げ置き候。この度御厚礼旁以寸楮奉得御尊意候。謹白」

かくの如くにして大西郷はその宿年の大経綸を韓半島に向って陳べんと時の至るを待ち、これがためには死を賭したりしなり。

しかるに九月十三日、特命全権大使岩倉、副使伊藤、山口ら帰朝するや三条は約に随うて、遣韓大使の議をいよいよここに公然の閣議にかけて発表せざるべからざるに至り、すなわち明治六年十月十四日遣韓大使の議を正式に閣議に問う。木戸、大久保、岩倉の諸公大いにこれに反対して外征に先だち内治の大いに力むべきを説き、互に弁難あい力む。殊に岩倉は欧米の文明を見て心大いに外国を恐怖し、もし我が国韓国と事を構えんか、露国またこれに干繫せん事あるべきを恐るるなりき。

この議に連なるもの十人、曰く西郷、板垣、江藤、大久保、岩倉、副島、大木、大隈、後藤らにして、始め征韓党の一人なりし木戸は、岩倉帰朝後豹変して征韓反対党となりしを以てこの日避けて閣議に出でず、両者の討論は薄暮なお尽きず、中にも大久保と西郷の論争最激烈なり。西郷、三条に迫りて速やかに内決の如くならん事を乞う。三条決する処なく、その決議を明日に延期せん事を謀りてここに討論を止む。十五日再び議を開く。西郷は左の如き書を三条公に寄せて会議に出でず、その文に曰く、

「朝鮮御交際の儀、御一新の砌より及数度、使節被差立、百方御手を被為尽候え共、ことごとく水泡と相成り候のみならず、しばしば無礼を働き候義も有之、近来は人民輩の商道も相塞ぎ、倭館詰合のものも甚だ困難の場合に立ち至り候故、無拠所、護兵一大隊可差出御評議の趣承知致候に付き、護兵の義は決而不宜、全く闘争を醸成候訳に相当たり、最初の御趣意に相反し候間、公然と使節被差立可然奉存候。もし彼より交際を破り、戈を以て拒絶可致哉、その意底たしかに相顕れ候処迄は、是非不被尽候ては人事においても闕ける所可有之、自然、暴挙も不被計抔の御疑念を以て非常の備えを設け候ては又礼を失せられ候えば、いよいよ交誼を厚く被尽候御趣意貫徹候様有御座度、その上、暴挙の時機に至り候わば、彼の曲事も判然可致候に付き、その罪を天下に鳴らして征討可致訳に御座候。未だ十分尽さざるものを以て直様、彼の非をのみ責め候ては、その罪、真に知る処無之、彼我共疑惑致候故、討人も怒らず、討たるるものも服せず候に付き、是非曲直、分明に致し候儀、肝要の事と見込み建言に及び候処、御採用に相成、御伺の上、使節、私へ被仰付候筋御内定相成候次第に御座候。この段形行申し上げ候。以上」

十五日朝十時、西郷以外の各参議参内して議論を上下す。外征党は板垣、副島、江藤、後藤の四人にして、内治論党は岩倉、大久保、大隈、木戸なり。再び両者議論尽きず、すなわち、三条は岩倉以外に退席を乞うて合議す。岩倉もついに屈して遣韓大使のやむなきを承認するに至る。これにおいて再び会議を開きてこの旨を各参議に通ず。大久保甚だこれを喜ばず、すなわち政見相合わざるの内閣に留まる能わずとして退き、

「小臣事、無量の天恩を蒙り殊に殿下の懸命に預ることまた不浅、実に感佩する処に候、しかるに今日に至り恐縮の至りに不堪候え共、奉職の目的難相立、辞表差出候。漫汚重任候儀、今更赧顔至極に御座候間、今日の事、何様の御沙汰を拝承仕り候ても、断然決心候に付き、速やかに御放免被下候様万所仕候。乍去、国事の事、度外に置候心事毛頭無御座候間、もし禍端相開候わば兵卒とも相成り、一死を以て万分の一を報じ度き微衷に付き、そ

の節に臨み候わば御垂憐を賜り候様、今より奉願置候。必ず進んで御依頼可奉申し上げ候。誠惶々々

十月十七日　利通

実美公閣下」

大久保はついに辞表を三条に提出す。ここにおいて内治党の岩倉、木戸、大隈、大木、また辞表を奉る。しかも外治党はその論勝ちを制したるを喜び、さらに三条に迫るに勅裁を請わん事を以てす。たまたま十月十八日に至り三条は精神過労のために失神し完く人事を弁えざるに至り、遣韓大使の議、未だ勅裁を乞うに至らずして頓挫を来たせり。

辞表を提出せる内治党は三条の病みて政を見ざるを奇貨とし、その勢力を挽回し、その持論の貫徹を図らんと譎詐陰謀を計りつつありたり。しかるに西郷らの外征党は岩倉以下の内治党朝を退く、吾が党独りここに止るべからずとして、西郷以下相次いで辞表を提出せり。ここにおいてか内治党は三条に代うるに岩倉を起たしめ、岩倉大命を拝して政に参す。西郷前閣の議を決行せん事を迫るや、岩倉これを峻拒し、岬然として聴かず、ついに二十三日遣韓大使の議を止むの沙汰あり。これにおいて西郷、江藤、後藤、板垣、慨然悲憤の涙に咽び、二十四日辞意を聴許さるるや、西郷は直ちにその郷里に向って突として登足し了んぬ。

外征党の四頭目すでに去る。これと主義を同じくするもの、これと政見を等しくするものにして、あに永くその職に止るものあらんや。桐野利秋、篠原国幹、逸見十郎太みな去り、また土佐、薩摩出身の文武官、政府の優柔を憤り、官を去りて故山に帰臥するもの相次ぎ、ために風声鶴厲《ママ》謡言また頻りにして人心ははなはだ安かならざるものあり。

思うに征韓論の事たる、佐田、森田らの力説せし処、ついに廟堂の大議と変じ、ために内閣の潰裂を見、顕職の棄官となり、さらに一方佐賀、鹿児島の乱を惹起し、江藤を失い、西郷を城山谷の露と終らしめ、福岡に兵を

起さしめ、また大久保を殺し、民権論、民撰議院開設運動勃発の因をなさしめたるなり。

第5章　内治党の対韓策

外征党連袂相去るや、内治党対韓策に苦しむ。時に森山、明治七年二月大久保内務郷に上書して曰く、

「参議大久保公大人閣下、嘗聞虎狗数月不レ殺、則跳踉大叫以発二其怒一、蝮蝎終日不レ螫則噬二齧草木一、以致二其毒一、其勢固然、而見二方今天下之勢一、見二勃然有事之徴一、上下回顧、萍説紛出、而官省之事、百務趦趄、雖二要職之人一、猶莫二之悟一、会其憂レ之者、多是面飾詞粧耳、間窃相語曰、私党分立也、曰任外之事也、吁、偸安為レ常、浮薄成レ俗、爰不レ悟二大道一之甚也乎、百官有司実無レ足レ頼也、廟党豈可レ無二警誡一哉。而其患階者出二一征韓一、抑征韓之挙、在二寛猛二途一、而廟堂所レ釆之議、乃名不レ正則言不レ順、宜二寛以処一レ之也、夫寛也者序次就レ礼、施以二公法一、説以二公情一、而得二其不レ可レ不レ責之正名一、以責レ之、蓋非二緩慢之意一矣、然決後数旬末三敢有二其所レ施之緒一、故論者之見以為、緩慢、亦不レ可レ誣也、或問、当今之時、廟堂無二断然之決一者、果何為而然耶、曰否、茲有二家人失レ火者一、傍徨卒迫、乃挙二其所レ有之金帛器皿一、以投二之烈焰一而撲レ之、然是人也、能解二目前焚炉之患一而退者失所焚炉之憂、前患方長而後患継生、則以三其所二一時苟且不一レ思、而為二目前之計一故也、天下之弊固不レ可二以不一レ救、廟堂豈無レ寛下所二以施一レ之議上哉。茂員任二韓事一、六閲年矣、而事之至レ此痛慨曷止、因陳二縷々之情於我外務卿公、公録レ之以附二廟議一、既有レ日、而尚末レ得レ有二芳非之釆一也、顧此事也専出二于善隣之誼一、而使三適任之人尽二力乎解説一、則有二其納約之牖一也必矣、而微有二所一レ得、回奏以告二之天下一、然則可レ命下天下容喙者誠黙勿上レ声也、縦無斯速其所得、既已有二所レ施之序一、則亦足三以概二見其勢一、而竟無二其所得一、則将因二其所レ偶之変一、以有二一転之策一而已、於レ是有二一転之策一、者即寛猛

有レ序、豈可レ不レ謂二天下之大法、保国之通義一哉、夫如レ是乎非二突然猛挙之比一也、苟朱二機乎躊躇之間一、則有二日昏路遠之歎一乎。不レ耐区区悶迫一、因呈二別録一切仰二裁正之速一、誠恐頓首再拝」

寺島、大久保、共にこれを可とし大いに悟る所あり、政府はすなわち重正を大丞に復す。

この歳、七年三月佐賀の変あり、森山茂、政府の命を受けて渡韓大いに折衝交渉する所あり、始めて韓国わずかに蒙を啓くに至り修好の事大いに進捗す。明治八年一月、廟議またついに使節を派するに決して、外務少丞森山茂を理事官に、六等出仕広津俊蔵を副官に任じ、外務卿および外務大丞の書契を携え渡航せしむ。その書左の如し。

「大日本外務卿寺島宗則呈二書朝鮮国礼曹判書閣下一、我明治元年皇上登極、親二裁万機一、更二張紀綱一、汎容二外交一、而本邦之与二貴国一、隣誼有レ旧、彊土相連、蓋是唇歯之国、宜下更敦二懇欵一、共揆中緩寧上爰奉レ勅修二書契一、特派二理事官森山茂副官広津弘信一、明告二本邦盛意所一レ在、貴国其諒焉万委二使伻口陳一、不宣

明治八年一月

大日本国外務大丞宗重正呈二書朝鮮国体曹参判閣下一、曩者我皇上親レ政、廃二幕府一復二太政官一革二封建一、為二郡県一、又置二外務省一、以管二外交一世襲之官皆罷レ之、重正亦解下対島之守及近衛少将之任、並本邦与貴国《ママ》一交際将命之職上更任二現官等一、已径下屢次差二家人一報上レ之、本省又遣二官員某等一、往二晤東萊釜山両使一、以告二本邦盛意所一レ在、而貴国峻拒不レ納。反二隣誼一背二旧好一、者七二年於此一、重正不佞承二乏現官一、外不レ能レ奉二揚勅意一、内致二士民之激怒一、恐慚恐愧深為二貴国一、慨レ之恠レ之、将下上請躬親渡航、以究二明蟠錯之由一、以講中求善隣之道上会駐館本省官員森山茂与二貴国官弁接晤一、得レ審下貴国覈丁知有丙奸譎之徒在二中間一而壅乙蔽之《ママ》二方行甲捕縛上、於レ是従前窒礙頓開、旧来懇欵乃復、茂帰京申二奏事由一、朝廷深嘉レ之、不佞果信、嚮者峻拒非下出二貴国廟議一、而然上也、欣抃曷已、而其就レ縛者亦皆処レ刑抵レ法、否事関二両国之信義一、匿レ怨相友古今所レ恥、以レ是為レ問者将三似レ成二両国交釁之地一、非二敢務一、為二此詰難不

祥之辞一、貴国以為二如何一、黜レ奸罰レ譎貴国自応有二法典在一、若夫済二一時之誼一、不レ慊二人心一、則非下保二永遠一之道上、貴国亦豈望レ如レ此哉、請垂二示委曲一、兹我外務卿修二書礼曹判書一、使下理事官森山茂副官広津弘信往二東莱府一致上レ之、使道転達以商量尋交、貴国宜下款二接之一、速派二来専使一、以訂中万世不渝之盟上、不レ堪二冀之至一、更陳、貴国所二曽鋳送一之図書三顆併兹返進、照納是祈、粛レ此不宣

明治八年十月　日」

しかるに韓吏我が使の服装に旧好と異なるものあるを述べ、或いは我が使臣に誠意を欠ぐと称し交渉荏苒決せず、しかもその謂う所朝変暮改、曖昧操弄、森山を激怒せしむるものあり、森山ついに意を決し、韓国との交渉到底文書口舌を以て解決を得べからざるを政府に報ず。我が政府すなわち二艦を朝鮮沿海に遊弋せしむ。韓国なお醒めず、六月二十四日、訓導来たりて政府の訓令を示す。

「以相接儀節之時、貴国服色遠レ旧、相持事、已仰二稟于朝廷一矣、回下内両国交隣古今一般、不二独服制一凡例違二旧例一則不レ可二詐施一之意、詳確為レ教而使道教意亦如レ是故兹以仰陳俯諒焉。

乙亥五月二十一日　　訓導　玄　昔運

理事官尊公

副　官尊公」

ここにおいて森山政府に上書して断乎たる処置に出でん事を乞う。政府また内部に議論紛々たり。山県有朋、河村与十郎、陸海軍当局また大いに硬論を首唱す。すでにして九月十九日軍艦雲揚、江華海、月尾島に到りて飲料水を求めんとするや、草芝鎮砲台より突如我を砲撃す。翌朝これに砲撃を報い、二時間にして完く沈黙せしめ頂山島を占領しさらに進んで永宗城を奪う。森山茂の一行またついに要領を得る所なく、九月二十九日帰朝し、変を聞いて再び軍艦春日を以て渡韓し居留民保護に任ず。当時西郷これを聞き篠原少将に書を与えて曰く、

「朝鮮の儀は数百年来交際の国にて、御一新以来その間に葛藤を生じ、すでに五、六年及談判。今日その結局に立ち到り候処、全交際無之、人事難尽国と同様の戦端を開き候儀、誠に遺憾千万に御座候、譬、その戦端を開くにもせよ、最初、測量の儀を相断、彼方承諾の上、発砲に及び候えば、我が国へ敵たる者と見做し可申候え共、左も無之候わば、発砲に及び候え共、一応は談判致し、何らの趣意にて如此時機に至り候か、是非可相糺事に御座候。一向、彼を蔑視し、発砲致し候故及応砲候と申すものにては、これ迄の友誼上、実に天理において可耻の所為に御座候。箇様の場合に臨み、開口肝要の訳にて、若哉、難ずべき事出来致し候えば、必可救之道を各国において生じ可申、その期に至り候えば天下の悪む処に御座候。

この戦端を開き候儀は、大きに疑惑を生じ申し候。これ迄の談判明瞭不致候。この度条理を積み、すでに結局の場に押し来たり、彼の底意も判然いたし候えば、この上者大臣の内より派出いたし、道理を尽し戦を決し候わば、理に従うものにて、弱を凌ぐの誇りも無之、かつ隣国よりも応援すべき道相絶可申、乍然《しかしながら》、この手順を経候ては、全跡戻の形、現然相顕要路の人々、天下にその罪を可謝申事に成立、勢い如何、その不可為を恐れ、姦計を以てこれ迄の行掛りは水泡に帰し、別に戦端を振替候ものか、又は大臣を派遣致し候儀を畏れ、かくの如き次第に及び候か、何分にも道を不尽、ただ弱を慢り、強を恐れ候心底より起り候ものと被察候。樺太一条より露国の歓心を得て、樺太の紛ぎ拒まんがために事を起し候も不相知、或いは政府すでに瓦解の勢にて如何共可為術尽果、早々この戦場を開き、内の憤怒を迷わしめるものか、いずれ術策より起り候ものと相考え申し候。この末、東京の挙動如何を可見処に御座候。二、三度の報告を得候わば、委曲あい分り可申と奉存候。この旨、愚考の形行迄申し上げ候。頓首」

と西郷の論、正に誦すべし。江華湾事件によりて学び得たる当時の国民の感慨や如何。これに依ってこれを見れば、内治党内閣の不明は正にここに表白されたりと謂いつべきなり。武断を怖れ、偏に文書口舌の間に平和の解決をかち得んと欲したりし。我が内閣は、韓人得意の外交手段に翻弄せられたるも、迷夢ここに完く覚め、軍艦数隻を派して沿海に示威遊弋を行い、韓吏を慴伏せしめ得て、翌九年一月、参議兼開拓使長官黒田清隆を特命全権弁理大臣、井上馨を副大臣として朝鮮に派す。二使すなわち海陸の将士を率いて江華府に赴き、江華島砲撃の罪を問い、かつ修好通商の事を議す。議容易に決せず、将に破裂せんとする所あり。山県陸軍卿兵を率いて下ノ関に屯し以て万一の変に備う。両使事の成らざるを知り、将に帰らんとす。時に右議政朴寿、開国論を唱えて韓廷の議を翻し、九月二日江華島において彼の謝罪状を収むると共に、十二ヶ条の条約を締結す。これ江華島条約なり。その要旨左の如し。

一　朝鮮は自主の邦にして日本と同等の権を有する事。
二　両国互に使臣を派遣すべき事。
三　今より二十個月の後、通商港二箇処を開く事。
四　日本航港者は朝鮮沿海を測量することを得る事。
五　日韓両国の漁業者はおのおのその国の沿海において漁業に従事することを得。

交渉実に九年の久しきに渉りたる韓国問題はようやくここにその局を結びたり。すでに詳記する処の、明治初年の「日韓関係」、「征韓論」、「内治党の対韓策」を読みて、一度この江華島条約締結の局を見るもの、誰か西郷賦するところの

「才子元来多過レ事、議論畢竟世無功、誰知黙黙不言理、山是青青花是紅、」

の詩を三誦して感慨なからんや。

＊

人間の価値　頭山満

人間は妙なもので、民間にいる時分は大分男らしい、見処のある奴だと思うて居ても、一度官界と云う特別な社会へ這入ると三文の価値も無い骨抜きの幽霊に化けて了うが、どう云う訳じゃろう。役人でも軍人でもその職から離れると相当立派に働ける素質を持っている男でも、きまった役につくと腰抜けになる。軍人なぞはどうだい。元老連の前へ出ると、まるで猫の前へ出た鼠のように小さく縮み上って、只もう御機嫌を損じないように、空っきし自己の意見も何もあったものじゃない。情ない話じゃ。そんなざまだから、御世辞ばかり上手になって、幇間と選ぶ処のない醜態が流行するのだ。国家の干城もこんな始末では、甚だ心細い訳じゃないか!?

第二篇

第6章　新政府に対する反感と征韓論の影響

明治元年三月十四日、陛下二条城に天神地祇を祭り、五条の誓文を宣し給いてより（巻頭の誓文参照）、我が国始めて公議輿論の文字あり、さらに開国進取の国是に復し、次いで明治四年廃藩置県の事あり、三百年来世禄によりて生活の根拠を得たりし各地の藩士は、一片の公債証書によって、その封禄に離れ、完く生活の本拠を失うに至れり。

当時この政治的改革によりて困弊せしいわゆる各藩士なるものは全国を通じて五、六十万、その家族を通算すれば優に三百万人に達したるなるべし。刀筆の吏たらんにはその職なく、農に帰せんにはその卑を忌しみ、商たらんには資なく、工たらんには腕に覚えなく、武士は喰わねど高楊子の意気すでに衰え、形容枯瘦の状、悶々不安の態、到底見るに忍びざるものあり。これに反し新政府建設者たる薩長土肥の士およびこれに因縁を有する輩にして、その職にあるものに至っては、皆これ前の貧寒書生か、しからずんば濶歩の壮士輩なり。彼らは一朝その志を得るや高楼に起臥し、殿様と拝せられ、肥馬軽車を駆りて往来疾駆、遊蕩荒廃酒色これ事とし、豪奢驕侈甚だしく、世俗これに倣うて淫靡風をなし識者をして顰蹙せしむるものあり。

殊に昨日は高禄に安々たる生活を送りたる者、今日は妻を路頭に迷わせ、子を飢えに泣かする境涯に落ち果てし旧藩士のこれを見る、すなわち不平反抗の情、勃然として湧起せざる能わず、尊王の美名に隠れて、私慾専横をほしいままにするの徒、彼れ君側の奸、世衆の敵、ついに討たざるべからずとの念、深く脳裏に彫せらるるものあり。

彼の佐田白茅の征韓建議中に、

「今皇国実患二兵之多一而不レ患二兵之少一頗好二戦闘一翹レ足思レ乱、或恐三醸二成私闘内憂一幸有二朝鮮之挙一用二之於斯一、而洩二其兵士鬱勃之気一」とあり、また森山茂をして、

「これぞ我が征韓の師を起すべきの時なれ。この時に当たりて五十万の士族を挙げて半島に渡海せしめよ。今や御一新の革命成を告げたりとは云うものの四方志を得ざるもの、英気勃々として、ひそかに変あらんことをこいねがわざるなし。故に彼らを半島に移植するは、一にはこの来たるべき内乱を外に避く所以なるべく、又一つには、よりて以て国利を海外に拓く所以にして、まことに一挙両得の策なるべし。ここに持久を策せば我が幾万無職の士族は、これによりて優にその生業を得べく、財政当局は幸いに秩禄を公債の道に求むるの窮策なきを得べし。」

と建白せしめき。また西郷の板垣に送る書柬中にも、

「使節を暴殺に及び候義は決して相違無之事に候間、その節は天下の人みな挙げて可討之罪を知り可申候間、是非此処迄に不持参候ては不相済場合に候段、内乱をこいねがう心を外に移して国を興すの遠略勿論旧政府の機会を失し、無事を計りて終に天下を失う所以の確説を取りて論じ候処、能々御腹に入れ候。」

これによりて見るも、当時の経済家が、いかに旧藩士族に対して同情の念を持しいたるかを窺い知るを得ると共に、五十万無職の士族が志を得ず、不平に日を送ってひそかに変あらんことを望みいたるかをも知り得べし。あゝこの不平、この反抗、ついに発露するなくしてやむか。以下征韓論破裂後の世態を説いて、その影響する所を究めん。

対外派の二分流と福岡志士

征韓論勃発して上下に論議せらるるや、その破裂は内閣に波瀾を起し、廟堂に対内対外の二派を生じ、ついに潰裂の厄を見、惹いて民権派と官僚派に分れしめたり。国民派と貴族派とに分れしめたり。さらにこれを分類せんか、対外派即民権派即国民派なり。内治派即官僚派即貴族派なり。

内治派はすなわち当時朝に止まりて政局の拾収に当りし、岩倉具視、大久保利通、木戸孝允、大隈重信、大木喬任、伊藤博文らにして、対外派は挂冠、野に下りし西郷隆盛、江藤新平、板垣退助、副島種臣、後藤象次郎らなり。しかしてこれら対外派は野に下るといえども、意気さらに滅せず、みな胸懐鬱勃たる不平、悶々の情を慰むるに現勢打破を以てせんとし、その信ずる所に進ますんば止まざるの意気を示せり。その意気の発する所はついに対外派中に二分流派を生ずるに至れり。二分流派とは如何。

一つは言論によりて輿論を起し政府を覆さんとするものすなわちこれなり。言論によりて政府を覆さんとするものはすなわち板垣、後藤の一派にして、一つは武力強力を以てこれに当らんとするものにして、江藤、西郷らこれなり。

さきに外征党聯袂職を辞し相別れんとするや、板垣、西郷に告げて「予は民撰議院の建議を提出せんと欲す。君の意如何」と。西郷これに答え「貴下の言もとより不可あるなし。しかれども今日の政府者を覆さんには、余りに迂なり、寛なり。宜しく強力を用いて政府を奪いたるのち、除ろに自ら民撰議院を開くにしかず」と以て西郷の心中見るべきなり。

当時福岡藩の如きその封禄五十二万石、内地屈指の大藩にして数万の士を養う。その一度藩政を廃するや、藩士の困憊名状すべからざるものあり、或いは他国に流転し或いは北海道に移民渡航し、或いは宰府、前原の縁者に拠り、空しく公債証書を抱きて嘆息するあるのみ。世禄世職に離るるの悲嘆は、反新政府の情に転じ、反新政府の情は、有司に対する攻撃となり、さらに転じて有司のなすなきを慨し、惹いて外交の不振拙劣を憤り、或いは征韓論に対する当局の優柔に心平かならざるものあり。

青年志士、武部小四郎、越智彦四郎、箱田六輔、平岡浩太郎、頭山満らは廟堂に征韓論起るや、大いにこれを喜び、韓を討ち清を攻むるはすなわち神功皇后および豊公の遺志を継ぐものにして、また元寇の患に報ずる所以となし、同志を糾合して大勢の赴く所に注目す。しかも征韓論は破れたり、西郷以下これに属する論者は、冠を挂け、野に下り了んぬ。福岡青年志士、腕を扼し、天を仰いで、嘆息するもの久し。ただ断あるのみ。専制政府先ず討たざるべからず。これを討ち、彼を討つ、男子の本懐これに若かんやと、おもむろに天下の大勢を観望す。

越智、武部、箱田、平岡、頭山らこれみな後の矯志、強忍、堅志、玄洋社員にしてしかもその首領たり。玄洋社の活動みなこれら領袖の指揮、号令によりて起る。玄洋社史を読む者先ずこの名を記せざるべからず。

当時政府のなす所、主として専制、その行う所多くは優柔人心激越して、その公憤と私憤とを問わず、いやしくも新政府当局に慊焉たらざるものみな征韓論に投じ、在朝者を以て、君側の奸となす。

特に岩倉と大久保は志士一撃の目標なり。晴雲刻々に迫り、山雨到らんとして風楼に満つるの概あり、悲雨殺気を誘うて、人心競々たり。見よ、強力を以てする、反新政府弾劾は実に明治七年一月十四日夜、土佐の士族武市久馬吉の企てたる、岩倉暗撃を以てその幕を開けり。

次いで七年三月江藤佐賀に反す。福岡の志士これを援けんとして、かえって政府に致さる。十月神風党熊本城を襲い益田静方秋月に兵を挙げ、前原また萩に乱を起す。福岡の志士これに応ぜんとしてまた事破る。十年一月三十日西郷薩南に兵を起すや、武部、越智らまた福岡城を襲う。十一年五月島田一郎、大久保利通を刺す。これらのもの一として反政府思想に出でざるなく、その基く所は主として征韓論の破裂にあらずして何ぞ。

前に記するが如く、武市久馬吉の岩倉公暗撃は、当時の緊張せる人心燃えんとする反抗の情に対して斗油を注げるものの如く、これよりいよいよ天下多事なるの感を与えたり。後年当時の状を『報知新聞』紙上に掲ぐ。暗殺の状および武市ら犯人探索の苦心を見るべし。これを録載す。

「時はこれ明治八年一月十四日の夜、赤坂仮皇居を退出せる右大臣岩倉具視公を喰い違い門内に要撃した当夜の椿事に筆を起す。

その夜は凩のあとの夜天に凍れる如き星が瞬いて、樹林の影のみ怪獣の如くに連なっている赤坂の一劃、未だ陛下には千代田の城に入らせられず赤坂の仮皇居にいらせられて、国政をみそなわせられたのである。時の右大臣岩倉具視公はその日午前十時頃例の如く馬車を駆って参内し乱麻の如き国政の調理に尽瘁した。

月は山王の森に落ちても右大臣は退出せぬ。今と違って赤坂の辺は枯草離々たる草原が多く、未だ大江戸の俤を寂しく留めていた。暮るるに早き冬の日は鴉は啼いて灯影と云ってもぽつりぽつり、凩は又も騒いで粛殺の雲を斜めに利鎌の如き月はお濠の水を照した。

かくて午後の七時を過ぐる事ややしばらく、寂たる皇居の正門から戛々たる馬蹄の響きが地を蹴ると、二頭曳の馬車は番兵の敬礼に送られて現れた。これぞ岩倉右大臣が退出したのである。

右大臣の馬車は馭者馬丁に護られて轍の跡を赤坂喰い違いへ曳いた。馬車が丁度喰い違いへかかった時（今の伏見宮邸通用門前に旧式水道の桝形があった処、現時は黒塀をめぐらしたる通行止）殺気は前方の闇を鎖した。

これより先、真に一分、三十秒の瞬間に前方の闇にちらと提灯の灯が動いて消えた。

危機一髪！　馬車はものの十間も進んだと思う瞬間、『待てッ』と大きな叫び声が突発すると七、八の異様の黒影が飛鳥の如く前方に立ち塞がった。『わッ』と驚いて馭者が手綱を離すと馬は物凄く嘶いて前脚をあげた。馬車は遥れる。

それッと云う間もなく怪しい人影はぎらりぎらりと長刀を引き抜いて猛然として肉迫した。

闇に閃めく剣影と交って起る兇漢の叫び!!

その中の一人は素早く馬車の闥を排して車中の人影を地上に引き摺り降した。

右大臣は兇漢の毒手に摑まれて、地上に倒れた!!!」

朝にあっては右大臣の栄冠を頂き、天晴当代の利物たる岩倉具視公も降って湧いたる兇漢の手に囚われて闇深き路上に引き降ろされ一月十四日の夜の巷に無念の刀を受けた。

右大臣の身体が地上に引き倒されると、前後左右から怪しの人影は走り寄ってぐるりと取り囲んだ。

「国賊ッ」と叫ぶと袴の裾が風に鳴って素足に履いた高歯がぽんと肩口を蹴り付けた、呀っとも云わせず斬り下げた刃の閃めき手練の太刀風に苛まれて誰か五体を全うし得る者があろう。風前の灯火と云いたいが右大臣の身体は悪童に縛られた犬同様藻掻いても叫んでも一命を取りとめる余地がない。

びゅっびゅっと風を切って鳴る芒光、ああっと叫んで地上に倒れた右大臣の頭上からはすでに血糊がべったりと顔から胸へ流れた。腰、脚、脊中、敵にとっては区別はない。ただ凝り固まった恨みを晴らす一念から打ち降した太刀の下、……これまでと覚悟した右大臣は死するまでもと満身の勇気を振って血塗れのままどっと敵の囲いを破った。ほとんど無中に振りもぎって喰い違いの土手を目がけて逃げ出した。

「汝、待てッ」と怒号を浴せて後から逐うた曲者の手から日本刀を投げつけられたが運よくそれは身体に当らなかった。この間に手疵を負った右大臣は土手の上から一足飛びに濠を目蒐けて飛び込んだ。

怪しの人影も長居の危険を慮かって長逐いもせず、再び闇に姿は散ったが、各《ママ》れも袴を着け下駄をはいた屈強な壮漢で年齢は二十前後から二十七、八位、なかに一人丁髷を結っていた者が交っていたとはその後駅者の口供によって判明した。

五分、七分、時間にしてはほんのわずかの中に演ぜられた右大人暗殺の暴挙に伍して曲者の行衛は判らなくなった。さて岩倉公はどうなったか？

辛くも一方の血路を開いて土手の上から身を躍らした血塗れの岩倉公は土手の傾斜に足をとられてごろごろと転がり落ちて土手下のわずかな草地に瞠と半死半生の身体を横たえた……と公は茫となって袴の上から斬り込まれた疵の痛さを押えながらしばらく息をころしていた。ああ凄惨なる一夜、右大臣ともあろう身が只一人疵を押さえて冷たい地に伏そうとは……。

凩はさらに烈しくお濠の松に騒いで月影は凍る様に寒い。右大臣はなお地に伏していたが、最早兇漢襲来の模様もない。ほっと安堵の胸を撫でると、しんしんと痛む疵口、霜を含んだ夜気は血糊と共に肌を浸す。

折柄何を認めたか、おおとばかりに身を起して、凝と先方を隙して見た。提灯の火が近づいて来たのだ。紀尾井町の通りから漸次と近づいて来る、只一人だ。

「おーい」と憚る様に呼んだ。再び三度び呼ぶと提灯の主は立ち停った。身の丈の高い巨漢は此方を隙して見た。

凶か吉か、その男は何物か。

中川大警部を始めとして手練の刑事探偵は兎耳を引き立て木の葉の落つる取り沙汰をさえ洩らすまじと警戒しながら再三再四現場附近を厳探してさらに一個の龕灯を拾得した。

兇漢は九人連れで平河天神の森に日暮方から落ち合っていた事も判明した。何はともあれ証拠品について方針を定める場合に第一に卓上に議せられたのは片ちんばの高足駄である。桐柾の台の高下駄に俗に大高という紙製の黒の鼻緒がすげてある趣向は決して江戸ッ児の註文ではない。田舎漢が東京で買ったとしか思われない。さらに刑事の一人は台の後に怪しい三つの黒点を発見した。これが極印でさえあれば東京中の下駄屋を片ッ端から探しても訳がないが、困った事には火箸か何かで焼いた様な跡なのでほとんど手掛りがない。しかしそのままに打ち捨てておくべきでないから早速八方に手を分けて東京中の照降商《テリフリショウ》について一々似よりの高下駄の出所を探したが皆目知れなかった。

その頃三大区の等外探偵の頭分であった近江の栄は当夜血潮に塗れて落ちてあったぶら提灯について一晩寝ずに考えた揚句、何か思い当る節があってか平河町の佗住居から門徒宗の坊主をあげて来た。坊主はきまった寺もなくその折々に頼まれては短夜僧を勤めたり御祈禱をして生活をしていたが、すこしく眼が悪いのでその夜……ちょうど一月十四日の昏黄頃も祈禱を頼まれて提灯をさげ娘に手を曳かれて喰い違いの坂下へかかると紀尾井町の方から遣って来た八、九人の男が物をも云わず近寄って娘の手から提灯を奪い取って悠々と行って了ったと聞き込んだからである。それは全く事実で確かに刀を打ち込んでいたのを見たそうだが、近江の目的は他にあった。何か提灯を奪った兇漢がお国訛で話していたかどうか、もし国訛に見当がつけば、という考えから娘と坊主を前に置いて鹿児島産の刑事や長州産れの探偵連が交るがわる丸出しのお国言葉で饒舌って聞かせたが「どうも判りません」とのみで折角の叶と書いた提灯の主も不得要領で手離して了った。手拭も大阪の旅館のものと判ったので兇漢が田舎侍であると云う事は確かめられた。

さあそうなると折角の手掛りも迷雲に掠められて探偵の端緒を発見する事が出来ぬ。当時の民部長大木民平氏は一刻も早く下手人を検挙しろと厳命を下す。小警視林三介を先頭に昼夜兼行捜索に努力したが一向に見当がつかぬ。ここにおいて大木司法卿は一千円の賞金を賭けて競争的に犯人の跡を逐わしめた。一千円の懸賞！ 司法省始まって以来破天荒の奮発で実に我が邦における懸賞探偵の嚆矢であった。

政府が苛々して騒ぎ立てるほどますます犯人の足跡は判らなくなる。警視局第三大区麴町出張所の大屯の頭領たる検事兼大警部中川祐順は近江（等外二等）角村（等外四等）の偵吏に旨を含め、どうしてもここの屯で挙げなければ面目が立たぬと意気組んで屯全部の偵吏を変装させ、さらに附近の客待車夫の群から犯人の逃げた方向を知ろうとした。

果然吉報は中川の許に達した。その夜更けて戻って来た四、五人の偵吏と共に中川大警部は一室に閉じ籠って夜明鴉の啼く頃まで密議を凝らし、暁闇を突いて活躍に着手した。偵吏は果していかなる手掛りを獲たか？麹町屯の中川大警部の許にもたらした吉報は実に昼夜に渉って探しあぐんだ客待車夫のそれらしい噂を手繰り出した一事である。

その頃は今と違って往来も淋しく怪し気な法被に草鞋ばきの車夫が饅頭笠の下から蓬々たる髯顔を晒して、二人三人離れ離れに客待ちをしていたが、その一群の車夫は常に麹町十丁目の角に跪坐んで寒い風に吹かれながら客を待つ間に四方山の高話に興じていた。

偶然にも麹町屯の等外偵吏の或る者は終日の狂奔も甲斐なく落胆して疲れた脚を曳きずりながら十丁目の角へ差しかかって何気なしに通り過ぎようとすると偶《ママ》と車夫の言葉が耳に留った。

「本当にあの野郎はうまい事をしたな。」

はっと思って身を潜めて偵吏は眼立たぬように後に廻ってかれらの話を聴き洩らすまいと息を凝らした。車夫の群はその様な事とは露知らずやっぱり高話を続けていた。

「何でもあの時一寸乗せたばかりで太政官（紙幣）で二両せしめたんだからな。」

「爺さんもあの晩うまい仕事があったそうだぜ。」

さては……と思って雀躍した偵吏はその場から穢ない車夫を引き上げて中川大警部に斯くと告げたので、一同の喜びは例うるにものなく、訳も判らず慄えている車公を一室に呼び入れて、火鉢をやるやら茶を出すやら御馳走をならべて珍客を迎える様に物優しく口裏を引いて見たが、遺憾ながらなおかつ完全な事は判らなかった。何故というと、当時は別に車夫溜りにも帳場という物はなく、出逢い頭に煙草の火を借り合う位の顔馴染だから、誰は何処の者か、同じ屯にいるもの同志も知り合っているものはすくなかった。

しかし徹夜の熱心は全く無駄骨には終らなかった。屯へ引き上げた車夫の申し立てに依ると右大臣要撃の当日（一月十四日）の朝、値もきめずに十丁目の角から俥に乗った壮漢がある。田舎手織の袴をはいて羽織の上から刀らしいものをしっかり押えて「急げ急げ」と平河町の五丁目まで飛ばせて降りるとそのまま太政官の紙幣で二円放り出して後をも見ずにすたすたと行って了った。次に車夫溜りにいた爺さんも同じ様な壮漢を平河天神の森まで乗せて太政官紙幣を貰った。第三第四の車夫も平河天神方面へ同じ時刻に曳いた事があるという。

要撃前後の彼らの動静を綜合してみると一味は確かに九名、先ず右大臣の参内を見届けてから平河天神の森蔭に潜み、一名ずつ仮皇居前をぶらぶらしながら右大臣の退出を監視している内に夜に入ったらしい。かれらはたとい白昼でも右大臣と見たら斬蒐る堅い決心であったが、幸か不幸か日はとっぷりと暮れはて、蒼く澄み行く月影さえお濠に寒い凩の騒ぐ時刻、一刀のもとに馭者を血祭りにあげ、電光石火、右大臣を暗中に刺そうとしたのであった。

屯ではこんな訳で暁近くより折角の車夫の証言も取り留めもなく没却されようとした。この時まで腕を組んで凝としていた偵吏は急に膝を進めて急所を突いた。

「おい、先刻車夫溜であの野郎うまい事をしたと云ったがあの野郎とは誰の事かね。」

「ヘイ、そりゃ福です。」

「福、……福という車夫だね、家は何処か知るまいね。」

「何でも赤坂だそうですがしっかりは存じません。」

「一体そのお客を何処で降したのか。」

「……新島原だそうです。」

「宜しッ車夫を帰せッ」と突然に卓を叩いて立ち上った大警部の眼は異様に輝いた。疲れに疲れた偵吏の面々は旨を含んで何事か期する処ある如く蜘蛛の子を散らす様に屯を飛んだ。目指す処は果して何処ぞッ。

新島原――と云う車夫の言葉は果して闇中の珠光であった。この光に照らされて朧気ながら怪しい足跡を探り得ると信じたればこそ大警部は卓を叩いて狂喜したのである。蜘蛛の子の様に麴町屯から散った偵吏の行くえは云わずと知れた新島原に網を張ると同時に、他の一隊は福と云う怪しい車夫の居所を突き止め、当夜のお客を送り込んだ兇漢の巣を手繰り寄せようとしたのである。

何故新島原という言葉がさまで強く響いた？　ここに当時の新島原なるものを説明して置く必要がある。云う迄もなく島原の本場は錦絵に見る花魁道中で名高い京の遊廓であるが、東京にも新島原と呼んだ歌舞絃歌の後朝《きぬぎぬ》の廓があった。それは今の新富町から築地へかけた土地の名称で、吉原を焼け出された遊君がしばらくここに枕をうつして浮かれ男を引き寄せていた。その新島原の一同が新吉原に引きあげた後には数寄を凝した揚屋を始め、がらんとした空屋つづきに住む人もない軒端が並んでいた。その内にぽつりぽつりと廓の跡へ引っ越して来る人もあったが、にわかにこの空屋が一杯に塞がって、荒くれた薩摩士族が高足駄を踏み鳴らして押し歩く殺風景な巷と変って了った。何故薩摩士族が新島原に集まったと云うと、大西郷が征韓論の不満から桐野、篠原らと連袂して官を辞し冠を挂けて野に下ると聞いた薩摩出身の文武官は各れ《ママ》も男子の盟を重んじて潔く行動を共にした者が千六百余人であった。

これらの士はみな西郷の動くままに動き、また西郷に殉せん事を期していた。これら鉄腸の壮士は先ず新島原に空屋の多いを幸に誰も彼もここに寄り集まって日夜茶碗酒を煽り長刀の曇りを拭いて政府の腑甲斐なきを慷慨しつつ一命を投げ出して大西郷の使命到来を待っていた。そんなわけで新島原の一劃は常に警視局の厳重なる監視を惹いている内にここに果然右大臣要撃の椿事が出来したのである。

慈父の如き大西郷の主張を斥けた征韓論反対の主脳は岩倉右大臣である。まして大西郷が挂冠後間もなく、右大臣暗殺の挙に出でたのみならず、当夜平河町から兇漢を乗せた車夫は、無二無三に新島原に向って走った。麹町屯で新島原に偵吏を遣したのは実にそうした行きがかりを究めてからの光明ある遣り口であったので、中川大警部の狂喜はけだし偶然でない。

麹町から島原に向った一隊は兇漢が脱ぎ捨てて行った片ちんばの下駄の出所を厳重に探偵した。

一方、福という車夫の居所を突き止めに行った面々は汗みどろになって走り廻ったが、何としても見当がつかない。種々協議した揚句とうてい尋常な方法では駄目というのでいよいよ警部偵吏が変装して極力逐いまわす事になった。

警部三名、等外偵吏六名、各《ママ》れも一夜に髯を鋏み落としわざと見すぼらしい襤褸絆纏を引っかけて人力車をからからと曳きながら、それとなく車夫溜りを廻って歩いた。

果せる哉、二日目の午後車夫に化けた某警部は福の居所を聞き出した。

連日連夜の活躍も将に水泡に帰せんとした仮装警部は辛《ママ》やく福という車夫の住居を探し当りてた。これを動機に麹町署では目覚しい活動の幕を絞ってとりあえず福を検挙する手筈をきめた。

赤坂裏町の狭い路次をどやどやと裏表から偵吏が入って行った夕暮、破れ障子の隙間からちらと覗いた車夫の福松（当時四十九）は矢庭に土間へ飛び降りて真っ蒼になってぶるぶると慄え出した。

「御免なさいまし、悪い事を致しました」と硬ばる舌は酒の香に爛れて碌々物も云えない。福松は思わぬ紙幣が手に入ったので俥も曳かず、寝たり起きたり酒浸しになって引き籠っていたが、後暗い紙幣の出所を案じていた矢先、偵吏に踏み込まれたので一も二もなく閉口してしまったのだ。

「別にお前が悪いのではない。ともかくも屯まで同行しろ」と警部偵吏が附き添うて怖がる福松を八丁目の屯へ連れて来た。

大警部以下一室に福松を曳き入れて、当夜の客の服装行先を交る交る訊問したが、怖気をふるって額を摺り付けているばかりで要領を得ない。

「おい福、お前がその客を乗せたって、商売だから咎にも何にもなる筈がない。安心して申し上げろ。お褒美の金でも頂戴して俥曳きなぞ止めた方が宜かろうぜ」と傍から勢いをつけられて、福松はようやく安堵したらしく当夜の事を自白した。

「へい、あの晩のお客は袴をはいた若い漢《ひと》でしたが、突然暗闇から飛び出して来て、急げ急げと云うものですから私も足の続くだけ夢中で飛びました。行先ですか……あの新島原です。止めろッと怒鳴られて梶を下すと太政官の紙幣を放り付け、すたすたと行って了ったのです。」

「車から降りてどこへ行った。」

「……何でも小さい門を這入って行った様に覚えています。」

これだけの問答で一先ず別室へ下げられた。ちょうどこのとき怪しい下駄を携えて新島原方面に活動していた二隊から耳よりな報告が届いた。

そのころ新島原にあった下駄屋の主人が十三日の朝（右大臣要撃の前日）確かにこの下駄を売りましたと明言した。その下駄を買いに来たのは容貌のよい色白な女中であった事まで判明した。その女中は十二銭のばら銭を握って来たが台鼻緒共十四銭なので二銭が足らなかったから小僧をつけて受け取りにやったら、女中は間もなく引き返して来て、家はお客様が多いから間違わぬ様に、何か印をつけてくれというので、下駄屋の主人は手近にあった火鉢の焼火箸で下駄の台の後を三点焼いてやった……その下駄に違いない。今一息で押えられるという報告であった。

吉、大吉、福の申し立てと云い、下駄屋の主人の証言と云い、全く兇漢の徒党はこの新島原に潜んでいるに相違ない。兇漢の或る一人は焼火箸の印をつけた下駄をはいて、喰い違いに出掛け右大臣に斬りつけて跣足のままで福の俥に乗って帰ったのである。好機は到れり。下駄を買いに行った女中は、何処の雇人であるか。

さあそうなると新島原は遠からず捕物の修羅場とならねば止まぬ。喰い違いに血を啜ろうとした九名の若侍が潜り込んだこの一街は蟻の這い出る隙もなく、変装せる多くの偵吏に睨まれて、一刻の油断もなく篩にかける様に、ここに立て籠った不平家を内密に詮索した。唯一の手懸り、……下駄を買いに来た色白の女中とは誰か、……間もなくそれもすっぱりと判明した。万屋のお増（二十三）が新しい下駄を買って行くのを見たと云う隣家の女房さんをうまく釣って、素早い偵吏は万屋という宿屋の所在を確めた。

廓の名残を名にとめた新島原の埿板通りに万屋という宿看板があった。何気なくその前を往復してみると、どうやら七、八人の客があるらしい。乱暴に脱ぎ捨てた土間の下駄は、どれもこれも証拠品たる焼跡のある下駄と同じ型である。占たッと思ってなお油断なく黄昏近い軒続きを、往きもどりしていると、主人（徳原善太郎）が帳場格子の裡から、「お増や、〇〇さんの御飯は済んだか」と振り返りさまに大きな声で呼びかけると、はいと蓮葉な返事が聞えて、帳場へ出て来た一人の女——色の白い銀杏返しの房々と艶のいい若い女、正しく下駄を買いに来たお増という女中に違いない。お増は二言三言口早に饒舌って、やがて踵を返して薄暗い廊下をとんとんと踏んで奥へ引き返して行った。

灯のついて間もない暮、早速偵吏は人目をさけて、警部とも打ち合せをすませたが、今踏み込んでへまな事をしては取り返しがつかないから、ともかくもさらに警戒を厳重にしてその一隊は密っそり麹町の大屯へ引き上げて万屋の消息を報告した。

疾風迅雷、折り返して吉報の到着した大屯では、大警部を始め警視局の重立った人々が、有望なる報告を綴り合せて着々として探偵進捗の計画に熱中していた。

この時まで大屯に留置かれた車夫の福松は、再び一室に呼び出された。

「お前は黙って俥に乗れ、そしてあの晩客が這入って行ったと思う門の前へ行ったらこっくりをしろ、決して指を指したり、口を利いてはいけないぞ。」

さあ一千円の福の神だと、冗談まじりに警部と偵吏とは座を外した。福松は全然狐に魅まれた様に呆気にとられていると、がらがらと轍《ママ》の音がぴたりと留って小使部屋の障子をあけて二人の車夫、先刻の警部と巡査とが車夫に変装して、破れ草鞋をはいていた。

福松は大屯で縞の羽織を着せられ、新しい手拭で頬冠りさせられて、俥に乗る前冷酒を二、三杯振舞われた。やがて車は裏口から麴町の通りへ出た。

「お客様を大切にしろよ」と大警部は先幸を祈って送り出した。日はとっぷり暮れて、冬の巷の凍てついた様な軒灯が灯って居た。偵吏が揖をとり、警部が後を押して車は闇を遮二無二飛んだ。

福という車夫を乗せたにわか仕立の怪しい人力車は、麴町の大屯を離れると、かつて福が客を乗せて飛んだ通りの道順で勢いよく築地――新島原の方向に闇を突いた。

やがて俥が築地を渡って、新島原の溝板通り（新富町四丁目）を駆け抜ける時、福は顎をしゃくってこの辺だと知らせた。後押しをしながら注意していた変装警部は、福の合図を承知してそのままあらあらと掛け声をして走って、途中から俥は一人で曳いて麴町へ帰る。後押しの警部は引き返して先刻福が合図をした溝板通りを調べてみると、紛れもない万屋という宿看板が寒い灯影に映し出されていた。いよいよここに違いない。

俄然、警視局の活躍は開始された。大木司法卿を始め徹宵密議をこらして内命を伝え、先ず万屋に止宿している壮士の身元調べに取りかかった。

そのころ築地橋の傍にあった扱所について調べてみると、この万屋の先代徳原善兵衛は、以前中橋広小路に下駄屋を営む傍ら二階に土佐人を止宿させて、善兵衛の女房お菊が賄いをしていたが、そのうち新島原へお客もろとも引き移って来たので、現にそのお客が滞在しているとのこと、さてこそ当初薩摩の仕業と思ったのは誤りで、岩倉公要撃の下手人は万屋にいる土佐の士族と判明した。

密っそり調べ上げた下手人の姓名年齢は次の如く照魔鏡に映った。

高知県士族＝武市久馬吉（三十七年）　同＝武市喜久馬（二十七年）　同＝島崎直方（三十年）　同＝下村義明（三十二年）　同＝岩田正彦（二十七年）　同＝中西茂樹（二十八年）　同＝中山泰道（三十六年）　同＝山崎則雄（二十一年）　同＝沢田悦弥太（二十九年）

この九人組が万屋に宿泊して岩倉右大臣を赤坂喰い違いに要撃したのである。

十七日に至り武市ら九人みな縛に就き、七月九日斬罪に処せられ、これより政府征韓論者の行動探索ははなはだ厳なり。

佐賀の乱／江藤の福岡党誤解

江藤参議は挂冠の後、板垣、後藤、副島らと民撰議院の設立を図らんとその建議書に名を聯ねたるも、征韓論の破裂に基いて郷関の人心はなはだ動揺し、また封建の旧制に復せんことを望む。封建党不穏の兆あり、江藤これを憂い、明治七年佐賀に帰る。しかるに郷党、江藤を擁して兵を挙げしむ。江藤すなわち起つ。その旨とする所は政府に対し征韓の挙を断行せざるを責むるにあり、二月十三日彼自ら檄文を草してその主張する所を披瀝す。

曰く、

「それ国権行わるれば、すなわち民権従って全し。これを以て交戦媾和の事を定め、通商航海の約を立つ。一日も権利を失えば、国その国に非ず。今ここに人あり、これを唾してしかして憤らず、これを撻《う》ってしかして怒らすんば、爾後婦人小児といえども、これを軽侮するや必せり。これ人にしてその権利を失う者なり。

さきに朝鮮我が国書をしりぞけ我が国使を辱む。その暴慢無礼、実に言うに忍びず、上は聖上を始め下億兆に至るまで無前の大辱を受く。由って客歳十月廟議ことごとく征韓に決す。天下これを聞きて奮起せざるなし。すでにして二、三の大官偸安の説を主張し、聖明を壅閉し奉り、ついにその議を沮息せり。ああ国権を失うこと実にその極に至る（中略）これを以て同志と謀り、上は聖上のため下は億兆のため、あえて万非を不顧、誓ってこの辱を雪がんと欲す。これけだし人民の義務にして国家の大義、しかして人々自ら以て奮起するなり。しかるに大臣その己れに便ならざるを以て我に兵を加う。その勢状ここに至る。依ってやむを得ず、先年長州大義を挙ぐるの例に拠りその処置をなすなり」と。

福岡の志士はこれを聞くや、直ちに福岡市橋口町勝立寺に会合し肥軍に応ぜんとの議を図る。しかれども軽挙盲動はもとより士の慎むべき処。先ず人を派してその状を視察すべしとなし、郡利《コオリトシ》、大庭弘を派す。しかるに両人江藤に会するを得ず。大庭空しく福岡に帰り、郡は独り留まりて、なお探索せんとす。佐賀と福岡は地を接するも、古よりその人情風俗を異にすること甚だしく、常に反目の間にあり。たまたまその挙兵に当って福岡より郡の来たるや、佐賀の有志これを政府の密偵なりと猜し、すなわち郡を捕え、将にこれを斬らんとす。郡ために百方弁じてわずかに福岡に帰る事を得たり。

越智は佐賀の兵寡少にしてついに成す能わざるべきを察し、これを政府との間に調停せんとしたりしも議ならず、政府切にその鎮撫を請うものあり。越智ら陽に命を奉じて鎮撫を名とし佐賀に赴きて陰に江藤と聯合してその気勢を加えんと欲し、箱田六輔、宮川太一郎ら四百五十名を以て十一箇小隊に分かち、ここに鎮撫隊を編成して佐賀に入る。

当時政府は福岡志士の動揺を恐るること甚だしく佐賀動乱鎮撫のため兵を率いたりし児玉少佐（児玉源太郎）早くも福岡志士の意のある所を察し、事を構えて福岡鎮撫隊を佐賀軍に当らしむ。ここにおいて江藤の軍、福岡兵に対し恨みを懐くこと甚だしく、福岡佐賀の聯合の軍議も水泡に帰し、完く敵意を含むに至れり。

江藤はもとより文官、兵に馴れず、鎧袖一触直ちに官軍のために敗られ、身を以てわずかに遁れて海を渡り土佐に板垣を訪い身を寄せんとせしも、官軍の警戒すこぶる厳にして、身を置くに処なく、四、五の従者と共に再び紀伊に航せんとして、土阿の国境甲の浦に至りてついに捕わる。板垣伯の談に曰く、

「土佐と阿波の国境甲の浦まで落ちのびて茶屋か何んかに休息している時、ついに捕吏の囲む所となった。その時あたかもその地に居合せた土佐の立志社の者一人、この状を見て何か決心する所がある様子で、捕吏の所に行って曰うには江藤さんは最早遁るる途もない袋の鼠である。しかし四、五人の従者もいる事であれば、今急にこれを捕縛しようとすれば、みな窮鼠猫を噛むの勢いで、屹度斬り死にするに相違ない。さすれば貴公らの方にも、死人手負等も少なからず出来るにきまっている。それよりか、俺が江藤さんを説得して、穏便に縛に就く様に話すから、しばらく待たんかと言う。捕吏も道理であるから承知した。するとその男は江藤さんの所に来て、私は斯様斯様の者である。かねてより先生を敬慕していたが、今日の場合実に御同情に堪えない。ついては不省ながら私が身命に代えてこの場合先生を御遁し申すから、先生は直に神戸に往って外国船に乗り込み、海外に御出なさい。最早紀伊に行っても東京に行っても駄目である。御遁げになる途はこの一方より他にないからそう御決心なさい。この辺は屹度私が御引き受け申すから御任せ下さいと勧告した。しかし江藤はイヤ御厚志は誠に辱けないが、もうこうなっては天命である。数日来碌々寝もしないで山路を遁走したから、身体は綿の如く疲れて、これ

から遁げると言っても走られない。ここで潔く縛に就くと決心はしたもののどうにも睡くて堪らない。願わくは君の厚志で一と晩ゆっくり寝さしてもらう訳にはゆくまいか、と言っていかに進めても遁走の事は応じない。そこでその男はやむなくそれでは一と晩ゆっくり御寝になる事を取り計らいましょうと再び捕吏の方に来てその事を承諾させた。江藤も大いに喜んでその夜はその男と語り共に一緒に寝て翌日悠然と縛に就いたと云う事である。吾が輩はそれより十日ばかり過ぎて古沢と共に土佐に着してその話を聞いて大いに感に打たれた事であった。」

一敗地に塗れて断頭台上の露と消え、英霊ついに亡びて風粛々雲漠々たり。この乱、官軍の兵を用うる陸軍八大隊艦船十三隻、外に近県の鎮撫士族隊四千余、佐賀軍二千五百、戦死者両軍を合して二百六十、傷者三百六十、戦費百余万円を数う。江藤は我にして兵を挙ぐるあれば、西郷、板垣またこれに応ずべしと期したるものの如くなりき。しかも薩南、風静かに高陽雲起らず、自重昂然として天下を睥睨するあるのみ。風あくまで静かなるか、雲ついに起らざるが、藩閥新政府に慊焉たらざるもの所在剣を磨き腕を撫して、ひそかに天下変あらん事を期待し、殺気漲り腥気溢る。

＊

失題　　　江藤新平

欲払胡塵盛本邦、一朝蹉跎臥幽窓、可憐半夜蕭々雨、残夢猶迷鴨緑江。

出郷作　　　同

欲報邦家海岳恩、慨然杖剣出関門、晨星落々風蕭々、毛髪衝冠壮士魂。

第7章　福岡志士の活動

矯志、強忍、堅志社成る

今や禿筆を呵して、福岡志士活動の跡を辿らんとす。前章において筑前の対外関係を説き、日韓の外交関係および征韓論の勃興を述べ、征韓論破裂後の国情を詳記したるもの、要するに、福岡志士活動の基く処を究めんがためのみ。要するに福岡志士の活動が、いわゆる瞶々《かいかい》者流の軽挙盲動と選を異にする所あるを謂わんがためのみ。あに他あらんや。

これより先、福岡県筑紫郡住吉村字人参畑に、高場乱《おさむ》と称する女丈夫あり、経学に通じ、尊王の心厚し。維新の当時より学塾を開きて、子弟を教養す。門下にあるもの、箱田六輔、越智彦四郎、武部小四郎、宮川太一郎、松浦愚、進藤喜平太、本城安太郎、林斧助、奈良原至、頭山満らにして、みな慷慨事を喜ぶの士、彼らみな新政府当局の施政に対して慊焉たらず、時事を論じて、将に大いになすあらん事を期す。かの征韓論起るや、雄心勃々たるものあり、常にその及ぶ所を観て、大いに志を延べんとするものあり、福岡志士の団体はすなわちこれなり。

佐賀の乱起るや、越智彦四郎、箱田六輔らこれと聯盟、官軍に当らんとの意ありしも機を失し、また官軍に致されて果さず。箱田六輔、武部小四郎らは大久保を刺さんと計りしも果すに至らず、ここにおいてか、越智、建部、箱田、頭山ら天下の大勢を見て深く感ずる所あり、越智、武部また大阪会議に出席してその議に加わり、板垣と時事を論じて、民権の拡張は国是確立の所以を聴き、以てこれを同志に告げ、薩南西郷の私学校、高知板垣の立志社に倣い、同志を糾合し、明治八年八月、矯志、強忍、堅志の三社を組織し、大いに民権伸張を論じて気を吐く、虹の如きものあり。その社員左の如し。

矯志社

社長　武部小四郎

箱田六輔　平岡浩太郎　頭山満　進藤喜平太　宮川太一郎　林斧助　阿部武三郎　松浦愚　高田芳太郎　大倉周之介　高田広次　三好徳蔵　吉安謙吉　永野繁実　徳川吉次　青柳禾郎　味岡俊太郎　月成重三郎　江藤修　半田吾老　横井六三四　山田宗三郎　筒井力　鳥居啓　菅四郎　塩川監機　庄崎登七郎　月成元雄

強忍社

社長　越智彦四郎

久光忍太郎　川越庸太郎　中野震太郎　大畠太七郎　舌間慎吾　松本俊之助　斎田信之助

堅志社

社長　箱田六輔

中島翔　奈良原至　月成功太郎　的野恒喜（来島）　横井豊　山中茂　中野鋭太郎　久野藤次郎　西川九郎　箱田哲太郎　中山繁　藤島常吉　内海重雄　山内義雄　吉浦英之輔　吉村駒十郎　安見辰之輔　渡辺佳虎　浜勇吉郎　成井亀三郎

ここに、矯志、強忍、堅志と云う、名同じからずといえども、もとよりその実は一なり、その志も一なり、その行わんとする所もまた一なり。すなわち廟堂の優柔偷安なる、国交の道を誤り或いは弱国に辱を受けて、これが罪を問わず、正義忠節の士をしりぞけて、公議を杜絶し擅恣専制不急の土木を起して、国帑を浪費し、奸商と結んで利を釣り、請託公行威福張る、かくの如き政府、かくの如き当局、まさにこれを覆さざるべからず、まさにこれ追わざるべからず。宜しく天下四方の同志と款を通じ以て大義を詢《ママ》え、その目的を貫かざるべからずとし、越智、武部、箱田、頭山、平岡、進藤、久光、舌間ら或いは薩南の志士と往復し、或いは前原一誠らと交通して、機の至るを待つ。

神風党、秋月の乱、萩の乱

風起らんが如くにして起らず、雨来たらんが如くにしてついに来たらざりし明治八年は空しく人心兢々たる間に、匆忙として過ぎ、明治九年を迎えぬ。この歳士民の佩刀を禁ずるの令あり、殺気ようやく漲り、蕭々の気天下に満ち、ついに秋十月、神風党太田黒伴雄、加屋霽堅、熊本に起りて、鎮台を襲い、これに応じて秋月の益田静方、宮崎車之助、今村百八郎ら兵を挙げ、海を越えて萩の前原一誠と呼応す。

前原はかつて参議たり、大村益次郎の死後、兵部大輔たりしが、常に木戸と快からず、また伊藤、大隈らの跳梁を憎み、新政府が一に欧化に流れんとするを見て喜ばず、児童、時に乗じて、跋扈跳梁し、徒に西洋事情を主として、もっぱら国政を玩ぶ。国家果して富むべきか、兵力果して強うすべきか、風俗果して厚うすべきか、人民果して喜ぶべきか、我この輩と共に国を売るの詈を得んよりは、むしろ退いて、後図を企つるに如かずとなし、明治三年辞表を上りて、直ちに故山に起臥す。

のち征韓論、廟に発して紛議あり、外征党聯袂挂冠するや、書を三条に上りて、廟堂その人に乏しからずといえども、西郷の名望は、大久保、副島らの右に出づ。朝廷、西郷を復せすんば、賢を失うの毀《そし》り天下に起らん。西郷ふたたび挙用せば薩長調和し、草莽また紛議を絶たんと。朝廷これを召すも応ぜず、九年十月二十八日萩城下、明倫館を本営とし、奥平謙輔らと共についに乱す。その一因中に対韓策の誤れるを指すものあり、曰く、

「神功の征韓、豊太公の挙、共にその不逞を責むるにあり、誰かこれを無名の師と唱えんや。いずれか又これを許さんや、江藤新平の斃るる所以、西郷吉之助の退く所以、皆ここにあり。しかるを朝廷恩貸して彼を独立国た

らしめば、清すなわちこれを鯨呑せん。魯これを鷲攫せん。反覆常なきの国情、もとより藴恩を忘れ、我を仇敵視せん。まさに王師問罪一対して、彼を我が版図に復せしめ、おもむろに万国公法に正すべし云々」と。

また前原の乱に就き、板垣伯は語りて曰く、

「前原一誠の官を辞したのは、征韓論が原因でなく、木戸孝允と意見が合わざる結果である。前原は木戸とは同じ長州出身の大立物で、両者並び称されて居たが、維新の際からどう云うものか、木戸と前原とは事毎に衝突して、ほとんど犬猿の間柄であった。しかるに長州出身の後輩山県、井上らは木戸にくっ付いたので、種々の問題が起り、ついに前原は明治三年挂冠して長州に帰り大いに画策し、捲土重来の期を待っておったのである。されば大西郷や江藤新平が官を辞したのとは大いに目的を異にしている。前原は豪傑肌、木戸は策士肌で食えぬ男であったから、前原は木戸らのような奸物を除かねばならんと云うので兵を挙げたのである。頭山も義侠的の男だから悪人と見たら大嫌い故、ここに箱田らと再三前原を訪問して気脈を通じたのである。」

益田静方、秋月に乱をなし、前原一誠、萩に兵を挙ぐるの前に当たり、共に使を派して福岡志士に款を通ずるものありたり。しかれども武部、越智らは薩南志士と深く約する所あり、しかも今日の情勢、西郷兵を挙ぐるに非ざれば、到底政府を覆し得るものに非ずとし、持重隠忍して、風雲薩南に動くを待てと年少気鋭の頭山以下を論戒すること切りなり。しかれども、箱田、頭山、進藤らの血誠男子は佐賀の乱に加わる能わず、秋月の変に呼応するなく、空しく髀肉の嘆に堪えず、薩南容易に起たず、越智、武部らまた隠忍を説くもの、偏に因循のしからしむる所、姑息のなさしむる所となし、前原一誠に心を寄せ大いになす所あらんとす。

萩の応援

これより先、箱田、頭山、進藤は長州の風雲穏かならざるを見て、快心の笑みを湛え、一日海を渡り、萩に前

原一誠を訪う。前原福岡志士の来訪を迎えて大いに喜び、共に与《とも》に事を挙げん事を約す。後いよいよその兵を萩城下に集むるや、奥平謙輔を使して矯志社に箱田、頭山、進藤を訪わしむ。箱田らは奥平と挙兵に関し熟談するもの数刻、兵器弾薬等に関する秘密をも共に相語る。座に奥平の連なる所の揖宿某なるものあり、揖宿は慷慨悲歌を装い、自ら志士と称して、萩城下の健児と交る。しかるに何ぞ知らん、彼は政府の間諜なりしなり。彼は憂国志士の仮面を被りしなり。揖宿は直ちに官辺に対し、福岡志士の注意を通告せり。ここにおいて福岡県令渡辺清（渡辺昇の兄）は、部下福岡警察署長寺内正員に命じ、矯志社員の行動を監視せしむ。福岡警察署は命を受けてより、矯志社員の行動を厳重監視し、その進退一として記せざるなし。しかるに、矯志社員は、揖宿が政府の間諜なりしを知らず、また福岡署が社員に厳重監視をなし居るを知らず、盛んに同志を集め、山狩と称し、谷の連丘大休山その他に集合して、萩応援の事を議し、また大久保暗殺等の事を図る。しかるに萩の乱は一敗地に塗れ、福岡志士の熱腸徒に悲憤の涙を迸らすのみなりき。

九年霜月、たまたま矯志社員松浦愚ら兎狩りの帰途小倉聯隊福岡分隊と途に衝突し、分隊より渡辺県令に対し、矯志社員取締りの交渉あり、渡辺県令ついに意を決し、十一月七日夜、ひそかに部下を派して、箱田六輔を逮捕せしめたり。

箱田の逮捕は、直ちに同志の間に伝わり、矯志社員みな心に期する所あるものの如く、剣を撫して捕吏の至るを待つ。

ここにおいて、宮川太一郎は、秘密書類等の押収を恐れ、ひそかにこれを他に移し、頭山を平尾の荘に訪いて、事容易ならざるを告げ、さらに越智、久光らを訪うて、熟議する所あり。

十一月八日、頭山は、箱田の逮捕に関し善後策を講ぜんとして、兎狩りと称し、附近の山中に同志を集む。兼ねてそこを覗える福岡警察署は頭山らが山狩りに赴きしを見て、好機乗ずべしとなし、頭山、進藤、松浦らの家宅捜索を行い、大久保暗殺に関する書類、萩事件に関する有力の書類を押収して帰る。

頭山、進藤、松浦らは薄暮帰来してこれを聞き大いに憤り、翌九日松浦と共に、警察に寺内署長を訪うて、家宅捜索を詰る。寺内署長は、職権やむ能わざる旨を告げ、かつ両名を検束に付す。次いで進藤喜平太、奈良原至、高田芳太郎、林斧助、阿部武三郎、大倉周之助ら捕われ、宮川太一郎は自首し、越えて十一日、今見義男、高山融、野口弥太郎、疋田進、高田広次ら遠賀に捕えられ、頭山らは福岡監獄に、今見らは小倉分営々倉に下さる。

かくの如く一党みな捕えられて、牢獄に投ぜらるるや、越智、武部、久光忍太郎らは、獄中の同志を救わざるべからずとなし、金ヶ獄に集合す。渡辺県令これを聞き大いに驚きて、福岡警察署巡査七十余名を派して変に応ぜしめんとせしも、巡査隊は、矯志社員に追われてみな遁ぐ。県令すなわち福岡憲兵隊の手を借りて、矯志社員の集合を解散せしむ。

ここにおいて、武部、越智は薩南に遁れ西郷を訪い、さらに桐野、篠原を訪う。薩南志士中の急進党とも云うべき桐野、篠原は福岡の同志の災厄を聞き、県令横暴の状を耳にし、憤慨すること頻りにして、越智、武部らを厚遇し、もし薩南、兵を挙ぐるあらば、福岡これに呼応するやを問い、越智、武部らこれに応じ堅く挙兵呼応の事を約す。

渡辺県令は、越智、武部ら矯志社員が下獄の志士を救わんとする意あるを見て大いに恐れをなし、下獄の志士を速やかに斬罪に処せんとの意あり、すでにその準備あるの日、内務少輔、林友幸、巡見のため福岡に来たり、渡辺の意、志士を斬首せんとするものあるを聴き、沮んでその不可なる所以を論じ、他に移さんことを説く。渡辺もまた大いに悟る処あり、箱田、頭山ら下獄の士にして、当地にあらずんば、矯志社員の暴挙すべきなきを察し、これを山口の獄に移せり。

十一学舎成る

当時、矯志社、強忍社、堅志社は、すでにその社長箱田、獄に投ぜられてあらず、越智、武部また薩南に隠れてあらず、社員の多くもまた獄に下れるを以て、ここに三社を解散し、明治十年一月、三社を一団とせる「十一学舎」を荒津に設立せり。当時の社員は大庭弘、大畠太七郎、川越庸太郎、中野震太郎、山中立木、浜与四郎らなりき。新学舎成りて幾何ならず、越智、武部、薩南より帰来す。

これより先き、矯志社は社員月成元雄、川越庸太郎、大畠太七郎、松本俊之助、中野震太郎、奈良原至らを鹿児島に遊学せしめしも、多くは福岡に帰りて事に奔走す。内海重雄ひとり留まりて薩南にありしが、明治十年二月朔日、彼は急遽帰来、越智を訪うて、桐野に嘱せられし所を伝う。曰く、

「西郷先生いよいよ上京に決す。乞う約を履め」と。越智これを聞き勇躍措かず、内海なお語りて曰く「川路大警視の下したる、末広直方、安楽兼道、園田安賢、中尚久雄ら、西郷暗殺の密旨を結ぶこと明瞭となり、すなわち西郷先生、桐野、篠原、逸見、別府、村田の諸将師を率いて政府に尋問する所あらんとし、熊本を経て東上するなり」と。越智直ちに十一学舎に武部、久光、舌間《ママ》を寄び、西郷起つの旨を語り、かつ同志に檄を伝えてこれを集む。衆みな大いに喜び直ちに起ってこれに応ぜん事を議す。しかれども、或いは私学校生徒、西郷の名を犯して事を挙ぐるに非ずやとの疑問を発するものあり。ここにさらに松本俊之助、山本寅蔵を事情取り調べのため、鹿児島に派す。

松本はかつて鹿児島に遊学し、私学校生徒に相識れるもの甚だ多し。その鹿児島に赴くの途、高瀬駅において薩南の志士福島らに会う。

福島は西郷の東上理由書を示して、挙兵の真を伝う。松本すなわちこれを山下に持せしめて福岡同志に送る。

第8章　薩南の風雲

西郷は征韓論に破れて、岩倉、大久保、木戸らの優柔を慨し、板垣、江藤、後藤、副島参議らと袖を聯ねて挂冠し、朝廷より御用有之東京に滞在すべしとの命下りしをも聴かずして、突として故山に帰れり。西郷の高風を慕う薩州出身の桐野、篠原、逸見らみな官を棄てて鹿児島に帰り、西郷と共に私学校を起して子弟を養う。西郷の意、正明を以て己を持し、風教を厚うして、深く正義に培い、王を尊び、民を憐み、道義一身を顧みるなしと説き、新政厚徳を以て理想となし、おもむろにこれを実現せん事を欲したるものの如く、板垣が民撰議院説立の建議をなさんと言うを聞きては、その迂を説きて自らこれを建設すべしと語り、人の兵を動かして政府顛覆の急を勧むるものあれば、静かに諭して、直ちに以て兵を用うるの不可を論ず。すでに江藤起つもこれに応ぜず、前原乱するもまた顧みず、独り大隅山の真如の月に無念無想を観じたりき。世もまた江藤の兵を挙ぐる、必ず薩南と機を通ずるものと傚《ママ》したるにこの事なく、政府また西郷の動静に対して深く意を留むる所あり、たまたま陸軍所轄の鹿児島弾薬庫を大阪に移さんとす。

　また鹿児島出身の安楽、園田、末広らの警部鹿児島に帰省するを見て、私学校生徒はこれ正しく政府が西郷に備うる所あるが故に弾薬庫を他に移し、川路の部下を故山に下して西郷を暗殺せんとするものならんと思惟し、ついに警部らを縛し、弾薬庫を奪い、西郷を擁して兵を挙ぐ。時に明治十年一月三十日なり。

　西郷の兵を挙ぐるや、始め一挙大阪を突かんとの論ありしも、桐野、篠原らは堂々順路に大義を詢《ママ》えて東上すべしとなし、兵一万五千、熊本城を圧す。宮崎・大分・佐賀等の士族多くこれに響応す。

かくて、二月討征総督大将有栖川熾仁親王殿下、福岡へ御着きあらせられ、七日布告を示させ給ぅ。

「鹿児島県暴徒ほしいままに兵器を携え熊本県下へ乱入、国憲を不憚叛跡顕然に付き征討仰出候此旨布告候事。」

又二月十五日布告を以て、

「鹿児島県へ左の通り相達候条為心得此旨相達候事。

鹿児島県

陸軍少将正五位篠原国幹徒党を集合し悖乱の挙動に及び候に付き官位を被褫候条此旨相達候事。」
其県士族　陸軍大将正三位西郷隆盛
陸軍少将正五位桐野利秋、

との掲示あり。

これを見たる福岡県の志士満腔の悲憤鬱積せる殺気ここにほとばしって、長剣を撫するもの多し。政府福岡県の志士動揺の兆あるを見て事容易ならずとし二月五日十一学舎の解散を命じかつ旧藩主黒田長知を下してこれを慰めしむ。

黒田長知帰国するや、直ちに越智、武部をその邸に招く、応ぜず、再びこれを招けども来たらず、平岡浩太郎の兄にして、志士の間に重望ある内田良五郎これを聞いて痛心措かず、越智、武部に諭して黒田邸に赴むかしむ。越智、武部らすなわち藩邸を伺訪して、長成の言ぅ所を聴く。長知の言ぅ所と志士の志す所、もとより同じからず、黒田の苦心また水泡に帰す。当時官憲は令して、一戸に三人以上の集会を禁じたるが故に、十一学舎社員は一堂に会して、凝議の便なく、大いに苦しみしが、これよりのち内田良五郎の邸宅を以てその集合の場所に宛てたり。

かくして十一学舎社員は警戒厳重の間に、幸に完く呼応の議を整ぅるを得るなりき。勝てば官軍、敗れば賊もとより成否はその期する処にあらず、稜々たる一片の義気倒れてしかして後やむのみ。ついに十一学舎は起てり。ついに福岡志士は起てり。

祭西郷南洲文　黒田清隆

嗚呼、吾之於君、恩誼猶師父、而君今則遭変而死矣。而親旧若村田、篠原等、亦従君死矣、事関名節、罪莫可辞、君等応復無恨于泉下。然余私情之不可以已、拊膺痛歎、寔有難為懐者也。哀哉、痛哉、夫明治中興之業、論其輔国元勲必首推君、故以一藩臣、爵躋三品、官至大将、可謂盛矣。蓋当徳川氏末造、政刑廃弛、内外多事、君夙以澄清天下自任、惟時運之未至、奈行事之多違、麑海波濤、投身而僅免南海炎瘴、負罪而両遷其他臨危瀕死者屢矣、而君憂国之志、百折不撓、余之不肖、早歳窃慕君志、君之在遷謫、上書藩庁、請赦遷者三、及其起而用事、相従効力、時長藩与幕府構隙、封境自守、四隣環視、孤立無援、余謂謀王室中興、非薩長相合則不可也。今両藩情意不通、互懐猜疑、誠非得計、木戸孝允長藩巨擘、君及大久保、小松諸彦、一与之会晤、則事必諧矣、因画赴長之策、君亦以為然、余乃単身入山口、与其有志輩謀、促孝允至京師、与君等一見、両藩之交於是始固矣。方是時、幕府周防甚至四方慷慨之士、触刑遭禍者、不可勝計、余東西奔走、屢冒危険、遂得達其志者、豈非由君周施保庇之力耶、戊辰之駅、余以参謀督軍、討賊于越後、君在麑島聞之曰、勿使了介死也、即率兵而至余時軍于関山、先遣村田致意、約以合兵、匡攻其後、余之討榎本武揚等于函館、君又牽兵赴之、藩主贈手書于余、且賜金犒労将士、君自帯以致之、嗚呼、余之与君、終始共事而国事艱難之際、戎馬倥偬之中、救護之至、情誼之厚、父師不啻、今乃不能報之恩、哀哉痛哉、追君居帥府列台閣、余亦在東京、日夕相視情意益洽、国家機務、雖不敢語他人者、必以告、余壬甲冬、余在函館、聞君将赴麑島、諸友止之不可、余直乗舟而駛、将往以留君、舟至常陸洋、汽罐壊不能進、乃冒風浪、棹軽舸上岸、星夜馳至、則君已上路矣未幾還京、会樺太之案起、君将請于朝、置鎮営於北海道、自都督之、使篠原将樺太戍兵、因遺書曰、吾与子、情誼甚厚、当共同死生、北海道子所管之地、我北行之意決矣、遂謀之於当路諸公、事未行、而廟議又有朝鮮之案、君折柬与余云、樺太之案、与魯国相渉、非旦夕所能弁、韓事則太促矣、機不可失、我請自行、鎮営之挙吾不能践約矣、先是余請于朝使韓、廷儀不許、令君致其旨、至是、余謂君曰、韓事僕之所嘗請、朝廷遣使、則僕当任之、君国家柱石、不宜軽動又謂当路諸公曰、今論争之軽重、宜以樺太為先、然廷議若先韓事遣西郷、則吾請代之往、已而君終以意見不合、辞職還国、余就其小梅村之寓居而別、君謂頃者廷議紛紜、我言不行、吾亦厭世故、上表卸任、意甚安也、余知其遂不復出也、乃曰先生已厭世故而去、此生必莫相見之期、祗当黄泉図再晤耳、初篠原亦与余約将赴樺太、既為講究其地理形勢、至是遺書於余白、事勢至此、吾不忍独留違約之罪、当謝之于地下耳、遂罷職而帰、村田自欧洲還、亦従君去、君在郷里日与其徒出遊山野、以田猟為楽、若置世事於度外者、人莫能測焉、私学党之変作、余謂君必不誤名義而甘作乱賊也及大山県令遣其属僚上変、聞君及村田、篠原等無他、益信所見之不差、因請馳至鹿児島、与君相謀、以処其変、豈料君已為乱人所推、率之東上、既於熊本、与官兵開戦、事聞、朝廷下詔声其罪、遣兵討之、余以為大義所存、豈遑顧其私、遂奮請効力、於是、奉命赴麑島、又督兵至八代攻其後、凡所以困君者、無所不為、嗚呼昔之同甘苦共患難、視猶父師者、今則戎馬相角、于戎相加、豈不痛哉豈不痛哉、君負海内重望、声名炳耀於天下、雖児童走卒、莫不識有西郷、今胡為乎身為乱首、以至横戸原野、吾不知其何以而然也。豈君為諸士所擁、而進退不能自由以至此邪、将其平生相結納之深、情義有不得已者、而以身殉之邪、抑君過慮朝政之有失意、欲匡正之而格于形勢、終至尋干戈邪、千思万想、吾終不知其何以而然也、黄泉再晤之言、果成凶讖矣、惟平生相与之厚、不堪俯仰今昔之感、故歴陳往事、以告君之霊、中情之切、不自知言之絮煩無次也、嗚呼痛哉哀哉。

右は黒田伯が自ら幾度となく推敲せし処のもの。何故か生前これを世に出さざりしと云ぅ。一読してその衷情の切なるものを見、再読してその俠骨の稜々たるものあるを見るべし。

第9章　福岡の変

軍略定まる

福岡荒津山下大円寺町内田良五郎の邸宅および福岡土手町《どてのちょう》小河孫次郎の宅を以て集会所に宛てたる福岡志士は、ついに薩南呼応挙兵の事を決し、吉田真太郎、川越庸太郎を派して、人吉に屯せる薩軍本営に旨を通ぜしめ、三月十九日、平尾山西麓穴観音に同志相集まり、将に起すべき福岡軍の大隊長を選ぶ。越智彦四郎、武部小四郎選ばれて大隊長に任じ、自余の副官、小隊長等の頭目はこれを大隊長の選ぶ所に委す。

総軍八百五十、銃器は各自これを携え、剣槍またその選ぶ所に委せ、三月二十七日の夜を以て事を起すの約成る。その軍編制頭目等左の如し。

大隊長＝越智彦四郎　大隊副官＝久光忍太郎　同＝武部小四郎　同＝舌間慎吾　小隊長＝久世芳磨　小隊長＝大畠太七郎　同＝加藤堅武　同＝村上彦十　輜重部＝大野卯太郎　輜重部＝内田良五郎　使番＝八木和一等にして、時に薩軍敗れて田原坂を捨てたるの時なりき。

三月二十六日夜、福岡軍の領袖は福岡地行三番町西牟田安内の家に会し、檄文、軍律、方略を議す。

「檄　文

それ政府の責任は、国民の幸福を保全するにあり、しかりしかして我が日本政府には二、三姦賊要路に当たり、上は天皇陛下の聡明を欺罔し、下は小民塗炭の疾苦を顧みず、忠誠の士を擯斥し、言路を壅蔽し、愛憎以て黜陟し苛税収斂至らざるなし。唯一朝の利害に眩惑し、国家無疆の公道を忘る、その理に逆らい人心に悖る、実に国家の蠹害に非ずして何ぞや。我が軍微力を顧みず、敢えて一死を以て大義を天下に明らかにせんとす。同胞三千余万の権利を維持し永く日本帝国の康寧を祈らんとす。故に檄を有志各位に伝う。こいねがわくは人民の義務国家衰頽を座視するに忍びざるの微衷を了察あらんことを。

軍　律

第一条　指揮官の命令に違背する者
第二条　猥りに人を殺害する者
第三条　民家に放火する者
第四条　人民の婦女を姦淫する者
第五条　窃盗する者
第六条　私に逃走する者
　前条に触るる者は厳罰に処す

軍　略

上策　鎮台分営福岡城を攻撃して兵器弾薬を奪い、県庁を襲撃して官金を掠め、勢いに乗じて博多湾に碇泊軍艦を奪い、直ちに大阪に至り君側の奸を除き人材を挙げ、政府改革の議を直奏す、これを上策とす。
中策　兵器および官金を掠奪するも、軍艦を取る能わざれば福岡城に拠り、官軍の糧道を絶ち薩兵の応援をなす、これを中策とす。
下策　兵をまとめて大休山《おおやすみやま》に登り、南関に向い官軍の背後を衝く、これを下策とす。
軍律、軍略成るののち特別方略を定む。
一、越智大隊長は中島以西に集合すべき兵約四百を率い福岡城を襲撃すべし。

二、武部大隊長は中島以東より集合すべき兵約四百を率い県庁および警察を襲撃すべし。」

と、二十七日、越智、武部は檄を飛ばし、同志村上彦十を中牟田の寓居に招き、

「明二十八日午前一時を以て兵を挙げ、薩軍の外援をなさんとす。中島橋以東の兵は県庁並びに為替座を襲撃し、同橋以西の兵は福岡城の留守台兵を攻撃すべし。また村上小隊は西新町警察分署並びに懲役場、福岡大名町電信局、警察分署を襲いたる後、城南大休山《おやすみやま》に会合すべし」と。

村上すなわち帰りて、同志を廉原山に集む。会するもの市丸義彦、今田鎮八郎、青崎清生、高山駿、藤田甚兵衛、大庭寿八郎、神崎某以下二十八名なり。

当時山県参軍、博多を過ぎて、官軍の福岡にあるものほとんど戦地に赴き、福岡兵営に留まるものわずかに一箇小隊にして、巡査もまた戦地方面に出動するもの四百名に達し、福岡に残るはわずかに百七八十名の少数なりき。福岡志士はここに乗じ兵を挙げて、薩軍に呼応せんとしたるなりき。

福岡城の襲撃

二十八日午前二時、檄を得て集まりたる越智軍は早良《さわら》郡原村宮の森に陣す。大隊副官久光忍太郎、参謀船越間道ら九十名、村上彦十、加藤堅武、大畠太七郎ら小隊長たり。村上小隊は紅葉八幡にあり、武部軍は大隊副官舌間慎吾、平岡浩太郎らとし住吉神社にあり、越智軍福岡城を襲いて火を放てば、各軍一斉に同城を攻撃するの約あり、全軍みな機の至るを待つ。

村上小隊は八尋清五郎、近松四郎、猪股運八、森捨生、市丸義彦ら五十名と共に先ず西陣町役場を襲い、さらに警察分署を襲い、ついに福岡監獄藤崎分監を襲う。看守的野勝也、福岡軍とかねて機脈を通じ内部よりその門を開く、村上ら獄内に入りて、秋月の国事犯人監者その他同志にして入監せる渡辺佳処、成井亀三郎を救い、越

智隊の襲城合図を待つもついに火の手を見ず、やむなく城南大休山《おおやすみやま》に引き揚ぐ。

越智隊長の率ゆる本隊は、同志の来着を待ち、ここに始めて進軍を開始し、小隊長加藤堅武は七隈原《ななくまばる》より第十四大区調所を破り米庫を開きて、糧食を徴発し勢に乗じて福岡城を襲う。参謀船越間道は大畠太七郎の兵と合し後門より福岡城に迫り、二之丸桐木坂の塁壁に肉薄す。城兵これに応じて弾丸の応酬盛んなり。しかれども、もとより衆寡敵すべくもあらず、殊に一つは調練の兵、一は意気の士、ついに敗れて大休山に引き揚げ村上の一隊と合す。その途、火を民家に放つ。

住吉神社に陣せる武部軍の一隊は、副官舌間慎吾、平岡浩太郎、尾形到、加藤直吉、清原強之助、中野震太郎、宗夢也、森震志、森寛忠、松本俊之助ら二十余名に足らず、越智軍が放つべき福岡城襲撃合図の火の手いまや挙がると待つこと久し。しかも兵の集まるもの寡少にして、東天将に白からんとす。折柄越智軍がその引き揚げに際して放ちたる民家の火は炎々として住吉社頭の西南に当って燃えたり。平岡ら直ちに身を挺してこれに赴かんとす。報ずるものあり「かの火炎は大休山に近し」と。武部はすでに何をか決するものの如く、越智らすでに退く。この寡兵を以て福岡城に追る、何をかなし得んや。機はすでに去れり。徒に死すべきにあらず。再挙を図るのほか策なしと。すなわち平岡、尾形、清原と共に舌間らと別れて身を隠す。

舌間らは他の志士と共に越智の滞陣地なる大休山に到る。

退却、逆襲、後進

軍略齟齬して一敗大休山に引き揚げたる越智軍は舌間らの住吉隊と合し、大休山に夜を徹して労を慰む。福岡分隊兵および巡査隊はその所在を索めて、これをここに得、直ちに越智軍を包囲し銃火を注ぐ。越智軍もこれに応戦する所あり。

しかれども到底支え得べきにあらず、野芥村に退却す。官軍および巡査隊の追跡厳なり。越智令を下して逆襲を試み、官軍敗走するを見て越智軍もまた金武、内野方面に後進す。
越智らは内野において、久世、久光、村上、大畠、舌間、船越らと軍議を開き、本部を曲淵に移し、三つ瀬より国境を越えて肥前に入り、官軍の後背を衝き、薩軍に応ぜんことを決し、直ちに曲淵に本拠を移せり。金武方面に退却せる中野震太郎も来たり会し、気勢また加わるあり。
中野が金武より曲淵の本拠へ同志と共に赴かんとする途中、飯場において同志三好徳蔵、今村平四郎、市川喜八郎、山崎浩三を傷つけ、今村ために死す。市川、宗夢也、野村祐亮、三好徳蔵を斬って今村のために報仇す。三好の今村を刺せる、その何故なるを知らずと云う。
越智軍の本隊に合せる中野の一隊は、共に三十日曲淵を発して夜三つ瀬に着し、翌三十一日佐賀県田代に達す。さらに秋月に向わんとし筑後乙隈に出づるや、前軍の舌間らは官軍のために包囲され、舌間慎吾、大畠太七郎、久世芳麿以下三十余名討死す。
舌間時に三十五、辞世に曰く、
三つ瀬山峰の松風問はば問へ　わが真心は今朝の白雪
村上は重傷を負いて捕えらる。林辰巳、能美重固、石川辺らは三沢に退却せるも、のち官軍の重囲に陥り、ついに自刃して死す。

秋月に拠る

越智、久光、加藤、船越ら七十余名の後軍は同じく田代を発して秋月に向うの途、本街道において官軍の弾薬縦列に会し、衛護の曹長および巡査六名を捕え、弾薬を奪い秋月に入る。中野の一隊が官軍のためついに擁せられて苦戦せしを知らざるなりき。

越智軍秋月に入るや、官軍は直ちにこれを探知し、大挙殺到す。越智ら秋月に入りて始めて、舌間、大畠、久世、林、能美、石川らの戦死を聞き、戦友の弔い合戦もこの世の思い出と、即官軍と一昼夜に渉りて激戦す。多く討たれて残れるものわずかに十八名、到底事の成らざるを悟り、ここに四月三日解隊を宣せり。その兵を挙げてより戦うものわずかに七日、ついに潰敗してやむ。兵に乏しく器に劣り、加うるに軍略齟齬す。その勢の窮まるもの当然なりといえども、また福岡軍のため、一掬の涙なかるべからず。

越智、武部捕わる

これより越智は、中野震太郎、玉井騰一郎、八木和一らと薩軍に投ぜんと欲して秋月を遁れ、夜須郡椎木村に出づ。浄円寺の住職は八木の旧友なれば、これに宿らんと一行八木の提言に従い四日浄円寺に宿る。浄円寺の住職慾心に迷い、八木に対する旧誼に反き、越智らの投宿せしを官に密告す。五日朝四名捕われ、大隈に護送さる。久光、松本、船越らも馬見にて捕えられ大隈にあり。諸雄相合して語なきもの少時、ただ悲惨の涙あるのみ。

夜に入り、秋月藩士にして巡査を拝命せる数名、越智、久光、中野らのため酒を勧め大いに志士を慰む。さらに福岡監獄に送らる。村上彦十、加藤堅武もまた捕えられて福岡の獄中にあり。しかれども監房を異にし、ついに相語るの機なかりき。

越智、久光、村上、加藤らの同志はすでに捕えられたり。さても過ぎぬる三月二十八日、住吉社頭より平岡浩太郎、清原強之助、尾形到らと共に再挙を図らんとして遁れし武部小四郎はいかにせしぞ。

武部は途に尾形、清原に別れ、平岡また尾形、清原に別れ独り薩軍に投ずるを得たり。清原、尾形は捕えられて福岡の獄に投ぜられたり。武部はその後十有幾日或いは山に寝ね野に伏し、のち博多上土居町田中默琴の家にありて、時勢の転変を観じいたるが、五月二日夜ついに福岡署に捕えられたり。（武部小四郎伝参照）

意気千古不滅

明治十年五月、九州臨時裁判所掛五等判事小畑美稲、一級判事補香川景信は武部、越智、久光、村上、加藤に対し厳重の取り調べを行う。五志士堂々政府当路の稗政を論じ、その所信と挙兵の理由および顚末を語る。武部の判事に答えし略に曰く、

「越智彦四郎、久光忍太郎、箱田六輔、宮川大次郎らと協議して、矯志社を建て自らその社長となり居れり。顧みれば征韓事件、台湾事件、海関税の不当、外国条約の改正等、みな政府の失態を顕出し、実に憂慮に堪えず。草莽の士百方建議するも採決の見込なきを以て、むしろ時機を待ち、兵力を以て政府を改革せんと決心し、事を民権拡張に託し、ますます同志を募る。いよいよ西郷ら熊本に乱入せしを以て当県にても士族輩人気動揺するについて、三月七、八日頃、越智らと会合、いよいよ挙兵の事に決し、投票の結果自分と越智と大隊長に当ることとなり、三月二十七日、越智方へ行きし所、該夜いよいよ兵を挙ぐることに決し、自分は舌間、森大隊副官を率い県庁に向い、二十八日午前二時襲撃の筈なりき云々。」

判事らすなわち罪を断じて斬罪に行う。

福岡県下筑前国那珂郡西職人町　士族　越智彦四郎（二十六年）

その方儀、朝憲を憚らず党与を募り、兵器を弄し、官兵に抗し、逆意を逞しゅうする科に依り、除族の上、斬罪申し付く（明治十年五月一日）

福岡県下筑前国那珂郡船町　士族　武部小四郎（三十一年）

その方儀、朝憲を憚らず党与を募り、兵器を弄し、官兵に抗し、逆意を逞しゅうする科に依り、除族の上、斬罪申し付く（明治十年五月四日）

福岡県下筑前国那珂郡平尾村　士族　久光忍太郎（二十五年）

その方儀、越智彦四郎の逆意を佐け、衆を集め、兵器を弄し、官兵に抗する科に依り、除族の上、斬罪申し付く（明治十年五月一日）

福岡県下筑前国早良郡西新町　士族　村上彦十（三十五年）

その方儀、越智彦四郎の逆意を佐け、兵器を弄し、官兵に抗するのみならず、懲役場へ乱入し、罪人を解放せし科に依り、除族の上、斬罪申し付く（明治十年五月一日）

福岡県下筑前国遠賀郡戸畑村居住　士族　加藤堅武（二十六年）

その方儀、越智彦四郎の逆意を佐け兵器を弄し、官兵に抗するのみならず、民家に放火せし科に依り、除族の上、斬罪申し付く（明治十年五月一日）

又、森寛忠以下処刑者人名左の如し。

懲役十年　福岡県士族　森寛　忠

同　同　加藤大三郎

同　同　平民　八木　和一

同　同　士族　花房　庸夫

同　同　有馬　彦馬

同　同　竹内恒三郎

同　同　財津十一郎

同　同　吉田　虎彦
同　同　中村　直行
同　同　森　七郎
懲役七年　同　白梺稟太郎
同　同　森　震志
同　同　平民　船越　問道
同　同　渡辺　佳虎
同　同　士族　武部　彦麿
懲役五年　同　大木彰之介
同　同　久野　一栄
懲役三年　同　久野伴十郎
同　同　徳末　楯夫
同　同　田分政太郎
同　同　大野卯太郎
懲役三年　同　福田　静雄

すなわち死刑五名、懲役十年ないし三年二十二人にして、懲役二年三百三十人、懲役一年六十五人、懲役百日一人、除族二十四人、収贖二人、免罪三十一人なり。しかして戦歿者の数、実に八十余名ありき。

久光忍太郎辞世

とふ人も絶えて渚の捨小舟　浮くも沈むも波のまにまに

武部小四郎辞世

世の中よ満れは欠る十六夜の　つきぬ名残は露ほともなし

越智彦四郎辞世

咲かて散る花のためしにならふ身は　いつか誠の実を結ふらむ

あらうれし心の月の雲はれて　死出の山路も踏まよふまし

武部刑につき劊手正に馘せんとしてその言わんと欲する処を問う。武部従容として、「諸君忠君愛国を忘るるなかれ、またこれを天下の志士および豚児に伝えよ。身を殺して国に殉じ、私を棄てて義に就け」と。劊手すなわちこれを斬る。体姿屹然として、生前と同じ、劊手驚嘆してその身首を異にしてしかも姿勢崩れざるは始めて武部に見ると大いに感ず。

さきに薩軍に使せる川越、吉田の二人は、留まりて薩軍のため各地に転戦し、吉田は官軍に捕えられ、川越は城山に西郷と死を共にして自刃し畢んぬ。西郷の軍は肥後に敗れ日向に転じ、可愛山に奮戦せしもついに九月二十四日、西郷以下城山に戦死し、人をして永く壮烈と悲哀を歌わしむ。

ここに征韓論の余沫、完くその終りを告げ、新政府呪咀の声は民権伸張、民撰議院建議をなすに至れり。

ああ壮士、義を詢《ママ》えて義に殉じ、約を盟って約に死す。常人これに倣うべからずといえども、その志は報国にあり。名を捨て実に酬う、もとより高風の士にあらずんばこれをなし能わず。誰か福岡志士のなす所を見て、軽挙事を好むと云わんや。誰かその志を憐んで涙なからんや。稜々の意気、千古滅せず、往いて千代の松原に志士の墳墓を展ず。水光山色悲に勝えざるものあり。

勤王婆さん

天拝山頂一片の月、兵甲野外の臥《むしろ》に戎衣濡れて、夢に家居を想い、家居また夢円《まど》かならずして軒を払うの風、扉を打つ雨に、心痛めて敗竄の夫を想い、親を思い、兄弟《はらから》を想う。惨れ《ママ》にもまた悲し。

ここにかつて、大阪朝日新聞紙上に掲げられたる、志士家人の談話を録して、しばらく当時の状態《さま》を忍ばんか。

「勤王家平野国臣らと共に国事に奔走した人は福岡藩に少くない。外部で働いた平野国臣と相呼応して、藩の内部にあって勤王の大義を唱えた人には、加藤徳成、建部武彦らがあるが、何れも慶応年間切腹を仰せ付けられた。ここに贈従四位建部武彦の一子武部小四郎（故あってのち建を武に改む）は父の薫陶を受けて王事に奔走したが、明治維新となって以来はもっぱら西郷南洲らの豪傑連と交を結び、また一方板垣伯らとも交わって盛んに民権論を主唱していた。明治十年南洲挙兵に当って箱田六輔、頭山満、進藤喜平太氏らは国事犯として獄に投ぜられたので、三月二十八日武部は越智彦四郎、平岡浩太郎氏らとともに福岡に兵を挙げて遥に南洲に応じたけれど、のち捕えられて、十年五月三日その三十一歳の時、除族の上断罪に処せられた。勤王お婆さんはすなわちこの武部小四郎の未亡人とみ子（当時六十四《ママ》歳）の事である。

とみ子の父の権大参事小河愛四郎と云う人は福岡藩の贋札事件の罪を一身に被た人である。武部、小河家を始めその親類縁者には義を重んずる憂国の熱血児が数多あった。親から子、子から孫にその熱血を伝えられたとみ子未亡人は、また気丈な婦人である。武部は五月三日『県憲《ママ》を憚らず党与を募り兵器を弄し官兵に反抗し逆意を逞しゅうする科に依り除族の上断罪申し付くる』との言い渡しを受けて断頭台上の人となったのであるが、とみ子未亡人の語る処によれば、『その頃私は七つになる鹿助と三つになる芳吉の二人と共に福岡船津町にいましたが、詮議が厳しいので地方の親類の宅に潜伏しましたが、ここも何時しか巡査に見出されて毎日毎日小四郎などこに隠れているかヤレ誰はどこかとの詮議、それも夜中に突然来て靴を穿いたまま上り込んで長持の中や押入れの中を掻き廻す、脅迫する、賺すと云った風でした。私は夫の潜伏している処や同士の居所を良く知っていたけれどとうとう白状せずに通しました。その後あまり詮議がうるさいので、宮川太一郎氏の物置小屋に潜伏した所以前出入していた町人共がこれを見てみな泣いてくれました。その後夫は捕縛せられて断罪となりましたので、当時里方が博多で仕立屋を始めていましたから私はその方の加勢に四、五年行って、子供は頼んだぞとの夫の遺言に背かぬ様にと心を尽しましたが、その頃世間の人は私達の事を賊屋だの賊の仕立屋などと云っていました。私はいくら賊軍だ賊の家内だと笑われても心に信ずる所がありましたから一向何とも思いませんでしたが、同志の遺族の御方達には殊にお気毒だと思いました云々。』とみ子は親類からしきりに再婚を勧められたけれどこれを拒絶して小学校の教師もした。自宅で十年ばかり五、六百人に対して裁縫を教えたが、これらの者に対し一日として君恩の重い事や国家に対する忠義等の事を説かぬ日はなかったので、昔は賊屋々々と呼ばれた者が今は勤王お婆さんと呼ばれて尊敬を受けつつ現今福岡市外春吉町の六軒屋に壮健に暮している。」

殉難志士

福岡の変難に殉せしその主なるものを挙ぐれば左の如し。
越智彦四郎　武部小四郎　大畠太七郎　川越庸太郎　月成元雄　小林久磨　久光忍太郎　村上彦十　舌間慎吾　加藤堅武　久世芳磨　加藤太一郎　江上述直　中島庸一郎　近藤真五郎　安村惣太郎　長谷彦太郎　永富昌　石原栄　青柳義見　原口金太郎　石田璞磨　服部足巳　水島清　大原茂八郎　黒田平六　力丸嘉一郎　佐藤信磨　中田近三郎　吉村福十郎　小野篤之助　江上清　大神芳　母里原度　小島伊三郎　泊伴次郎　徳永六郎　能美重固　柴田方作　渡辺逸郎　狩野卯之吉　佐野早太　永浜森市　平川嘉三次　松浦昇之　富永実　三好徳蔵　喜田

原九郎　船越平九郎　自柿凛太郎　保田乙彦　石部敬吉　内田惣五郎　陶山仁兵太　吉野貞五郎　福竹武平　林辰巳　秋岡美信　高木安吉　樋口三一郎　大村徹七　高田耕四郎　岩尾吉之助　岡部　屼的野勝弥　石川辺　高田徳一　花房饒　江藤優　石川流　蓑原秀彦　三笘彦三郎　小川軍　中村虎吉　川庄喜徳　人村平四郎　吉安謙吾　力丸豪雄　原覚　林鱗　森正巳　高山義一　野間浅次郎　野口茂　高村茂三　佐野円太　松井四郎　佐野与十郎　村山稔　田中伝　阿部勝三郎　松尾栄太　津野徳　田隅六七郎　志田隼太　中村狂太郎　水野彦四郎　水野乙吉　水野辺　吉井藤馬

等にして墓は東公園元寇記念碑の下、砂白うして松林深き所にあり。殉難志士の墓碑は越智、武部のものを東方正面に並べたて、他は三方に整列して外廓繞らすに鉄柵を以てす。矯志、強忍、堅志社の後を受けたる玄洋社員明治十二年ここに招魂碑を樹て、名づけて「千代松原招魂碑」と云い、毎年四月二十七日墓前に招魂祭を挙行し遺族知友みな参拝す。この日玄洋社員青松の下、白砂連なる所に莚を延べて遺族を賑わす。その故人の追懐談、人をして目を湿わさするものすくなからずと云う。春風秋水幾十歳、幽霊眠り静かにして翠松また永く褪せず。招魂碑文は竜田懋吉の撰に係り関秀磨これを書す。その文に曰く、

「吾県越智、武部、久光、舌間等之挙㆑兵也、将㆑鎮㆘薩隆盛与㆓官軍㆒抗戦之日㆖、亡㆑何、越智諸士敗而所㆓擒斬㆒。間者与㆓彼徒㆒、曽親善者、来謁㆑余謂曰、嚮日朝廷遣㆓使於韓国㆒、韓人答詞不遜、西郷及一二臣、温㆑受㆓国辱㆒、廷争請㆔往而責㆓譲之㆒。衆議不㆑協、竟免㆑官云。江藤氏固㆓執其議㆒、遂至㆓以作㆒㆑乱。明治七年佐賀之役、諸子頗請㆔調停以有㆓其罪㆒。而朝官不㆑可。江藤氏敗後、又与㆓西郷、桐野等㆒通、与㆓四方従遊士㆒交、慫慂不㆑已、西郷以謂、殊任㆑事者、抱㆓蔵奸慝㆒厭㆓廃己㆒也太甚。十年二月将㆘詣㆓闕下㆒抗疏㆖、而途所㆓扼掣㆒。朝廷遽降以㆓征討之命㆒。諸子謀曰、西郷氏、当㆓維新之際㆒、固有㆓丕《ママ》績㆒、名爵倶崇、海内所㆓推崇㆒、抑沈痛以至㆑此、且熊本、山口、秋月之乱相続不㆑已者、豈曰非㆓民人怨痛之所㆒㆑致乎。今躑㆓躅中道㆒、志願不㆑能㆑伸、連延移㆑時、恐有㆑隕㆑命。不㆑如速赴㆓東京㆒而諫奏

焉。彼若不レ遂レ志、則我輩成レ之。乃急募レ士得二六百余人一。皆曰、以二此衆一直進、必所二沮遏一、何不下襲二官軍不意一然後発上也。於レ是三月廿八日昧明、襲下公庁及分営在二城中一者上、而事卒不レ済而死。我等議曰、彼之暴挙、罪固不レ可レ辞、然患二天下之事一、欲レ皇二張国体一、義気勃勃、不レ堪二憤踊一。済与レ否、委二之命一、奮進致レ身、苟不レ顧レ死。其操切激昂、寧可二泯没一乎。乃請レ亭二祀于招魂場一。官允可。因建レ石記二姓名一。又将下刻二碑文一以著者中公上寛恕之恩上、俾丙後世一知乙志所甲レ存。不レ可下以二区々一論上矣、敢請。余諾、即紀二客所一レ言如此」。

第10章　福岡志士と高場乱

福岡の勤王党

矯志社々長武部小四郎、強忍社々長越智彦四郎、向陽社々長箱田六輔、玄洋社々長平岡浩太郎および頭山満、進藤喜平太、宮川太一郎、来島恒喜、本城安太郎らが高場乱の門下生たることはすでにこれを述べたり。いま高場乱と福岡志士との関係を述ぶるに当たり、しばらく逆行して、幕末福岡の勤王党を記するあらんとす。

幕末福岡に藩主たりしは、黒田美濃守長溥《ながひろ》にして、長溥は薩藩より入りて黒田家を継ぐ。当時の薩藩形勢を知るものは、長溥が時事に対して如何なる抱負を懐きしかを想見し得べく、彼の桜田の変、水戸烈士の斬姦状に言うあり。

「御三家御一門には、尾張殿、水戸殿、一橋殿、越前殿、阿波殿、因幡殿の如き徳川家輔佐の良将も有之外諸侯にも薩州、仙台、福岡、佐賀、長州、土佐、宇和島、柳河等、天下のため忠憤の念日夜不怠、有志の諸侯不少候得ば、内はすなわち御家門家来輔佐将軍もっぱら内政を修め外はすなわち有名の諸侯一意忠力を尽し武備を整えなば神州の恥辱を一洗して、叡慮を奉安候事、天地に誓いて疑い有之べからず」と。

また文久二年京都寺田屋の変に死したる有馬新七の都日記安政五年の条に、

「筑前福岡城主黒田美濃守、近日国を立ちて江戸に下り給う由なれば、これを大阪伏見の間に滞り居玉ら様に、近衛殿下より仰せ下され度き趣申し奉り、黒田侯の滞在を期とし四方一時に勃興の策なり」云々と云い、又吉田松陰の幽室文稿に曰く、

「松島瑞益与赤川至具云云貴説日薩藩襲彦之議止越老侯将脱走帰国預其議者近臣十数名而已薩士五十名約護衛其前後云、筑前侯様参府出国至京駐駕因侯乗此時上京謝実父水戸老公冤於是薩侯越老公亦上京焉四侯会二条城奉勅除幕府奸吏若吾藩已不能加薩越又不可譲筑因乗四侯会京直走江戸責彦根江正義以内応四侯期約已定事決不待明春也」と。

これに依るも長溥がいかに志士興望の集点たりしかを想見すべし。水戸降勅ののち大藩十三藩に賜勅を降されしものの中に福岡また加わる。藩侯すでにかくの如く、下またこれにならわざらんや。殊に藩儒亀井南冥、月形深蔵ら、つとに勤王を説きて子弟を導くあり、藩中勤王に志すもの勃然として起る。勤王党あれば佐幕党ありしは当時、各藩その情勢を一にす。福岡またこの軋轢あり、文久三年八月長州招賢閣にありし三条公以下の七卿、危期迫り流離貶竄福岡に下る。月形洗蔵ら勤王の士これを大宰府に迎えて奉仕はなはだ厚し。咄、何事ぞ、藩内の佐幕党幕府の虚勢に眩し、また薩長一味の党と相結び、藩公の聡明を蔽うて漸次その勢を得るや一朝にして藩論を覆し、慶応乙丑秋十月大獄を開き、藩老加藤司書以下烈士二十二人に対し尊王攘夷を主張したるの故を以て、これを斬罪に処し或いはこれを自裁せしむ。

十月二十三日（於桝木屋斬罪十五人）

月形洗蔵洋（三八）　海津幸一正倫（六三）　鷹取養巴惟寅（三二）　森勤作通寧（三五）　江上栄之進武要（三

二）　伊藤清兵衛勝益（三五）　安田喜八郎勝従（三二）　今中祐十郎守直（三一）　今中作兵衛守忠（二九）　中村哲蔵敬信（三一）　瀬口三兵衛善和（三〇）　佐座健一郎義直（二六）　大神壱岐徳一（三二）　伊丹真一郎重本（三三）　筑紫衛義門（三〇）

十月二十五日夜（於承天寺屠腹）

加藤司書徳成（三六）　斎藤五六郎定広（三七）

同夜（於安国寺自裁二人）

建部武彦自強（四六）　衣斐茂記直正（三四）

同夜（於正香寺割腹三人）

尾崎惣右衛門朝雄（五四）　万代十兵衛常徳（三一）　森安平信度（三八）

附記　伊丹真一郎は佐幕党喜多岡勇平を暗殺せし旨白状、大袈裟に処せられ前に獄に投ぜられしが脱牢して水死したるを、藩吏これを汐漬となし二十三日斬首せりと云う。加藤司書以下の介錯役は稲岡襄一、長野三平、長浜左久馬なりと云う。

当時福岡藩勤王の士として、もっともよく四方に知れたるは、平野次郎国臣なり。国臣は沢卿を奉じて生野に義兵を挙げしもついに敗死す。この他福岡藩士および農商の徒にして勤王のため奔走したるものには中村円太、中村恒七郎、堀六郎、斎田要七、野村望東尼、野村助作、中原出羽、戸次彦之助、吉田太郎、上原太内、権藤幸助、城武平、権藤喜八、中村要六、八代利征、石蔵卯平、釘本久平、岡都謀助、高橋正助、三隅宗五郎、一鬼道左衛門、城水甚六、帯尾治兵術、江上澄らあり、これら福岡藩における勤王党の源流を探ぬるに国学にその源を発するあり、また漢学に基づきたるあり、国学に発したるものには二川相近、青柳種信、尾崎惣右衛門、平野国臣、江上澄およびその子栄之進あり。

漢学にその源を発するものに二派あり、一つを月形派とし、一つを亀井派となす。

月形派には、月形深蔵および深蔵の弟長野誠、月形洗蔵、伊丹三十郎、吉富杏林、長尾正兵衛、魚住三郎八、早川勇らあり（貝原益軒の学統は多く佐幕派に走れり）。

亀井派には世に云う亀井五亀（南冥、曇栄和尚、昭陽、大年、大壮）勤王の志に厚く、南冥が閉門に付せられたる如き、藩公南冥の志す所を幕府に憚るが故なりと伝う。

亀門より出づるもの広瀬淡窓、青木苓洲、江上苓洲、完岡良亮らあり、高場乱の学統また実に亀井派に属す。

思うに福岡の勤王党なるものは、他藩に比し決して遜色あるものにあらず、しかもつとに薩長の間に介在してその融合提携を斡旋し、五卿を太宰府に迎え、国論を定めて皇謨の伸弘に力むる処ありたりといえども、彼ついに彼の乙丑の変によって有材みな難に逢い、維新の大業成るに及んで人材を求むるも済々たる多士すでに滅びてあらず。

春風秋雨将に干支一還元墓上の草離々として寂たり。

脈絡相伝う勤王の血

幕末尊王攘夷の論起りてより志士東西に往来し、蕭殺の気天下に満ち、福岡藩また勤王の士起ちて、大いに王事を談ず。万緑叢中紅一点、繊々たる巾幗《きんかく》婦人のこれに介在するを見る。これ望東尼野村女史ならずや。

野村望東は福岡藩士浦野重右衛門が三女にして、母は粕尾郡植木村農今泉与七の女、望東、元の名を「もと」と云う。

二十四歳、同藩野村新三郎に嫁し、四十二歳夫貞貫と共に平尾山麓に隠退し、山水に心をよせ風月を楽しむ。つとに新派歌人大隈言道について和歌を学び、すこぶる高調あり。また言道に書を学ぶ。

夫貞貫、望東五十四歳の時に当たりて死す。これより松月庵望東尼と称し、明光寺元善和尚に参禅し、心を国事に委ね、勤王の志厚し。志士のために図りて、時に高杉東行を山荘に匿れしめ、或いは月照を隠す。月形洗蔵、中村円太らの国事を談ずる皆この山荘においてす。のち捕われて姫島に流され、長州の志士に救われて、三田尻に余生を送り、慶応三年六十二を以て終る。

望東の山荘にあるや、高場乱また時々これを訪うて教を受け、或いは時事を談じ、望東の高風を慕う。

筑前由来女傑多く、亀井少琴あり、原采蘋、野村望東、高場乱はもっともよく世に知られ、少琴、采蘋ともに経学に通じ、王事に志厚きもの、高場乱と合せて、亀門の三女傑と称せらる。これら巾幗婦人が、その家門に、またその師によりて受けたる勤王の血は、甲より乙に、乙より丙に、脈絡転々相伝えて、ついに矯志、玄洋各社の志士健児を起すに至れるなり。

酒可用不可酔

高場乱《おさむ》、幼命を養命、諱を元陽、乱はその通称なり。家は筑前住吉字人参畑にあり、世々眼医を業とす。母は坂巻右門の姉なり。乱幼より坂巻周太郎に師事し、また亀井塾に出入して経学の講を受く。周太郎は右門の子にして乱の従兄なり。亀井門下に学び、上野友五郎と共に当時亀門の聯璧と称せらる。

乱、歳十六梨棠雨を得て春花将に綻ぶ、すなわち男を迎えて婿として家をなす。しかれども元陽もとより家事の繁瑣を好まず、殊に配婿甚だ凡庸、乱これを離別し家を棄て、固く孤閨を奉じて坂巻塾に投じ、ますます研学に努むる所あり。のち新たに人参畑に家塾を設け「興志塾」「空華堂」と称す。人呼んで「人参畑の先生」と云う。

四方の子弟、笈を負うて集まる。彼の学統は前に述ぶるが如く、亀井派より出で、もっぱら古学を主とし、尚書、周易、論語、史記、左伝を授けまた三国志、水滸伝、靖献遺言等を講ず。印刻の書を用うる事を禁じて、皆これを手写せしむ。その書を講ずるや、章句に泥まず、大綱を説くのみにして、細論はこれを書生の研究に委す。滔々懸河の弁、時に談論風を発し、時に激揚声涙ともに下る。その三国志を講じ、史記を論じ、また靖献遺言を説くや、意気淋漓、抑揚の看吐、舌端正に燃えて、講聴するもの、女史の壇上にあるを忘れて、ただ篇中の忠臣、節婦、英雄豪傑等眼前に髣髴するを覚え、自ら拳を堅握し、頭熱し、血湧くものあり。後来その門下より、気を負い、悲歌慷慨任俠義に殉ずるの士を出したる故ありと謂うべし。

その塾則に曰く

「一、朝事、親友の吉凶、薪水の外、夜行無用の事。
一、出入必声可致事
一、寝而書見無用夜中は別儀
一、講談の節雨具無用の事
一、室内にて力遊無用庭前は宜事
一、孌童無用の事（男色の事）
一、酒可用不可酔候事但食時乱行無用
一、眠睡候時寝可申覚而怠間敷事
一、口論無用の事
一、田畑の物荒す間敷事
一、家の廻り毎朝当番より箒入可申事、但紙喰殻散す間敷事
一、休日、朔日望八月二十三日、但節句前夕より二夜帰宅宜事

壬申三月　　　　　　　　　　　　　　　　元　陽

円中来遊の人、この則背候事有間敷候、尤も遠客一時の来臨にても相背候人は以来出入相断候以上」

右塾則を些細に点見せよ。夜間外出を朝事（朝庭の事）、親友の吉凶、薪水に限りたる、その志の一斑を想見すべく、講読の節雨具を着するを禁じ、室内の力遊びを禁じ、孌童（男色）を無用と叱し、口論を禁じ、田畠の物荒すなかれと訓め、紙喰穀散す間敷事と云う、当時の塾生がいかに腕白なりしかを推測すべし。その酒可用不可酔候事と特記する所、訓めて、誠に妙なり。

県令の首と倶に捧げよ

乱は慷慨の女丈夫なり、気を尚ぶの女丈夫なり、落々たる気宇世を蓋い屹々たる志、眼中また人なし。常に大刀を腰に横たえ、髪を茶筌に結びて、袴を着し馬に騎す。酷寒といえども重襦を用いず、単褥を重ね、随って垢つけば随ってこれを脱す。常に竹皮を以て製せる甚八笠を被りて傘を用いず、居常あたかも男子の如し。その養子、応は乱を呼ぶに母と称せずして「父」と云う。乱かえってこれを喜ぶ。

かつて土佐立志社の一青年九州に遊び、彼をその塾に訪い天賦人権を説き、民権伸張を談ず。女史終始一語を発せず、青年のこれを説きおわるを待ち、嗤笑を含んでその顔を覗き、放屁一番呵々大笑す。青年これを聞き色を失い再び言う能わずして去る。明治十年五月、乱の門下生にして、矯志、強忍社の社長たる武部、越智以下百余名、薩南の風雲に呼応して乱をなし、その敗れて捕えらるるや、時の県令渡辺清、乱《おさむ》また必ず事に携るものと猜し、女史を捕えて獄に下し、糾弾はなはだ厳なり。女史あくまでその与り知らざるを答うるや、時の判官乱に謂うて曰く、

「その方たとい謀反の一条与り存ぜずといえども多数の子弟を教養し、しかもその門中に反乱の徒を出す。日頃門人不取締、不行届の段、不埒至極、到底罪科免るべからず、刑、死に当る。」

と厲声す。女史平然これに答えて曰く、

「拙者門下より乱徒出でしの故を以て罪死に当るものあらば、喜んで刑を受くべし。しかれども県令その治下に反乱の徒を出す、罪果して如何。日頃県民不取締り不行届きの段これを如何とかなす。刑まさに死に当るべし、希わくば不省高場乱同様、罪我仰せ付けられ、我が白首と県令の首とを陛下に捧げよ。」

と辞令従容法廷を圧す。ここにおいて判官これを如何ともなす能わず、ついに放還す。

また向陽社の塾名に関し、箱田、平岡と争う。乱すなわち一書を送って曰く、

「予雖不歳、自幼時威武富貴不動心諸君所知也、畏強抑弱君子不可為然而諸君於目前之利、微々塾名之争可嘆哉、予大意清明之論、猶不明白、三日提利刀可来於私堂、洗白髪少分之一首可進、戒諸君後世之笑可不懼乎。

十二月二日　　高場　乱

箱田
平岡　両君

外諸君」

また以てその稜々たる意気を見るべし。かの来島恒喜が大隈に爆弾を投じて自刃せる時、女史藤岡某に、

「二十五日の貴書二十六日披見。しからば門弟来島兇行に付き進藤その外の諸弟は、昨二十六日午後放免に相成り候。御安心可被下候。次に東京にては、月成功太郎、大神勲、大神光、浦上勝太郎らみな門弟に候処、未だ拘引中に候、曽而来島葬式十一月一日午後二時に相きまり白骨昨日持ち帰り申し候。右につき何か紛々然にて、是非の論に不至、東京にては、二ヶ所に有之候。さて碑文の儀は相記可申置候。出来次第御送り可申候。匆々不具

高　場

古詩に老去悲秋強自寛、これら御推察可被下候。如何なる訳か門弟毎に正直に流れ、匹夫の勇に落ち、愧じ入

候儀、諸国への聞こえ甚だ残念に候也。

御一笑に

なからへて明治の年の秋なから　心にあらぬ月を見るかな」

と書を送りて嘆息し、恒喜の行う所を「匹夫の勇に落ち入り候」と言い、「なからへて心にあらぬ月を見るかな」と謂うといえども恒喜が国家の大義に殉じたる所以を考察し、その教化の功を思い、恒喜の幽霊に対し数行の熱涙を注げるや必せり。

某の年の大晦、女史秘蔵の医器、銀匙その他数点を鼠賊のために奪い去らる。女史元旦に及び覚めてのち始めてこれを知り、

めでたしや身は恙なく朝寝して　ぬすひとはよき年を取るらん

と狂歌一首をよみて、いささかもこれを惜しまず。

乱六十一歳、明治二十四年三月三十一日病を以て逝く。これを福岡市東公園玄洋社墓地に葬る。女史は誠に一世の女傑、女史を以て直に百世の師表なりと謂わば或いは異論あらん。しかれども士道の神髄を以て教化の神髄とし、大義を説いて殉忠報国を教う、殉忠報国は不朽の至言、至言即実行、女史の薫陶教化また滅びずと謂うべし。もしそれ、女史をして今の人事を見せしめば如何。千代翠松樹下、幽魂愁い多くして眠り少かならざるなきや否や。

その碑銘に曰く、

「高場先生、其先柏尾郡須恵人、名乱、諱元陽、初襲父名称延山、号空華堂、家世業眼科医、先考正山以其宗国正節幼孤未精其術也、監督其家業十余年矣、及正節、䟫福岡西部、又傷其先師高場氏之絶、昌之、初配某氏生男雲山、後配阪牧氏、生一男二女、男早夭、長女適小田氏、次女即先生也、弘化改元年、雲山応秋月侯之召、而移

藩、出山猶留在覇台、先生慷慨、有興家之志、及学医、於考及師、飯田太仲、中村北海、及漢籍、天保辛丑歳諸藩帯刀、比二十歳、考患風起臥手足莫已聴是以代考、視患者、晩而受易説於亀井陽州、学礼式於舌間忘多、皆極其奥、然性多病羸弱、養其養子応、為嗣而已、薬以儒術教授矣、有故従於人参圃、当時青年多豪俠者、先生教之和議、方遂結社号向陽、後改玄洋、亦招先生為師、明治丁丑三月及西南事起同社生多与之者、後事平面討其罪嫌疑之所連先生亦拘執、而有志譴責曰汝之教者皆有異心汝不令之罪如何、対曰小人所訓者而有他心者、皆小人之罪也乎、然則県下異志者果誰之過乎、遂許、爾後負笈来遊者、履常充戸、今茲辛卯三月卅一日以病卒年六十一、就其蓐也、曰予病不瘉故不服医薬、不喰滋味、清浄寂滅、穆如生存之於是襄事有日、同社諸子計其事、遂請旧藩主墳墓之余地、而葬焉会葬者五百余人、行列整然、見者如堵墻焉銘曰

不淫富貴　不屈金銭　能憂人窮　不顧己便
追師尋道　晩更易伝　世変俗移　学制異方
明生済生　狂簡成章　豪俠放肆　皆懐義腸
今茲之春　旱天不祥　司命不守　 塁壁失芒
寂兮寞兮　哲人之蔵　荒兮忽兮　帰彼勇郷」

第三篇

第11章　民権論の創説

大阪会議

広く会議を興し、万機公論に決すべし、とは実に明治大帝登極の始めに下し給いし五個の誓文中の第一にして、新政府はこの趣旨を奉じ待詔局および公議所を設け、次いで公議所を集議院と改め、明治三年これを開きたるも、その議員は府県藩の正権大参事中より選任するの定めにて、一、二回これを開会せるに止まり、廃藩置県と共に名実廃消に帰し、藩閥政府の根拠ようやく堅まると共に、漸次民論を壅塞して専制の風ますます盛んなり。征韓論に破れたる板垣は深く政府の擅恣を憎みたるも、兵力を以て藩閥政府を倒さんとするものみな失敗に帰せるを見、言論を以て政府転覆の利器となさんと欲し、ついに英国のベンザム、ブルンチエリ等の民権自由説を移して有司専政の弊を説く所あり、天下これを喜び、民論大いに張る。板垣つとに民撰議院を設置し、輿論政事の基礎を確立せんと欲し、征韓論破裂後冠を挂くるや、民撰議院設立建白書提出の事を林有造、片岡健吉に図り、後藤象次郎に説き、さらに副島、江藤に説く。後藤、副島、江藤、板垣ら、明治七年一月十二日夜副島邸に会し、民権伸張、民撰議院開設を主義とせる愛国公党を起さん事を約し、一月十七日後藤、江藤、副島、板垣、由利公正、岡本健三郎、古沢滋、小室信夫ら連署して民撰議院設立建白書を提出し、かつ盟約の士おのおのその郷土に政社を起し政論を喚起して輿論政治の実行を謀らん事を誓う。民撰議院設立建白書および愛国公党本誓、左の如し。

「民撰議院を設立せられんことを乞うの建言

前参議　副島　種臣
同　後藤象次郎

同　　　　　　板垣　退助
同　　　　　　江藤　新平
前東京府知事　由利　公正
　　　　　　　岡本健三郎
　　　　　　　小室　信夫
　　　　　　　古沢　迂郎

臣等、伏して方今政権の帰する所を察するに、上《かみ》帝室にあらず、下《しも》人民にあらず、しかして独り有司に帰す。それ有司、上帝室を尊ぶと曰わざるにあらず、しかして帝室ようやくその尊栄を失う。下人民を保つと云わざるにはあらず、しかして政令百端、朝出暮改、政刑情実に成り、賞罰愛憎に出づ。言路壅蔽困苦告ぐるなし。それ如是にして天下の治安ならん事を欲す、三尺の童子もなおその不可なるを知る。因循改めず、恐らくは、国家土崩の勢を致さん。臣等愛国の情、自らやむこと能わず、すなわちこれを講求するにただ天下の公議を張るにあり。天下の公議を張るは民撰議院を立つるにあるのみ。すなわち有司の権、限る所あって、しかして上下安全、その幸福を受くる者あらん。請う、逐次にこれを陳ぜん。それ、人民政府に対して租税を払うの義務ある者は、すなわちその政府の事を与知可否するの権利を有す。これ天下の通論にして、また喋々、臣等のこれを贅言するを待たざる者なり。故に臣等ひそかに願う、有司もまたこの大理に抗低《ママ》せざらん事を。今民撰議院を立つるの議を拒む者曰く、我が民不学無識、未だ開明の域に進まず、故に今日民撰議院を立つる、なおまさに早かるべしと。臣等おもえらく、もし果して真にその謂う所の如きか、すなわちこれをして学且智、しかして急に開明の域に進ましむるの道、すなわち民撰議院を立つるにあり。何となれば、すなわち今日我が人民をして学且智に、開明の域に進ましめんとするは、先ずその通議権利を保有せしめ、これをして自尊自重、天下の憂楽を共にするの気象を起さしめ、これをして天下の事に与らしむるにあり。かくの如くにして人民その固陋に安じ、不学無識、自ら甘んずるものは未だこれあらざるなり。しかして今その自ら学且智にして、自らその開明の域に入るを待つ。これほとんど百年河清を待つの類なり。甚だしきはすなわち今にわかに議院を立つるは、これ天下の愚を集むるに過ぎざるのみというに至る。ああ何ぞ自らおごるの太甚しく、しかしてその人民を見るの蔑如たるや。有司中、智功もとより人に過ぐる者あらん。しかれども、世またいずくんぞ学問識見の諸人に過ぐる者あらざるを知らんや。けだし天下の人、かくの如く蔑視すべからざるなり。もし将た蔑視すべき者とせば、有司もまたその中の一人ならずや。しからばすなわち、均しくこれ不学無識なり。わずかに有司の専裁と人民の輿論公議を張るとその賢愚果して如何ぞや。臣等いう、有司の智もまたこれを維新以前に視る、必ずその進みし者あらん。何となればすなわち人間の智識なる者は、必ずそのこれを用いるに従いて進むものなればなり。故に曰く、民撰議院を立つるは、これすなわち人民をして学且智に、しかして急に開明の域に進ましむるの道なりと。かつそれ政府の職、その宜しく奉じて、以て目的となすべき者、人民をして進歩するを得しむるにあり。故に草昧の世、野蛮の俗、その民、勇猛暴悍、しかして従う所を知らしむるにあり。今我が国すでに草昧にあらず、しかして我が人民の従順なる者すでに過甚とす。しからばすなわち今日、我が政府の宜しく以てその目的となすべき者はすなわち民撰議院を立て、我が人民をしてその勇往敢為の気を起し天下を分任するの義務を弁知し、天下の事に参与するを得せしむるにあり。

それ、政府の強き者、何を以てかこれを致すや、天下人民みな同心なればなり。臣等必ず遠く旧事を引きてこれを証せず、すなわち昨十月、政府の変革についてこれを験す。それ危い哉。岌々乎たり。我が政府の孤立すること、しかして我が政府の変革、天下人民のこれがために喜戚せし者、幾何かある。ただこれがために喜戚せざるのみならず、天下人民の漠としてこれを知らざる者、十の八、九にいる、唯兵隊の解散に驚くのみ。今民撰議院を立つるはすなわち政府人民の間に情実融通して、相共に合して一体となり、国始めて以て強かるべく、政府始めて強かるべきなり。臣等すでに天下の大理についてこれを究め、我が国今日の勢についてこれを実し、政府の職についてこれを論じ、および昨十月政府の変革についてこれを験す。しかして臣等自ら臣等の説を信ずることいよいよ篤く、切に謂う、今日天下を維持振起するの道、唯民撰議院を立て、しかして天下の公議を張るにあるのみと。その方法等の議の如きは、臣等必ずこれをここに言わず、けだし十数枚紙の能くこれを尽す者にあらざればなり。但、臣等ひそかに聞く、今日有司持重の説に藉り、事多く因循を務め、世の改革を言う者を目して軽々進歩とし、しかしてこれを拒むになお早きの二字を以てすと。臣等請う、またこれを弁ぜん。

それ、軽々進歩と云う者、もとより臣等の解せざる所なり。もし果して、事倉卒に出る者を以て、軽々進歩とするか、民撰議院なるものは以て事を鄭重にする所の者なり。各省不和にして、しかして変更の際、事、本末緩急の序を失し、彼此の施設相視ざる者を以て、軽々進歩とするか。これ国に定律なく、有司任意旅行すればなり。この二者あらば、すなわちまさにその民撰議院の立てずんばあるべからざるの所以を証するを見るのみ。それ進歩なる者は天下の至美なり。事々物々進歩せずんばあるべからず。しからばすなわち有司必ず進歩の二字を罪する能わず。その罪する所、必ず軽々の二字に止まらん。軽々の二字、民撰議院とかつて相関渉せざるなり。なお早きの二字の民撰議院を立つるにおける、臣等ただにこれを解せざるのみならず、臣等の見、正にこれと相反す。如何となれば、今日民撰議院を立つるも、なお恐らくは歳月の久しきを待ち、而後始めてその十分完備を期するに至らん。故に臣等一日も唯その立つことの晩からんことを恐る。故に曰く、臣等唯その反対を見るのみと。有司の説また云う、欧米各国今日の議院なる者は一朝一夕に設立せしの議院にあらず、その進歩の漸を以てこれを致せし者、あに独り議院のみならんや。およそ学問技術機械みなしかり。しかるに彼数百年の久しきを積んでこれを致せし者は、けだし前に成規なく、皆自らこれを経験発明せしなればなり。今、我その成規を択んでこれを取らば、何ぞ企て及ぶべからざらんや。もし我、自ら蒸気の理を発明するを待ちてしかるのち我始めて蒸気機械を用いるを得べく、電気の理を発明するを待ちてしかるのち我始めて電信の線を架するを得べきとするか。政府はまさに手を下する事なかるべし。

臣等既に已《すで》に今日我が民撰議院を立てずんばあるべからざる所以、および今日我が国人民進歩の度、能くこの議院を立つるに堪ゆることを弁論する者は、すなわち有司のこれを拒む者をして口に藉する所なからしめんとにあらず、この議院を立つる者は、天下の真理を伸張し、人民の公論通義を立て、天下の元気を鼓舞し、以て上下親近し、君臣相愛し、我が帝国を維持振起し、幸福安全を保護せんことを欲してなり。請う幸いにこれを揮び給わんことを。

愛国公党本誓

一　天の斯民を生ずるや、これに付与するに一定動かすべからざるの通義権理を以てす。この通義権理なる者は、天の均しく以て人民に賜う所の者にして、人力の以て移奪するを得ざる者なり。しかるに世運の未だ全く開けざるにや、人民ややもすればこの本然の通義権理を保全し能わざるものあり、いわんや我が国数百年来、封建武断の制、その民を奴隷にせし余弊、未だ全く刻除せられざるをや。いやしくもこれによりて改めざれば、我が国威を揚げ、我が国人の富を欲するもあに得べけんや。我が輩一片の至誠、愛国の心大いにここに発憤するあり、すなわち同志の士と相誓い、以て我が人民の通義権理を主張し、以てその天賜を保全せんと欲す。すなわち君を愛し国を愛するの道なり。

一　我が輩すでに愛君愛国一片至誠の上より発憤し来たりて、この人民の通義権理を主張保全せんと欲す。しかるにこれをなすの道、すなわち我が天皇陛下御誓文の旨意を造次顛沛、徹上徹下、唯だこの公論公議を以てし、常に盟約の旨意を遵守するにあるのみ。

一　我が輩のこの政府を見ること、この人民のため設くる所の政府と看做すより他なかるべし。しかして吾が党の目的はこの人民の通義権理を保全主張し、以てこの人民をして自主自由独立不羈の人民たるを得せしむるにあるのみ。これすなわちその君主人民の間融然一体ならしめ、その禍福緩急を分かち、以て我が日本帝国を維持昌盛ならしむるの道なり。

一　我が輩この通義権理を主張せんと欲するものは、アジア洲中の首唱にして、もとより天下の大業なり。これを期すること、尋常歳月の功を以てすることを得ず、故に吾が党の士は、常に宜しくその忍耐力を培養し、たとい艱難憂戚百挫千折するも、敢えて少しも屈撓することなく、至誠の心、不抜の志、我が輩終生の力、勉焉として唯だこの通義権理を保護主張する者に竭尽し、死にゆくも他なきを要すべし。ここに於てついに調印相誓う者、左の如し。

副島　種臣
後藤象次郎
板垣　退助
江藤　新平
由利　公正
岡本健三郎
小室　信夫
古沢　滋」

ここにおいて板垣は、片岡健吉、林有造、谷重喜らを伴いて土佐に帰り、明治七年三月立志社を起し（これ我が国政社の始め）天賦人権、自治独立、公議輿論、元気振作、富国強兵を説き、西欧の民権論を転じて我が国に移し、尊王愛国の大範に結合す、別に学舎法律研究所および商局を設け子弟の教養をなすと共に、法律事務を以て無辜のために雪冤し、商事貿易を営みて資に宛て、時に政談演説を開きて時流に魁す。各県これに倣うて政社の起るもの雨後の筍の如し。

立志社は、政府台湾征討のため民心を失し、台閣また内訌あるを機とし、明治八年全国の民権論者および政社に檄を飛ばして、二月大阪に大会を開く。高知よりは板垣、片岡、林、福岡孝悌ら立志社の領袖これに参し、石川の島田一郎、陸義猶、豊前の増田宗太郎、肥後の宮崎八郎、因幡の今井鉄郎、阿波の小室信夫、福岡よりは武部小四郎、越智彦四郎出席しこれに加わる。武部ら大阪会議より帰来、矯志、強忍、堅志社を設立せることさきに説けるが如くなり。この会議の綱領は愛国社を設立し、全国の政社を合縦しここに民論を代表すべき一大政党を樹立せんと欲したるものなり。また一方政府の元勲たる大久保、木戸、黒田、伊藤、吉井友実ら八年二月大阪に会し施政の大綱につき大いに議する処あり、ここにおいて大いに民論に顧み、すなわち伊藤、井上ら板垣との間に交渉するに、

（一）元老院を設立して、立法機関たらしめ、以て他日国会を開く準備に充つる事

（二）大審院を起し司法の基礎を鞏固ならしむる事

（三）上下の民情を疏通するため地方官会議を起す事

（四）内閣と省卿を分離し、第一流の人物は陛下輔翼の任に当たり、第二流の人物を挙げて行政諸般の責任に当らしめ以て政務の混淆を防ぐ事

の四個条を以てし、再び板垣に参議を拝せんことを慫慂し、板垣また政府内部より立憲的改革を行うべしと言明して入閣するに至れり。

明治八年四月十四日下し給う所の詔書左の如し。

「立憲政体の詔書

朕即位の初首として群臣を会し、五事を以て神明に誓い、国是を定め、万民保全の道を求む。幸いに祖宗の霊と、群臣の力とに頼り、以て今日の小康を得たり。顧みるに中興日浅く内事の事まさに振作更張すべき者少なしとせず。朕今誓文の意を拡充し、ここに元老院を設け、以て立法の源を広め、大審院を置き、以て審判の権をかたくし、また地方官を召集し、以て民情を通じ、公益を図り、漸次に国家立憲の政体を立て、汝衆庶とともにその慶に頼らんと欲す。汝衆庶或いは旧に泥み故に慣ることなく、また或いは進むに軽く、なすに急なることなく、それよく朕が旨を体して翼賛する所あれ。」

庶民これを見て聖徳に感泣す。しかれども板垣の進退については大いに批難の声をなし、民権伸張を名とせる大阪会議はかえって民論の首唱者を台閣に送るの矛盾を呈するに至れり。明治八年政府は地方官会議を起し、元老院大審院を設立したるも、当時民権論者の翹望したりし国会開設については何ら言の明瞭具体的なるものなし。民権論者は口に筆に政府を攻撃し、ために獄に投ぜらるるもの数十名に及ぶ。板垣も廟堂と議合わず、明治八年十月冠を挂けて野に下り、九年土佐に帰来し、民撰議院設立、三権分立、地租改正等を痛論す。しかのみならず、明治十二、三年の頃に及ぶや、ルーソーの民権論は西園寺公望、松田正久、中江兆民、大井憲太郎らによりて祖述され、民権伸張、民撰議院設置を論ずるものようやく天下に普し。故伊藤博文かつて語りて曰く、

「維新の当座において五事の御誓文なるものが発せられたのでありますが、その当時にあっては、欧洲の憲法政度なるものは如何なるものであるかと云うことを解釈する時期には未だ達して居らなかったのであります。これ畢竟欧洲の事情にまだ暗かったがためである。しかしながら年を経るに従って一国を振起せしむるには国民の教育と云うものが必要である、国民の教育を必要とすれば、国民をして政治の利害得失を論議せしむるということが、知識の発達を必要とするの結果として当然のことである、しかして国民をして、政治の利害を公に論議せしむるということになれば、従って議会なるものを起すという必要は免れぬことである、故に明治の初年すなわち

四、五年の頃よりして、到底議会を開いて、憲法政治を施かなければならぬと云う議論が起った訳であります。

この憲法政治を希望したるものは、当局にある所の官吏もまた民間にあってヨーロッパの文明の学問をした人もまた政論をする様な人も同じくこれを希望したのでありましたが、いよいよ民間において一つの問題と相成ったのは、征韓論の破裂の当時辞職をした所の板垣伯以下の建白が始まりでありました。しかしてこの憲法政治にすると云うことについての建白書よりして、政党の萌芽を現わして参ったのである。これについでこの憲法政治なるものについて起った所の問題は、明治八年において、彼の新聞などにも当時現われた所の大阪の会議である。この大阪の会議なるものは、私の先輩と仰ぐ木戸、大久保の両公と、これに板垣、井上両伯も与っておったのでありましたが、この会議の始まりました時の事情を一通りお話し申せば、台湾征討のことよりして、支那との葛藤を生じ、しかしてそれらを大久保が結んで帰朝されたのであるが、この時に当って木戸は台湾の事について辞職されて山口に帰っておったのである。そこで大久保は是非とも木戸を起して国家の政治に参与せしめなければならぬと云うことよりして、大久保は大阪まで出掛けて行き、木戸はまた大久保に面会のため大阪まで出て参ると、この時丁度板垣伯も大阪に参っておりましてみな落ち合ったところで、将来国家をどうするかと云う評議を致した結果、ややその意見の投合した所より東京に帰って後、明治八年四月十四日の詔勅を発せらるることとなったのである。当時国会を開くというのはなお大いに危うしと云うの議論もあり、またその時に当っては無論準備も何もなく、殊には御維新以来、引き続いて或いは征韓論、或いは台湾征討というが如き国家至難の事が続々起って参った様な次第でありましたに依ってにわかに憲法を布いて国会を開くなどと云うことは、到底望む能わざる所である。故に先ずその準備として元老院を置かれて立法の権を拡め、大審院を置かれて裁判の公平統一ということを定められた訳であります。しかしてまた上下の事情を通ずるということのためには、地方官会議を開くという事に相成ったのである。これみな大阪会議の結果、すなわち明治八年四月十四日の詔勅に依って発せられた所のものである。もとより独り木戸、大久保、板垣および小子等がこの事を決定したと云う訳ではなくて、東京においては三条太政大臣、島津左大臣、岩倉右大臣その他が十分なる熟慮を尽した上において廟議を定め、宸断を仰いで四月十四日の詔勅を発せらるるに至った訳であって、これすなわち廟議のうえ憲法政治を施くという将来の方針を定められた所の詔勅であります。

しかして間もなく九年、十年と相成っては憲法政治どころではなくして、九年においては熊本の変動、ついで十年には西南の乱と相成って、国家の事の進歩を計ると云うよりは目前の急を治むるに汲々としておったような訳であります。しかる所が、十年の乱もようやくにして平いで、しかして十一年に移りました。故にここに始めて八年の詔勅に基いて地方官の会議を謀り、しかして第一着に諮問を蒙りましたのが、府県会を開くと云うことでありました。この府県会のことはたしか十二年から行われたかと考えますが、府県会の行わるるに至ったのは、憲法政治進行の始めにおいてすこぶる必要なことであって、この府県会の経験に依って憲法政治が果して能く我が国に行われ得るや否やを知ることが出来るであろうと云うの考えよりして、すなわちこれを行うに至ったのであります。」

民権論の発芽および民権論者の意気かくの如し。これ実に後の立憲主義の代表者たる公議輿論派が、後の専制主義の代表者たる英断派を屈服せしめたる第一着歩なり。いま章を改めて我が玄洋社と民権論についてこれを記さん。

第12章　志士の出獄　民権論の唱道

開墾社の設立

酷吏福岡県令渡辺清のため危くその一命を絶たれんとしたる箱田六輔、頭山満、進藤喜平太、奈良原至、松浦愚、宮川太一郎、高田芳太郎、阿部武三郎、林斧助、大倉周之助ら、前原一誠と事を共にせんとせし矯志社の志士は、内務少輔林友幸の渡辺を説くありて、わずかに事なきを得て十年二月山口の獄に移されたり。山口県令関口隆吉、深く福岡志士の志を憐み、これを遇すること厚く、特に酒肴を供し読書を許す。たまたま松浦獄中に病みて死す。箱田すなわち罪を一身に荷い松浦と共にその首謀なるを自白し一年余の刑に処せられ、他はことごとく証拠不十分にて無罪を宣告さる。時に西郷破れて城山に自刃するの日、すなわち明治十年九月二十四日にして、一行二十七日福岡に帰来す。

下獄一歳、世態は直転急下の変化を告げて、聞くところ志士の熱血を湧かしめざるなく、見るところ悲憤を誘わざるなし。西郷も反しぬ、越智、武部も兵を挙げぬ。しかも西郷自刃し、越智、武部、断頭台に馘首され、故旧親知多くは乱に斃れて今あらず。鉄腸溶け、熱涙溢る。ああ山河色を改めずして恨み徒に長し。出獄の志士、武部、越智の遺志を嗣がん事を期し、明治十年十一月七日博多湾頭海の中道に開墾社を設く。開墾社別にこれを向浜塾と云う。越智、武部去りて福岡志士の元気振わず、秋風落寞の観あり。頭山らの開墾社を設くる、けだし深くこれを憂え、自主独立の精神を養い士気を挽回して言論実力を以て秕政改善に尽さんとの意なり。開墾社の領袖は頭山、進藤、宮川、奈良原らにして、社員の主なるもの、藤島一造あり、月成勲あり、大原義剛あり、来島恒喜ありき。和田玄順、教師として子弟のために講学の事を司り、平岡直吉会計に任ず。向浜の地たる白沙青松に映じ、つとに筑前橋立を以てその風光を世に知らる、北、外海はこれ怒濤の玄海灘、南、内海は深碧波静かなる博多湾なり。海上三里福岡は向浜の対岸に在り、開墾社に隣りして、かつて加藤図書の有せし松林あり、前に越智、武部らその下附を県に乞うて未だ許されず、宮川らその遺志を継いで渡辺県令に下附を乞う。県令は前にこれらの志士を識らんとせしもの、その出獄を聞き、意を迎うるため、乞いのままにこれを開墾社に下附す。社員は樵夫と共に朝より午に至る松樹を伐採してこれを博多に売り、以て経営教学の資に宛て、午より夜に至る読書を専らにす。

当時所在の武力派みな敗れ、海内やや小康を得たりといえども、なお天下の人心完く静穏なる能わず、時に突として世を驚かしたるものは、すなわち紀尾井坂の変なり。紀尾井坂の変とは何ぞ。すなわち島田一良らの大久保利通暗殺なり。事直ちに玄洋社と関聯するものなしといえども、当時の世態を知らんにはまたこれを過看すべからず。

大久保暗殺

当時専制政府者がもっとも忌嫌したりし、西郷、江藤、前原らはみな兵に敗れ、天下所在の不挙の徒、また政府の権威に反抗し能わざるを知りて、一部の民権論者の外は何れも隠隠自重して時勢の推移を観過したりき。されば政府当局のなす所、時に公議を杜絶し、民権を抑圧するが如きことなしとせず。ここにおいて島田一良、長連豪らは政府の失政を一に大久保利通の責任となし、大久保を以て政権を私するものとなし、圧制政治家なりとなし、ついに以て国家を誤るの奸臣となし、これを斃し政府釐革の一助となさんとしたりしなり。

明治十一年五月十四日午前七時、島田、脇田、杉本、杉村、浅井、長らはおのおの短刀を懐に蔵し、斬奸状を携え、紀尾井坂に至りて大久保の馬車の来たるを待ち、脇田が手にする所の女郎花を捧ぐるを以て大久保来たるの合図となし機を待つ。大久保の軽車今や紀尾井坂の中途に到らんとするの時、脇田進みて馬の前足を切り、馭者を刺し、島田大久保を刺してこれを斃す。島田ら六人短刀を馬車内に投じ、相携えて宮内省に到り、門衛に自訴し獄に下さる。その斬奸状に曰く、

「斬奸状

石川県士族島田一良ら叩頭昧死、仰ぎて天皇陛下に奏し、俯して三千余万の人衆に普告す。一良ら方今皇国の時状を熟察するに、およそ政令法度、上天皇陛下の聖旨に出るに非ず、下衆庶人民の公議に由るに非ず、独り要路官吏数人の臆断専決する所にあり。それ要路の職におり、上下の望に任ずる者、宜しく国家の興廃を憂うる、その家を懐うの情に易え、人民の安危を慮る、その身を顧るの心に易え、志、忠誠を専らにして、行、節義を重んじ、事、公正を主とし、以て上下に報対すべし。しかりしかして、今日要路官吏の行事を親視するに、一家の経営これ務めて、その職を尽す所以を計らず、一身の安富これ求めて、その任に適する所以を思わず、狡詐貪婪、上を蔑し下を虐し、ついに以て無前の国恥をなし、千載の民害を致す者なり。今その罪悪を条挙するに左の如し。曰く、公議を杜絶し、民権を抑圧し、以て政治を私する、その罪一なり。曰く、法令漫施請托公行、ほしいままに威福を張る、その罪二なり。不急の土工を興し、無用の修飾を事とし、国財を徒費する、その罪三なり。曰く慷慨忠節の士を疏斥し、憂国敵愾の徒を嫌疑し、以て内乱を醸成する、その罪四なり。曰く、外国交際の道を誤り、国権を失墜する、その罪五なり。公議は国是を定むる所以、民権は国威を立つる所以なり。

今これを杜絶し、これを抑圧するは、すなわち国家の興起を阻隔するなり。法令は国家の大典、人民の標準なり。今これを漫施するは、すなわち上王綱を蔑棄し、下人民を欺誣するなり。国財は人民公共の費用、以て天下の要急に備うなり。今これを徒費するは、すなわち民の膏血を滅亡するなり。慷慨忠節の士、憂国敵愾の徒は、す

なわち国の元気にして、その興廃の係る所以の者なり。今これを嫌疑するは、すなわち、国家の衰廃を求むるなり。国権は国の精神にして、その独立を致す所以の者なり。今これを失墜するは、すなわち、国家の滅亡を招くなり。およそ五罪、これその上を蔑し、下を虐し、以て国家を紊る最大なるものなり。今またその事実を詳明する、別に録する所の如し。その余、細大凡百の罪悪に至っては、ことごとく枚挙すべからず。ほぼ天下公衆の指目する所となるを以て、今またこれを具載せず、それ、今日、当路姦吏輩、罪悪すでにかくの如きを以て、天下囂々、物情紛々、或いは巷論風議以てその非曲を指責し、或いは抗疏建白、以てその姦邪を排斥し、しかして姦吏輩、なお反躬悔悟の意なく、ますます暴を振い虐をほしいままにし、罪を設け刑を制し、以て論者を執囚し、議者を拘束し、ついに天下の志士憂国者をして、激動沸起せしむるに至る。すなわち勅命を矯め、国憲を私し、王師を弄し、志士憂国者を目するに反賊を以てし、甚しきに至っては、隠謀密策を以て忠良節義の士を害せんと欲す。しかして事敗るるに及んで、かえってこれを掩う。西郷、桐野の世にあるに当りては、姦吏輩大いに畏怖する所あり、未だその私曲を極むるを得ず。今かの徒すでに逝くを以て、姦吏輩また顧慮する所なし。これを以てさらにその暴悍をほしいままにし、うたたその姦兇を逞しくし、内は以て天下を玩物視し、人民を奴隷使《ママ》し、外は外国に阿順し、邦権を遺棄し、ついに以て皇統の推移、国家の衰頽、生民の塗炭を致すや、照々乎として掌を指すが如し。一良ら一念ここに至る。未だかつて流涕痛息せずんばあらず。昨年西南のこと起るに会し、一良らもとより西郷ら非謀を図るの反賊に非ずして、しかして事端の起る、姦吏の隠謀に由る事を審かにして、かつ西郷らもし亡べば、国家前途の事ついに止るを知る。故にその名分条理を唱え、その正邪曲直を鳴らし、遥に起ちてこれを助け、以て姦吏輩の罪悪を討ぜんと欲す。しかしてついに機宜を得ず、事勢不可なるものあり、以てその志を送る能わず、すでにしてしかして思惟するに、今姦吏輩の暴状かくの如く、いやしくもこの輩をしてなおその職にあり、久しく政事を執らしめば、将来国家の事状測るべからず。今の謀をなす者、速やかに姦吏を斬滅し、上は国害を除き、下は民苦を救い、以て四方の義気を振起し、天下の衰運を挽回するにありと。すなわち議を転じ、策を移し、以て斬姦の事を謀る。因って当時姦魁の斬るべき者を数う。曰く、木戸孝允、大久保利通、岩倉具視、これその巨魁たる者、大隈重信、伊藤博文、黒田清隆、川路利良の如きもまた許すべからざる者、その他三条実美ら数名の姦吏に至りては、斗筲《とそう》の輩、数うるに足らず、その根本を斬滅せば枝葉随って枯落せん。しかれども、一良ら同志の者、寡少なるを以て数多の姦吏挙げて以て誅すること能わず、故に先ず孝允、利通両魁中、その一を除かんと欲し、しかして孝允図らず病を以て死す。けだし皇天その大姦を悪み、すでにその一を冥誅し、また一良らをしてその一を斬戮せしめ、以て二兇を併せてこれを亡さしむるなり。故に一良ら、今、天意を奉じ、民望に従い、利刃を振って、以て大姦利通を斃す。その余、姦吏岩倉具視以下の輩に至っては、想うに天下に一良らの事を挙るを見て、必ず感奮興起して遺志を継ぐ者あり、この輩不日斬滅を免れざるべし。臣一良ら、頓首仰ぎて天皇陛下に白し、俯して闔国《こうこく》人士に告ぐ。一良らすでに事忍びざるに出で、あえて一死以て国家に尽す。前途、政治を改正し、国家の興起する事は、すなわち天皇陛下の明と、闔国人衆の公議とにあり。願わくは明治一新の御誓文に基づき、八年四月の詔旨に由り、有司専制の弊害を改め、速やかに民会を起し公議を取り、以て皇統の隆盛国家の永久、人民の安寧を致すべし。一良ら区々の微衷、以て貫徹するを得ば、死してしかして瞑す。故に決死の際、上下に俯仰して、いささか卑意を陳じ、併せて姦吏の罪悪を状し、聖断に質し、しかして公許を取る。一良ら、感激懇迫の至りに堪えず叩頭昧死謹言。

明治十一年五月

石川県士族　島田一良
同　長　連豪
同　杉本乙菊
同　平民　脇田巧一

石川県士族　　杉村文一
島根県士族　　浅井寿篤」

斬姦状中、条挙する所の五罪の事実を詳明する、左の如し。

「その一　公議を杜絶し、民権を抑圧し、以て政事を私す

一、明治一新の初め、大いに公卿列藩を会し、御誓文を掲げて曰く、広く会議を興し、万機公論に決すと。因って当初公議所を開き、諸藩の公議人を会集し、政治の得失、将来の施設を論じ、傍ら人民の建議を取り、以て普く衆論公議を尽す。しかしていくばくもなくこれを廃し、しばらく衆議院を設け、また廃してのち左院を以てこれに代う。しかして近来元老院を建つるに及んで、また左院を廃す。衆議院および左院にありてはおよそ建白を致す者あれば、その姓名住所を簿録し、時々建白者を召致し、その旨趣を陳弁せしめ、その建議における可とする者はこれを太政府に進達し、否とする者はこれを建白者に下付し、可否相半ばする者は、院中に置いて、後日の参考に備う。しかしてみなこれを建白者に告示す。建白者なお異論あれば、議官ら面議して反覆討論、務めて建白者をしてその意中をつくさしむ。言路なお通達する所あるが如し。方今元老院にありてはすなわちしからず、およそ建議の件、その理の可否を論ぜず、採用の有無を令せず、唯これを黙収するのみ。譬えば物を水中に投ずるが如し。すでに入って、しかしてその跡を滅す。かくの如くなれば誰か口舌筆紙を費し無益に事をなす者あらん。故に方今絶えて建言をなす者あらず。たといこれあるも、またその言を用いず、徒に言路洞開の名ありてその実なし。広く会議を起し万機公論に決するの御誓文をして、ほとんど地を払わしむ。姦吏輩或いは言わん、西洋各国、建白の規則において元より事理の可否を論ぜず、採用の有無を令せず、これ文明国の通法なりと。これ実際の得失を不弁して、妄に文明国の事を以て口実とするものなり。それ西洋各国における、自由の理を全うし、立法議政の権を有す。しかして平常所思、官民の間、近切通暢して、また圧制束縛の弊なし。故にその政治の是

非、法度の利弊の如きは、大小議会において、その所見を尽すを得、その一身一家の得失便否の如きは、すなわち当路衙門において、その思意を達するを得。かくの如くなれば、すなわち言路洞開して、下情通達せざる事なし。なお何の建白を要せん。故に規則における、彼の如くにして可なり。本邦人民の如きは、すなわちしからず。未だ大小議会において、政治の是非、法度の利弊を陳ずる能わず、未だ当路衙門において一身一家の得失便非を弁ずる能わず、人民の親しく下情を通達すべきもの、独り建白の一路あるのみ。如何ぞこれを以て西洋各国に比するを得ん。かつもし建白の規則をして文明国の通法を摸擬せしめんと欲せば、宜しく先ず人民をして自由の理を全うし、立法議政の権を得せしむべきなり。今建白規則のみ文明国の通法に倣い、人民をして自由発論の権利を得せしむることに至っては、かつて文明国の通法に従わざるは何ぞや。あに姦吏輩己れに便なるものはこれを取り、己れに不便なるものはこれを取らざらんと欲するや。故に曰く、妄に文明国の事を以て口実となすと。明治八年四月、明詔を下して立憲政体を建立するの旨を諭す。有司依ってこれを天下に布告す。それ西洋各国の立憲政体なるものを考うるに立法、行政、司法の三権を部分し、しかして立法の権は全く国会議院に帰す。すなわち政法の大綱みな人民の議定する所に在り。故に本邦すでに立憲政治たらば、速やかに三権を分かち、議政、立法をして、人民に附すべし。そもそも明治六年、前参議副島種臣輩、民撰議員設立の議を建てしより、民会の論大いに起り、当時の論、是非相半ばすといえども、時勢ようやく進歩し、今やこれを非とする者なし。しかして政府なおこれを設立するに及ばざるは、あに姦吏輩なおこれを非とするか。姦吏輩将に曰わんとす、民会の事、未だ本邦人民開化の度に適せずと。姦吏輩政治の体裁、百般の規則より、屋舎、道路、器具、雑品の末に至るまで本邦人民開化の度を問わず、すでにことごとく文明国の法を取る。しかして独り民会の事に至りて、因循猶予してその適否を論ぜざるは何ぞや。それ明治一新の始め、すでに広く会議を興すの御誓文あり、後ついに立憲政治の詔令あるに至る。これ叡旨つとに民会を興すにあり。しかして詔令下りてよりすでに数年、人民のこれを希望する、大旱の雲霓を求むるが如し。しかして姦吏輩、独りこれを欲せざるもの、あにまた己れに不便なるがためか。一新の初めに当たり、始めて職制を立て、すなわち記して曰く、諸官員、在職四年を期とし、公選を以てこれを取捨すと、爾後しばしば職制を改むといえども、未だ在職年限の伸縮を明言せず、かつ諸省各寮の間に、廃置黜陟ありといえども、要路数人の吏輩に至りては、依然それら位を占有し、ほとんど門地を以て官をなすが如し。いわゆる公選取捨する者、果して何にあるや。以上指陳する所、姦吏輩、陽に公平を称し、陰に私曲を行い、民権を掠奪し、下情を壅塞するの事に非ざるなし。これ、これを言路を杜絶し民権を圧抑し、以て政治を私すと謂う。

その二　法令漫施、請託公行、ほしいままに威福を張る

一、近来、政府の令禁を出し、規則を設くる、みな人民の得失を問わず、一に官吏の便否に依る。故にしばしば変ず。いわゆる朝令暮改ならざるものなし。人民その繁苛に堪えず、その厳刻に苦しむ。甚しきに至りては、漫に西洋各国の政令を取り、妄意軽挙、強いて人民をして遵守履行せしむ。人民その実際の苦情を訴え、その窮を免れんと欲すれば、官吏叱吃して曰く、これ人民の義務のみ、これ人民の職掌のみ。或いは曰く、これ某国の法に従う、これ某国の法に依ると。下民愚昧、義務と云い、職掌と云い、何物たるを知らず、某国の法、某国の国法、何の状たるを詳らかにせず、ついに語窮し意塞がり、唯々黙々、退いて歎息す。或いは怨望を懐くも、その権勢犯すべからざるを見て、怨を呑み、苦を凌いで、空しく黙止するのみ。当今諸県下の民、多くこの状あり。我が石川県の如き、官吏の虚勢を張り、私曲を行う最も甚だし。古語に曰く『上これを好む者あれば、下必ず焉より甚だしき者あり』と。思うに大政府、令禁規則を漫施するに非ざれば、何ぞ各地方独りかくの如きを得んや。法律は上下一般の正邪直曲を理する所以の者なり。しかして方今の法律、姦吏輩の私する者多し。井上馨が銅山の事の如き、世上すこぶる物議に渉る。槙村正直のかつて司法に拘留せらるるや、卒然特命を以て放たれたり。し

かれどもこれあに真の聖旨に出でたるや。もとより姦吏輩の矯為に依るものに似たり。故に当時司法の官吏数名、これに依りて職を辞す。尾崎三良、井上毅が、井上三良、尾崎毅の論説を取り、新聞社に対して訴訟をなすが如き、たといその姓名を詐為するものと認定するも、あに己の姓名に非るものを取り、疑似を以て訴訟をなすの理あらんや。この事すでにこれを審判し、しかるのち始めて詐為に出るを知るといえども、その始め井上らが訴訟をなすに当って未だ他の証左なく、偏に想像疑察するのみ。司法官これを受理する、もっとも法に違う。もし想像疑察といえども、またこれを受理するとせば、今、人、その蓄う所の鶏を失う者あり。時にたまたま隣家鶏を食する者あるを以て、他の確証なしといえども、これを訴えば法官たる者また能くこれを理するや。その他、新聞条例の始めて出るに当りて、その条例に触るるとなし、獄に繋がるる者多く、その理の覚るべからざる者あり。甚しきに至りては、法官の認定する所を以て、まげて罰則に当する者ありと云う。頃日世上に伝う、黒田清隆、酩酊の余り暴怒に乗じ、その妻を殴殺すと。罪大刑に当る。しかして頓にその事世上に伝播す。政府にありては被殺人の親族これを告ぐるを待ちてその罪を始めんと欲するも、未だ知るべからずといえども、利良は何物ぞ、身警視の長となり、天下の非違を検するの任に在り。しかして黙々不知をする者、あにこれを私庇せんと欲するか。それ姦吏輩の法律を私するのみならず、およそ官路の事、結納相依り、引謁相計り、これが曲を助け、私を成すに非ざるなし。ついに一般風靡し、小官吏に至るまで款を求め、糸を攀じ、黜陟の用捨、一にこれに由り、かつ商賈《しょうこ》輩の如き、また諂を呈し媚を納れ、贈賄を行うて以て利を釣る。吏輩相集る、必ず曰く、某の長官に就かばこの請願を了せん。某の大輔は某らと共に何業を起すと。その官路あい請託して非曲を謀るの話、官民相結納して営利を私するの談、喋々として、醜声耳を掩うに至る。以上指陳する所は姦吏輩、令禁法律を私して、以て人民を軽重休戚し、内請私謁を専らにし、以て恩惑をうるの事に非るなし。これ、これを法令漫施、請託公行、ほしいままに威福を張ると謂う。

その三　不急の土工を興し、無用の修飾を事とし、以て国財を徒費す

一、近来姦吏輩の施設一する所、専ら営業工造、或いは道路市街を繕い、或いは官宅府庫を作り、或いは宮室器具を粧い、華を競い、美を争い、形容虚飾をこれ務め以て天下の経営、ここに止まるとなすが如し。姦吏輩、或いは云わん、これまた開化文明国の形況、学ばざるべからずと。それ開化文明は形容にあらずして、実力にあり。実力は本なり。形容は末なり。本を務めて、しかしてのち末に及ぶは、なお草木の根本を培養して枝葉随って繁茂するが如し。いま奸吏輩の学ぶ所、その末を学んでその本を学ばず、その形を求めてその実を求めざるなり。欧米各国、都城街衢の盛んなる、宮室器具の美なる、鉄道を布き、電信を通じ、ガス灯を点し、民事日用、至便至利を極むるに至る所以の者は何ぞや。各国英雄輩出して、境域を開き、威力を四海に張り、国富み兵強く、独立一致して、しかる後その余力を以て国内を修成す。しかれども、その盛整全備をなすは、また多年を待って、以てここに至るなり。しかるに、我が国今日中興維新の初め、百事未定の時において、速やかに彼の隆盛極治の景況に比し、またその備わらん事を求む、事の序を失すると云うべし。これ、これを不急の土工を興し、無用の修飾を事として、以て国財を徒費すと謂う。

その四　慷慨忠節の士を疎斥し、憂国敵愾の徒を嫌疑し、以て内乱を醸成す

一、明治六年西郷輩、五名の参議、職を辞し、廟堂解体す。爾来物議紛起し、内乱相尋ぐ。その原因を推すに、征韓の議、姦吏輩の阻止する所となり、五参議奮激、官を解くに至る。それ征韓の議、姦吏輩もしその見を異にし、国家のためその職掌を尽さんと欲せば、何ぞ廟堂において公平を執り、理非を明らかにし、以て抗議せざる。事ここに出でず、陰に相結納し、左右支吾して、ついにその事を沮喪する者、確乎不抜の論旨なく、自らその説の立たざるを知るが故なり。佐賀県士の征韓論を唱うるや、その初未だ兵を挙げ、政府に抗せんと欲するならず、その同志の徒、相集まりて事を議するを以て、その異図あるを疑い、卒然県官をして兵を率いこれに臨ましめ、つ

いに以て彼の徒の激動沸起を致せり。これ、この騒擾、政府のこれを激するに非ずして何ぞや。それ政府の人民における、撫してこれを鎮するにあり。いずくんぞ激してこれを乱するを得んや。前原一誠の挙の如き、事端彼より発する者の如しといえども、その原因、姦吏輩の彼を疎斥する甚しく、彼をして居常憤懣せしむるに依る。政府の人民における、公正、以てこれを服するにあり。いずくんぞ憎悪嫌疑してこれを怒らしむるを得んや。それ、江藤、前原の挙、激動憤起に出で、未だ全くその正を得ずといえども、政府もとより失体少なからず、姦吏輩二徒を指して賊とすといえども、姦吏輩、反って真の国賊なるものあり、上を慢し、下を欺き、坐して政権を弄し以て私利を営す。二徒あにあえて聖天子に敵し、国家を覬覦するならんや。また憂国の至情忍びざるに出るのみ。姦吏何ぞこれを目するに反賊を以てし、自ら居るに朝廷の大臣を以てするを得ん。昨年、鹿児島の事に至っては、すなわち全く姦吏輩の陰謀密策に出づる所にして、世またほぼその由を聞く。しかれども未だその本末を審かにせざるもの多し。故に今これを詳明せん。さきに西郷、桐野ら、官を解くに当って、近衛兵中沸騰し、おのおの病を称して職を辞す。その徒、去って国に帰るに及んで西郷らこれを撫順し、学校を設けてこれを教励す。これ今日姦吏輩の偸安無事に狎《な》るるを以て、国家外難の至るに際せば、一朝保つべからざるを知る。故にその時に当りて、国民の義務を尽さんと欲するなり。あに他意あらんや。しかして姦吏輩自ら忌憚措く能わず、ひそかに間諜を遣り、その動静を窺わしめ、あまつさえ密謀を嘱して将に隙に乗じ、西郷、桐野、篠原の三名を害せしめんとす。しかしてその事発覚し、西郷ら自ら上京して、その曲直を推糺せんと欲するなり。姦吏輩、刺客の事を以て、私学校の構造に出づると云うといえども、これ甚だその理なし。如何となれば姦吏輩をして虚心ならしめば、何ぞ初めより中原以下間諜を遣るの事、自ら刺客云々の事を吐露せんや。たとい拷問の苦に堪えずしてその一両人、或いは無根の言を吐くも、その言をして虚ならしめば、人々区々の事を言うべし。何ぞ数十名符合の事を陳ぜん。あにこれを以て、にわかに斥けて、以て強誣の事となすべけんや。もし姦吏輩、初めより中原以下をして間諜たらしむるに非ず、またこれに嘱するに、密謀を以てするに非ずして、しかして中原以下の一同、無根の事情を吐露すとなさば、姦吏輩ここにおいて公平を執り、これを処置するに先ず西郷らの兵を引いて出るを咎むべきか、そもそもまた中原以下無根の言を吐露するを糺すべきか。西郷輩はもとより中原以下の弁を信じ出る者なり。故に先ず中原以下を糺さざれば、その事情を審かにするに由なからん。しかるに事ここに出ずして、事情を曖昧に誘し、力を尽してこれを撲滅せんと欲するものは、姦吏輩もとよりその事由を糺すを欲せず、将に圧してその跡を掩わんとするや明らかなり。姦吏輩あるいは曰わん、西郷らすでに国憲を紊る、もとより誅滅せざるべからず。しかしてそのこと甚だ急速、勢もっとも猖獗、これを以てその事由を糺すに暇あらずと。それ政府の以て政府たる所、公明正大、以て事を至当に処するにあり、たとい西郷ら到底誅すべき罪あるも、その事由において詳かにすべきものはこれを詳かにし、糺すべきものはこれを糺し、しかる後、誅を加うべきなり。あに政府の職掌において、事急速、勢い猖獗と云いて是非を分たずして以て事を処するの理あらんや。かつ堂々たる全国の勢力を有る政府にして、何ぞ一私学校徒を恐れ、事由を糺すに暇あらんと云うを得ん。この時にかつて姦吏輩直ちに公明正大、以て事を至当に処せんと欲せば、また何の難き事あらん。当路の者、一人その事に任じ、勅命をふくみ、法理その他の理事者を率い、西郷らの出路に臨み、勅命を伝えてその行進を止め、その事由を審理し、情実を判決し、そのこと全く中原以下の虚言に帰するや、これを罪し、或いは西郷らの構造に出るや、これを刑し、以て諸事至当に処すべきのみ。政府すでにかくの如く、公明正大の処分をなし、しかして西郷輩、なおこれに服せずして、軽挙暴動する者あらば、これ正に国家の反賊、人民の讐敵なり。政府討ちてこれを滅す、もとよりその義なり。天下後世誰かこれを非とする者あらん。姦吏輩あにこれらの道理を弁ぜざらんや。唯自ら計るに意に免れざる所あり、これを以て勅命を矯め王師を私用し、西郷らを誣ゆるに反賊を以てし、以て天下人民を欺き、己が姦計の跡を掩う。しかれども、天地誣ゆべからず、衆人欺くべからず、世上ことごとくその姦計を覚る。今その暴威を憚るが故に、あえてこれをその口より出さずといえども、後世自ら公論のあるのみ。あにその悪名を遁れんや。世人或いは西郷ら兵を率いて出るを咎め、国憲を蔑棄するとして、罪誅を免れずと云うといえども、これその一を知ってその二を知らず、その本を計らずしてその末を論ずるなり。それ政府は人民を保護する所にして、しかして国憲は人民を保護するの具なり。故に政府能く保護の任を尽し、国憲能く保護の用をなさば、すなわち人民これを奉戴遵守して、以てその安寧を受くべきなり。今、政府、自ら保護の任に背き、保護の法を破りて、反って無罪の人民を暴害するに至っては、すなわち政府その政府に非ずして、国憲また守るを得ず、かつ人民もまた自ら本分の権利を有す、あに故なくしてその暴害を受くるの理あらんや。故に西郷ら出てその事由を糺さんと欲する、もとよりその権利のある所なり。西郷らすでに出んと欲するに当りて、私学校徒、保護随行せんと欲する、またその義のある所なり。彼の徒、多年西郷らに親近追随する者、他なし、共に国家のために尽す所あらんと欲するなり。（中略）その兵器を携うる者は、政府すでに保護の任に背き反ってこれを暴害せんと欲す。人民において何ぞ自ら戒心せざるべけんや。事ここに及び、大本すでに立つ。しかしてなお区々枝葉の法則を云う、すなわち一を知って、二を知らず、本を計らずして末を論ずと云うべきなり。我が輩務めて西郷らを保護するに非ずといえども、世人多く本末常変の理に暗く、燕雀の心を以て大鵬を非とするを以て、いささかこれを弁ずるのみ。以上、指陳する所は、姦吏輩暴戻至らざるなく、以て物議紛擾を致す者かくの如く、これ、これを慷慨忠節の士を疎斥し、憂国敵愾の徒を嫌疑し、以て内乱を醸成すと謂う。

その五　外国交際の道を誤り、以て国権を失墜す

一、我が国海外の軽侮を受くる、けだし旧幕以来すでに彼れ我が政府人民の交際応接の事、みな彼れ我を拒むの勢あり、我れ彼に順うの情あり。殊に民間、日用通商貿易の際、常に彼れおごりてしかして我れ屈す。しかれども、その情勢馴致してここに至る者、一朝にわかに挽回せんと欲するも得べからず。宜しく条理を遵守し、順

序を履行して、以ておもむろにこれを処すべきなり。しかしてその最も急要なる所の者、条約改正に過ぐるなし。条約を改正せざれば、以て国権を回復する能わず、しかれどもこれを改正する、至難の事とす。その故何ぞや。我が国の武備未だ張らず、国力相対せざるを以てなり。故に今日の先務は、もっぱら武備を張り、守禦を固め、攻戦の具を備うるにあり。しかしてこれを供する所の費額莫大なるを以て、冗費を去り、不急無用の事を止め、常時の支度を節減して、以て非常の用に供せざるべからず。故に一良ら外交の得失を論ずる、今日交際上の是非を言わずして、しかして条約改正の事を言う。条約改正の事を言わずして、しかして武備の充実を言う。しかして武備の充実は必ず常時の支度を節減し、以て非常の用に供するにあり。しかるに、方今姦吏輩の所為を視るに、安を偸み、無事に慣れ、不急の工造、無用の虚飾を事とし、武備の充実、措きてしかして問わず、非常の用に供するなし。一新以来すでに十余年、堡塁や船艦や銃砲や、およそ守禦の固め、攻戦の具、未だ一の整頓修備する者あらず。今日の状を以てこれを推すに、将来幾年を待ちて、しかして能く武備を充実する、これ未だ知るべからず。故に条約改正の期去ってこれを改むる能わず。今年改めず、明年正さず、国家をしてついに大患に至り、人民をして、至難に趨するや必せり。明治七年、台湾の役の如き、そもそも何の所為ぞ。徒に武を黷《けが》し、兵衆を傷残し、国財を耗費し、ついに支那の籠絡する所となり、道路修繕等の費と名づけ、わずかに金額を収取し、反って内国に広布するに償金と号す。その人民を欺く、何ぞ一にここに至るや。朝鮮修好の事、また無稽の甚しきと云うべし。そもそも三韓の我が国に隷属する、仲哀、応神の朝に始まり、爾来歴朝、韓使幣を絶たず、中世我が内乱に会し、久しく貢献を欠くを以て、豊臣氏、武力を振うて、やや旧権を復するに至る。しかるに今代に至りて、彼と対等の交際を修む、あに歴朝皇霊の震怒を恐れざらんや。かつ彼、今なお使幣を支那に致し、臣僕の礼を執る。すなわち我すでに甘んじて支那の下風に立つ者に似たり。その国体を汚す、最も大ならずや。樺太交換の事に至りては、実に無前の国恥、千載の失体と云うべし。これ名は交換と云うといえども其の実は劫奪せらるるが如し。如何となれば、我が与うる所は、すなわち有用の地にして、彼より受くる所は、すなわち無益の土なり。譬えば、棄物を以て宝貨に易うるが如し。かつ我より求むるに非ずして、彼の望みに随うなり。古、支那、宋末夷狄の侵凌する所となり、売国の姦臣、目前の安きを苟偸し、内地を割与して一時の無事を貪るもの、すなわちこれなり。本朝開国以来、未だこの汚辱を被らずして、今日始めてこの事あり。今上陛下にして、皇祖の神意に負かしむるは、すなわち姦吏輩の所為にしてその大罪、誅に容れざる者なり。又琉球の事、甚だ非理なる者あり、彼の歎訴する所、その故なきに非ず。何ぞその請う所を許し、直ちに支那に応接して、以て判然我が版図に帰せしめざる。しかして彼の小弱を侮慢し、劫迫してその国政を改革し、その民情を紛乱す、姦吏輩の魯と琉球とにおける、何ぞその驕諂相反するや、姦吏輩、彼の狼話を聞かずや。狼の虎に向う、尾を垂れ舌を巻き、叩頭屈足、その免かれんことを計る。その狐狸に向う、牙を鳴らし爪を厲し、威怒はなはだ猛なりと云う。姦吏輩のなす所、これに異ならず、それ外交の主とする所、弱を侵さず、強に屈せず、条理を正しゅうし、信義を重んずるにあるなり。姦吏輩何ぞこれを思わず、専ら驕逸諂媚を事とするや。以上指陳する所は、姦吏輩の偸安以て国体を汚し、ますます外侮を招くものかくの如し。これ、これを外国交際の道を誤まり以て国権を失墜すと謂う」。

宮内省門衛に自訴したる島田、長、杉村、杉本、脇田、浅井らの六人は鍛冶橋監獄に拘留せられ、司法省臨時裁判所において判事玉乃世履の審問を受け、七月二十七日市ヶ谷監獄において六人とも斬罪に処せられ、同志の士、陸義猶、松田克之、橋爪武、水野生清、松田秀彦、山田頁、宮崎延義、堀江忠太郎、大野成忠、久保嘉吉郎、木村致英、雪野鋭次郎、沢口期一、寺垣吉之、伊藤了、高田久英、島田勇、入江謙次郎、塩屋三郎、村井照明、沢田孝則、板賀義知、杮田正次ら相ついで捕縛せられ、何れも禁獄終身或いは禁獄十年以下に処せられたり。維新の元勲たりし西郷、江藤、前原、武を用いて武に敗れ、大久保独り政権を把持してついにここに斃る。人事の往来また夢の如し。ああ大久保の横死これ実に藩閥党の堅塁に巨弾を放ちてその一角を崩壊せしめたるものにして、同時に民権論者の勢力に一伸張を与えたるものなりき。

板垣と頭山の会見

開墾社員が人煙を避けて、柴門春尽動鷗波、樹色山光雨後多、老去無官長自在、酔眠江閣聴漁歌、と高吟して松樹の伐採に余念なき折柄、大久保暗刺の飛報は福岡に達せり。来島恒喜これを聞いて勇躍措かず、また曰く、大久保刺されたる機を以て、高陽の風雲突として動き、板垣挙兵の計ありと。恒喜、直ちに海を越えて博多に至り、さらに平尾山下に頭山満を訪い、告ぐるにその聞く処を以てす。頭山これを聞いて莞爾として曰く、大久保ついに斃るるか。冷灰友に信なきの彼、そのこれあるはもとよりなり。しかれども死屍ここに横たわる、鞭打つべきに非ず。板垣挙兵の事、果して信か、吾、直に赴いてこれを訊し共に兵を語らんと、鍬を投じ直ちに座にある所の奈良原と共に瓢然土佐に向う。その発足せんとするや、恒喜を顧みて諸子宜しく同士を糾合して予らが報ずる所を待て、しかして板垣いよいよ起たば諸子もまた兵甲その身を堅くして来れと。来島は直ちに檄を四方に飛ばしてひそかに志士数十を糾合し、東を望んで快報速やかに来たらんことを待つ。頭山は奈良原と共に小倉に出で、船を傭《やと》うて宇和島に航し、陸行土佐に入って板垣の門を叩く。頭山、奈良原ともに偉丈夫にして、身長優に五尺六寸を算す。蓬頭垢面、短褐を身に纏う。刺を通ずるや、板垣これをその座に導く。頭山ら破れ草履を脱して堂に上る。塵埃に塗れし足跡、歩々畳に印す。やがて三人鼎坐するや板垣曰く、好漢何を以て我を訪うやと。頭山答えて曰く、天下のことを以て来たり訪う、先生挙兵の企てありと、真か。板垣答えて、西郷にしてすでに兵に敗る、吾兵を動かすの意なしと。頭山また曰く、すでに大久保斃る、この機まさに乗じて君側の奸を一掃すべきの秋なり。先生真に兵を動かすあれば、我またこれに加わらんと。板垣挙兵の到底政府転覆に可ならざる所以を説き、かつ大いに民権の伸張すべきを論じ、有司専制の害を述べ、聖皇ために庶民の怨府たらんとするものを説き、立憲政体民撰議院の利を語る。頭山ら大いに感ず。当時板垣の盛名天下を圧し、その門に来たり遊ぶものに河野広中あり、杉田定一あり、永田一二あり。頭山立志社に止まること月余、富田純之助、新飼為吉、末永新太郎ら頭山をおうて立志社に来たる。板垣さきに大阪会議において議決せる愛国社再興の意あり、これを頭山に告げかつ図る。

頭山らすなわち福岡に帰来し、愛国社結社の目的により自由民権説を唱道し、奔走大いに努むる所あり。

向陽義塾の設立

頭山土佐に向うの後、来島恒喜らは開墾社にありてその快報を待つこと久しかりしもついに快報来らず、月余にして帰来せる頭山らより、愛国社再興の議を聴き、大いにこれを賛し、東西に奔走する所ありしが、この間開墾社は士族の商法の例に漏れず、ついに経営困難、維持不能となりしかば、開塾後一年余にしてこれを閉鎖し、所有の松林その他を売却して、得たる所の少許金を以て、平尾山下に塾員僑居す。しかるに山荘、蛇蝎多く、時に寝床の枕《もと》に落下す。豪傑、由来物に恐れず、しかれども恐る、かくの如くして僻嵎に蟄居せば、世事暗澹、事に当たりて容易に蹶起し能わざるものなきかを。殊に頭山ら、越智、建部の遺志を継ぐもの、常に子弟教学の要を要とし、志士養成の急を急とし、明治十二年四月、「向陽義塾」を福岡市本町に開く。

当時秋月の人、吉田利行、福岡にありて『福岡新聞』を発刊し、傍ら成美義塾を設けて、子弟を養成するあり。頭山ら十一学舎を再興せんとの意ありしかば、吉田に協り、成美義塾を譲り受けてこれを向陽義塾と改称し、実学を教授すると共に大いに政論を講じ、自由民権の大義を標示して活躍する処あり。時に箱田六輔、獄を出で世と絶ちて隠棲自重す。一日、頭山、進藤あい携えて、箱田をその寓に訪い天下の大勢を述べ、志士偸安の不可を説きて、向陽義塾々長たらんことを懇請す。箱田またその意子弟の教養にあるを以て、起って直ちにこれに応ぜり。ここにおいて政治的運動に便せんため別に政社を組織し、向陽社と称し、箱田をその社長に推す。向陽社の趣旨左の如し。

「向陽社旨趣。

義務を以て成る、これを義塾と云う。義塾はすなわち教育を以て民権を培養するの地なり。それ、人、義務を尽すことを弁知して、しかしてのち国家の成立始めて共に期すべきなり。ここに於いて、今吾が輩同志とともに国家の将来を思い、ここにこの社を起し、この塾を開き、その誓う所のものは、特に公同博愛の主義を以て、厚生利用の道を実践し、先進の士は後進の士を誘導し、後進の士は、先進の士を翼成し、すなわち国の成立を後先協同の間に期し、共にその智識を研究し、その事業を励み、惰乎互にこれを責め、奢乎互にこれを戒め、ついに独立の元気を培養し、以て俯仰天地に愧じざらんと欲す。語に曰く『河海は岐流の漸、丘岳は塵末の積』と該社の旺盛を量る、またこの意に出でず、いやしくも国家に志あるものはまた能く社会相互の義務を弁知し、さきに来たりてこの社に投じ、協心同力、各自の精神を振発し、国家の成立に少補するを期せんことを。しからばすなわち人間の義務、あに唯吾が輩のみに止まらんや、依って名づけて公同博愛主義と云う。」

当時社長以下の役員は左の如し。

社長　箱田　六輔
監事　頭山　満
同　進藤喜平太
同　山中　立木
同　上野弥太郎
議長　郡　利

同　　　中村　耕介
副議長　樋口　競
同　　　榊　治人
書　記　林　斧助
会計係　藤崎彦三郎
同　　　加藤　直吉

また向陽義塾にありては、郡利《こおりとし》、幹事長として事務を総轄監理し、左の教師を置けり。

漢　学　高場　乱
　　　　亀井紀十郎
　　　　阪牧周太郎
　　　　臼井　浅夫
法　律　英人　ペレー・アッキソン
　　　　奥村　貞
理化英語　ペレー・アッキソン

別に法律研究所を設け、また代言局を設置し、弁護事務を司り、無辜のために伸冤することあたかも土佐立志社とその軌を一にせり。

法律研究所　所長　奥村　貞
代　言　局　補助　清原強之助
　　　　　　同　　箱田　三吉

当時の塾生中には慷慨の士多く、修学に就くもの三百余名に及び来島恒喜、月成勲、岡喬、藤島熊太郎、門常吉、月成麓、伊地知迂吉、中島翔、浜勇吉郎、宮原篤三郎、管新平等もありたり。福岡向陽社の隆名四方に喧伝し、高知の植木枝盛、北川貞彦らも向陽社に来たりて政談演説を公開し、大いに自由民権を論じて気を吐く。当時政社として自由民権の旗幟を翻したるものの中、立志社と向陽社とはその尤なるものにして、向陽社の盛名は一時立志社を凌ぐものありたり。

第13章　国会開設請願

愛国社再興／向陽社員の活動／筑前公衆会の請願

向陽社は立志社の植木枝盛、北川貞彦を迎えて政論を張り、九州の一角に民権の旗幟を翻し、国民の政治思想開拓に努め、大いに盛名を挙ぐるに至りしより、当時演壇に立ちて縦横の論を上下したる頭山は、十二年の暮、浦上勝太郎（正孝）、松本俊之助、吉田信太郎、伊地知迂吉らと共に自由民権思想鼓吹に兼ね国会開設請願打ち合せのため薩南に下り、野村忍助を訪いて大いに説く所あり。或いは西郷自刃の所に詣で、偉略を懐いて事成らず空しく賊名を負いし英雄の霊を慰めて、福岡に帰りさらに翌年高知に遊ぶ。

向陽社は十一年九月大阪において愛国社再興第一回大会を開くの檄を立志社より受け取りたるを以て、進藤喜平太、加藤直吉、奈良原至、向陽社を代表して大阪に至る。頭山も、栗原亮一、竹田正志、杉田定一らと高知より来たり会す。四方より集まるものには、佐賀の木原隆忠、鍋島克一、武富陽春、豊前の友松醇一郎、久留米の川島澄之助、熊本の佐野範太、和歌山の山東一郎、児玉仲見、松山公共社の高木明輝、岡山の小林樟雄、中川横太郎、鳥取共立社の坪内元暁、岡島清潔、愛知の宮本千真木、高松の細谷多門、立志社の植木枝盛、大石正巳、寺田寛、板垣退助らにして、九月十一日より二日に渉りて大阪市南幸町長亭および今橋紫雲楼とを会場とし、発会式を上げ、再興旨趣書を議定し会議十二ヶ条を作り、全国を第一、九州、第二、四国、第三、山陽、第四、山陰、第五、近畿、第六、中仙道、第七、北海道、第八、北陸道、第九、関東、第十、奥羽の十区に分かちて支社を置き、委員を選びて遊説せしめ、大阪に会場を置きて毎年三、九の両月大会を開き、中央地方聯絡して大いに政治的運動を起さんと言うにあり、第一回大会終了後、社局を大阪土佐堀三丁目に設け、山本幸彦、森脇直樹幹事として止まる、越えて十二年三月第二回の大会には向陽社よりは平岡浩太郎、進藤喜平太出席す。十二年十一月愛国社第三回の大会を開き、

一、国会開設を請願すること、

二、国会実施の方案を立て来年二月の本会に附議すること、

三、各地に遊説員を派し、国会開設の急務なることを説き同志を糾合して国会開設の目的を貫徹すること、

四、国会開設願書は各地の有志各聯合連署の上愛国社においてこれを取りまとめ政府に呈出すること、

五、翌年三月国会開設の請願書を政府に必ず呈出のこと、

等を議決せり。かくて向陽社は第一回大会の決議に依り北陸および九州二区の遊説を担当せしめられたれば、北陸進藤、奈良原を派し、九州全地に渉り、来島恒喜、岡喬、久田全、浦上勝太郎、伊地知迂吉、藤島一造らを派して遊説をなさしむると共に、第三回大会の決議により箱田、平岡、頭山、進藤ら相謀り筑前全部の国会開設請願書を呈出せんことを議し、筑前共愛公衆会を設立せり。その会憲に曰く、

第一、民人共同公愛の真理を守るべし、

第二、国権を弘張し、帝家を補翼することを務むべし、

第三、自任反省国本の実力を養うべし、
右本会永遠共に可固守也
紀元二千五百三十九年十二月八日
大日本帝国筑前国共愛公衆会

ここにおいて明治十三年一月十六日国会開設請願、条約改正に開する建白書を草し、箱田六輔、南川正雄を建言委員として上京せしめ、これを元老院に呈出せり。時に岡山県またこれと前後して国会開設請願書を元老院に呈出せり。次いで十三年三月第四回愛国大会を北野光融寺に開く。会するもの二府二十二県百十四名にしてそのもたらす所の国会開設請願に関する調印は八万七千五百六十余人に及ぶ。ここに愛国社を国会期成合盟会と改称し、四月九日に至り始めて議事を了し、片岡健吉、河野広中を以て捧呈委員に挙げて散会す。片岡、河野同年四月十七日太政官に至り請願書を捧呈せり。

第14章　政社の勃興

民論の圧迫／社員の上京

当時政社到る処に勃興す。土佐の立志社、合立社、岳洋社、福岡の向陽社、熊本の相愛社、伊予の公立社、名古屋の覇立社、参河の交親社、雲州の尚志社、越前の自彊舎等あり、これらのもの皆、板垣の民権論を祖述し、ルーソーの民約篇を講じ、或いは靖献遺言を説き、民権自由説に加えて忠君愛国を融合して国民の大義を説く。集まる処の壮士はみな熱血、燕趙悲歌の士にしてしかも文事あるもの、武事あらざるべからずとして、剣を磨き兵を談ずる者のみ。かくの如きの風潮を見たる政府は佐賀、萩、熊本、福岡、鹿児島の如き流血の悲惨事を再現するなきかを恐れ、また総て政府に反抗する者を以て不正とし、政府に反抗する者を以て謬れりとし、非自由民権、非政党、非民撰議院の斧を振うて大いに民論に圧迫を加え、明治十一年七月には警察官をして各政社に臨検し、矯激のものはこれを禁ずることを得るの制を布告し、明治十三年四月集会条例を発布して、屋外集会を禁じ、地方の情状によりて政社の解散を命ずるに至れり。天下靡然として民権伸張を説き、国会開設を叫ぶに当たりて、政府がかくの如くこれに圧迫を加うるを見て頭山、進藤らの向陽社員はこれを黙視する能わず、明治十三年三月ついに社員数名を随えて前後して上京し、芝口田中屋旅館に投ず。頭山、進藤らの上京を見るや、政府は厳にその行動に警戒を加うる所あり、全国の志士、東京にあるものにして頭山、進藤らの上京を聴きて、これを訪うもの相つぐ。のち牛込佐内坂に一戸を借りてこれに移り住む。一日頭山、進藤と語りて曰く、政府の圧迫かくの如し。吾らのその主義とする所を貫徹せんとするは、誠に容易の事にあらず、しかれども男子一度これを志す、金石また透らざるなし。我らはあくまで主義のために倒れんかなと互にその一指を切って相誓う。壮烈の気座に満ちて粛然たり。

請願不達

全国の民論党は政府が随って抑うれば随って揚り、ますますその志を堅くし、如何なる高圧手段を取るも屈せず、また撓まず、国会開設請願のために奔走す。愛国社代表者は十三年四月十五日国会開設請願書を太政大臣に捧げしも、その拒絶に逢い、さらにこれを元老院に捧げたり。しかれども政府は尚早を唱え、これを容れず。ついに福岡県、岡山県有志の呈出せし請願書を始め、愛国社が全国民を代表してなせし所の上書も、皆これを天聴に達する能わざりき。しかれども死を賭したる民権論者は新聞紙により、或いは演説会を以て東西に奔馳す。国会開設期成同盟会は、十三年十一月、河野広中を議長として、大会を東京に開き、さらにこれを、大日本国会期成有志会と改称してこれが運動を継続せり。玄洋社（当時向陽社を改称して玄洋社と云う。「玄洋社生まる」の章参照）の箱田はつとに上京して国会開設請願に狂奔し、天下の志士と交り、自ら藩閥政府攻撃の急先鋒を以て任じ、同志の間に最も異彩を放ち、加うるに頭山、進藤の上京奔走するありてより、玄洋社の名はますます民論党中に重きをなしたり。

大詔渙発

国会開設請願の声は翕然《きゅうぜん》として天下に満ち、志士の往来いよいよ加わりて、潮の如く大勢の赴くところ、政府の高圧を以てするも、これを如何ともなし能わざるに至れり。ここにおいて、政府部内また聖代流血の悲惨事なからんことを希うて、国会開設のやむなきを論ずるものあり、或いは民論勃興して立憲政治を望むは宇内の大勢なりと説くものあり、また当時在朝の大隈重信の如きは、密かに井上馨、伊藤博文と立憲政治の実行について密約し、国会を開きて、国政を急変せんとの意あり。

十四年三月、大隈、岩倉にその意見書を徴せらるるや答えて曰く、明治十五年末を以て議員を選挙し、十六年国会を開設すべしと。岩倉その急進説に驚く。たまたま北海道開拓使、官有物払い下げ問題の起るあるや、民心ますます激昂、自由民権論、国会開設論等とあい併せて議論いよいよ囂々たり。政府ますます狼狽す。十月十一日、陛下、東北北海道巡幸より還御ののち太政大臣三条実美、左大臣熾仁親王、右大臣岩倉具視、参議寺島宗則、山県有朋、伊藤博文、西郷従道、井上馨、山田彰義らを召して御前会議を開かせ給い、二十三年を以て国会を開くべきの大詔を渙発あらせられたり。

全国の志士始めて意を安んじ、専制政府倒壊の期近づけるを喜び、囂々たる論議もようやく鎮静に帰したり。当時の大詔に宣く、

「国会開設の勅諭（明治十四年十月十二日）

陳祖宗二千五百有余年の鴻緒を嗣ぎ、中古紐を解くの乾綱を振張し、大政の統一を総攬し、またつとに立憲の政体を立て後世子孫継ぐべきの業をせんことを期す。さきに明治八年に元老院を設け、十一年に府県会を開かしむ、これみな漸次基を創め序に循いて歩を進むるの道に由るに非ざるはなし。爾《なんじ》有衆また朕が心を諒とせん。

顧みるに立国の体、国おのおの宜しきを殊にす。非常の事業実に軽挙に便ならず、我が祖、我が宗照臨して上にあり遺烈を揚げ洪謨を弘め古今を変通し、断じてこれを行う責、朕が躬にあり、将に明治二十三年を期し議員を召し国会を開き、以て朕が初志を成さんとす。今在廷臣僚に命ず、仮すに時日を以てし、経画の責に当らしむ。その組織権限に至りては陳みずから衷を裁し、時に及んで公布する所あらんとす。

朕惟うに人心進むに偏して時会速やかなるを競う。浮言あい動かし、ついに大計を遺る。これ宜しく今に及びて謨訓を明徴し朝野臣民に公布すべし。もしなおことさらに躁急を争い事変を煽し国安を害する者あらば、処するに国典を以てすべし。特にここに言明し、なんじ有衆に諭す。」

顧みれば、征韓論起りてより、ここに十年、廟議分れて対外、対内の二派に帰し、対外派はさらに強力党、言論党の二派に分れ、強力党は佐賀、薩南の役に完く滅びて、言論党独り、自由民権、民撰議院開設の旗幟を翻して政府に迫り、ついに大勢の趨く所は頑迷不霊、常に非征韓、非自由民権、非民権伸張、非民撰議院を標榜したる閥族党をしてこれを阻止する能わざらしめ、ついに明治八年国会開設準備の言責を言わしめ、ここにまたこの大詔渙発の盛事に遇う。これ実に民論派が専制党を屈服せしめたる第二回目の勝利なり。かくの如く藩閥者流に勝ち得たる期成会の一団は板垣を中心として自由党を興し、中島信行を総理として、立憲政党（自由党）を起せり。また大隈を中心としては、立憲改進党起り、自由、改進両党に対しては立憲帝政党起り、上下の言論ますます盛んにして、時事いよいよ繁きものあるに至れり。

第15章　玄洋社生まる

憲則三章

明治年間に至り、福岡に志士を起せしものは、高場乱《おさむ》の力なり。しかしてこれを統轄し、よく摂度あらしめたるは、越智彦四郎、武部小四郎の力なりと謂わざるべからず。越智と武部とは共に高場乱の門下にして、刎頸の友として好し、深く我が国体の精華を極め、よく史に通じて、筑前の対外関係を辿り、布衣にして志を延ぶるもの宜しく清韓に目を注がざるべからずとなす。しかるにたまたま内国事端繁く、つとに義を詢《ママ》え、未だ志をなさずして、ついに義に殉ず。武智、武部の二人者は、実に福岡志士団結の中心にして、またその祖なり。今や二人者あらず、すなわちこれに代るべきものを求めざるべからず。ここにこれを求めて、箱田六輔、平岡浩太郎、頭山満を得たり。箱田、平岡、頭山は玄洋社の三傑として志士に嘱目せられ重望を負うもの、つとに越智、武部の遺志を継ぐ。その性情同じからざるものあれども、忠君愛国の至誠に至ってはこれを一にし、つとに子弟の教養に努め、また同志の間に奔走す。それ水の低きにつき、人の好む所に走るは、これ情の免れざる所、向陽社またこの免かれ能わざる所に逢着せり。武部、越智の死後、箱田、平岡、頭山ら、もっぱら福岡志士の統率に当るや、志士、社員の間、ついに二派を生ずるに至れり。二派とは何を意味するか。すなわち、

一、武部、越智派に属して西南役に関係したるもの

二、萩の乱に関係したるもの

西南役に関係したるものは主として平岡浩太郎を推し、萩の乱に関係したるものは箱田六輔の周囲を囲繞する

一派なり。十三年まさに暮れんとする頃、頭山東北漫遊より帰来し、これを見、これを聞き、深く憂えかつ慮る所あり、宜しく平岡と箱田とを提携せしめ、以て中原に活動せしめんと欲す。当時平岡は別に九州民論党の団結を組織せんと欲して鹿児島にありしを以て、頭山書を平岡に送りて旨を通ず。平岡これを容れ、帰来箱田を訪う。箱田また釈然胸襟を開く。平岡すなわち謂うて曰く、小党分立は、要するにこれ蝸牛角上の争、余これを恥じかつこれを採らず。希くは共に倶《とも》に国家の大事に当らんと。箱田、平岡の雅懐に感じ、向陽社長の任をこれに譲らんとす。時に塾名について論あり、向陽はすなわち太陽に向うの意なり。太陽は日なり。日はすなわち日月の日にして君なり。君は一天万乗の君を意味す。宜しくこれを改称すべしと。ここにおいて明治十四年二月、向陽社を玄洋社と改称し、平岡をその社長に推し、憲則三章を定む。憲則に曰く、

「玄洋社憲則

第一条　皇室を敬戴すべし、

第二条　本国を愛重すべし、

第三条　人民の権利を固守すべし、

右の条々各自の安寧幸福を保全する基なれば、熱望確護し、子孫の子孫に伝え、人類の未だこの世界に絶えざる間は、決してこれを換うることなかるべし。もし後世子孫これに背戻せば、粋然たる日本人民の後昆に非ず矣。ああ服膺すべき哉、この憲則。」

ああこの憲則を読むもの誰かその壮重雄大を嘆賞せざらんや。「皇室を敬戴すべし」とはこれ金甌無欠の皇国にある、吾が国民の須臾も念とする所、「本国を愛重すべし」と言うもの、必ずしも外国軽視すべしと教うるものにあらず。曩日《のうじつ》条約改正、樺太千島交換、朝鮮の国使拒絶等国家の威厳に繋がる問題すくなからず。殊に筑前の地は由来外患を蒙る事多く、筑前の民が常に清韓に対して志す所あるものその基因するや遠し。「本国愛重」の念は

彼らの夢寐《むび》にだも忘れ能わざる所に属す。それ「民権を固守すべし」の一条に至っては、実にこれ当時潮の如くに沸きし民権論より来たる者にして、「皇室敬戴」、「本国愛重」と対して、一見奇なるが如し。しかり、当時藩閥者流が沸然として勃興せる全国の民権論に対する思想も、また民権しかく伸張すべくんば以て皇室を如何せん、と絶叫して、その思想を鎮圧せんとせし所なり。しかれども、当時幕府倒れて未だ幾干《いくばく》ならず、いわゆる維新の功臣なるもの、政を採って専恣放縦、民を虐げて有司政をほしいままにす。これあたかも将軍に代うるに有司を以てせしもの。かくの如くんば尊王維新の実、どこにあるや。宜しく御誓文を奉じ公議輿論を起し、以て民をして政に参するを許せ。これすなわち皇室を永遠に安固たらしむる所以、朝に奸官あって専制これ行う、或いは第二、第三の維新を思わざるべからず。故に民権を固守するものはすなわち皇室に忠なるの所以なりとなしたるなり。これを以て彼らは、民権の伸張を叫ぶと共に、国権の伸張を叫び、民撰議院の開設を呼号すると倶に、国威発揚を呼号し、また外征侵略を高唱せるなりき。陛下の赤子としてすでにこの想いを懐き、日本国民としてすでにこの志あり、これ真とし、これ是として守り、つぶさにこれを行う。「各自の安寧幸福を保全する基」にして「皇室敬戴」「本国愛重」を「熱望」し「権利」を「確護」するはもとよりしかる所、子孫またこれにつき真に従い守りかつ行いて「換うる事なかるべし」。すでにこれ真なり、これ是なり、もし後世子孫これに背戻せば、粋然たる日本人民の後昆に非ず矣、と喝破一番して、三十棒を真向にかざす、真に壮なりと謂うべし。

すでに玄洋社成る、矯志、強忍、堅志社より出でて開墾、向陽塾を経、さらにここに玄洋社を起す。玄洋社は果して何の使命を天に享けしか、これを思う。矯志、強忍、堅志、開墾、向陽の各社は実に玄洋社の前身にして、ただ転々その名を異にせしのみ。その主義とする所、その本領とする所、しかしてその呼号する所みな一ならずんばあらず。吾いまだその二、三あるを知らざるなり。

第16章　玄洋社徐々外に対す

箱田社長に任ず

明治十四年大詔渙発の後、平岡は玄洋社長を辞し箱田これを継ぐ。内国わずかに小康を得、頭山は平尾の山荘にありて社員らと共に耕農に楽しみ、箱田は岡喬、阿部武三郎らと共に養蚕を業とし、平岡また鉱業に志す。十五年三月九日、熊本県人喜悦氏房、高田露、宗像政、山田武甫、宮川房之、有馬源内、前田案山子ら自由主義を奉ずるの者、九州改進党を起す。当時福岡県よりこれに出席せしは、箱田六輔、頭山満、柳河（有朋会《ママ》）十時一郎、岡田孤鹿、大城常吉らなり。しかれども箱田、頭山らは、百の議論、千の演説あるも実行なくんば畢竟世に功なしとし、ついに入党せずして福岡に帰る。時に板垣ら四月六日、東海道遊説の途に上り、その岐阜に至るや、柏原尚褧《しょうけい》、板垣を刺さんとす。板垣叫んで曰く「刺せ、我を刺せ、板垣死すとも自由は死せず」と意気凜然たり。これを思う、自由すでに死して板垣なおあり。思想の変転あたかも車輪の廻るが如きか。

春去り夏来たり、天下いよいよ康平なり。虎を養い、豺を養う九州西一涯、壮士剣を按じて髀肉を嘆ず。時なるか、この年七月、突として韓国兵乱あり、対外的観念を父より子に、子より孫に伝え、祖先以来これを血より血に伝承する筑前人の集団、しかも大理想大抱負を以て立てる我が玄洋社、何ぞこの機に当たり黙過すべけんや。その対外思想は徐々としてここに発露さるるに至れり。

今しばらく韓国兵変の顚末を記して、韓半島の状を叙せん哉。

十五年朝鮮の変

韓国は江華湾事件ありてよりのち漸次我に近づき、金玉均、徐光範らを我が国に派して文物制度を見せしめ、或いは陸軍中尉堀本礼造を聘して軍事教官となし、或いは制度を我に倣し、大いに敝政釐革の緒に付き、我が国また公使として花房義質を遣してこれを助く。時に大院君は外戚閔氏のために勢力を奪われて、不平満々常にその勢力回復の機を覗うや久し矣。時に兵曹判事、閔謙高、その権を弄し、専横日に甚だしく、大いに兵士の憎む所となる。たまたま兵士給料不足の事あり、兵士これを大院君に告ぐ。大院君以て機到れりとなし、陽に慰撫、陰に教唆煽動す。十五年七月兵士閔謙高の家を破壊し、進んで王宮に乱入し、また我が公使館を襲う。花房公使、書記官近藤真鋤ら、囲を衝いてわずかに遁れ、済物浦に至り、たまたま淀泊の英艦に乗じて長崎に帰る。

時に金允植、魚允中、支那にあり、急を清国李鴻章に告ぐ。丁汝昌、馬建忠、兵を率いて入韓、乱党を平らげ大院君を清国に拉し去る。かくの如きは実に清国が朝鮮を以て属国視するに出るものにして、これよりますます日清相反目する甚だしきに至れり。一方花房公使は長崎に着するや、これを政府に報ず。井上外務卿、下関に出張し、さらに花房を朝鮮に遣し、以て罪を問わしむ。朝鮮、清国を恃みて容易に我が談判に応ぜず、公使花房激怒して将に本国に引き揚げんとす。李裕元その急を見て韓廷に説く所あり、朝議一変ついに我が謂う所に応じて条約を締結す。

済物浦条約の文に曰く、

一、自今二十日を期し兇徒を捕え巨魁を究めてこれを懲らすべし。日本派遣の吏員もまたこの究治に参すべし。

二、日本人の難に遭うものは朝鮮優礼してこれを葬るべし。

三、朝鮮政府は五万円を出して日本人の死傷者に酬うべし。

四、日本人受くる所の損害に対し五十万円を酬うべし。但し五年にこれを清算すべし。
五、自今日本の兵を朝鮮に駐在せしむべく兵営の設置修繕は朝鮮政府これを負担すべし。但し一年の後兵員を置くを要せずと見ればこれを撤回するも妨げず。
六、朝鮮は大臣を派して罪を謝すべし。
右条約に附帯し、日本人韓国内地歴遊地制限を拡張したり。

花房義質遭難当時を回顧し語りて曰く、

「元々政府は西郷自身が渡韓するというのを引き止めて、行くと必ず何事かが生ずる事、生じた暁には、兵力に訴えなければなるまい、朝鮮だけならあえて恐るるに足らないが、当時の日本の兵備は、到底支那の干渉に対抗し得ない、支那一国に対してもかくの如くである、いわんや列国の干渉をやだ、今は専ら内治に力を致すが至当であると、西郷の渡韓を引き止めたが、しかし事態はうまく治らぬ。

破れた後の弥縫策として台湾の征討あり、凱旋の後も国内の人心が折り合わぬ。年を閲するに連れて不平の叫びが増す。勿論朝鮮のお手際は万々分り切っているものの、支那の干渉にいささか以て憚る処がある。さればこの場合、臥薪嘗胆、各国の干渉を忍んでいるしか致し方がない。さらばといって朝鮮の事を放棄って置くと、国内の人心が折り合わぬ。そこで緩かに、万事穏やかに処置するのが私の受け持ち役であった。

時は明治十五年七月二十三日、事件の起りは極端なる排外主義の爆発である。陸軍中尉堀本礼三という親兵の教官が下都監の兵営に宿泊していた。他にまた二、三名の語学生も兵舎の方に行っておった。

兵舎にいる堀本らは日曜を待ち兼ねて、朝から公使館へ来ては、終日遊び暮らすが例となっていた。七月二十三日は丁度日曜日、忘れもせぬ晴朗の天気で、私らは今に堀本らが来るだろうと心待ちに待っていた。ところが何日も来るべきはずの堀本が何日もの時間を過ぎても来ない。待てども待てどもやって来ぬ。

どうしたのかと思っているところへ、誰か呼吸せきやって来て、下都監の方から来た。日本人が城内で暴徒に襲われているが、余程危険の様子だと報じて来た。下都監から来た日本人！　暴徒の襲撃！　どうもそれが堀本の一行らしい。

一方、堀本を迎いに行った巡査すらも一向戻って来ぬ。そのうち戸外が何となく騒擾して城壁の上には常より多く人立がする。四辺を俳徊するものや、気抜のした顔で立っているものや、蹲踞んでいるものや、一般に人出が多い。

いささか気掛りなので、裏手の山に登って城内を望見すると、砂塵濛々として唯ならぬ形勢、何でも騒動が起ったらしい。それが何日もの暴民の一揆でなさそうであると私に報告したが、私は何とも心得ずにいると、親兵の頭領たる領官より（単に領官と言って姓名を記さないのが例である）急を報ぜる手紙を持って来たものがそれを門衛に渡して、倉皇と走り去った。

その要領は、『兵隊共が乱を起し争闘しているから、時に因ると公使館を襲撃する虞れがある。万一かかる場合には、剣を抜き、銃を放ってしかるべく防備ありたし』との一片の報告に過ぎぬ。

元より何のために騒乱を企てたかは分らぬ。さりながら兵士が乱を起しているのは事実である。そうとすれば必ず公使館を襲いに来よう、と言って周章狼狽して、胡盧になっては国辱だ。

防げるだけは紡ごう、防げなければ共に死すのみだと決心して、心待ちに堀本が来着を待っていたが、なおかつ帰って来ない。迎えに出た巡査も戻らぬ。さては彼らは一揆の血祭に逢ったのかと、側々の情、有繋に禁ずるを得なかったが、一層防備を厳にして、例の裏山へ斥候の者を放つ事にした。斥候の役は武官の水野勝毅（大隊外二、三名である。

事態は刻々切迫する。濛々たる城内の砂塵、風のまにまに耳を衝く物の響き、それが最初の程より猛烈となる。

殊に砂塵が一入激しく立ち昇って天日を蔽える様、見れば見るほど凄惨を極むる。従って城壁に立っている人数も先頃よりは多くなった。一時間二時間と不穏の状態が持続する。

書記官に近藤真鋤、石幡貞といぅ者がいた。両人は能く詩文を解するのでこの凄愴な有様を題にして一篇やろうと促すと、どうやらこうやら詩が出来た。那様這麼で極く落ち着き払っている内に形勢はますます切迫して、一揆の者共はワッとばかり鬨を挙げて公使館の隣にある書記館の住宅を破壊し初めた。

人の居ない空家とて破壊し放題だ。彼らは威猛高に罵り合いつつ手当たり次第に破壊している。即刻追い払えと塀に登って拳銃を放つと、彼らは吃驚仰天して、我一にと逃げて行く。霎時するとまた押し寄せて来る。その密団に向って拳銃を放つと、ソレ！とうろたえ騒いで散々になって逃げて行く。予らが堅く警め合う内に日はトップリ暮れて了った。

やがてすると台所の方の仮小屋を焼き払おうと、藁に火を点けたのを投げ込む。まるで火の雨が降るように熾んに投げる。一揆の者はますます猛烈に攻め寄する。それが一方を追い払えば、一方から押し寄せてくるので到底小勢の者では防ぎ切れぬ。しかも出ると傷を受けねばならんから、労して益がない。ここにおいてか避難の問題が起る。いろいろ評議の末、観察使の役所へ行くがよかろうと衆議はたちまち一決、いよいよ一揆の包囲を突破し、ワアッと一斉に鬨を作って走り出た。

夜目にもしるき日章旗！竿の先に旗を立ててそれを先頭を翻しつつ倔強の武官が数名、行先を斬り開いて列伍整々、勢い猛く押し出すと、一揆の者は雪崩を打って逃げ迷う。当るを幸い斬り立て斬り伏せ大通りへ出ると、そこに岩畳な柵を構えてある処で一揆の者はその柵に遮られ、逃路を失して大分斬りまくられたが、かくて大声揚げて救いを求むる醜態は、今眼前に髣髴する。

いよいよ観察使の館に行って見ると、観察使は何処かへ姿を隠したかいない。これでは一向手頼にならぬ。この上は王宮へ行くしか道がない。流石に王宮は秩序が立っていようと、踵を廻らして王宮に向う事とした。巍然として暗を扱ける南大門、門扉はピタと閉ざされて、中には人の気配はするが、押せど叩けど応じない。そこでいよいよ最後の手段たる、京城を引き揚げる事に速決した。朝山健三という通訳に命じて、韓音朗々、『日本公使以下館員一同、乱民の襲撃にあい、急を王宮にさけんとするも、門を閉ざせるがため入るを得ず、やむなく京城を去らんとす。この旨申し上ぐ』と、ともかくもお暇乞いをして揚花鎮に向った。

暗雲墨を流したかのよう、大雨沛然として白箭を射るかの如く降り注ぐ。ふりさけ見れば彼方の空、微かに赤くボーッと焦げて公使館の火の手が見える。水蒸気の包満せる折とて、火焔は一層物凄い。

それからいろいろ苦心困憊の末、ようよう仁川府使の役所についた。その道程凡て五、六里、募る疲労と安意とに、もう一歩も動けない。

府使に面会して逐一話すと、これは以ての外と非常に驚いて、ともかくこの家でお休み下さい、濡れた洋服はお脱ぎなさいと、朝鮮服を出してくれるやら、食物の用意をしてくれるやらで、先ず先ずこれで一安心と思っている所へ又々乱民が雲集して、二、三名負傷者も出来た。

それに屈せず列を作りワアッとばかりに鬨の声、潮の寄する勢いで、出て行くと、その勢に辟易して雲霞の如きヨボ連が雪崩を打って道を開ける。何の事はない、無人の境を行くようなもの。

当時仁川港湾測量のため、英国の汽船フライング・フイッシュ号が月尾島附近に投錨《とま》っていたのが三日の朝豊島沖を通過するのに信号して、その船に避難した。船長は事の概要を聞いて大驚し、『詳しい話は後にして、これからどうする積りか先ずそれを聞こう』と言ってくれる。私はそれに答えて『電信があれば、あえて韓国を去るに及ばんが、御覧の通り不便な土地であるから、長崎まで行かなくては仕方がないと思う』というと彼は一言『宜しい、承知しました』と男らしく言い放って、直様信号をして、測量に出ている小船に引き揚げの命令を発した。

かくて病傷者の手当をしてくれる、穢れた衣服を脱いでこれを着よと新しい洋服を出してくれる、改めて食事をさせてくれる、しかして出帆は今夜だと言ってくれる、いかに我々が一刻千秋の思いで出帆を待ち焦れたであろう。ついで錨をまく音、囂々たる汽罐のたぎりを聞いた時には一同蘇生の思いをした。

出港の翌日は一日駛走って、翌々夜の初更長崎に着く。上陸すると直ぐに電信局へ駆け着けると、局員は丁度事務を終えて寝前の束の間を、浴衣がけで涼んでいたところ、早速一伍一什を打電した。

返電は至極簡明『馬関にあって命を待て！』との数字に過ぎぬが、しかも意味すこぶる深重である。そこで三十一日の夕方、安寧丸に搭じ、八月一日を以て下の関に着した。

私が下の関に着するとほとんど同時に軍艦磐城号が事変を報じて、元山から引きかえし来るに会した。で翌日、該艦を釜山に直航させ、属員杉村濬を派して形勢を探査させた。四日、磐城艦の報告によると、京城の事変は意外の大事で、要は大院君の陰謀にある。されば独り我が公使館の襲撃のみならず、暴徒の宮闕に迫って、王妃は昇遐され、二、三名の大臣も無惨！横死を遂げ、続いて大院君が政権を掌握するに至ったという。」

由来玄洋社は志を清韓に有するもの、いかでこれを黙してやむべけんや。薩州西郷旗下の反将野村忍助また故人の志を継いで鶏林に勇飛せんとす。玄洋社箱田、平岡、頭山、進藤、藤島、久田、伊地知、的野、来島ら、野村と謀り同志を糾合して義勇兵を組織し征韓の急先鋒となり、大いに韓半島に国威を発揚せんと欲す。時に条約の成るあり、計画ついに水泡に帰し了んぬ。ここにおいて同志多く東京に出遊す。

□《不明》朝鮮兵乱の後、宗像政、中江兆民、長谷場純孝、栗原亮一、和泉国彦、末広鉄腸、樽井藤吉ら大陸活動を企て、これを平岡、頭山に謀る。頭山これに賛して曰く、

「韓半島は古来我の同胞なり。流血の悲惨を与えずしてこれと合せざるべからず。大を採れば小は労せずしてこれを合すべく、招かずして来るべし。韓の小に向わんより、しかず支那の大陸において活動せんには」と。すな

わち活動党の発するに当たり、玄洋社員九十余名をこれに加えしむ。活動党がすでに従うる所は熊本相愛社員六十余名なり。これを思うに、支那実に州四百、民四万々人、当時東洋唯一の強国として自ら許すものあり。これに対して頭梁七人、志士わずかに百数十、これを以てして支那大陸に活動すべしとなす、もとより成るべきの事にあらず。あたかも空中に楼閣を画くと異らずといえども、その意気や賞すべし。しかもこの一行によって支那研究の端開かれ、彼の日支貿易の開拓、日本人にして支那開発の先駆と呼ばれたる荒尾精と頭山と相識るに至り、以来刎頸の交りあり。

十七年朝鮮の変

十五年の兵乱ののち朝鮮は済物浦条約により、朴泳孝、金晩植、金玉均を派して我に謝せしめ、我また竹添進一郎を弁理公使として朝鮮に駐せしむ。時に支那よりは通商弁理委員として袁世凱朝鮮にあり（袁世凱十五年兵乱当時には職戈什給《かじゅうは》にて日本の伍長階級の軍人なりしが、その鋭才は上長官の認むる所となり中書科中書に上り、次いで十七年には陳伯南の後を襲うて通商弁理委員となる。支那は韓を属国視したるが故に公使を置かず、通商弁理委員はあたかも公使と同様の職権あり）。

袁深く宮廷の宦官と結び、外戚閔氏と相許し、朝鮮の内政に対し陰にこれを操縦す。これに快からざる韓国志士は日本に頼りて独立の実を挙げんとし、ここに独立党（日本党）事大党（清国党）の二大党を生ぜり。事大党に属するものは、閔泳翊、閔台鎬、閔泳穆、超寧夏、李祖淵、尹泰駿、韓奎稷らにして、独立党に属するものは朴泳孝、金玉均、洪英植、金晩植らなり。

朴、金らは事大党の清国に阿附するを憎み、日本の力を借りて事大党を国内に一掃し、内治の実を挙げんと欲し、つとに日本志士と往来相結ぶ。日本また朝鮮のために謀りて先に約せる賠償金額五十万円のうち四十万円を贈りて内治改革の費に宛てしむ。独立党大いに我が好意に感泣し、改革の機至るを待つ。たまたま明治十七年十二月四日、京城郵便局開場式を機とし、半夜直ちに事を起して事大党の首領閔泳翊以下数人の権官を殺戮し、進んで王宮に入り、国王を擁し、国王また手書を我が公使館によせて、護衛を乞う。

ここにおいて竹添公使、兵一中隊を率いて王宮を護る。独立党員ら大いに喜び、すなわち翌朝令を天下に発して新政を布く。時に哀世凱また閔后の乞いに依り兵二千を率いて王宮に到るや、国王清に投ず。我が兵ついに清兵と会し戦を開く。我が兵衆寡敵せず、公使兵を収めて仁川に退き、急を内国に報ず。この変、我が公使館は焼かれ、歩兵大尉磯林真三以下兵の死傷四十、在留の官民また殺傷され或いは凌辱を蒙ること甚だし。

朴泳孝、金玉均らまた日本に亡命のやむなきに至る。我が政府報に接するや、外務卿井上馨を特派全権公使として、十八年一月七日、韓廷と事を議せしめ、全権公使金宏集と左の条約を結びて局を収む。条約に曰く、

一、朝鮮書を修めて謝意を日本に表すべし。

二、遭害日本人に対して十一万円を払う事。磯林大尉を殺害せる兇徒を重刑に処すべし。

三、日本公使館に新たに地を給し、修築の費二万円を出すべし。

四、日本護衛兵の営舎を定むべし。

この変、我が邦人の清兵のために殺傷侮辱せらるるもの夥しく、国民の義憤その極に達し、清国に対し干戈を動かすべしとなすものあり。殊に竹添公使が軽々兵を動かして韓王反って清軍に投ずるに至りしもの、外交の機宜を失する甚だしとなし、竹添に対する批難甚だ大なるあり。熊本県人の如きは新聞紙に広告して曰く、「竹添は熊本藩士にあらず、また熊本県人にあらず、彼は天領天草の出身者なり」と。以て当時の状察すべし。当時玄洋社社員中にもまた竹添に対し不満を抱くもの多く、幾度かこれを問責せんとする処ありしも、竹添避けて、玄洋社員の訪うものあれば隠れかつ面会を避けたりと。輿論すでにかくの如く、政府すなわち宮内卿伊藤博文を全権大

使となし、十八年三月十四日支那に赴かしむ。清廷特命全権公使李鴻章と天津に会し、韓国の事紛に対し左の条約を結ぶ。

一、従来両国より朝鮮に屯在せしめたる兵を撤去すること

二、軍事教練のために両国より教官を派すべからざること

三、将来事ありて両国兵を朝鮮に派遣せんとする時は互に行文知照すべきこと

しかも、日本人殺傷侮辱の事に至りては、証左なきを楯とし、李言を左右に托し、他日その証挙るの日を以てこれを処刑すべしとして相別る。伊藤の優柔なるかくの如し。軟弱外交を以て我が国の利を失すること多く、また我が盛名を傷つくる少々に非ず。

玄洋社と亡命客

これより先、金玉均ら日本謝罪使として来たるや、外務卿井上の力を借り、朝鮮所在の鉱山を担保とし、日本政府より借款せんと欲し、これを井上に謀りしも、井上の聞く所とならず、やがて十七年の変あり。朴泳孝、金玉均ら韓国の志士、我が国に亡命するや、しばらく横浜居留地、英の四番館に潜む。時たまたま玄洋社員にして東京芝弁天の一角に梁山泊を成せるもの、曰く久田全、伊地知迂吉、的野恒喜、的野半介、その他大学および慶応等へ通学の幾多学生等、かの天津条約を見て伊藤の外交軟弱を憤慨して怒髪天を衝くの概ありしが、同気相頼るの倣いにや、北越の赤沢常容、柿本務、三浦清風、大和の樽井藤吉、越前の藤田某、肥後の前田下学、金沢の関谷斧太郎ら日夕来会して東亜の噴火口たる朝鮮問題は廟堂一派の軟弱外交家に一任すべからざるを主張し、また一面両的野は横浜に亡命客朴泳孝らを慰問し、他面に久田全は同志の趣意書をもたらして福岡なる玄洋社の先輩に勧説することとなりたり。その書に曰く、

「我が三千年来の歴史は、未だかつて寸毫も外侮を蒙りしことなし。しかるに今や世界の大革命に際し、この金甌無欠の大帝国も、もし一歩を誤らばついに外人の奴隷たるを免るる能わざるべし。しかして対韓問題は神功皇后征韓以来の宿題として、明治六年の廟議破裂も、明治七年の佐賀の乱も、十年の西南役も、みなこの問題に胚胎せり。機を得て再挙、事を決するに非ざれば、征韓論は唯これ内政一種の権力争いとして、後世の笑を買わんのみ。いやしくも生を明治の世に受けて、江藤、西郷らの志を知るの徒は、発奮興起、自らその志を継ぎて、頽瀾を未倒に回さざるべからざるなり。聞くが如くば、朴、金の徒、困厄を脱して現に横浜山手の四番館に蟄居せりと。如かず、その窮鳥懐に入るの逆境を憐んで、他日活動の益友たらしめんには」云々と。

すなわち久田をして急遽帰県の途に上らしめ、頭山に迫りその上京を促し、一方在京玄洋社員らは同志の士と韓国亡命客をいたわりて、互にその胸襟を披瀝し、韓半島の経綸を痛論し、盃を挙げて盟約提携を誓う。当時小林樟雄なるものあり、よく慷慨しよく悲歌す。かつて金玉均が後藤象次郎に対し軍資百万円の供与を抑がん事を乞いしに、後藤はこれを三菱に図りしも成らず、後藤さらに仏国公使クレマンソーに就きてこれを調えんとの志あり。小林は実に当時後藤とクレマンソーとの会話通訳の任に当たりしもの、その聴く所を携えて自由党の大井憲太郎を訪い、告ぐるに後藤の朝鮮改革運動を以てす。大井もとより熱血任俠の士なり。すなわち韓半島改革運動を起さんと欲し、同志児島稔、磯山清兵衛、新井章吾、稲垣示、景山英子《ひでこ》ら百数十名に謀り大いに狂奔する所あり。

頭山を動かさんとして帰福せる久田は在京同志の志を告げ、起って韓国経綸の事を共にせん事を慫慂す。頭山すなわち久田の議を納れて、直ちに上京の途に上る。途に神戸に金玉均に会し、大いに東洋前途の風雲を談じ、日韓これもと同胞国なり、互い相提携し相扶翼して覇を唱えざるべからずと、互に相許す百年の友の如し。頭山、金の形容枯痩せるを憐み、携うる所の一千金をこれに送る。金大いに謝しかつ喜ぶ。頭山ために出京の資を欠き、一度帰県し、さらに出京の途に上る。

当時大阪における大井憲太郎らの一味は韓半島経営を名とし壮士をして寄附を募らしめ、或いは児島稔をして贋札を製造せしむ。壮士中の悪辣なるものに至っては、これを名として脅喝強請するあり。政府密偵を放って犯跡捜索甚だ厳なり。

玄洋社員は頭山が久田の議を納るるを知るや快哉を叫んで起ち、続々上京して来島恒喜、的野半介、美和作次郎、宮崎勝、竹下篤次郎、岡保三郎を始め熊本の前田下学、福原儀三太、金沢の広瀬千磨、関谷斧太郎、青森の猪股小太郎、奈良誠之助、越後の柿本勢、三浦清風、赤沢常容らと共に計画を立て、頭山の上京を待ちて鶏林八道における実際運動を起さんとす。頭山上京して芝口田中屋に投ずるや、同志相ついで到り、その指導を受けん事を乞う。頭山おもむろにこれを諭し、かつ戒めて曰く、軽挙するなかれ、大井らの運動もまた或いは破れん、軽挙人の笑いを買うは男子の恥づる所たらずや。予さきに金玉均に向って切に戒心を促し、また大井らに諫むる所ありしも聞かず、今や警吏彼らに備うところ甚だ厳なり。しかも彼らは入獄を以て志士の勲章なりと誤信す。妄動して名を汚すは真に国家のために図る者に非ず、宜しく自重すべしと。美和、来島ら、頭山の訓戒に遇うてその軽挙の非を悟り、静かに形勢を観望す。

憂国の鉄腸溶く

篇者一日、頭山翁をその邸に訪う。先客あり、翁語り客よく談じて、共に倶《とも》に回顧の情に堪えざるものの如し。談たまたま金玉均に及ぶ、翁の語るや、黙するが如く、また言うが如く、語尽きたるが如くにして起り、起りたるが如くにして止み、連続起承定かならず、時に童顔微笑を湛う。

「金《きん》がどうしても一万両ばかり入用と云うから、俺が判取りに行ったよ。三浦梧楼の処へさ。高利貸から借《か》るんじゃけど、貴方《あんた》の判がなけれにゃ金を貸さんちゅうから、判を一つ押し下さいや、と云うた所が、三浦が何にするか、少し位なら高利貸から借りるのはやめちゃどうじゃ。俺も今一寸困ってる事があるから、高利貸に判を押すのは困るが、まあどの位いるじゃと尋ねるから、何、炭山を買おうと思うとるので一万両ばかしじゃ、と云うと三浦が俺がどこからか才覚して来るから三千位じゃいけぬのかと云うんで俺が、一万両入るのに三千両じゃ仕方がないと云って帰った。金玉均が、金は出来たかと云うから、こうこういう訳で借りて来なかったと答えた所、あれが三千両でもよかったと云って惜しがった事があったよハハハハ。大体金玉均はなかなか才子じゃったね。しかし世間では金玉均の才子じゃった事は知っているが、あれの最も立派な有為《なすある》精神を知った人は余りなかろうな。」

客答えて曰く、「実際、金はエラかったよ。日本の代議士じゃ何んか云っても、金ほどの人間はおらんじゃろうな。」

翁曰く、「ウン、おらんかもしれんね。まあだおかしかったのは、フランス人の金持がいるから、俺の炭山に金を十五万両出させてやると金がいうから、俺と金とその毛唐と三人、浜の屋で呑んだよ。そのフランス人と云うのは一人で九ヶ国の語を話すと云うエライ男じゃったげなが、俺は一ヶ国の語も出来ぬので、金が一人でペラペラ何かシャベッておった。あの人は、あんなにだまっているけれどエライ人じゃとか何とか云って話したそうじゃが、俺には判らんから黙って呑んでいたよ。金《かね》はとうとう出来ず。お馳走の仕損んじゃったハハハハ。それから何日じゃったか、金が来て俺が朝鮮の事を急がぬので、あんな才子だけに気が気でなかったと見えて、貴方の様なゆっくりした人は見た事がないちゅうから、俺が、俺も貴公見たいな気急しい男を見た事がないと言った所、金が頭を掻いて、これは御挨拶ですねとか何とか云って閉口した事があったよハハハハ。」

翁と客との談話はその当時を語りて尽きざるものあり、金玉均日本亡命の当時その身辺みな刺客を以て包まれ

危険はなはだし。頭山すなわち金を訓めて曰く、

「足下四面楚歌の中にあり、刺客隠見、足下の身辺を覗う今にして、策を立て、身の安固を図らずんば、韓国を如何せん。徒死は君子の忌む所、足下戒身するなくんば、その命累卵の如し」と。金、頭山の好意を謝し、

「金が一身もとより韓国に捧ぐるが故に、これを国のために捨つる惜しむ処にあらず。しかれども今祖国のために謀って、志半ばなり。徒に刺客の毒手に斃るるを好まんや。先生願わくは危を免るるの策あらば、教を乞わん」と。頭山我が国の忠臣大石良雄の故事を引いて遊里に蕩児を学ぶべきを以てす。金またこれを可なりとし、これより折花攀柳、遊里の客となって痴態嬌状見るに堪えず。その大阪難波寺中に岩田周作と偽名してあるの日、祇園の芸妓お初と深く契り巫山徒に夢温く、交情濃かに痴蝶花に戯むるの観あり、ついにこれをその妻とし、人をして憂国の鉄腸すでに溶けたりと叫ばしむ。ああ慷慨の熱血果してすでに涸れたりや、憂国の鉄腸果してすでに溶けたりや、これを知るものはただ頭山以下の玄洋社員あるのみ。

志貴山事件

小林樟雄の説を聴いて大井憲太郎らが韓国に志を樹てんと奔走したるは、さきにこれを説けり。始め大井らと事を共にせんとしたりし磯山清兵衛は他に見る所あり、到底大井らの事を成し能わざるを見て盟約より脱し、大阪に別働隊を組織せんとして成らず、十八年十月大井の一派、氏家直国、前田鈴吉、落合直次、内藤六郎ら、軍資金を得んと欲し、大和志貴山に到り千手院に押し入り二千円を強請せんとして得ず、ついに十一月二十三日払暁大井以下百三十名みな縛に就く。この事あるや、東京在住玄洋社員に対する警吏の警戒はなはだ厳なり。来島らみな頭山の明察に感じ、再挙を期し、ついにこれを解散し、的野、竹下、来島らは開拓のため小笠原島に渡る。金玉均また内地より護送されて小笠原島に来たり、互にその奇遇を喜び、往来交情ますます濃くして、その結ぶ

やますます固きものありたり。

朴泳孝、金玉均ら韓国志士は亡命後玄洋社員の鉄桶に身を投じ、祖国のため大いに図る所あり、玄洋社員また一諾を重んじ、終始亡命客のために奔走尽力するものあり、日韓併合の今日よりこれを想う、うたた感慨深きものあり。

第17章　条約改正問題

外交顚末

玄洋社史は今や筆を進めて、来島恒喜の大隈狙撃を述せざるべからざる境に達せり。来島の大隈を刺さんとせしもの、一の私怨私恨あるに非ず、また私人来島恒喜が私人大隈重信を殺傷せんとしたるに非ず、来島は自ら図りてついに策のこれに出づるにあらずんば到底大隈の反省を促し能わざるを思い、以て輿論は大隈の条約改正案に反対なるを示さんがためにこれを敢行したるなり。その主とする所は、大隈の条約改正案を阻止せんとするにありたるなりき。その要とする所は、国威の失墜を未前に防止せんとするにありたるなりき。来島の見る所はただに大隈のみにあらずして、その何人たるを問わず、国家を誤るものを正さんと欲するにあり、国辱を顧みざるものを反省せしむるにあり、しかもこれを聴かず、しかもこれを改めずんば、すなわち一身を犠牲に供するあるのみ。彼朝鮮事件に国威を傷つけたる竹添を訪うてその責を問わんとしたる事ありき。また井上の改正案を見て憤慨措かず、すでに心に決する所あり、たまたま井上その非を悟るを見て決行を止む。今大隈輿論に聴かず、民意に反し、国辱を顧みず、将に国家を誤らんとす。来島ついに黙する能わず、大隈に対し一撃を敢行するに至りしなり。

条約改正の事もとより一朝一夕に起るに非ず、その由来するところ甚だ古し。霞ヶ関の投弾の拠って起る所以を知らんと欲せば、条約改正問題および当時の我が世態を闡明にせざるべからず。

そもそも我が国の欧米条約は安政元年正月米国ペルリと結びし神奈川条約十二条を始めとし、次いで安政五年日米通商条約十四条を締結す。さらにまた和、露、英、仏等の使節と各条約を締結し、のち万延元年葡、文久三年独、慶応元年瑞、二年白、伊、丁抹《デンマーク》と条約を結びたり。ここにおいて我が維新前の条約国は十一国に及べり。しかるにこれら条約中にはみな領事裁判権を認め、最恵国条款を認むるが故に我が国民の不利すくなからず、ここにおいて一部論者の間に条約改正の議を唱導するものあり。殊に新政府となるやその批評論議甚だしく、これらの条約は安政五年より百七十一ヶ月目に改正をなし得べき約なりしを以て、この年月に相当する明治五年五月に、先ず一年前政府は条約改正の意を諸外国に通達し、四年十一月十八日、全権大使岩倉具視、参議木戸、大蔵卿大久保、工部大輔伊藤、外務少輔山口尚芳の四人を副使とし、随員百余名を率いて欧米巡覧の傍ら、条約改正の事を図らしむ。当時我が政府の条約改正方は、

一、内地難居は尚早なれば、内地整頓を待って、居留地域を漸次拡張する事

一、裁判を公開して裁判権を我に恢復し、領事裁判を廃する事

等の外、海関税に開する改正意見なり。一行は先ず米国に航して種々交渉するところありしも、機未だ熟せず、ついにこれを中止し欧洲に遊ぶ。しかして政府は五年四月公使を諸外国に派して、彼我交渉の任に当らしむ。

当時外務卿副島が、米国にある岩倉大使に条約改正談判の全権委任状を送附するや、各国公使副島に談ずる所あり、副島すなわち外人に許すに内地雑居を以てし、これに代うるに治外法権、関税権の制限を撤せしめ、以て対等の条約を締結せんと欲し、公使団体と交渉する所あり。副島の外交術は実に高飛車的にして、その言う所外

人の意表に出づるものあり、内地雑居を説きて曰く、これ従来居留地制を設けて一区域内に外人を閉居せしめたるものなれば、この制によりて始めて外人をして我が国民と楽しみを同じくせるものにして、治外法権の撤去は、これ天地の正道、宇宙の大義、日本正にこの正道大義の恵みにより得べし。殊に最恵国条款の如きに至っては、諸使が我が国に対する最恵国条款を拡張し、諸使相互の間に許されたる特権を我に許すべし。かくの如くするにあらずんば、諸使の我が国に向って強う所の最恵国条款なるものは、正理公平なりと謂うべからずと。副島の諸使を遇する、他の諸臣がこれに対して兢々戦々たるものと自らその選を異にし国民の意を強うするものあり、諸国使臣副島の謂う所に賛し、多く新条約締結のやむべからざるを思う。独り英国公使これに反対して、ついに議行われざるに至れり。また五年四月マリア・ルーズ号、支那人を奴隷としてペルーに運ばんとして横浜に寄港す。副島これを抑留して支那人を開放す。ここにおいて諸外国の領事ら盛んに抗議し、またペルー、日本に対し賠償を求む。副島頑として聴かず、ついに露国皇帝の裁断を仰ぐに至り、日本の行うところ正理なりとの判決あり、爾来各国奴隷船の処分については範を日本に取るに至れり。その後北境域劃定問題、小笠原島問題、台湾問題、征韓問題あり、政府久しく条約改正の事にもっぱらなる能わざりしのみならず、自主的外交家にして対等条約案を抱懐せる副島は六年征韓論の破裂により廟堂を去り、寺島宗則代って外務卿となるや、治外法権、海関税制限を併せて撤去するの困難なるを思い税権の回復を図りしも、明治十一年英国公使の反対に逢うて、改正のこと空文に属し了んぬ。次いで十一年九月、井上馨外務卿に就き改正案を立て、十五年各国と交渉する所ありたるが、改正案交渉は予備談判より着々進捗して十九年以後、前後二十九回に渉りて協議を重ねて、正に確定的改正条約たらんとせり。

欧化主義の狂態

伊藤博文のドイツより帰来するや、十七年七月七日、華族制十条を定め、文武諸中興の偉業を翼賛し、国に大功ある者および旧藩主五百五人に対して公侯伯子男の五爵を授け、次いで諸外国の例に倣うて、十八年十二月十二日大政官職を廃して内閣制度を設く。当時新旧内閣諸公を対照すれば、

太政大臣＝三条実美	内閣総理大臣兼宮内大臣＝伊藤博文
左大臣＝熾仁親王	
参議兼宮内卿＝伊藤博文	
同外務郷＝井上　馨	外務大臣＝井上　馨
同内務卿＝山県有朋	内務大臣＝山県有朋
同大蔵卿＝松方正義	大蔵大臣＝松方正義
同陸軍卿＝大山　巌	陸軍大臣＝大山　巌
同海軍卿＝河村純義	海軍大臣＝西郷従道
同司法卿＝山田顕義	司法大臣＝山田顕義
同文部卿＝大木喬任	文部大臣＝森　有礼
同農商務卿＝西郷従道	農商務大臣＝谷干城
同工務卿＝佐々木高行	逓信大臣＝榎本武揚

右の如くにして三条実美内大臣に任ぜられたり。

伊藤、井上ら改正条約に着手するや、表面のみにても欧米列国と同列なるを衒いて改正条約進捗の一助となさ

んとし、徒に欧米皮相の文明を模倣し、盛んに官衙の工を起して輪奐の美を飾り、西洋式建築を営みて官吏の住舎に宛て、或いは徒に改良改良を叫びて、衣食住はもとより演芸、唱歌、文章に至るまで西洋を摸倣するに至り、鹿鳴館の工成るや、これを以て内外紳士淑女の歌舞讌遊の所に宛て、或いは東京倶楽部を起して内外紳士の交際場となし、且に総理官舎に園遊会を開けば、夕に外相官舎に夜会を催す等、朝遊夜宴、日もなお足らず、彼らの眼中ほとんど国家の大事あるを知らざるものの如く、中にも滑稽にしてしかも最も憤慨に堪えざるものは、二十年四月二十日伊藤総理の「仮装舞踏会」にして、当時の状を『東京日々新聞』に記して曰く、

「　伊藤伯爵の仮装舞踏会

伯爵の玄関には幾多の取次の待てる内に、陣笠かぶりたる人の両名ばかり侯いけるは来賓が第一に興じたる趣向なりき。さて、会堂に入れば、伊藤伯爵には第六世紀の昔におけるヴェネシヤ貴族の服の麗わしきを召され、北の方および姫君には、イタリー繁昌の頃の服を召されたるが、そのしな最も優にぞ見えさせたり。

参り集いたまえる中にて、我が眼に止ったる分の二、三を記し申さんに、先ず皇族方には、有栖川一品宮は西洋古代の軍服を召させ、同若宮は小直衣、北白川宮には血髪赤服の御粧にて、南欧中世の貴族に出て立たせて渡らせたまいたり。

大臣方には、山県伯爵は黒衣の胴服に小紋緞子の小袴を着け、黒筒袖の戎衣を羽織り、韭山笠を面深に冠り、大小とって十文字にさすままに呼子笛つけたる陣鞭を杖にしてぞ立たれたるは、天晴れ二十前の隊長かな。その肩印に騎兵隊萩原鹿之助源有朋と名打ちたる白絹の短冊は、昔数度の戦場に甲《よろい》させたる軍服とて、殊に由々しく見えさせたり、松方伯爵は白地の錦の鎧直垂に菊綴大きらかにしたるを着て、立烏帽子を召し、金作の大刀を佩かせたり。山田伯爵は黒絹の直垂に紫の紐を結び、京極様の折烏帽子を召し、黒漆の小刀を佩かせ、ともに優なる装束にて通らせたり。御納戸綸子の御紋服（葵紋）に仙台平の袴を着て、黒の肩衣し、色絵拵えの大小を横たえ

たる武士は、言わでも知るべき幕府の武士、その人は誰ぞ、榎本大臣にて候んける。黒縮緬の長羽織袴の裾を曳きずるばかりに長く著て、田足にまがうばかりなる大髻に髪を結びたるは、何れの若殿かと見まいらすれば大山伯爵にておわしたるぞ。思いの外の御出立ちなり。かかる中にも井上伯爵の素袍烏帽子の平侍にておわしたるは、左までの御趣向と見えざりしが、左の手に鼓を持たせたるにて、さてぞ才蔵ござんなれと、皆人どよめきたり。

さばかり多き仮装のその中に、一際すぐれて見えたるは、着込の上に蓑笠きて『天莫空句践』の詩を縫いたる差物したる武士は、三島警視総監にて、前賢故実の備後三郎とは知られたり。もしかかる出立ちの者が今日府下に徘徊せば、何れ警察の御厄介者なるべしと傍らより評したるもおかしかりき。高崎知事が小具足に身を固め、唐綾胴服の上に黒漆の袈裟を纏いたる五条の橋の弁慶は勇々しくぞ見えたる。虚無僧姿に身を扮し、天蓋目深に冠りたるは、顔にこそ見えね、山尾法制局長とは挨拶の声音に知られたり。今道心の緋の衣着て殊勝気に立たれたるは、俗名高木兼寛入道と名乗られしが、大髻の長上下に四つ目結びの紋附たる若狭介は、佐々木顧問官、その召されたる紙子こそ世に名高き土佐武士の由緒ある晴れの服にてありし、鼠衣に鼠の頭巾、檜の木を手に持ちて行衛定めぬ旅の空と雲水に身を任せたる行脚の僧は誰ならんと面を見れば、渡辺大学総長。なる程これは感じたり。小紋の扇衣、平袴御旧主居風の出立ちのさてもよく似合いたるは井田中将、これもそのはずと申したり。曽我兄弟に出立ちて貴夫人の陣に打ち入らんとするものは誰ぞと問えば、これは末松議澄、鍋島桂次郎とは名乗りたり。渋沢栄一、高島嘉右衛門の二氏は、何れも兜巾篠掛に大口はきたる能の山伏姿、安宅の関守に尤められそうなる面魂。これに引換え福地源一郎氏は同じ山伏ながら、包帽子水衣太刀付の安山伏剛力位の者なるが、腰にさげたる螺貝の平日の口に比ぶれば、小さきは如何と尤められたり。大倉喜八郎氏の浦島の子は、竜宮を出でたる時と玉手箱を開かぬ以前との間なる容貌、これでは開きても左ほど悔しからぬ年ばえなりしが、その箱には電無灯仕掛けにて簪の花なぞ照したる、中々ぬからぬ浦島なり。一の寿老人その背の殊に低きは桂少将。頭の殊に長きはラウタ氏にてありぬ。杉内蔵頭の六位は滝口にはあらで大番の衆と見えたれども、芳川次官の大紋立烏帽子は狂言の大名、伊東秘書官の雹紋大口は、能の竜神、共に立派に見えさせたる所に、百日かつらの石川五右衛門は中山秘書官にてぞありける。」

又二十年四月二十二日の『時事新報』に曰く、

「一昨二十日午後九時より永田町なる伊藤伯の官邸において催されたるフワンシーポールの招ぎに応じて、内外朝野の貴顕紳士およびその夫人らの参集せしものほとんど四百余名、……天莫空勾践時非無范蠡と十文字を背旗に墨黒々と筆太に記したるを脊追い、鎧上に蓑を着け、冠り笠にて備後三郎に打扮はこれなん三島警視総監にして腰蓑に潮汲桶を荷いて松風村雨に擬したるは、同氏の令嬢姉妹と聞こえし。長刀小脇に抱え込み七道具を肩に負いたる法師武者、問わずも知れし武蔵坊弁慶は高埼東京府知事にて勇気満面に顕れ、続いて出で来たる御曹司牛若丸は同氏の令嬢なりし。頭巾鈴掛金剛杖を突き鳴らし、安宅の弁慶かと見給う山伏は、これぞ渋沢栄一氏にして、同氏の令嬢は胡蝶の舞いに扮し最美麗なりき。また忠臣蔵九段の本蔵にやらん尺八を吹き鳴らしつつ顕れたる一個の虚無僧は山尾法制局長官にて、同氏令嬢の扮したる白拍子静は優にやさしく見えたり。また夜討曽我の十郎祐成は鍋島桂次郎氏にして、五郎時致は末松謙澄氏の一対。同じ一対なる素舎娘に扮したるが、これ田舎姫は扮し得て態度真に迫りたり。松方大蔵大臣は烏帽子直垂を着して、その令嬢に稚児の姿に扮せり。七条の袈裟を着け門跡擬きなる真宗僧侶の打扮はこれならん大小を腰に横たえたり。古き唐服を着て吉備大臣かと思われしは山田司法大臣にして、行脚然たる富士見西行は渡辺帝国大学総長とぞ聞こえし……山県内務大臣はその昔一隊を引率して幕軍を諸処に駆け悩ましたる奇兵隊々長の打扮にて日本服の筒紬に山笠の一種を冠り、両刀を横たえ、かつて同氏が馬関にて変名したる長藩荻原鹿之助源有朋の十字を白木綿にて記して肩となしたるは古代の陣套に拘らず、その人にしてその服を着たるは、中々に勇々しかりしと、……伊藤総理大臣はイタリー、ベニスの貴族に擬し、同令嬢は同国の田舎娘に、三条内大臣の令嬢は欧洲の花売り娘に扮い、山県伊三郎氏の令室は日本の田袍烏帽子の三河万歳は井上外務大臣にて、才蔵は杉内蔵頭なり。佐々木顧問官は上下着て、頭にチョン髷の仮髪を戴き、榎本逓信大臣は通常の麻上下を着し、大山陸軍大臣はチョン髷にて、高木海軍々医総監（兼寛男）……舞踏を終り全く退散したるは昨一日午前四時の頃なりと。さてもさても太平無事の世の中、実に面白の御遊びかな。」

かくの如く、嬌絃脆竹互に声色に耽り浮華を喜び、驕奢淫逸欧化主義の鼓吹は日本人種改良論さえ唱導せらるるに至り、山陽のいわゆる、

長袖寛帯学都人　一操南言官長嗔　以馬換妾髀生肉

の観あり、ために風教道義大いに廃頽し、識者これを憂うるものすくなからず。

彼の勝海舟が二十年五月、時弊二十一条を論じたる中に曰く、

「近来高官の方が、さしたる事も無之に、宴集夜会等にて太平無事奢侈の風に相流れ候哉に相見え候。何とか御工夫穏便の御宴会に被為度候事」、「舞踏会盛んに被行候ては淫風の媒会となる如き風評も下々にては紛々ひそかに相伝え候。左様の儀万々有之間敷候得共、今少しく御控え所謂程能く被成候方宜敷候事。」

と云うが如き、よく時弊を痛烈に戒しめたるものと謂つべし。

世態すでにかくの如し。国事に奔走して或いは産を破り、政論を上下して或いは牢獄の苦を嘗めたる民間の志士、誰かこれを見て慨嘆せざるものぞ。

＊

井上の条約改正に関して欧化主義の盛んなりし当時は日本人種改良論さえ出でたりし程なれば、何事によ

らず改良々々と云う言葉流行して、彼の改良ぶしと云う俗謡もこの時代に出来たるなり云々（古老談話）

第18章　井上案改正条約

井上はあくまでその懐抱する処によりて条約改正を断行せんとし、盛んに皮相の欧化摸倣を事とせるのみならず、法律の改正までも軟弱外交にかなわしめんとし、明治十九年八月法律取調所を設けたるが、政府はその改正条約案を固く秘密に付したるを以て国民は容易にこれを窺知するを得ざりしが、『時事新聞』は「条約改正あえて望むに足らず」との論文を掲げてその内容を指示したり。井上案の改正条約案文要点左の如し。

治外法権

一　治外法権は全くこれを撤去せず、先ずこれを変更すべし。しかしてこれを変更せんには、外人をして外国法律との間において二重の身分を有せしむべし。すなわち七箇所の開港場にある外人は新条約実施の後、三年間全く日本法律の管外にあるべし。

二　この三年間においても、内地に雑居して土地財産を所有せんとする外人は、日本法律に服従すべし。極刑に当るものは、本国の法律に因って処断せらるべし。

三　民刑に関して外人を審判するときは、日本判事の外、外国判事をして陪席せしむべし。但し外国判事は日本政府の傭聘するものにして、外国政府を代表するものに非ず。

四　明治二十四年以後、十二年間は開港場にあるものと内地にあるものとを問わず、凡て外人に対する審判は日本判事と外国政府を代表する判官との共審に依って日本法律を適用すべし。

五　明治三十七年以後は、日本政府は毫も外国の制限を受けずして外人の上に支配権を有せしむべし。

海関税

一　輸入税は概して一割の税を課し、或る物品には従来の如く五分の税を課し、綿羊毛の如きは七分五厘、驕奢品は二割ないし二割五分を課すべし。

二　輸出税は概ね五分税を課すること従来の如し。

三　輸入税を課する方法は、従価税として輸入港における価格より割合するものとす。

四　この新税は、明治二十二年の末まで実行せざるべし。

にして国民始めて内容杜撰、国家を誤るもの多きを知り、ここに反対の声起り、また内閣顧問、法律取調委員仏人ボアソナード裁判権に関する条約改正草案について、政府の諮詢に応じたる意見書「日本の利益、日本の名誉、日本の安全について大いに詳述し、かくの如き屈辱的条約は、日本国民の甘受する所に非ざるべし。もしいよいよ締結とならば国民これに反対し外人に暴行を加うることなしとも限られず、果してかくの如き事あらんか、外国政府居留民保護を名として、日本内政に干渉を試みるに至らん。今なお変更し能わざるに非ず、宜しく政府は反省する処なかるべからず」と言うにあり。また勝海舟の意見書を始め、政府の欧化主義に反対し、条約改正案に反対せる谷干城はその意見書を提出して、情実内閣、軽佻外交、行政等の弊を論じて、政府の反省を促したるも聴かれず、七月二十六日挂冠、野に下る。時事新聞論説、ボアソナードおよび谷の意見書等一度世に伝わるや、国論勃然として起り、さらぬだに欧化主義に基ける施政に不平あるもの、政府顕官等の狂態に快からず、常にこれを憤慨せしもの一時に起ちて政府攻撃の烽火を挙げ肉迫はなはだ盛んなり。

当時玄洋社員も井上の改正条約を以て国家を誤るものとし、福岡にあっては頭山、進藤、岡ら、これが中止運動に力め、東京にあっては小笠原島より帰来せる来島を始めその同志前田下学、江藤新作らその打破運動に奔走

す。当時来島が的野半介に寄せし所の書信に曰く、

「去月二十七日の芳墨、同三十一日着、御掛合の趣き委細拝誦仕候。陳ぶれば幸便に託し書類御送付申し上げ候間、御握手被下度く候。却説当地も別に珍事も無御座候得共、時節柄、各地の有志輩追々上京せり。尤も全体の勢いは少々逡巡の姿なり。土佐より片岡その他四、五名上京せり。風説には、土佐連は随分奮発せる由○○を○○する位の挙動はなす積り也と。しかし御存じの通り、能く言い能くなさざるは○○の国風なれば、果してしかるや否やは甚だ信用致し兼ね候。同国はこれまで始終他人を教唆し自らなし能わざる所なれば、もし這回も又かかる手段に出るやも知るべからず。左すればますます天下の信用を失するなるべし。しかし同国人もこれ迄のことはすこぶる悔ゆるものの如し。右○○を○○する位の事は反って旧自由党員の方、自然は決行すべし。小弟も国元の都合に依ってひそかに決心することもありたれども、この節頭山兄より国元の真の有様を聞き、また同兄の見込みを聞き、大いに覚悟する処あり、ついては未だ何たる決心も不仕候。しかしとにかく御互の運動を試みる機会もまさに遠きにあらざるべしと確信仕り候。

西郷もすでに斃れ、また国家の重きに任ずるものなし。今の廟堂は小人の淵藪なり。故にかくの如き売国の行為をなせり。民間また人なし。板垣、谷、大隈の如き何れも気宇狭少、一方に偏し、国家の重きに任ずるに足らず。後藤は気宇濶大なれどもこれまた油断のならぬ人物なり。この際独り内憂外患の衝に当り、動かざること山の如くして、その任に堪ゆべきは、勝海舟を置き他にあらざるなり。しかし同人の意見書を見るに、薩長はとにかく維新に功労あれば成るだけ平和にして政権を取るべし云々等すこぶる解すべからざることあれば、先達て勝海舟を叩き右等のことも詰問したれば、中々同人には深き主意ありてのことなり。かつ同人曰く、『今の廟堂諸公は、みな目前のことに汲々として百年の計をなさず、それ故かかる不都合を出来せり。汝らも幾多の辛酸を嘗め、邦家のため目前の小計をなさずして百年の計をなせ。しからずんば、日本は悲しいことには亡滅を免れざるべし。

我れ決して未だ労衰せず』と。実に先生の矍鑠たるには驚きたり。小生、始めは、もし先生不都合なる言を発すれば麒麟も老ゆれば駑馬に如かずの罵言を発して帰るの決心なりしに、ますます威服して帰りたり。とにかく先生の矍鑠にして壮士も及ばざるは邦家のため慶賀の至りに堪えず」云々。

来島の書翰中にも言えるが如く、「土佐連は随分奮発せる由、〇〇を〇〇する位の挙動はなす積りなり」とあり、また「右〇〇を〇〇する位の事は、反って旧自由党員の方、自然は決行すべし」と云えるが如く天下の人心のむかうところ甚だ隠かならず、蕭殺の気国内に満ち、反対の声囂々たり。

政府は内に谷干城の封事を提して官を去るあり、外に民論の呪咀するあり、某の日伊藤総理は改正案を携えて、相州夏島に憲法草案起草中の伊東己代治を訪い改正条約案文を披べてこれを見せしむ。伊東一項毎に反論し、到底かくの如きの改正案はこれを実施すべからざる所以を説く。すなわち伊藤、伊東をして閣議にこれを述べしむ。

伊東、井上の改正案文を評論批難する甚だ酷烈、正に完膚なきに至る。ここにおいてついに閣議延期に決し、明治二十年七月二十九日、井上外相各国全権公使に対し、日本政府は諸法律編成の完備を期し、おもむろに条約改正の交渉に就かんとの旨を通達し、これを無期限延期となしたり。

保案条例

政府ついに条約改正を断念、無期延期す。しかれども民心の激昂はただに条約改正談判の中止を以てやむべからず、欧化主義の反動は勃然勢を成し或いは九段に谷干城の名誉彰表会を開くあり、或いは伊藤総理を訪うて、辞職を勧告するあり、青森県の壮士斎藤新一郎、東北有志二百二十名の代表と称して井上を訪うあり、或いは新潟、茨城、千葉、宮城、栃木、岩手、群馬、神奈川、島根、山口、高知、熊本、鹿児島、宮崎、大分、長崎、十六県の総代として井上敬次郎、長塩亥太郎、井上平三郎らの宮内省に封事を上るあり、或いは山県を訪うもの、元老院に建白する者ら相踵ぎて騒然たり。
九月十七日、井上ついに引責、職を辞し、伊藤総理外相を兼ね、黒田清隆農商務に入り、土方久元を宮内大臣に任じ、内閣一部の改造成る。これ実に民論改正条約反《欠字》の結果にして、また伊藤内閣潰滅の兆しにあらずして何ぞ。

民論いよいよ喧しく、民心ますます昂張、旧自由党の志士は言論集会の自由ならびに地租軽減、外交策挽回の三大要件の建白をなして国民運動の先駆となる。言論拘束の如き、さきに国会開設請願当時に民論圧迫のために設けられたるもの、法令正にこの機において廃滅せざるべからずとし、肉迫はなはだ盛んなり。十月上旬、大石正己、末広重恭ら浅草井生村楼に全国有志大会を開くあり、或いは自由、改進両党の聯合演説会あり、或いは十月十六日、愛国有志同盟会を上野摺鉢山に開きて壮士と警察官の衝突するあり。

十一月二十七日、上野広小路上広亭に全国壮士大懇親会を開く。かくの如く全国有志は陸続東京に集合し、各地総代はさらに委員を挙げて、連日元老院議官を訪い、又は内閣諸大臣を歴訪して大いに奔走する処あり、ついに各県総代は星亨、片岡建吉、大石正己を委員に挙げ、十二月二十六日を期して内閣に至り、伊藤総理を訪うて建白する所あらんとす。

当時政府に対し警視庁より全国有志の行動ならびに志士壮士の進退を報告するもの甚だ誇大に失し、或いは暴徒火を各所に放ちて大臣を襲うの計画あり、或いは暴徒爆弾を持ちて往来す。或いは地雷火を大臣の門柱下に埋む等あり、時の総理は由来臆病を以て知られたる伊藤博文なり。内務に軍刀主義の山県有朋あり、警視総監に福島の鬼知事と呼ばれたる三島通庸あり、すなわち保安条令を下し、ここに在京の有志政客に対し、二十四時間内皇城三里以外の地に退去せしむ。これ実に星、片岡、大石らが死を決して伊藤を訪問せんとしたりし十二月二十六日の午後にてありき。かくてこの令によって退却を命ぜらるるもの無慮六百、殊に土佐に籍を有するものは最も厳密なる調査に逢い、車夫、馬丁に至るまで土佐出身者の故を以て退去令を下されたりき。

条令実施の日、三島は巡査の非番召集を行い、名を忘年会に託して府下各警察員を芝公園弥生社に招き酒を与えて元気を付けさせ、一斉にこれを出勤せしめ、もし反抗またはこれを拒むものは斬り捨つることを許せり。

片岡建吉、西山志澄らは命に応ぜざるの故を以て、軽禁錮三年の刑に処せられたるが、保安条令により退却を命ぜられたるものの中には林有造、星亨、中島信行、島本仲道、尾崎行雄、中江篤介、吉田正春、山際七司、富田精策らありて、玄洋社員中に保安条令によりて退却を命ぜられたるもの、また上京の途この命に接して入京する能わざるもの等もありき。

ああ政府は紛々たる民心を鎮撫し、また公安を維持せんとして憂国志士の自由を拘束すといえども、これ外軟内硬、内強外弱の嫌いなき能わず、その保安条令の発布の如き、天下長く恨みなくして可ならんや。

来島、井上を狙う

井上の条約改正当時来島が江藤らとその打破中止運動に奔走したるは先にこれを調えり。しかるに、彼の保安条令下るに逢うや、来島はその居を東京に定むるの不利を思い、二十一年二月、飄然福岡に帰来す。しかるにその年四月、暴政をほしいままにして民を虐げたる彼の伊藤内閣ついに潰滅して黒田清隆代って総理たり、大隈すなわち外務に入る。しかして八月井上馨再び出でて農商務大臣を拝す。来島はさきに井上の条約改正案当時「小弟も国元の都合に依りては、ひそかに決心することもありたれど、この節頭山兄より国元の真の有様を聞き、また同兄の見込を聞き大いに覚悟する所あり、ついては未だ何たる決心も不仕候。しかしとにかく、御互の運動を試みる機会もまさに遠きにあらざるべしと確信仕り候云々」と的野に書翰を送りて心中を語るものあり、地雷一度び導火を得んか、爆発して天地震動の快挙を見らんずる、胸懐すでに井上をその目標に置きしや知るべし。ここにふたたび井上の内閣に入るを見て、彼は条約改正に対する責を負うて職を辞したるもの未だ一歳ならずして内閣に列す。その厚顔指弾すべし。殊に国民を愚にする甚だしきものなりとして憤慨禁ずる能わず、すなわち一書を裁しこれを勝海舟に送りて曰く、

「謹んで書を奉ず、勝海舟先生閣下さきに不肖恒喜滞京中貴門を叩き、あえて拝謁を求めしに、閣下その戆〔おろかなこと、正直すぎる様〕を以てせず、たちまち面晤の栄を辱うし、かつ従来一面識だもこれなきに拘わらず、懇々告げて曰く『今の廟堂諸公の政略を見るに概ね目前の小計に汲々として邦家百年の大計を遺したり。汝いやしくも邦家のために尽さんと欲せば、すべからく古今の歴史を誦読し、邦家百年の大計を営図すべし。必ず目前の小計を事とすることなかれ』と。恒喜かつておもえらく、今の政府は、内治外交おおむね糊塗の政略にして遠謀深慮するものなしと。今や閣下のこの言を聴きすこぶる我が意見と符号し、初めてその拠る所を得たるを喜べり。これを以てあえて自ら量らず、謹んで閣下の教を守り、いささか期する処あらんとす。それ恒喜の閣下における平素の知因あるに非ず、また左右これが先容をなすに非ず、しかして一朝閣下の知遇を蒙り、かくの如きの警戒をかたじけのうす。退いて独り自ら喜び、また以て友人に語り、心ひそかに自負す、これ閣下が爵位高うして禄多きが故に非ず、閣下は実に古今独歩の大方にして、虫中の蛟竜、獣中の麒麟たるを知ればなり。当今の如き、国事多難の時に際し閣下の救済あるに非ずんば、それ誰れか能く我が帝国をして泰山の安きに置き、億兆をしてその堵に安んぜしむるものあらんや。回顧すれば昨年の秋、彼の条約改正事件より天下の輿論の噴々を来たし、ほとんど収拾すべからざる勢に至らんとす。それ、かくの如きの出来事は畢竟上廟堂に立つもの、みな兄たり難く弟たり難きの人物にして、内天下を提げてこれを運転するの俊傑なく、外列国に対してその衝を挫くの英雄なきの致す所なり。しかしてかくの如きの人物、独り閣下においてこれを見る。これ、恒喜がかつて始めて左右に進謁するにも拘わらず寓言を以て閣下に勧告し、閣下が廟堂の上に立ち国家のため蹇々の労を取られんことを冀望す

る所なりき。爾後政府も決定断行する所あり、一方には、幾分か輿論を容れ、井上伯を内閣より退け、一方には一時鎮圧手段を行い、いやしくも時事を論ずるものは、小僧に至るまで一人も宥すことなくみな三里以外に駆逐し、ついで伊藤伯は当時の顕職を退き、黒田伯代りて総理の責に当り、閣下もまた自ら惜しみます出でて枢密院顧問官に任ぜられたり。恒喜、西隅に伏在し、始めてこの報に接するや、少しく疑いなき能わず。何となれば政府人なしといえども閣下を以て一つの顧問官に任じ、閣下もまたこれに安んじてその廬を出でんとは、既にして沈思熟考するにこれ凡俗の見なり。閣下の高見を以てすれば授くるに天下を以てするもあえて喜を加えず、いわんや総理の職をや。閣下野にあり朝に立たずといえども、なお邦家百年の憂を抱けり。いやしくも邦家のため強いて請うものあらば、あに官の高卑を問うものならんや。かつ枢密院は施政の根本を定むる所にして、その関する処、もとより少々に非ざるなり。故に閣下が朝に立ち着々歩を進め、天資の伎倆を逞しゅうし、事に臨んでなさんと欲する所をなさば、これより廟謨その面目を改め、彼の御都合主義、いわゆる糊塗の政略は灰滅跡を絶ち、邦家百年の大計ここにおいてか立つべしと。これ恒喜が私語に非ず、けだし天下の人みな、しか言わざるものなかるべし。実に邦家のために万歳を祝せざるを得ざる次第なり。しかるにその万歳を祝すると同時に閣下のため、また天下のためすこぶる痛惜に堪えざるものあり、すなわち他に非ず、井上伯入閣これなり。それ井上伯は何んぞかの条約改正事件に付き大いに失敗を取り、心ならずも内閣を退き、宮中顧問官の一閑職にありしものに非ずや。その顧問官の職にある、天下の人心なおかつ満足する能わずして曰く、何ぞ断行その職を免ずるに至らざるや、これ必ず伊藤伯と縁故あるの致す所ならんか。かの伊藤伯の如きも、条約改正の会議の際、現に総理の職たり、空々能くその責を免るるを得んや。いわんや道路の言を以てすれば該件につきしばしば井上伯の相談を受け、十分熟知する所ありと。今回、黒田伯、伊藤伯に代り総理の職を継ぐに及んで天下の人心大いに安んずる所あり。曰く井上伯、再び頭を挙ぐること能わざるべし、現職も或いは免ぜらるることなきを得んやと。しかるに事実反対に向って去り、同伯が内閣を退きてより未だ週歳に至らずして、再び内閣大臣の地位を占めしは、実に想像の外なるのみならず、また甚だ怪しまざるを得ざる次第なり。何となればさきに同伯を退けるの是なれば、今の入閣を勧むるや非なるべく、今の入閣勧誘を是なりとせば、さきにこれを退ける必ず非なるべし。是非決して再立するものに非ざればなり。顧うにこれ、例の御都合主義より生ずる所の結果ならんか。政策においてかかるためしはもとより怪しむに至らずといえども、豪毅の黒田伯、総理の職を占め英邁俊傑の閣下朝に立ち、なお御都合主義いわゆる糊塗の政略を操らざるを得ざるか、併せて天下のため痛惜の至りに堪えざる所以なり。或る人謂って曰く、先年、前原一誠の挙兵の企てあるや、政府これを偵知し、その未だ発せざるに当って、品川氏をしてこれを諭さしめしに、前原氏言って曰く、今の政府は盗賊の淵叢なりと。当時、木戸、大久保の如き、才徳兼備の傑あり、なおこの誹りを免れず、いわんや今の政府に立つものは、或いはその妻を殴殺して天下の大法を免れたるものあり、或いは公然賭博を行い、或いは夜会に乗じて婦女を強姦せんとするものありたるなど道路に伝声せり。もし前原氏蘇生して現時の政府を評せばそれ、これを何とか云わん。しかりといえども、今の内閣諸公は、維新の際にはおのおの多少の功労あるものにして、殊に井上伯の如きは最も果断明決の聞こえある人物なれば、一過失を以てこれを擯斥すべきに非ず、かつ二鶏子の故を以て、干城の将軍を棄つべからずとの古人の金言あれば、政府の同伯をして再び内閣に列せしめしは、けだしこの意なるべし。故に同伯の入閣は、或いは邦家のために賀すべきかと。また曰く、子が最も尊信せる勝伯の如きも、頻りに薩長の協和に尽力し、今回、井上伯の入閣も、或いは同伯の薦嘱に非ざるなきを知らんや。子を以て如何となすかと。恒喜これに答えて曰く、二鶏子の故を以て干城の将を殺すべからずとの引例は、実に吾が子の説の如し。故に妻を殺し、賭博を行い、婦女を姦淫する等はその法律を侵し風教を害する決して少なきに非ずといえども、これを井上伯の罪に比すれば、なお二鶏子の美なりとして見るも可ならんか。彼の条約改正事件の如きは実に帝国の論沈に関し、滔天の罪悪これを忍ぶべくんば、何れをか忍ぶべからざらんや。勝伯の薩長協和に尽力するは、別に見る処あって、しかるや否やは知るべからずといえども、これを要するに、彼の意見書に掲げあるが如く、薩長の人はとにかく維新の際にはおのおの功労ある人なれば、区々たる軋轢を排除して邦家のため心を協せ尽力してはいかにと云うに過ぎずして、たとい如何なる売国賊臣といえども薩長の人なれば、徹頭徹尾、内閣員に列すべしと云う意に非ざるや必せり。もし同伯の意見かくの如きの説なれば、誰か同伯を尊信して虫中の蛟竜、獣中の麒麟となすものあらんや。恨むらくは同伯の朝に立ち、なおかくの如き情実政略をして、その跡を絶たしむること能わざるを。回顧すれば、昨年の末、彼のいわゆる有志家なるもの、三大事件とか称して各委員を選び、陸続建白するに際し、友人ら謂って曰く、道理の政府には宜しく道理を以て説くべし。非道の政府に説くに道理を以てすべからず。非道の政府に説くに道理を以てするものはなお牛馬に向って道理を説くが如し。牛馬に向って道理を説くは、もとより瘋癲たるを免がれずといえども、未だその身を傷うに至らず。非道の政府に説くに道理を以てすればその極ついに言うべからざるの危害に陥るべし。吾いまの政府を見るに決して道理の政府と言うべからず、一言以てこれを評すれば、むしろ道楽人の寄合なりとの名称を下せば、まさに適当なるべし。すでに道楽人の寄合なれば、何ぞ建白を事とせん。不得已においてはただ一つの断行あるのみ。吾れ世の有志家と称するものがその実力を養成し、以て非道の政府に対抗する策を講ぜずして徒に言論に依頼し天下の大事をなさんとするを見て、実に憫笑に堪えざるなりと。当時は以て過激の論となせり。しかるに政府が鎮圧手段を施行し、彼の建白者たるものが三里以外に駆逐せられ、これに抗するの実力なく、唯命これ従うを見るに及んで、すなわちさきの友人の論、決して過激に非ずして、実に天下の実況を看破せるものたるに感服せり。しかれども、すでに閣下堂に立つあり、道楽政府も閣下に化せられ、これより面目を改め、漸次道理の政府に傾向すべし。もしなお化せざるの徒は、必ず政府部内を駆逐せられ、廟堂の上に立つこと能わざるべし。あにまたすでに駆逐せられたる、道楽人が再び内閣に入るを得べけんやと。何ぞ図らん、閣下が朝に立ち未だいくばくならずして道楽人中最も甚しき井上伯が再び内閣に加わり、しかも農商務大臣の椅子を占むるに至らんとは。しかして論者の説に拠れば、これ閣下が薦挙する処なりと。しからばすなわち閣下は恒喜が予想に違い、道楽人を化すること能わずして、朱に交われば赤くなるの譬えに漏れず、かえって道楽人に化せられたるものか、将た論者の説虚にして、井上伯入閣において閣下は少しも関係せざるのみならず、不同意を抱きしものか、そもそもまたこれに関するといえども、別に大いに深意の存する所あってしかるか、これ恒喜が大いに惑う所なり。今試みに閣下に向って問わんとす、閣下は井上伯の入閣においては如何なる意見を持せらるるや。もし果して前顕論者の説の如くんば、失敬ながら閣下を見るに蛟竜の死に瀕する蚯蚓《みみず》に及ばず、麒麟も老ゆれば駑馬に如かずとの数言を以て評せざるを得ざるなり。閣下未だ蛟竜の威、麒麟の徳を失わず、しかして井上伯入閣において、吾れ何ぞ関せん。或いはこれに関するも、大いに深意の存する処あってしかるなり、螻蟻の微虫、狐狸の小獣、いずくんぞ蛟竜、麒麟の心術を伺い知るを得んやと云わば、恒喜は天下のためこれを祝し、謹んで螻蟻、狐狸の誹りを甘受すべきものなり。閣下こいねがわくは国事を思うの余暇、もし恒喜が愚忠を憫察し、閣下の意のある所を服し以て恒喜が惑をとかば幸甚々々。

あえて威尊を冒瀆し、惶懼の至りに堪えず、頓首九拝。

八月　　　　　　　　　　　　　　　　　的野　恒喜

勝海舟先生閣下」

その憂国の至情まさに想見すべし。勝海舟これに答うるの書を送りて曰く、

世の中も我もかくこそ老い果てぬ　言はて心に嘆きこそすれ

また一詩を賦し恒喜に贈る。

観二老馬一有レ感　　　　　　　　　　　　　　　勝　海　舟

老騏歎㆓晩節㆒。何況駑之老。豈能堪㆓重任㆒。歩歩只蹉跌。疲骨数箭瘢。
難危成㆓汗血㆒、逡巡九衢塵。馭者笑㆓跛蹩㆒。郊村道平坦。涓涓野水冽。
雖㆑難㆓青草肥㆒。亦足㆓似小啜㆒。長嘶向㆓蒼穹㆒。誰知千里傑。

時に明治二十一年秋、井上大分県に出張の帰途、福岡市に入り松島屋旅館に投ず。恒喜これを聞き「奸臣を県下に入れて福岡の土を汚さしむべからず」と直に短剣を呑んで井上を狙う。玄洋社員にして、彼と最も親交ある岡喬、的野半介、大いにこれを憂え、百方慰撫してわずかに事なきを得たりき。けだし来島が井上を狙う所以のものは、これを刺して、その罪を天下に鳴らし、廟堂、有司をして反省する処あらしめ、かつ国民の元気を振作せんと欲したるなりき。

＊

政治家の胆力

政治家に智略の必要は云うまでもないが、これと同時に胆力がなければ駄目である。平穏無事な世の中に寝て待つ果報から台閣に列した当代の大臣は、この胆力の点において非常に維新功臣より劣っている。大隈侯の胆力は決して現代者流の小ぼけなものでない。これに加えて条約改正に同意した黒田清隆と来ては有名な横紙破りで、黒田は酒を呑むと乱暴する癖があるので、閣議の際も酒が初まると他の大臣連は常にビクビクものであったそうだ。顔色蒼白トロンコに眼々据えて小癪にさわる大臣達を叱咜するのはまだしも、ついには鉄拳を固めて撲り倒すと云うのだから黒田の手に盃のある間は腫物にさわるようにしていたそうな。後に黒田自身もそれを覚って要談のすむまでは他のものが酒をのんでも自分ひとりは盃に白湯をついで呑んでいたそうな。

第19章　大隈案の条約改正

明治二十一年四月伊藤内閣瓦解するや、黒田清隆総理の印綬を拝し、改進党を牽いて野に咆吼せし大隈重信入って外務大臣たり、黒田一に大隈を重用し「大隈ハン何事も可かごと頼む」を繰り返して、枢機みなその思う所に任せ、宛然副総理の観あり。大隈は元来空想野心多く、名誉心に執着あり、多年難問とせる改正条約を我が手に収めてこれに当らんか、乃公《だいこう》一度手を下せば、快刀の乱麻を断つが如くにこれを解決し、以て功を挙ぐべしとなし、外務就職の後は専心これが改正に力を致す。

大隈は井上が欧化主羨を鼓吹し、欧米人の驩心を買いて条約改正に資せんとして、しかも国民の反抗する処となりしを知るが故にこれを逆用して、あくまで現行条約を狭義に解し、以て外人に不便屈託を感ぜしめ、漸次彼より来たりて改正を図らしめんとの策を採り、さきに副島外務卿が各国使臣に言明したる最恵国条款の解釈を主張して、先ず国民の意を強うせしむるものありたり。二十二年四月二十四日の『郵便報知新聞』は『タイムス』所載の寄書を掲げ、二十八日以後数日に亙りて「日本の条約改正タイムス論評及通信」と題し、

「いかに健忘の人なりといえども、一昨年の夏より秋にかけ条約改正の問題が我が国において大騒ぎの種となりしを記臆せざるものなかるべし。当時人民が狂気の如く騒ぎたちしのみならず、政府部内においてもまた一波瀾を攪起し、それより延いて内閣の変動を引き起すに至らしめたり。左程までに一時は熱度を高めたる問題の事なれば、世人の胸中には定めてその後も常にこの事の成り行きを心配し、これがためには憂喜の念を断たざるべし。しかして我が新報欄内に両三日前より続載せる英国『タイムス』新聞の米国通信および同新聞の論評を見たる我

が国人は、これに因りて今日における条約改正の成行きをはかり知るを得。

やや満足歓喜の念を生ぜしを知るに足れり。もし一昨年の大騒はただその時の内閣を攻撃するがための手段に供したる迄にて、実際は条約改正をそれ程大切のものとなさざるものありとせば、かかる喜ばしき報道もその意に懸くるに足らざるべしといえども、公正に国を憂うる多数の国人に取りては、この報道こそ深く注意を致さしむべきものと覚ゆ。彼の英国の諸新聞にして旧条約を改正するの不可を言わざるに至りし所以は何ぞや。聖主威徳のしからしむる所、内閣尽力の言を得るに因るとは云うものの、その主なる原因は我が日本国の品位が次第次第に諸国の眼中に高まり来たりし一事に因らずんばあらざるなり。

数月前より世上にて我が内閣および外交当局の外務大臣は条約改正およびその他一際の外交において強硬主義を執りしに風聞す。けだしその意味たるや、これまで我が国の外交政略は、ややもすれば遠慮勝ちにして、先ず第一に列国の機嫌を取り、その気をそこなわざるを主意とし、色々に事を繰りて我が本意を達せんとなせしに、近来の外交談判は全くこれに反して手強く日本の権利を主張し、日本には日本固有の権利あり、旧来締結せる条約はその期限すでに過ぎ去りしが故に諸国と一応協議を尽し、事いよいよまとまらざれば無論日本の方にてこれを変更すべしとまで踏み出し、あくまでもその決心を以て旧条約の不便不理なるを改正し、またこれと同時に列国に与え得べき便利をば、これを彼に割き与え、我が言い張るべき権利をば十分にこれを言い張り、以て事を定むべしと云うにあり、強硬主義とはけだしこの意義を指すものならん。」

また『時事新報』には四月二十六日および二十八日の紙面中「日本の条約に就き『タイムス』の所説」として、

「日本条約改正に就き『タイムス』の所説

我が輩は、在費府〔フィラデルフィア〕の我が通信員より二週間前の通信に依りて、日本と合衆国との追加条約が、二月二十日、日本において調印されしことを知り得たり。その詳細の箇条に到っては、未だこれを公示せざるが故にこれを知るに由なく、かつこれを実行する前になお合衆国上院の批準を要すれども、日本においても合衆国においても、その箇条に満足して、遠からぬうち批準を終るや、けだし疑いなかるべしという。しかしてまた今朝ある通信員はこの問題に付き一書を寄せて、事のここに至るは、決して偶然に非ざる理由を示し、かつ我が費府通信の足らざるを補充し、『合衆国政府は、その人民として、日本において、商売上該国人と異る事なき地位に立たしむるため、日本の法律に服従せしむることを承諾するならん。もし合衆国もしくは大英国の主権者がその版図において他国の人民を管轄し得るが如く、日本帝国がその国内における外人を制御する事を許容さるるならば、日本は英国或いは合衆国内に外国人が享有する所の特権をその版図内の外国人に与うべしと約束せり。新条約（日米間の）に従うときは、合衆国人は旅行券なくして自由に国内を旅行すべく、好む所に行きて住居すべく、また好む所に行きて欲する品物を調うることを得べし。これ、しかしながら今日の有様より云う時は、合衆国へのみ許したる自由にして、他国人はなお依然として開港場外に出づる能わざるべし』と論ぜり。我が輩つらつら案ずるに、この際ただ疑うべきものは現行条約中に明記する最恵国云々の条項これなり。その条項は、日本が締盟諸国へ同様の特権を与えずして、独り合衆国のみへ与うる事を妨げざるか。通信員の論ずる所に従えば、万国公法家の輿論は妨ぐる事なしとの説なりといえども、我が輩の考うる所は、未だにわかにこの説に同意する能わず、すべからく研究すべき大問題と信ずるなり。ことさらに細思せずしてただ表面より観察するも、日本はある国に向って制限を撤去し（内容開放と云う）他の締盟各国をして、よくこれより生ずる利益を受くる能わざらしむるや如何、容易にしかりと答うるものなかるべし。しかして我が通信者の云う所に従えば、合衆国国務省においても我が輩と同感なるものの如しと云う。さればとて、日本、今日の意気込みはこれを妨げんとして能うべからず、あくまで己の意を貫かんとする勢なれば、結局日本の交通を必要とする諸国は、日本皇帝の顧問の要求に余儀なく服従することとなるべし。けだしこの事たるや、巧みに運用し円満に処理するならば、国際上の好意信義を表彰する好機会たるべきに、不愉快の感を以て渋々ながら服従せしめ、長く悲痛の情を残すは惜しむべき事なりと。我が通信員は、苦き丸薬の表面に砂糖して一時を諂諛するものに非ず。日本に対する友情のもっとも濃かなるその一人なれば、日本が殊に一国に向ってさらに秘密の談判に及び、他の関係国のこれがため不意に迷惑を蒙る事あるべきを顧りみざりしは、実に止むを得ざる次第なりと論ぜり。初め日本は、正当の順序手続を以て国の体面と威厳に対し、両立すべからざる地位を脱せんと欲し、また不要用にしてかつ不便利極まる制限を脱せんと欲し、締盟諸国の外交官を会して商議を開かんと請求したり。しかしてその会談は各国委員の連合せるものなれば、総員の同意を得る事は到底難事たるを知るに及び、せめては四、五大国の同意を得しならば満足したる事ならんに、毫も目的を達する能わずして、東京に開会せる会議は、あたかも我が通信員のいうが如く混雑極まりてさらに理解すべからず。

全く前途に望みなき有様となり、果してその会議より生じたる只一つの結果は、日本国民中にて日本と文明世界との間に自由の交際を開き、親密の交際を維持せんと欲し、真実の意を以て熱心に改正を主張したる弁護人をして政治社会に蹉躓せしめたるのみ。ついては、英国は仲間の諸国が徒に文字に拘泥し、精神の如何を顧みざりし頑迷を憂うるのみにて、その他さらに憂うることを要せざるが如しといえども、不幸にして我が通信者が反駁すべからざる証跡に付いて論評するが如く、かく困難を極めて再び救うべからざるの有様に陥れたる責任は、英国の外交官にありといわざるべからず。初め日本が改正会議を開かんとして、未だ諸外国の同意を得ず、これを得んとするに尽力する時に当るや、英国はこれに反対して日本の希望を妨げたりとの誹りあり。しかして終に日本の請求に抵抗する能わず、開会を承諾するに及んでや、欣然として調和を図るものに非ずして、猜忌渋滞せる会議員中にありしと云うものあり。そもそも英国は既往将来ともに日本と制限なき商売上の交際を開きて、最も利益の大なるものあり。しかして日英両人の間にありては、特別類なき厚情深義の存するあり、故に日本が改正会議の節、譲与を乞うの時に当って英国の助力を得ば、取り分け愉快の心を以てこれを迎えたるならんというも、あえて過言にあらざるべし。しかるにこの好機会はすでに去りてまた来たらず、掌中の玉空しく他人の手に帰したるは惜しまざらんとするも得べからざるなり。頑陋偏僻の心を保たず、公平無私の判断を下す人ならんには、すでに日本が文明国の自由権を得んとする決心に抵抗するの無益なるを疾くに承知したりしことなるべく、たとい英国の外交官および外務大臣に治外法権の今の有様を改めざるを可とする説あるにせよ、到底否むべからざるものたる事を了解し、如何様にしてこれを許さば最も好都合ならんかを研究せざるべからざりし筈なり。日本の進歩に注目したる英人の多数は、日本における治外法権の人の称賛を得んとするに熱心なるものなくば、ただこの一事を以ても行政上および司法上に、外国人の自由を損する事なき保証とするに足るべし。いわんや日本はその国民と外国人との間に感情風習の異るを調和せんがため、現に存在する保証の外に、なおこれを追加せんとするにおいてをや。されば、たとい治外法権を撤去する代りに、何らの保証を得ずとするも、日本在留の英人はとかくの心配に及ばず。思うに彼らの多数は、その権利の変更したるを感ぜずして、快く日本帝国内に生活するならん。実際日本人は常に外国人の権利変更の代償としてすこぶる寛大の報酬をなさんと申し出づるものにして、外国人を取り扱うにその同等者および兄弟の如くするの自由を得んと望むに過ぎず、ただ彼らをして本国にあると同様の感をなさしめんと希望するのみなり。およそ国民の権利を外国に重んずるものは、何国の政府といえども、合衆国政府に過ぐるものなかるべし。しかるにその国すらなお日本の請求に応じて日本が商売上の治外法権を撤去したる交換物として、欣然自ら人身上の治外法権を撤去したるを見れば、外人が昔時得たる特権は、すでに無用に属したるを知るべし。しかして合衆国外交官のかく着手したる行為は、また英国が倣うて自ら恥づるに足らざるものなるべし。ただ惜しむべきは、時期遅延して好機会を失せるにあり。

今後もし躊躇して日米新条約の世に公示され、他の十五、六国が争うて改正を急ぐの日に至り、その群れに混じて共に馳聘するならば、それは英国外交官の名誉ともいい難かるべし。」

さらに同年五月十八日の『時事新報』紙上に「日米の新条約将に成らんとす」と題しその顛末を記しこれを祝福して曰く、

「近来世上の噂を聞くに、我が外務の当局者は、その始め各国の使臣を一堂に集めて条約改正の会議を開き、一時に同一の改正をなさんとして行われざりしかば、今度は各国別々に談判を試み、双方相許し相容るるものより起手せんとの政策を取りて、先ず第一に米国と協議せしに、同国にてはかねてより日本の改正条約を至当なりと認めたりけん、滞りなく一致して、或いは来たる十一月米国国会の開くるに当たり、上院において一応これを評議し、議了次第、直ちに我が天皇陛下、米国大統領と正に批准するに至る事もあらんかと伝え言うものあり。

その実否もとより知るべからずといえども、果してこの風聞の如くならんには、多年日本国民が寤寐に念頭を離れざる条約改正の陰雲も米国の天辺より雲切を生じていささか蒼空を顕したる次第なれば、日本人民の喜悦は申すも更なり。今後米国人は、いかに仕合と為るべきや、日本は改正のために特に法律を作るに非ず、また彼国の法官雇い入るるにもあらず、唯このままにして、米人はこの法律に服従して内地に居を安くし、山西関左、思いのままに居住を占め、思いのままに旅行するを得るのみならず、尋常一様の商売は勿論、公債株券の売買より、或いは不動産の授受に至るまで、すべて日本人と異る所なく、従来咫尺の区劃内に蟄居してややもすれば強硬主義の手前に会釈したるその窮屈に比すれば、あたかも仙俗湖海の相違にして居留の外人多しといえども、米人の如く、自由の幸福利益を享受すること能わざるべし。」

新聞紙の伝うる所すでにかくの如し。しかしてその大隈改正条約案に対して捧ぐる所の頌辞かくの如し。多年諸外国より半独立国の如くに待遇せられたる我が国民もこの頌声を聞き、また大いに喜ぶ。この国民の嬉びを見て、大隈は快心の微笑をその巨大なる口辺に表し、満々たる誇色はその豊かならざる双頬に呈せられたり。大隈の態度を見たる改進党は、大隈の改正条約にして成らんか、その名勢の隆々たると共に、我が党また勢力を得て、近く来たるべき第一期の衆議院選挙に以て大勝を博すべしとなし、得意満面に溢る。しかも条約改正談判は二十一年十二月より米国以下各国別に交渉されたるも、その内容については固くこれを秘密にし、閣員中これを知るは黒田総理一人のみなりき。かくして交渉は着々進捗して、米国を最初に各国調印をなすに至れり。しかるに驚くべし、二十二年五月下旬に至り、『ロンドンタイムス』によりて我が国に伝えられたる改正条約案は、実に左の如くなりき。

「第一、指定の年月以後、外国人は現行の条約に拠る居留地の区域外、日本帝国の何れの地においても自由に旅行し、通行し、または自由に或る物件を所有する事を得べし。但しこの特許の使用より生じたる事件について、外国人は全く日本の司法権を遵奉すべし。

第二、現行の条約に拠る居留地の制は、前項に掲げたる年月以後、なお若干年限間は現行のままに存し置き、この年限を経過したる暁は、居留地に関する特別の制、並びに領事裁判を棄却して日本帝国の他の地方と全く同様の取り扱いに帰せしむべし。

第三、外交上の公文に由りて左の件々を承諾すべし。

第一に示したるが如く、国土を公開するの前に当たり、相当の外国法官の若干人を日本の高等裁判所へ任命すべし。但しこの高等裁判所は、総て一百ドル以上の訴訟、および処刑に該当する控訴裁判を受理すべきものとす。この期限を経過したる後、日本は全く諸国と平等の法権を得べし。

第四、左の件々もまた外交上の公文に由りて承諾すべし。

第二項の約束に基づき、新定の民法は条約諸港の制を棄却すべき時期の経過せざる三年以前、適宜にこれを公布し、かつ実施すべし。

この民法は英文に官訳し、右にいわゆる時刻の到来する一年半前にこれを公にすべし。
第五条　税権の事
海関の税の改正は、西暦千八百八十六年より同千八百八十七年（明治十九年より明治二十年）に亙りし所の予約改正条約談判の条目に依るべし。」

これを見たる国民は、その内容前年の井上案と大同小異にして、しかも欧米人を以て日本の裁判官に任命するが如きは実に帝国憲法の精神を無視したる処にして、国体を損すること甚だしく、その税権法権の如き、また十二ヶ年の後に非ざればこれが自由を得ざるを約し、外交文書において法典編纂を約するが如き、実に誤れるの甚だしきものなりとの批難起り、さきの頌声は一変して論難の声となり、さらに変じて攻撃の声となるに至れり。

第20章　改正案と国民の熱憤

言論戦

大隈の改正案内容一度我が国に伝えらるるや、先ず新聞紙は一斉に論評の筆を起せり。しかしてこれを攻むるものあり、これを護るものあり。これを攻むるものに『日本』『東京新報』『時事新報』『東京公論』『東雲新聞』『絵入自由新聞』『保安新論』『関西日報』『政論』『日本人』『朝日新聞』『都』『中外電報』あり、これを護るものに『報知新聞』『朝野新聞』『毎日新聞』『経済雑誌』『読売新聞』『憲法雑誌』『理財雑誌』等あり。今これが主なるものを抄録して、当時の論戦に電光石火の壮観を呈したる状を覗わんか。

『日本』（五月三十一日より六月二日に至る分）

「ロンドン『タイムス』は、去る四月十九日の紙上を藉りて日本と英国との条約改正は一日も急速ならざるべからずとのことを叙し、暗に英政府にその実行を促すの社説を掲げたれば、左にその大要を掲載して一覧に供す。

『日本政府条約改正の困難に関する在日本本社通信社員の書翰は、今朝の紙上に掲載し置きたり。けだしこの書翰は我が外務省が何故か知らざれども冷眼視して常に等閑に附する所の一問題に対して英国の輿論を喚起せんことを切に希望する所の者なり。日本と欧洲諸邦との交際は千八百五十八年以後、治外法権の主義に拠りたるものにして、およそ外国人たる者はその何国人民たるを問わず、最恵国条款の規約により、すべて同一の特権を保有し、条約上指定する所の或る場合にのみ立ち入ることを許されたり。しかして日本臣民との交渉事件は、関係諸国の代表者に譲与せる領事裁判の方法を用いて整理することとせり。爾後進歩の運に向える日本の国情は、数年前よりこの方式を持続するを非としたり。さればこの法式を廃止し、これに代うるに日本と条約国との国際を従前よりも同等ならしむるを得べきものを以てせんとするの目的に依り、千八百八十六年より同八十七年に至るまで関係諸国の会議を東京に開きたり。しかれども幾多外交上の紛議を起したるの後に商議を中止することとなりて、実際においては何らの成功をも得ること能わざりしなり。

爾後幾多の事態を経過し、日本においては新憲法の発布ありて、日本の輿論はにわかに勢力を増加し、これを発露するために正当なる機関を有するに至り、しかして日本の国情は欧米諸国が治外法権を保持せんとするより生じたる劣等国の汚辱を受くるを肯んぜずして、全くこれを撤棄せんとせり。勢ここに至りては、三箇の明白なる方針の一に因り処理をなすべきのみ。すなわち日本政府は現行条約を撤棄せんがために、予め満期の日を定め、その日より以後、日本在留の外国人は他の文明国の管理内に在留する外国人と同一の取り扱いを受けて在留すべしとの事を定示するか、或いは日本政府は、各条約国と共同合議してこの問題を落着せしめんと企図するを得べし。但しこの第二の方針は東京会議においてなさんとせる所なりしが、或る者の主張する処によれば、その国の外交家が官府特有の緩慢主義を以て会議を束縛せんとしたるより生じたる失策のために主として無効に属する事となれり。しかして第三の方針は、関係諸国に対して別々に商議を開き、その共同会議の時において譲与するを肯んぜず、又は肯んぜんと欲するも能わざるものをして、各自単独に同意せしむることこれなり。

この最後の方針は、日本政府の採用せんことを欲する所のものにして、余輩が二、三週日以前に紙上に記載せるが如く、少くも或る重要なる一方に向ては、直に有効なることを得たる者なり。すなわち北米合衆国に対する通商条約は、去る二日を以て調印済となれり。

しかして本社通信者の報告する処に拠るに、この度調印済のものと同一の箇条にて条約を結ばんとする申し出を以て、合衆国公使に通知すると同時に、また去る十二日において夙くすでに英、仏、独、露、伊、墺の公使に通知したれども、米国を除くの外は何れの国にても本社通信者の書翰起草の日、すなわち三月十一日までに何らの処置をなさずと云えり。

米国の外交に至りては、他の諸国の如くに緩慢にてもなく、また不活溌にてもあらず。その日本における公使は、改正の申し出を日本政府より接手して、その要領をワシントン府に電報せるに、四十八時間の後、米国政府は日本政府申し出の要領に従い条約を取り結ぶべき旨、訓令を公使に発せり。しかれども日本政府は他の各国が、米国と同様の処置に出でんとするものあらば、これをして米国と先後なく調印をなすを得るに至らしめんがために、相当の猶予日時を与えんことを希望したるにより、まげて調印を延引し、実際の条約は二月の下旬に至りて始めて取り結ぶこととなれり。かくの如くに各国に対して礼意を表し、また忍耐をなしたれども、全く何らの効能なかりしが如し。故に今後もし他の各国が自ら奮起して処置する所あるならんには可なれども、しからざる以上は、米国が日本内地到る処において、通商上充分なる同等権を有するを傍観して毫も遺憾とすることなく、自ら条約上規定せる居留地の区域に閉居して、空しく治外法権の特権を享受するを喜び、頑然としてこれに固着するの愚をなすに至るべし。

しかれども他の欧洲諸国の挙動は吾人の毫も痛痒を感ぜざる所にして、彼の諸国が自らその利害とする所を断判するに一任すべし。もし彼の諸国はその利を抛擲して顧みざらんと欲せば、すなわちその思うがままになすべし。吾人これより生ずる所の結果如何を問うことを要せざるなり。しかれども我が英国に至りては、他の諸国においてなせる如く英国の利害を抛擲して顧みざるべきを政府に向て希望するの権利を有する者なり。

そもそも日本の如き邦国に対して治外法権を主張せんとする時期はすでに経過したれば、向後において日本に対する英国の交際如何を決定するは、ありのままの事実を隠匿せずして明白なる公認をなしたる上になすべく、ただに外交上の先例故格を固執して移る所を知らざるの心を以て決すべき者に非ず。惟うに日本は近時欧洲の思想に薫化し、また欧洲の制度を採用し、駸々として進む所の文明国なり。しかしてその新たに抱持せる思想中に就き第一位を占むる者は、国交の同等なるを欲する者これなり。それすでにしかるが故に、我が政府もし冷淡の心を以てするか、或いは外交上の慣例に固着するによりてこの事に関する日本の要求を容れざる時は、英国が目下日本において占拠すべきの地歩、並びに日本外国貿易に関して享受する所の利益は、米国の如き商業の実利を貴重するを知りて外交の虚影を捕えんとするを思わざる者のために奪わるるに至るべし。或いは日本の制度は未だ英国臣民の権利と利益とを保護すべき充分の保証とするに足る程までに開明進歩をなしたる者にあらずと主張するは、誠に無益の弁のみ。米国政府は常にその人民の権利と利益とを尊重する者なるに、今日本の提出せる保証を見て、以て米国人民の権利と利益とを保護するに足るとしたるを見れば、この保証の英国臣民に対してなお不充分の所ありとするの望みなかるべし。かつまたこの際に臨みては、最早英国にその好む所に従って自在にこの案件を処分するを得べきに非ず。我が政府は米国の結びたる条約に従い、新たに改正をなすか、左なくば日本貿易の全権を委してこれを日本における英国の競争者に引き渡すべきのみ。今や日本の外国貿易は、本社通信者の指示する所に拠るに、長足大歩の勢を呈せんとする時に臨み、またカナダ、太平洋航路の新開し、東洋の英国商業に生色あらんとする時に臨みて、この最後の処置に出でんとするは商業上の自殺のみ。

米国に対する新条約の箇条は、公にせられざるを以て未だ細かにこれを知るに由なし。しかれども、本社通信者は、日本が治外法権を撤去せんがために条約諸国と商議を開かんとするに当たりて執る所の主義の大綱を摘示せり。この主義の大綱に依るにこの主義に基づき、新たに条約を結びたる邦国の臣民たる外国人は、何人をも論ぜず、すべて或る日限以後において日本裁判権に全く服従する以上は、日本帝国内到る処に旅行するを得べく、不動産を所有することを得べし。

また条約に規定する居留地は有限時期においてその特権を保持すべけれども、この期限尽くるの日に当たりては、前述新条約の正条に従い、治外法権を撤去すべし。かつ日本政府は一定の年限間、適当なる外国裁判官をして大審院において日本裁判官と共に参席せしめ、いやしくも訴訟事件の外国人に関係する者に対して外国裁判官をして日本裁判官よりも多数ならしむる事を承認すべし。但しこの事は条約上承認するに非ずして、外交上の承認をなすまでなりと云えり。しかしてこれと同一なる承認をなしてこれまで欧米法規の粋華に基づき編纂に着手する新民法を居留地現行の特権を廃するため定めたる時限に先だつ事少くも三年にして発布し、かつこれを実施するを約すべし。またこの民法の英語官訳文を右の時限に先だつ事一年半にして公にすべきことを約すべしと云えり。

吾人の見る処によるに、以上掲ぐる処の提議は、要領において誠に至当のものにして、とにかく欧米文明の進歩と駢進するを得るの能力に関し、日本の如くに既往の証跡を示し、また将来においてもこれを示さんとする、邦国に対して懇切の商議を開くために根拠とするに足る者なり。今日日本より、提出して米国の欣然として受け取りたる実益に比較して、英国が他の欧洲諸国と共に固着して移るを知らざるの所の治外法権を考察するときは、背理の事とも云うべく、差謬の処置とも云うべし。もし日本の未だ蠢爾として世界に知られずして信用を置くにも足らざる時ならんには、或いはこの種の特権を保持するの議を防衛するを得べし。またこれを保持するを得策とするを得べしといえども、現時の事情においてこれを保持するは、あたかも日本に汚辱を加うるものにして、かつ英国貿易の発達を大いに妨害する者と云うべし。惟うにこの件に関する事実は全く、外務省の定例に束縛せられてその範囲を脱すること能わざるものの如くなれども、畢竟するに、東洋人種中、最も慧敏にして最も進歩すべき者に対する英国通商上交渉の前途は、実に我が首相の自ら注意考察をなすの価値あるものと云うべきなり。』

『日本』（六月五日）

大隈伯の外交政略と題して、

「前年の条約改正会議案とはその期限などに多少の差違あるも大体においてはやはり混合裁判の構成と泰西主義の法典とを以て治外法権の廃撤を買うに外ならず。」

『日本』（六月十六日）

改正条約の精神は如何と題し、井上案と大隈案とを比較して、

「条約の精神は果して前任大臣に全く反対するものなるか。将た大同小異にしてただその形式のみに差異あるか。これらは今日にありて、吾が輩のすべからく注意すべき所なるべし。立法も裁判も彼の主義により、彼の方法に拠ることは只だその形式において大異あれども、精神上においては甚しき差違あるものにあらざるが如し。」

『郵便報知新聞』（七月三日より十六日に至る分）

「条約改正問答

余輩は、左の問答を記するに臨み、予め読者に望み置くべき事柄あり。そもそも条約改正は、その事一国自主権の消長に関する国家利害の最も大なるものなり。故に余輩の記する処に対しては公正なる愛国心を以てその当否を判するを望まざるを得ず。もし斜曲の鏡面を以て物体を照らさば、その正しきもの、直きものもまた斜曲の状を呈せん。余輩は読者の胸中公正なる愛国心を以て充溢するを知るといえども、なおこの言をなすものは事体の懸る所、甚だ大なるを以てなり。

第一の非難。数名の西人、法官を雇い入るるは一国の体面を損じ、かつこれがため、他国の干渉を蒙るの恐れありと云うこと。しかれどもエジプトの如き、立合裁判は全くの別物として任免懲戒の権まったく我が手にあれば、格別我が国の体面を損することなくしてまた干渉を蒙るの恐れあることなし。いわんや帰化の外人を用うるを得べきにおいてをや。またいわんや、十二年後はこれを廃止するの権、無論我が手中にあるをや。

第二の非難。内地を解放するは危険なり。これを杜塞し置くに如かずと云う事。しかれども列国の交際は、彼我均同ならざるべからず。欧洲諸国がすでに我が国人に許すに内地開放を以てする以上は、我独りこれを杜塞するが如き不均同の事をなすべからず。我もまた彼に許すに内地開放を以てするを当然とす。彼の我に許す処の事柄として、我より彼に許さんと欲せば、これ我は過等の地位（対等を飛び越えたる地位）に立つに同じ。開交以来対等の地位をすら得ること能わずして、これを握らんと悶え居る我が国にして過等の地位に立ち得べき訳なし。故に彼我均同の箇条を禁ぜんと欲するものは、最初より条約を見合わすの外なし。国際均同の条約をなすべきものとすれば内地開放を避くるの道なきなり。

第三の非難。外人に土地を買い占めらるるの恐れあるが故に土地所有権を禁止すべしと云う事。しかれども外人のために、鉄道、公債、郵船その他の株式を買い占められ工商業世界を占領せらるるに至らば、たとい単に土地のみを所有するもその甲斐あるべからず。故に外人の占領を恐るるならば、諸事業一切これを禁制せざるべからず。しかなさんと欲すれば、初めより条約改正を見合わすの外なし。いわんや我が国の土地は他の事業に比して利益の最も少なきものなるをや。世界中にて日本の土地よりも利益多き地面は、日本に幾百倍するの広き面積あり。決して外人が日本の土地のみを買い占めんと群がり来るべき恐れなきなり。

第四の非難。西人法官を用ゆるは憲法第十九条に違反すと云うこと。憲法第十九条は、日本臣民の分限を規定したるものにして特別の規定を以て外人を任用するを禁制するの意味にあらざるを以てこれに抵触するの恐れあることなし。いわんや現行条約の我が憲法を蹂躙するの大なるに比すれば実に雲壌の差なるにおいてをや。

第五の非難。彼に内地開放を与うるならば、一時に治外法権を撤去して法権税権一切これを一時に回復すべしと云うこと。現行条約において彼らは七分の利益を握り（如何に少なく見積もるも我と同等五分五分にあらず六、七分を彼に握られ居れり）我はわずかに三分の利益を有し居るに突然と彼を五分に減じて我を五分に進めんと欲すとも誰かこれを許すものあらんや。しかるにかくの如き条約案を主張するは、これ知れ切れたる行われ難き事を主張して治外法権を（実害共に大なるが故に、日本の大典憲法を無効に帰せしめ、無上の国辱を与うる治外法権）永久存続すべしと言うに同じ。今日において、行い得べき所は、彼にも少分の利益をば残し与えて、我には多分の利益を取り、第一歩にも多く我に取り、第二歩にも多く我に取り、五年十二年を出でずして、全く我が権利を回復するにありとす。その行われ難きを主張して、長く治外法権を存続せしめ、なおこの先きに実害国辱とを重ぬるは、今日に取り得らるるだけの最も大なる利益を取り、五年十二年を出でずして全く国権を回復するの速やかなるにいずれぞ。

第六の非難。新条約は法権税権の八、九分を回復し得るものなれども、なお一、二分の不完全なる処あり。依ってこれに対して内地の全開放を見合せ半開放と半回復とを交換すべしと云うこと。しかれども半開放を以て半恢復を得んと望むは、全開放を以て全恢復を得んと望むが如し。後者にして行い得べからずといえども、前者にして行われ得べき理なし。何となればこれみな彼の有する七分の利益と我が三分の利益とを交換せんと欲する者に外ならざればなり。

第七の非難。新条約は毫も旧態を更めずしてこれを十二年間据え置くは不可なり。また我が改正の法律を予め諸国に通知し承諾を得るは不可なりと云うこと。しかれども右はみな虚説なり。新条約においては、関税を三倍に増加し、かつエキサイス類の税は、随意賦課の権を我が手にとり、十二年後は我が自主権を全くす。また法律を諸国に通知し、その承諾を得る等の事は新条約にこれあることなし。

第一、僅々五箇年後には治外法権を全廃し得るなり。

第二、条約締結の即時に開税を三倍以上に増加し、かつ酒、煙草税の類は、随意賦課の権を恢復し、十二年後に至りては、諸目一切賦課の自由税を有するなり。

第三、十二年後は、数名の法官をも解雇して、全く日本人の法官となすなり。

第四、十二年内は税権法権の八、九分を恢復し、十二年後は完全のものとなすを得るなり。

世人、もし我が国勢を以て今日に行われ得べきところの最大なるものを行って、一日も速やかに彼の実害国辱の大なる治外法権を撤去せんと欲せば、この新条約の如く我が国に利益の大なるもののなきを知らん。」

『日本』(七月十六日より二十八日に至る分)

『報知新聞』の条約改正論。

『報知新聞』は、世の風説する新条約の箇条に完全の同意を表し、吾が輩不同意者の論旨を攻撃するに力を極むるものあり。吾が輩その条約改正問答に言う所を案ずるに、新条約案は現条約に比して大いに日本の利益および名誉を増すものなり。今日にありて出来得るだけの最良なるものなりと云うに帰するが如く、しかして二十年来、日本の憂国者が常に熱望してやまざる処の条約改正または国権回復なるものは、果して如何なる事柄を指すものなるか。日本の輿論が久しく唱導する処の条約改正なる語は、如何なる改正を指すものなるか。

報知記者はこの点についてほとんど未だ知らざるものの如く、ただ現条約に対比し、前大臣の条約案に対比し、以て頻りに新案の優等を誇称するものはそもそも何ぞや。

治外法権および関税制限の撤去は、これ日本において輿論の唱導する条約改正なり。これ日本の愛国者が熱望する所の国権回復なり。惟うに今日ロを極めて新条約案を頌賛する所の報知記者も、また当時にありては必ずこの望みを条約改正に属したるならん。試みに十年前の諸新聞紙を展覧せよ、特に当時の『報知新聞』を展覧せよ、その唱導したる所の条約改正とは果して今日報知記者の熱心に頌賛する新条約案の如き改正を意味したるか。

十二年間、外人を日本法官に任用するを約し、五年の内に泰西の法理に基ける日本法典を編成することを約し、依りて以て五年ののちわずかに治外法権を廃撤するの承諾を彼より受くるが如きは、これあに二十年来、輿論のいわゆる条約改正ならんや。内地を外人に開放してあまつさえ一切の財産権を彼に許与し、しかして得る所ののは、ただ従来制限のままなる海関税率に一割三分を増加し得るの権利に過ぎざるのみ、これあに二十年来輿論のいわゆる条約改正ならんや、報知記者といえども一念ここに至らば、恐らくは必ず今昔の感に堪えざるものあるべし。

今や現行条約に比較してそのやや優る所あるを説き、甚しきは前大臣の条約等に対比してその大いに異同あるを説き、以て新条約の非難すべき所なきを唱導するは、吾が輩少しくその意を解するに苦しまざるを得ず。最も甚しきものはかくの如き改正条約を以て対等の条約なりとなし、外人を法官に任ずるも我が政府の好意なり、法典を編纂するもまた我が国の好意なり、これ外人に安心を与うるの方法にして、彼に屈従するにあらずと揚言せり。それ契約に依りて偏重の義務を負い、しかしてこれ我が好意に出づと云うを得ば、治外法権も関税制限もみな我が好意に出でたるものにして、あに屈辱となすに足らんや。しからば条約改正もまた何の必要かある。故に報知記者の今日に頌賛する条約改正は、日本人民の多数が熱望する条約改正にあらず。今日ようやく緒に就きたりと風説するその新条約案は従来世人の唱導して政府に望みたる所の条約改正と大いに異なるものあり。これ、吾が輩の今日あえて愛国人士と共に不満を唱うる所以のものなりとす。」

『郵便報知新聞』(七月二十五日)

「条約改正の得失は一言にして尽すを得べし」と題し、

「今日我が国人のまさに選ぶべき所はただ二条あるのみ。到底行われ難き改正案を主張して、大日本の憲法をすら無効に帰せしむる実害、国辱の最大なる今日の治外法権と税権干渉とを永続せんことを望むか。将た今日に行い得べき所の最も大利あるものを行い、第一着に法権税権の八、九分を回復し、僅々五年十年の後において、全くこれを回復し得るの政略を行わんと欲するか。今日の問題は、ただこの二条の外に出でず。余輩は一国の輿論が後者に向てその同意を表わすを疑わざる者なり。」

『東京新報』(六月二十三日)

「条約改正の名は誠に美なり、唯だ願わくはその実を挙げよ。しかるに彼に与うべきものはすでに充分これを与え、我に取るべきものに至りては関税の賦試、および法官の選任、一も純然たる自主権を行う能わず。これあに良好の改正ならんや。これあに忍ぶべきの条約ならんや。」

『時事新報』（七月十七日、十八日）

条約改正法典編纂と題し、

「先年中止となりたる改正条約には、始審、控訴、大審院ともみな外人を任用すべきはずなりしに、今度は、大審院のみ四名の外国判事を置くべしと云う。

けだし談判進歩の一廉ならんなれども、大審院に置くこととすれば、始審、控訴のいかんに拘わらず、裁判権を外人に譲るの義は、すなわち異なる所なくして、我が輩は世人と共にいかにも心に慊焉たること能わざるなり。

条約改正内地雑居の後も、外人は我が法典のとかく日本風にして時としては不平を訴うることもあるべし。もとより我が日本国民は客分たる移住の外人に向て成るべく安心を与うるは、世界同仁の旨にしてその懇切怠ることなかるべしといえども、内治の要用のために作りたる法典が外国の法の如くならずして日本の特色を呈するは誠に是非もなき次第にして、この一点においては我が輩は厘毫も我が国法をまぐることを許さざるものなり。」

かくの如く言論それ盛んなり。反対派が政府を攻撃するその完膚をあまさず、堂々乎として相迫り相撃つ、ために『東京新報』の如き六月二十八日第一に発刊停止の厄に逢い、『日本』、『東雲』、『関西日報』等また発刊停止の厄に逢うものすくなからず。

官民の反対

翻ってこれを政客に見る、その態度如何。旧自由党系中の熱血児大井憲太郎は、これら以て天下の大事、傍観すべきにあらずとなし、その率ゆる処の大同共和会を起して七月五日、条約改正中止の建白書を元老院に提出することを決議し、渡辺小太郎、仁杉英、熊谷平三、佐藤終吉、中島又五郎、斎藤珪次、小久保喜七、森肇、黒岩周六、佐藤喜三、林包明、荒高俊、好見祐次、武藤直中、曽田愛三郎、小山悦之助ら十六人記名調印し、六日小久保喜七、中島又五郎総代となりてこれを元老院に提出す。これ実に改正案反対建白書提出の嚆矢なり。

ここにおいて後藤象次郎の率ゆる大同倶楽部起ち、鳥尾小弥太らに属する保守中正派、及谷、三浦らの日本倶楽部らの各団体もまた起つ。民間有志連日各所に演説会を開きて大いに改正案を攻撃し、同志新聞の言論と相待ってその中止を絶叫す。

八月十五日、中止派の同志、非条約改正委員会を神田明神開花楼に開く、この日鳥尾小弥太出席し、条約改正の形勢大いに切迫せるを告げ、一致団結の必要を説く。ここにおいて、大同倶楽部、大同共和会、保守中正派紫溟会、日本日本人社および国権党、玄洋社の五団体および「日本」「東京新報」「絵入自由」「保守新論」「東京朝日」「日本人」「都」「東京公論」等の各社より各委員を出し、二十五名の委員を選び、左の決議をなす。

第一、来たる十八日午後一時を期し、江東中村楼において全国非条約改正論者懇親会を開くべき事、但し出席員は一団体より三十名以下、一新聞社より三名以下、それ以外の人は各団体の紹介を要す

第二、来たる二十七、八日の両日右聯合の大演説会催すべき事、但し出席弁士は各団体より各五、六名、各一名ずつ位

反対派の運動は、ますます猛烈敏捷を加え、三十日五団体委員稲垣示（大同倶楽部）、千頭清臣、大谷木備一郎（以上日本倶楽部）、新井章吾、岩崎万次郎（以上大同協和会）、中村大作（保守党中生派）、頭山満、熊谷直亮（玄洋社、国権党の代表者）ら開花楼に会し左の決議をなせり。

第一、各団体より全国各地へ遊説委員を特派せしむること

第二、来たる十月一日を期し、各団体委員は大阪に集会し、同地において聯合大演説会を開くこと

第三、改進党へ立会演説会を開設することを申し込むこと、但し申込委員は各団体より一人ずつ出す事

中止派の陣容、行動すでにかくの如し。大隈擁護派たる改進党、また策なかるべからず、すなわち、九月二十五日、同党臨時大会を浅草鷗游館に開き、二十六日、全国同志大懇親会を新富座に開き、二十七日より二十八日、二十九日に亙りて同党大演説会を開き、条約改正断行論を主張す。

朝にあっては大隈、後藤、火花を散らして戦い、野にありては自由保守派と改進党と相戦う。中央すでにしかり、地方の状如何。地方また多くは、反対中止派に呼応し、或いは中央に総代、委員らを派して反対派の気勢を高めしめ、或いは建白書を元老院に奉る等大いに努む。

当時、天下の形勢は大隈案断行派三分、反対中止派七分にして、九月三十日に至る間建白書を奉るもの三百五通、人員六万三千六百十六人にして、このうち反対中止派百八十五通、五万六千八百五十七人、断行派百二十通、人員六千七百五十九人にして、大隈の断行派は反射中止派の十分の一に過ぎず、以てその趨勢見るべし。

すでに記したるが如く、閣員中黒田総理を外にしては改正条約の内容を知るものなく、大隈また改正条約の事主上より全権を委任されたりと称して、独力これに当る。たまたま『ロンドンタイムス』の記事によりて、国民その内容を周知し、民論ようやく盛んなるに当たり、後藤象次郎先ず閣員として改正案の国家を誤まるものなるを誹議し、七月三十日始めてこれを閣議に附す。大隈、後藤、激論する所あり。

枢密院書記官長伊東己代治、法政局長官井上毅ら外人裁判官任用に対して反対の意見を言明し、枢密院を動かし元老院を説く。これより廟堂ようやく反対多く、鳥尾小弥太、副島種臣らも反対意見を持して、大隈に辞職を勧告するあり、八月十八日鳥尾が副島、西村、海江田信義、原田一道らと外相を官邸に訪問し、三時間に渉りて議論を上下せる、当時の問答筆記に曰く、

問（鳥尾）　大審院の判事に外国人を採用するとありては、明らかに憲法に違反するに非ずや。

答（大隈）　いかにも外国人を採用するとせば違憲ならんといえども、今回は帰化人を採用するが故に差支えあ

らじと思う。

問　貴下がこの条約改正を交渉せられたる当時、帰化人を採用するの見込なりしか。もし公文書中に欧米人にして日本の判事となるものは、任命を受けたる日よりその裁判所の法律に遵う云々とありとせば、初めよりして帰化人との主旨なりとは見えず、もしその主旨ならんにはかかる条項を設くるの要あらずと思う、果して如何。

答　無し。

問　外交文書中に、日本に来たりて裁判官となる外国判事は、懲戒令に依るの外、四年間裁判官となりてその職を免ぜられざるの権利ありと。この権利と云う文字甚だ不快に感ぜらる。そもそもかかる権利を与うると否とは畏くも日本帝国天皇陛下の大権に由らざるべからざるに、外交文書中にこれを取りきむるは甚だその意を得ず。もっとも帝国憲法においても裁判官は終身官となり居るに相違なけれども、これ裁判官の権利に非ず、その黜陟の大権も一に天皇陛下の大権に存す。この点果して如何。

答　無し。

問　裁判所構成法に、内外人交渉の事件は始審の裁判に服せざるときは、控訴院の裁判を経ずして大審院に上告することを得るとありと、これ取りも直さず外国人のために一の法律を造りたるものなり。もし内国人と外国人と行うべき二枚の法律を造ると云わばイザ知らず、一定一規の法律に拠って内外に行うとすれば、すこぶる失当ならんと思う。左ありては、将来設けらるべしと期したる裁判所構成法も、この項一句のために破壊せらるるに至るべし。この点果して如何。

答　いかにも至極の論なり。左れど貴下も知らるるが如く、治外法権の害は非常に甚だしきものにして、これを撤去せんがためには、他の不都合なる事もなさざるを得ず。取りも直さず治外法権撤去のために価を払いしものと見てしかるべしと思う。

問　外交文書中に、五年以内に必ず法典を編纂すべし、もし五年にして成らざれば二年半の延期を請うべしとありと云う。そもそも法典を編纂すると否とは全く国家の国情に由るものにして、たとい幾年を費すも毫も妨げなき筈なり。しかるにことさらに年限を定めたるはほとんど指のまがれるを矯めんがために頸に縄したると異ならず。この点果して如何。

答　無し。

問　特に外国人の利益を保護せんがためにかかる裁判官を置かるべしとあるもの、その反対なる意味を考うれば日本人の利益を軽視すと云うことと思う。これすなわち憲法に規定したる日本人の権利を蔑視したるものならずや。以上の諸論点より考うれば、這回の条約改正は日本の名誉、日本の利益、日本の権利等に非常なる損害を与うるものと思わる。結局、貴下はこれを如何せんとするか。

問（海江田）　貴下がかつて余に語られたる所と、いま鳥尾君に語られたる所とは余程相違あるが如し。これ何のためぞ。

答　無し。（大隈笑って答えざりき）

問（鳥尾）　貴下は果してこの条約改正案を断行せらるるの見込なるか。

答　今回の条約案は、余においては最上の条約案なりと信ずるを以て、無論これを断行するの見込なり。但し天皇陛下において万々一批准し給わざるときは致し方なし。

問　いや勿体なし。貴下は天皇陛下云々と云えるも、すでに天皇陛下の政府云々の事を認むと約し終りし後は、また致し方なしと思う。実は余の意見は、この際、貴下が職を辞してこれを中止するより外、良策あらじとこそ信ずるなれ。貴下一身のためには不本意なれども、国家のためにはこれを正言せざるを得ず。畢竟余は貴下に向て辞職を勧告せんとする者なり。

答　貴下の好意はこれを領せり。しかし余は自ら信ずる所あるを以て、あくまでもこれを断行するの決心なり。
問　貴下の決心、かくの如くんば致し方なし。余の忠告は友誼上、十分に尽したりと思う。今後、条約改正の問題については、最早貴下と談判せざるべし。

十月二日山県欧洲漫遊より帰る。これより先、外務省翻訳局長小村寿太郎、条約改正反対派同志に語りて曰く「今回の改正案に対しては閣臣みなすでに連判す。これを破る甚だ難し。しかも伊藤枢相またこれに押印す。独りこれに預らざるは外遊中の山県のみ。同志もしこれを破らんとせば山県に拠るの外、策なからん」と。すなわち反対派同志、山県を訪うて盛んに中止のやむべからざる所以を聞く。山県意また反対に決す。十月十五日、伊藤枢密院議長を辞し、改正案に反対の意を明らかにす。この日閣議を開き黒田あくまで断行を言明す。

大隈の条約改正に反対するもの、あに独り彼らがいわゆる「盲目事を解せざる衆愚」のみならんや。廟堂の官人すでにこれを誹議し、また大学教授、教育家、官吏らおのおのまた中止を叫びて止まず、華族女学校長西村茂樹、女子高等師範学校長山川浩、大学教授加藤弘之、山川健次郎、千頭清臣、杉浦重剛、小村寿太郎、高橋健三の如き、反対論者中の錚々たるものなり。

内に閣僚の攻むるあり、外に民論囂々滔々、四面みな楚歌にして、進退すでに谷るものあり。しかも傲頑執拗の大隈はこれに聴かずこれに顧みず、徒に改進の後援を恃み、新聞の発刊停止、言論集会の圧迫拘束を以てなおその所信を貫かんとす。谷、三浦、鳥尾、西村ら相議して曰く、「事すでに今日に及ぶ、正に最後の手段として上奏の外なからん」と、当時三浦梧楼学習院長たり、学習院長は直接上奏の特権を許されたるを利し、二十二年十月十五日第一回御前会議ありたるの夜、三浦斎戒沐浴新たに白衣を着し、院務に託して参内し、条約改正のこと中止のやむべからざる所以を奏上し、封事を捧持す。陛下これを嘉納あらせられ給う。三浦すなわち感極まりて嗚咽わずかに退出するを得たり。

谷干城の日記中に曰く、

二十四日（九月）　三浦氏来たる、上書の草案を示す、能く出来たり。

十月一日　朝、三浦氏を訪う、不在なり、西村茂樹より政府へ出せる意見書を廻し来るすこぶる熱心なり、かつ手紙にて一日も猶予成り難き事を申し来る。

二日（十月）　三浦氏来たる、拝謁封事の事、都合好かりし咄あり、君側は大丈夫なりと云う。

二日（十月）　山県氏へ説くことは品川氏担任する由なり。

二日（十月）　山県氏方へ手紙を出す、また西村茂樹氏へも同断、山川氏来たる、山田氏に行きしが不得遇となも、大体やり付けたりとて、喜悦の色あり。

また大学も大分の奮発の由なり、同氏の舎弟ら殊に奮発なりと云う、山県氏へ宛て忠告書を送る方宜しかるべしと示談す、晩に佐々木氏来たる、品川氏より帰り掛けなり、品川氏、先ず山県氏に手紙を遣り、船中にて見て、しかる後上陸すべしと申し送り、着の日はわざと面会せず、同夜深更に面談して大事件の行掛りを談じたる由、山県氏も大丈夫なりとて同氏受け合いたる由、先ず先ず一安心なり。佐々木氏も大喜悦にて帰りたりき。

十一日（十月）　午後川村氏に行く、同氏曰く、「松方氏今日の内閣会議に意見を出す由、先刻河島醇氏来たり談ぜり、その意見は、この度の事は大事件に付き各省より委員を設け調査せしむべし、これまでただ外務大臣に一任して行掛り手続等も分らず、今日是非の論あるも、漠然たれば甚だ不安心なりと云うにあり、もしこの事に付き行われざれば、松方氏は職を棄て論ずる積りなる由、川村、松方氏らにも遇いたるが十分はまり居れば、必ず河島氏が報の如く今日は切り出したるべし、晩景は必ず分るべく、分り次第に報ずべし」と云う。

十一日（十月）　九時半頃、佐々、古荘氏ら来たる、たしかなる報を得、曰く、「松方氏の議は容易に通過す、後藤氏も黒田氏に向い、御前会議を勧告す、黒田氏用いず、後藤氏直に土方氏に向い、黒田氏と意見の合わざるに付き、是非とも御前会議のあらんことを願い出たる由、これは坂本則美氏、後藤氏より聞き来る所なり、土方氏が維新以来の奮発なりとて、後藤氏を賞賛したりとて、後藤氏自ら坂本氏に談ぜりと云う、受け取り難し、伊藤氏は会議の席にて、直に辞表を出したるを黒田氏止めたれども、頑として不動と云う、この談は元田氏より佐々氏聞き来るものなり、いずれにしても三ヶ所より火起りしは事実なり。

大勢は勝算を得たるが如し。先可賀。先可賀。」

『タイムス』より時事新報に伝えられたる条約改正問題の一波はここに万波を起し、万波ついに大怒濤の如く大海嘯の如くに渦巻き返り、大隈の進退ようやく窮らんとするに至れり。

演説会場における両派の戦士

中止派（明治二十二年九月二十五日於久松町千歳座）

　謹みて日本国民に上告す　植木枝盛

国家の盛衰　千頭清臣

再び廟堂諸公に望む　新井章吾

条約改正の断行を望むは日本国民の輿論なり　大江卓

今日外人をして土地を所有せしむるは我に利せず　高橋昌

政治家と輿論の関係　荒川高俊

国体論　高橋安爾

（二十六日於久松町千歳座）

内治干渉の性質を論じ、二、三新聞の妄を弁ず　国友重章
独立の面目　垣内正輔
輿論の勢力　小久保喜七
政党の性質　綾井武夫
非条約改正論者を敵視するものは誰ぞ　中村忠雄
国と国との関係は何の点より評価すべきや　黒岩周六
実着温厚は我が党運動上の秘訣　坂本精策
附記　この日、坂本精策の演説は中止を命ぜられ、自今東京において一箇年半政談演説を禁止せられたり。
（二十七日於久松町千歳座）
独立国の大権を論ず　前田下学
旧幕の末路を論じて外交問題に及ぶ　大庭弘
日本帝国は独立国なり　辰巳小二郎
国民の主操　諸岡正順
条約改正は国会の準備なるか　菅了法
天下泰平　小池平一郎
内閣の繁忙、世論の嗷々　林包明
輿論の勢力　竜野周一郎
国権全からざれば我が立憲政体を如何　山川善太郎
帰化法を誤るなかれ　八木原繁祉

弁　妄　河野広中
外交用公文　綾井武夫
深思熟考せよ　植木枝盛

断行派（明治二十二年九月二十五日於新富座）
沢田正親　中村常一郎　小川三千三　黒川九馬　横尾輝吉　前川槙造　松田常吉　安田動　青木匡　山田武
坂東幸平　首藤陸三　平田卓爾　上遠野富之助　九岡寛三郎　福岡久松　桐原捨三　番長吉郎　浅香克孝
加藤政之助　立入奇一　伊藤真英　山谷虎三　阿部政太郎　中島徳三郎
二十八日　十四名
間宮清十郎　信岡雄四郎　竹村良貞　岡野寛　宇佐見祐伸　角田真平　江島久米雄　豊岡鉦三郎　丸山名政
野口本之助　岡崎仁三郎　小崎懋　波多野伝三郎　狩野揆一郎
二十九日　十七名
朝塚朝吹郎　粟屋竜茂　秋庭浜太郎　山口鉄之助　赤羽万次郎　古屋宗作　田中正造　繁野珠城　川口栄之
進　高木守三郎　平松福三郎　守屋此助　枝元長辰　高橋荘右衛門　山内吉郎兵衛　吉田烹六　肥塚竜

＊

板垣死すとも自由は死せずと踏張った頃の彼は、自由民権の権化として、政治家として不足なき人気を博したが、自由民権の実ようやく挙らんとする今日、彼が秋風落莫たる間にわずかに衰残の身を顫わしているのは悲惨である。一時彼と同じ運命にあるかの如く観ぜられし大隈侯は、今や廟堂に立って堂々天下の政治を行い死華を咲かしているが、彼には最早政界に返り咲く何らの生芽もない。残年幾何ぞや、秋風白髯に満つ。この志士の末路に対して一掬の涙なきを得ない。（『日本一』所載）

第21章　改正案と玄洋社

大隈の改正案伝えらるるや、玄洋社はこれ実に国家の大事、これを内閣のなす所のままに任せんか、国家の威信を如何せん、これを大隈の言う所に委せんか、国辱を如何せん、宜しくこれを中止せしめざるべからず、宜しくこれに反対せざるべからずと決議し、箱田、平岡、進藤らは地方にその勢力を高め、頭山は玄洋社を代表して上京条約中止、改正策反対の□□《二字抹消》運動を起さん事を定め、部署すでに定まる。すなわち頭山、玄洋社の健児を提げて東上せり。頭山上京の後は先ず国権党の代表者佐々友房と提携して反対運動の中心たらん事を期し、またその最先鋒たらん事を約す。

次いで五団体を組織し、かつ大隈案反対新聞社と連合し、さらに谷干城、三浦梧楼、鳥尾小弥太郎と行動を共にし、活躍はなはだ努め、盛んに反対の気勢を挙げしむ。谷、三浦らと謀りて各自分担を定めて、各大臣を訪うて反対意見を述べしむ。鳥尾は大隈を、谷は後藤を、頭山は松方を訪うに決す。彼松方を訪うや、予は全国有志団体の総代にして、ただ大隈をして条約改正を中止せしめんと欲す。条約を改正する案文を見るに、これ実に金甌無欠の我が国体を毀つくる者にして、これを防がんとする、ただ条約改正を中止するにあるのみ。もし閣下万一に条約改正の通過を阻む事なくんば、すなわち閣下は国家の賊たり。上皇室に対し下国民に対してその責を辞し能わざるのみならず、国家のあらん限り永劫その責を許す能わざるべし。果してしからば閣下これを阻まんとするや、或いはまたこれに賛せんとするか、もし閣下にしてこれに賛するあらば、予は国民と共に閣下の罪を責めざるべからず。予は今一個の頭山にあらず、忠良なる日本国民を代表せる頭山なり、願わくは閣下の確乎たる決心を聞かんと。松方色を正し襟を整えて、余は誓って貴下の言に背かざらんことを期し、足下の言を忘れざらんことを期すと。松方が閣議について中止意見を唱えしもの、実にこれに基くものあり。

頭山が東京にあって反対運動に奔走する、多く谷、鳥尾、三浦、佐々、杉浦、浅野長勲らと事を共にす。谷、鳥尾は共に豪儻落磊、両者互に剛腹を以て鳴るもの、時に論議昂奮して活劇を演ずる事なきに非ず。重厚温篤の頭山は常にこれが調停をなし、両者また風雨一過光風霽月の襟懐あり、再び手を提えて反対運動に熱中すること一再ならず、東京における頭山の運動かくの如し。福岡においては箱田、平岡、進藤、香月ら熊本国権党と提携して、大隈案賛成派たる九州改進党と相対峙して盛んに反対運動を起し、ついに同志を叫合して筑前協会を組織し、大いに反対論を唱導し、中央の中止派の運動に呼応す。当時筑前協会より政府に建白したる意見書左の如し。

条約改正に対する意見書

外交の得失は、国家栄辱の分るる所、権利伸縮の関する所なり。現行条約の不完全にして、独立国の対面を汚損するの甚しきは、国民一般これを憤慨せざるものなし。故にさきに条約改正談判の汚点を一洗して、以て我が帝国の権利を回復するならんと、その談判一日も早く結了せんことを望まざるはなし。

しかるに何ぞ料らん、その条款の一度外国新聞に上るを見るに及んで、国家の汚辱は一層はなはだしきを加え、その権利の毀損は再び伸暢する事の難きに至らんとは。ここにおいてか、慶賀の声は変じて失望大息の声となり、その不可を唱え中止を望むの論は囂然として天下に充満せり。しかして世上伝説する所によれば、某らといえどもまた実にこれを是認すること能わず、今その改正案の不可なる所以を挙ぐれば、大凡左の如し。

第一、我が自主権を毀損すること。
第二、憲法の精神に違反すること。
第三、行政の大権を汚衊すること。
第四、治外法権の撤去を期し難きこと。
第五、内治干渉の門を開くこと。
第六、一切課税の権を得ざること。

今各項に付きその不可なる理由を陳ぜん。

第一、それ、条約各国が能くその平和を永遠に保持する所以は、各々自主独立の権利を維持して、互に相犯すべからず、動かすべからざるの実勢あるを以てなり。もし一度、この権を失墜する時は、国その国に非ず、国その国に非ざる時はすでに対等の権なし。対等の権なくして能く対等の交際をなすものは、某ら未だこれを聞かず。上記の第二項以下、みな我が自主権を毀損する所以にあらざるはなし。そもそも自主権にして毀損せらるる時は、一個人におけるもなおかつ社会に立つこと能わず、いわんや堂々たる彼我対立の国交上において、この悖理の条約を締結せんと欲する、某らその何の意たるを知るに苦しまざるを得ざるなり。論者或いは言う、国交の事は、単純なる理論に依拠してこれをなすべからず、その間自ら情実の存するあり、たとい理論は以て彼を屈伏せしむるに足るものあるも、いやしくも彼我強弱の度を察せず、従来慣行の情を考えず、徒に我の希望を達せんと欲するも、彼もしこれを承認せざることあらば、我将たこれをいかんせん。強いてこれをなさんとすれば、これ我より平和を破り、しかして彼をして我を罪するの口実を得しむるものなり。むしろ少しく条理をまぐる事あるも、先ず目下幾分の利益を収取して、他日完全の希望を達するの地歩を占有せんにはしかず。いわんや改正条約を以てこれを現行条約に比すればその利の大なることもとより同日の論に非ざるをやと。某ら改正案の因って起る所を推すに、けだしこの外に出ざるべし。それ、外交の事たる、彼我の間自ら情実の存するあるは、某らといえどもこれを知らざるに非ず。平和を破るの不得策たる事もまたこれを知る。その改正条約を以て現行条約に比して利益大なりと云うに至っては、某ら未だこれを信ずること能わず。かつそのいわゆる情実なるものは、何に由って存することを得るか。我の自由を妨害せられ、我の権利を毀損せられて、なお能くその情実を貫徹し、その交誼を完成し、その平和を保続するは、某ら未だこれを聞かざるなり。人の社会に立つや、宜しく自由の権を重んじ、独立の実を保ち、以て他の信用を鞏固にすべし。これ実に彼我対等の交際をなして長く平和を保つ所以なり。もしそれ情実に拘り、小利に泥み、以て我れの持操を左右せば、かえって他の侮辱する所となり、世人の信用を失い、さきに以て利得と認めしもの、また併せてこれを失墜するに至らん。国交の事また何ぞこれと異らん。今回条約改正の大体におけるその不可なるの点、実にこれにあり。世の利を談ずるもの、往々虚栄は実益にしかずという、何ぞ知らん、実利は実権より生ずるものにして、かりそめの計は永久の利を謀る所以に非ざることを。

第二、憲法は国家の依って以て樹立する所以なり。故にもし憲法一度毀損する時は、禍乱災害の生ずる、それあに測るべけんや。某ら謹んで我が日本帝国の憲法を案ずるに、その第十九条に曰く、日本臣民は法律命令の定むる所の資格に応じ、均しく文武官に任ぜられ、およびその他の公務に就く事を得と。すでに日本臣民にしてこの公権ありというときは、その日本臣民に非ざるものは決してこの公権なきこと、あえて疑いを容れざるなり。また第二十四条に曰く、日本臣民は法律に定めたる裁判官の裁判は、断じてこれを拒絶するの権なきこともまた知るべし。しかるに今回の改正案においては、大審院中、外国出身の裁判官を任用すという。これ法律に定めたる裁判というべきか。日本臣民の資格を備えたるものというべきか。その憲法違反たること弁を俟たずして明らかなり。論者或いはいう、憲法はただ日本臣民にこの権あるを示すのみ、外人にこの権なきを明らかにするものに非ず、故に外人を用うると否とは、憲法裁判の外にあり、これを信用するも決して憲法に牴触する所なしと。果してしからば、総理大臣以下の何れの官職にも外人を信用することまた随意たるべし。かくの如くんば何ぞ日本臣民にこの権ある事を明示するを要せん。憲法違反の事は公論の認むるあり、某らあえてここに贅せず。

第三、現行条約に領事裁判あるは、これ、数個の小外国を日本内地に樹立せしむるなり。独立国の体面を毀損することもとより論を俟たず。しかれども改正案中四名の外国出身の裁判官を大審院に任用するに至っては、さらに外国の法権を伸暢して、我が法廷を蹂躙せしむること、あに領事裁判の比ならんや。いわんや領事裁判もこれと同時に廃するに非ずして、なお五年間、現今のままにて存続するというをや。たとい強いて帰化法を造設して、表面上憲法違反の嫌を避く事といえども、これ、いわゆる耳を掩うて鈴を盗むの類のみ。その違反たるやすなわち一なり。かつたとい憲法違反の嫌なしとするも、その性格を異にし国情に通ぜざるの外国裁判官は必ず能く我が日本人民に満足を与うるの裁決となすを保すべきや。殊に制限を立てずして、帰化を許容するが如きは各国類例なき所にして、その不可なるもの甚だしき、三尺の童もまた能くこれを知らん。そもそも文武官任免の事は天皇の大権に属する所にして、憲法第十条にこれを確定し、また外人を処するも同第十三条に依り、均しく天皇の大権を以てこれを規定すべき事なるに、今もし条約中必ず若干員の外人を任用すれば、これ天皇の大権を毀傷し、行法の大権を汚瀆するものに非ずして何ぞや。外人任用の案は如何なる変法を捏造するも、到底条約文中より除去せざるべからざること明らかなり。

第四、改正案に、五年の後には、全く治外法権を撤去すといえるは予期すべきが如しといえども、或る論者の言の如く、外交の事は一に情実に成るものとすれば、五年の後を待つに非ざれば果して徹去し得るや否やを知るべからざるものあり、現行条約の如き、十余年前すでにその期限を経過し、かつ我よりその改正を要求する、またすでに数回に及ぶもなお我が希望を達する能わず。その条文の如きも若干年限後は全く無効たるべきの精神なるにも拘わらず、他の一方よりはこれを永久条約なりとの説を容るるものあり、それ、かくの如くんば、今回の改正案といえども五年の後に至り、また如何なる異議を生じ、我の希望を害せんやも未だこれを知るべからず。いわんや法権を回復するためには、我が法典を編纂すべしといえば、法典の未だ完成せざるか、もしくは完成するも彼我の間自ら法意の同じからざるものあるときは、如何なる故障をその間に挟み、我が法権回復の目的を妨害することなしと謂うべからざるをや。故にいやしくも治外法権の撤去を要求せば、宜しく今日を以てせざるべからず。

第五、新民商法の如き、治外法権撤去の三年前に発布し、またその一年半前に外国に交付すべしとは、改正案の約する所なりと云う。けだしその意おもえらく、彼の満足せる法典にあらざるよりは、彼の法権を撤去して我の裁判に服従するを肯んぜず、故に宜しく彼の承認すべき法典を編纂せざるべからざるなりと。ああ我が自主を棄却し、我が独立を毀損し、国の体面を汚辱する、ここに至って極まれりと謂うべし。それ、法律制定の事たる、能くその事理に鑑み、国情に照らし、民度に合し、しかしてのち適度にこれを制定すべし。あに赫々たる独立国にして、かえって外国交通の情実に制せられ、以て我の法典を斟酌左右するものあらんや。もし国人に施すの法律を制定するにかえって外人の性格を目的とせば、これ外人をして内治に干渉せしむるの門を開くものなり。あに独立国の所為と謂うべけんや。

第六、改正案に依れば、海関税に三倍の増加を致し、かつ十二年後に至り一切課税の権を獲得すというといえども、その見て以て収入増加となすものは、ただこれを従来の入額に比して増加すと云うのみ。未だ一切課税の権を収得せざる以上は決して誇称するに足らざること勿論なり。しかして彼に許与するには、内地雑居不動産所有の如きを以てせり。そもそも内地雑居の事は世運の開進よりこれが観察を下せば、ついに厭うべきものに非ざるなり。しかれども今日、彼我の情よりしてこれを考察するときは、これに制限を加うるもまた止むを得ざるべし。しかるに今、彼に許すに無制限を以てす、何ぞ彼れに厚くして我に薄きの甚だしきや。いわんや十二年後の事、今日において必ずしも期し難きの事情あるは既《すで》に已に第四項の下において陳ずる所の如くなるをや。ああ彼に厚くして我に薄き、あに我の自主を毀損せずと云うべけんや。一切課税の権、この機に臨んで我れに得ずんばあるべからざるなり。

以上列挙するところの六項は改正案中不可なる最も大なるものにして、この中ただ一項あるも、なお国の体面を辱かしめ、外人の侮りを来たし、千歳の歴史を汚すに足る。いわんや六項ともに存するにおいてをや。かくの如きの改正は決してこれを行うべからず、これを行わざるはこれを行うに優れること万々なり。そもそも現行条約の不完全なることは論を俟たざる所なりといえども、深く当時の事情を察すれば、なお恕すべきものなきに非ず。何となれば往時締約の初めに当たりてや、国勢幼稚にして一も海外の事情を知らず、国内の紛擾に乗じて外人威迫をほしいままにし、今日の不可とする所も当時に可なるものあり、今日不便とする所も当時に便なるものあり、ただ苟安姑息に出でて他日の長計を慮るに由なきの情ありたればなり。故に現行条約の不完全なるは、ただに邦人のこれを恕すのみならず、外人といえどもなお我が国当時の事情を知るものの、同じくこれを恕する所なり。

今やすなわちしからず、内治ようやく改まり外情すでに詳かなり。我の彼を見る彼の我を視る、ともにまた往時幼稚時代の比に非ず。この時に当たり、我れ自ら独立国の体面を毀傷し、我自ら自主国の権利を枉屈して不権衡不平等の条約を締結せば、我が邦の価値始めて定まり、無気無力の証票を国交の正面に印して、千歳不磨の汚点を遺し、金甌無欠の神州をして、永く侮辱の下域に沈倫せしむるなり。ああ改正案の不可なるや、かくの如くそれ衆し。しかもなお輿論に背き、条理に逆らい、法を蔑し、国を辱しめ、以て過を飾り非を遂げんとするが如きは、廟堂諸公の賢明なる、某ら決してこれをなさざるを知る。ここにおいてか、某らは廟堂諸公に望むに輿論のある所を察し、国権の立つ所を思い、この不完全不適当なる改正案を中止し、さらに我が日本帝国の独立を鞏固にし、威権を発揚する新案を発せられこと《ママ》を以てせざるべからず。もしそれ、彼、外国その威力をたのみ、強いて我を屈辱せんとするあらんか、我は吾が道理の堅城に拠り、国民一致の力を以て勝敗を兵馬の間に決せんのみ。誰か能く区々として永く外人の侮辱を甘受するものあらんや。某ら実に諸公に望むにこの決心を以てせざるべからず。

九月二十六日、福岡に九州聯合非条約改正大会を開き、さらに二十七日二十八日に渉りて政談大演会を開く。たまたま東電あり、「条約の期限迫る」と。ここにおいて筑前協会委員会を開きて、

第一、各団体より委員若干名ずつ上京する事。但し期日は十月十日までに着京する事。

第二、着京各団体委員は、大同倶楽部、日本倶楽部の内へその宿所を通知すること。

第三、九州各団体委員発途の際は、筑前協会に通知する事。

第四、上京委員の決議に因り事急なる通知を得たる時は、九州団体挙げて上京する事。

と決議する処あり、また十月九日大阪における、洗心亭の東北九州中止派懇親会、十月十日大阪桃山神社境内の全国中止派有志懇親会等に委員を派し、反対運動に加わる所あり、実に玄洋社は九州における中止派反対派の中堅なりしなり。玄洋社さきに民撰議院開設運動の先駆をなし、岡山県と共に憲政発祥の地たる大なる名誉を担い、今また条約改正反対について、九州の中堅たり、その英気颯爽まさに想見すべし。

第22章　来島の決心

――風蕭々易水寒

玄洋社員来島恒喜は、さきに井上の条約改正案を見て、これ国家を辱め国家を誤る甚だしきものとなし、すでに心中期する処ありたるの士なり。いま井上案と大同小異なる大隈の改正条約を見る、彼果して黙すべきか、彼果してこれを看過すべきか。しからず、彼は玄洋社が筑前協会を組織して、改正条約案反対の気勢を挙ぐるや、すなわち起って東奔西走せり。しかれども彼が渾心満腔の精力を尽して、全国民と共に倶《とも》に大いに努め居れる改正条約案反対の運動も、容易に大隈を動かし能わざるを見聞し、憤慨措く能わずついに八月十七日夜、東上の途に就きたり。

当時玄洋社が筑前協会を組織し、反対運動に着手してより、警吏の警戒ははなはだ厳なるものあり、玄洋社幹部これを避くるため、その重要案件、秘密事項等は多くこれを社員にして博多中島町に書肆を営める林斧助の二階において密議し、来島上京の事、またこの家において議せられたりと伝う。

来島はそのいよいよ東上せんとするや、当時襲いし所の的野姓を来島に復し、かつ玄洋社を脱会して福岡を出でたり。来島が突としてその本姓に復したる、またその理由を言う所なし。玄洋社を脱会したる、すでに福岡発程の当初より固く期する所ありたるを想見すべく、その玄洋社を脱会せし所以のもの、後に至り累を知友に及ぼすものなきかを慮るにありたるなりき。

来島の東上は便を汽船に借り、博多湾頭より船出す。的野半介、藤島一造、久田全、玉井騰一郎、岡喬、疋田麓、林斧助、吉浦英之助、月成功太郎らこれを船上に送りて行を壮にす。時に明月大空に懸り、銀波金波舷に砕く。来島盃を挙げて微吟す。「風蕭々易水寒」。声朗々余韻長し。「風蕭々易水寒」と吟じて後句続かず、見よ彼の睫には秋冷に凝る小露のそれかあらぬか涙数行潸《さん》として頬を伝うあり。彼たちまち微笑を浮かべ、盃を一行に薦む。盃中酒に非ずして水なり、水をすすめて船上に袂別す。往くものその意を語らず、送るものまたその意を問わず、海風秋声を帯びて徒に蕭々、疋田船上に来島と別るる能わず、同船して下関に至り始めて袂を分つ。

来島八月二十二日帝都に入る。たまたま東上の船中に玄洋社員結城寅五郎、今村為雄と行を共にす。今村幾度か来島に対しその上京の用件を問うも、来島笑ってついに答えず。その入京するや初め結城寅五郎と鍛冶橋外明保野旅館（今の中央旅館）に投じ、九月四日神田美土代町四丁目塚本忠七方に転じ、さらに十月十六日芝愛宕山下信楽館《しがらきかん》に移る。来島は静かに国論の趨う所、大勢の遷転を見、百の空言は一の実行に如かざるを知り、ますますその決心を固くす。当時来島玄洋社中同人に書を寄せて曰く、

「拝啓当地の模様は今回進藤氏御聞取可有これに付き別段に御報道不申上候。却説小生出発の際、御話合致候一件すなわち本社と新聞社と表面上分割云々は篤と進藤氏に相話したる処、同氏の意見にてはいかにも一応もっともの様に聞ゆれどもいかんせん根が一つなれば、たとい表面上分離するともたちまち同一の如く相成り、かつ他よりも同様に相見るはすでにこれまでの事実に徴して知るべし。その上彼の水茶屋（これは林君の〇〇所なり）では議論の行がかりより少々極端に走りたれども、元来自分が持説は天下の実行者と事を共にするの存念なれば、紫溟会にまれ、相愛社にまれ、三洲社にまれ、郷友会にまれ、いやしくも邦家のため精神的の運動をするものなれば決して頓着はせざるなり。現に今回の条約改正一件などは相愛社の冷淡は実に驚くなり。しかしてかえってこれまで官権党などと冷評せし紫溟会の方、すでに実行的の運動、精神的の働きをなせり。故に他はしばらく論ぜず、この件に付いては徹頭徹尾該会と運動を共にする覚悟なり。またとにかく向来運動をなすには本社より一国

に及し、是非とも立脚の地盤を固めざるべからず云々と。小生始め国元にての考えでは、此回の出来事すら紫溟会と共にするを潔しとせざるなりしが、上京の上、篤と情況を尽せばその眼光の窄きを覚え申し候。（かく申せば或る人の如く僕を目して内股膏薬と悪評するものあるべし。）

彼の『国民の友』は五団体を目して（五団体の分子は新聞等にて御承知ならん）ぬえ党となせり。その冷評は悪むべきもその評語は面白し。しかして彼らはこの評語かえって五団体の価値を増すの資となるを知らざるなり。何となれば条約改正は国民的の問題なり。決して党派問題にあらざるなり。いやしくも眼中党派心あらざるものよりの外は、かかる団体はなすこと能わざるべし。されば社、急進党もあり、保守主義もあり、敬神党もあり、彼らがこれを目してぬえ党となすもまた宜なり。しかしてこのぬえ党社は、かえって愛国の士なるべし。また天下に大事をなすべし。（これだけ我が党を除くのほか保証せず、或いはいやに五団体に鼓もつねえと云う人もあるべし。これ全く改進党より優れりとする迄なり。そのくせ小生は五団体には一人も交際せず、去りとて改進党とはなおさらなり。只った一度関西九州人士の咄会の傍聴に参りました。その他一、二の貴顕の所には参り咄を聞きましたが、なお該件に付いては十分の根本を尋ね、諸君の驥尾に附して我が信ずる所をなし、生がこれまでの不都合不忠不孝を諸君に謝し、併せて天下に謝せんと欲す。詰君幸いにこれまでの多罪を恕し賜え。）また国元にての考えは、諸君と共に談ぜし如く、本社と新聞社と分割し、むしろ紫溟会に背くも、是非とも九州の団体を併ら《ママ》ざるべからざる考えなりしに、出京此回の事件より考うれば、九州もまた恃むに足らざるか、殊に相愛社の如き、風説に依れば大隈党と縁故あり、殊に宗像政の如きは大隈が所に出入する由、果してしからば、実に相愛社は腐敗せりと云うべし。また鹿児島は黒田が進退に関係すれば此回の事には未だ運動を試みざるも、大抵は推して知るべきなり（鹿児島人中黒田に不平なる者も沢山ある由なれども）。かつ該国が維新前後の進退掛け引きを考うれば、反覆常なく、かえって他国を売るなどは、実に蔽うべからざる事実なり。今更かかることを持ち出すは、少しく時節後れの様なれども、今回の改正《欠字》件は、実に国家の大事件にして、彼らが得意の変幻出没、他を売る如き所為を学ぶやも知るべからず。故に此回の事、また向後の事に付いては我が党も意を注がざるべからず。かかることは今更小生が喋々せざるも、諸君炯眼老練なる万々御承知なるべくも、一片の婆心、いささかここに及び申し候。これを要するに、先、進藤氏の説の如く立脚の地盤を固め、事をなすより外は好策は有之間敷と愚考仕り候（この事はただに進藤氏のみならず小生の素志なり。諸君また然るのみならん）。かく申せば、他との関係はしばらく猶予するよう御思召も可有之候得ども、決して左様の訳に無御座候間、左様御了知被下度候。なお申し上げ度き万々有之候得ども、匆卒之際、先ずここに筆を擱き申し候。乱筆御推読を乞う。

つねき

玉井騰一郎様
林　斧　介様
高田芳太郎様
久　田　全様
岡　　喬様
疋田普茂刀様
吉浦英之介様
的野　半介様
その他玄洋社
　各　位

尚々時下折角御自重専一に奉存候」

これ来島が玄洋社同人に宛てたる最後の書柬なりき。

玄洋社員月成功太郎、来島と大事決行に関し、固く誓う所あり、すなわち来島上京ののち九月二十五日、月成また東上して来島の仮寓神田美土代町塚本方に入る。来島思うに、月成は家に老母ありかつ妻子あり。これをして大事を共になさしむるは友として実に忍びざる所。殊に一の大隈を刺す、あに二人の力を要せんやと。その思う所を月成に語り、その志を翻さん事を説く、月成ついに聴かず十月十三日、来島を誘うて大事決行を促す。来島は警吏の戒飭《かいちょく》はなはだ厳なるの故を以て、他の好機を選ばん事を説く。月成やむを得ずこの日の決行を止めて、他日を選ばん事を約して別る。

爆弾の準備

来島は始めその大隈暗殺に当たりては短銃と短刀とを以てし、短銃一発、以て功を収め得ざれば、進んで短刀一揮、伯の身辺に迫らんと欲したりき。しかるに大隈の私邸官舎共に戒飭厳にして、これに近づく能わず、思えらく大隈を刺さんとする短創と短銃とは以て用をなさず、むしろ爆裂弾を用うるの勝れるにしかずと。しかれども爆裂弾を得るは容易の業にあらず、加波山事件に関係するの士か、しからずんば大阪志貴山事件に関係あるの士に非ずんばこれを求め得ざるべしと、すなわち物色して大井憲太郎を得たり。来島一日頭山を訪い、大井憲太郎に紹介を乞う。大井は当時五団体中、大同協和会の首領にして、さきに大阪事件に座して獄に投ぜられたるの人、頭山大井を訪い来島を引見せんことを乞い、かつ曰く、来島は玄洋社中もっとも望み多き好漢なり。用を帯びて不日足下を訪わんとす、願わくは善く教示を垂れ、これを善導せられよと。これより来島大井を訪い、その志を告ぐ。大井来島を「あつま」新聞主幹高野麟三に会わしめ、高野さらに葛生玄晫に会わしむ。葛生はその友淵岡駒吉と語り、葛生、淵岡はさらに森久保作蔵に図る。森久保はすなわち当時いわゆる三多摩壮士の頭領なり。

かつて自由民権を唱え、また大阪における朝鮮改革事件のため投獄せられたるが、その出獄の後は、時の政府に含むところ深く、同志と謀りて爆弾を多摩山中に密蔵して機を待ち、政府に酬ゆる所あらんとす。ついに来島と面接する処なかりしも、淵岡葛生より来島の志を聞き「今日の事、策の外に施するものなし、幸いに来島によって密蔵品を使用し得ば、以て大隈を斃すべく、以て条約改正の議やむべし、これ狂瀾を既倒に挽すものなり」と。すなわちその志を壮として、葛生淵岡に爆弾を分つ。二人受けてこれを来島に与う。来島これを受けて「天佑なり」と歓天地喜し、機を覗い、時を図り、大隈の進退を狙う。

十月十七日、かつて小笠原において袂別米国に向いたる竹下篤次郎の帰朝して横浜に着するあり、また兼ねて上京中なりし平岡の福岡に帰省せんため、横浜に向うあり、来島すなわちこの日午后四時平岡と共に横浜に至り、竹下の旅館福井屋に入りて来会の月成功太郎、美和作次郎、宮崎勝らと懐旧談に宵を徹す。十八日朝来島は平岡らに別れて横浜病院入院中の友枝英三郎を問い、午前十時の汽車に搭じて帰京す。ああ十月十八日この日は来島が大隈に爆弾を一撃したるの日なり。来島はすでにこの日内閣閣議ある由を予聞し居たれば、この日を以て大隈を刺すべしと期したるなりき。しかも月成功太郎を共に死に至らしめんは、彼の老母、妻子に対し忍びざる所とし、月成に対しては何をも語る所なく、彼を残して横浜を発し独り帰京せるなり。

かくして彼は信楽館に帰来するや、信楽館にあって来島の帰京を待てる月成光と盃を挙げて快談数刻、来島その志を告げ、かつ曰く、もし予にして誤らば後事君に託す。願わくは我が志を継げと。月成微笑して只その胸を強く打つのみ。すなわち来島は朝礼服《モーニング》を着し、絹張洋傘（洋服傘等新調せりとの説あれど、一説には平岡の者なりしとも言う）中に爆弾を収め、信楽館を出で、月成と共に山上愛宕神社に詣で、さらに「新し」橋に至りて月成と別れ、独り外務省門前に出で、大隈の内閣より官邸に帰来するを狙い待つ。それ大隈の生命を奪わんための魔人は、今刻々と彼に迫りつつあるなり。颪か雨かしばらくその日の大隈を記せしめよ。

＊

板垣と同じような落莫たる末路に彷徨するものに大井憲太郎がある。彼は一時天下の壮士を指頭に指揮し、一呼すれば三軍立ちどころに集るの概あったが、それも昔の夢、今は何処にいるやら知らぬ人さえ多い。大阪事件は明治民権史論中に特筆すべき波瀾であるが、その巨魁たりし彼が、今かくも社会より忘却せられている。図り知られぬは世の有為転変である。今、政界に幅を利かして知る中陣笠どこは大抵彼の乾児であるが、一人の出でて彼のために晩年の計を立ててやるもののないのは薄情な話である。（『日本一』所載）

第23章　十月十八日の閣議

十月十五日の内閣々議に当たりて、黒田総裁がただ断行あるのみと宣言せしはすでにこれを謂えり。しかれども内閣員の意向多くは中止説に傾き、外《そと》民論いよいよたけなわなり。ついに十月十五日御前会議を開く。午前十時各大臣内閣に参列し、是非の論、中止、断行の説、互に相下らず、論議午後三時に及ぶ。この時聖上御出御あり、御前会議はいよいよ開かれたり。後藤、大隈大いに論戦し、山県また起ちて大隈に詳細の質問をなす。しかるに時すでに遅く、薄暮将に迫る。

黒田玉座に対し、入御可然旨を奏す。ここに陛下入御あらせられ、御前会議はついにその是非の裁断を仰ぐに至らずして終る。一方枢密院においては、副島、寺島、佐野、鳥尾ら十五、十六の両日院議を開き、ほぼ中止説に決し、十六日副島、寺島、佐々木の三人参内謁見を乞うて奏上する処あり。

十月十八日内閣々議を開き諸大臣みな会す。しかもなお決する処なくして退散す。大隈の来島に狙撃されたるは実にこの帰途の出来事なりしなり。

（参　照）

十月十八日の閣議については諸説紛々、或いはこの日すでに改正案は中止延期と決せるなりしと論ずるもの、或いは未だ何れとも解決に至らざりしと云うもの、或いは大体において中止説勝ちを占めたりと説くもの等あり。編者は大体において中止説優勢なりしも、未だ断然中止とは決せざりしものならんとの説を首肯す。今参照として左に諸説を掲ぐ。

浮説（明治二十二年十月十七日『報知新聞』所載）

また御親臨の上、条約改正の激論ありしなどと云い触らす向きもあれども、かつてさる劇しき議論などはありしとも聞こえず。陛下御親臨は、山県伯帰朝後始めての閣議にもあり、巡回中の模様上奏等の都合もあり、かたがた臨御ありし訳なりと云う。

また伊藤伯辞職に関する閣議も或いは御臨御を促せし一事にもあるべきか。

彼条約改正断行後、諸事準備のため、政府が委員を設くる尋常の事をすら条約を中止するがために設けたるが如く横道に引き入れ申し触らす輩は、御親臨と聞きてさてこそ条約改正会議の大騒動なれと、手極めの想像をなすも怪しむに足らず。さりながら事実決してさる事ありしにはあらずと云う。

御前会議（明治二十二年十月十六日『東京毎日新聞』所載）

昨日は何事も決議に至らず、唯だ世人が如何と案じ居る条約改正の事のみは、もとより廟議断行に決せることなれば、伊藤伯の辞表を上りしとて、今更その議の動くべくもあらずと。

御前会議（明治二十二年十月十六日『朝野新聞』所載）

御前会議は伊藤伯の辞表を留むべき上諭と評議なり。なおここに二、三ヶ条重要の事を議したる趣なれども、その重要の件と申しても、条約改正の事に関しては、さらに一言も及ぶ所あらざりき。（以上御前会議に関するものなれど参考のため抜抄す。）

閣議穏なりし理由（明治二十二年十月二十日『東京日日新聞』）

一昨日の閣議には、定めて目覚しき議論もあるべしと待ち設けたるに反し、議事は案外穏かなりし由なるが、右に付き或る人の説に、批准の期限も追々切迫し来たりたれば、ここ一日も猶予もなし難かるべきに、閣議は左迄に取り急がれざるにや不審なりとあり、この疑一応もっともなれど、或る人の言うには過日の閣議にて相定められたるは、例の取調委員の報告を待ち、これを土台として、左右如何とも進路を取るべきなれば、先ず昨今の所にては右の報告を待ち居らるるものと知らる。左れば委員の報告も済みし上は直に閣議——或いは御前会議——も開かるるなるべく、開かれて右か左かの方針定まりし上は、伊藤伯に対する処置も定まるべからんと云えり。

谷干城日記

二十一日（十月）午前、古荘、佐々、国友氏ら来たる。いよいよ新案も排斥せられ、無期延期と決定せる由、井上氏、元田氏らより聞き取る所に付き確実なりと云う。

十五日の会議にて山県氏の質疑ほとんど結局に至らんとせし時に、すでに点灯に際せしなり。黒田氏上奏して曰く「最早、夜にも入り候わば入御可然」と、御上は直ちに入御と成る。これ黒田氏が気をきかせ、わざとその局を結ばしめざるが如しと云う。今しばらく時間あれば必ず結了して、山県氏も確然反対を表明するの勢なりしと云えり。

十六日および十七日の談判にて大隈氏も閉口して、黒田氏にも委細を談じ、辞表を出すことに決し、十八日の会議には大概結局に至りし所なりしに、帰途この変ありしは、彼に取りては不幸の甚しきものなり。早く辞表に決心せば、誰かまた大隈氏その者を悪んで命を抛つ愚人あらん哉。唯、彼が頑乎として不動、輿望にもとりて自己の意見を貫かんとす、災の及ぶ、実に天教なり。日本は祖宗神霊の日本なり、天皇陛下の日本なり、三千八百万共有の日本なり、あに一に行政官の意を以て今般の如き国家の大事をほしいままに執行するを得んや。ああ我が陛下は聖明なり、我が臣民なお愛国の精神あり、この非事を挽回するを得たる、真に大幸の至りなり。

二十九日後藤氏を訪う、十一日以来の閣議の手続を聞く、十八日の変までの有様は全く内閣一致して、後藤氏を攻撃せるものの如し。故に後藤氏は十七日にすでに大隈、黒田氏らの中止論に屈したることは不知事疑いなし。

二十一日の三田議会に至り、始めて山県氏の意見も出で、黒田氏も中止せざるを不得の説を吐き、辞表を呈するの論あり、ついに後藤氏連帯責任として総辞職の事を論じ、ついにその事に決せりと。山田氏はすでに辞表を持参して直に差出せり。大概みな云い合せいたるものと見えたりと。同日の会には新聞にありし如く、先ず辞表は総理の手許へ出し置き、跡々の意見をも申し上げ、しかるのち奉呈のはずなりし処、あに計らんや、翌日、黒田氏約に違い直に来て奉呈し、自分は疾く帰り去りたれば、他の閣員は未だ辞表の出たる事を不知、侍従より伝聞して驚きたる由、黒田氏また奇と云うべし。それより黒田氏は絶えて出頭せず、先ず潔白と云うて可なり。この後の所は未だ分らず、昨日の御召には後藤氏は出頭せず、西郷氏より叡慮の趣を伝えくれ、辞表は聞き届けられずと云う。

内閣の変動（明治二十二年十月二十七日『日本』）

条約問題は国家休戚の分るる所の大問題にして、政府部内にありても異論の状勢ありしや疑いを容れず。本月十五日の臨時会議は、実に内閣中におけるこの状勢の発動を促せり。次いで十八日の金曜会議に至りては、内閣中に両論の分裂ますます切迫し、新たに帰朝せる山県伯と異論者の名を負える後藤伯とは、前会の議を継ぎて一層反対の色を示したるものの如く、二十二日の火曜会議には、必ず明日の分裂を現わすに至らんと、世人は頸を引きてその期を俟ちたるに、図らざりき、十八日問題の主持者たる大隈伯の兇変あらんとは。吾が輩はこの兇変を聞きて、伯の不幸を悲しむと同時に、国家のためこの問題の実決の遷延するに至らん事を憂え、前岸を咫尺に望みてたちまち暴風に阻られたるの想をなせり。しかりといえども好運の熟する所、大勢の趨く処は、一時波瀾の能く妨ぐる所にあらず。二十二日の内閣会議はついに諸相をして最後の決心をなさしめ、いわゆる昨今の政変を現出したり。

明治四十二年十一月一日発刊『日本人』

霞ヶ関の一挙は、あたかも閣議において条約改正中止に決したる当日なりしなり。すなわち輿論はついに閣議を翻したるなり。故に当時事実のその相を知るものは、ただその行を壮として、その志を憐みたるのみ。むしろ一弾の力のために輿論の力を没したるを惜しみたり。

第24章　ああ、霞ヶ関

爆声起る

十月十八日午後四時五分、内閣を退出せる大隈の馬車は内閣より桜田門を出で、近衛兵旧教導団の前を過ぎり、霞ヶ関の官邸に帰らんとして馬首将に転じて外務正門に向う。外務省門前に大隈の来たるを待ちに待ちたる来島は、天の時来たれりとし、神明加護の時来たれりとし、飛燕一過地を掠むが如く驀然門内に進みて馬車を隔つる十歩の所に近づき、地の利を図り車側より車体に向って爆弾を投ず。爆声轟然として起り、地震い、白煙濛々たり。車中の大隈は「呵ッ」と叫びて、腰掛より前方に倒れたり。濛々たる白煙雲の湧くが如くに拡がり、咫尺ためにに弁ぜず、馬徒に嘶き、人徒に叫喚す。来島は兼ねて抛弾にして功を奏せずんば、家に伝うる名剣左文字の小刀を以て大隈の身に迫り、電光一閃、直にこれを刺殺せんと期したり。しかるに今一抛したる爆弾確かに、白煙中に大隈を斃し得たりと思惟し、かつおもえらく、「大隈斃れ、国賊滅ぶ、我が事すでに畢れり」と、すなわち自刃の地を選ばんとして、歩を門外に移す。偶々変を聞いて邸内より馳せ来たれる一警部は来島のあるを見て、「大臣の安否如何、しかして犯人は何方に逃走せしか」と。来島おもむろに顧みて、「大臣は無事なり、犯人は虎の門方面に走れり」と。警部は来島の自若たる態度を見てこれを犯人と思わず、来島の言を信じて犯人の後を追わんため虎の門方面に向って疾走するや、来島は門外に出で、右手を高く挙げて何事か企図するものの如し。さらに北の方皇城を仰いで、再拝また三拝、静かに外務正門左方の石垣に倚り、懐にする所の左文字を把って以て自刃す。来島は後頭部より右に刀を廻し、前頭部に至る頸の半ばを断ず。淋漓たる鮮血、衣を伝うて地に滴るを見、微笑を漏らし、従容命を終る。来島の死に就くや、宛として古武士の終焉を見るが如し。

時に虎の門方面に犯人を追わんとしたる警部帰り来たりてこれを見、来島が爆弾を投じて大隈を襲うたるものなりしを初めて知り、その大隈の安否を問い、犯人逃走の方向を問いたるに答えて来島神色動かず、態度また沈着なりしを想起し、かくの如く大事を決行して、しかもしかく沈着にして、神色常人と異らざりしは驚くべしと、嘆賞これを久くしたりと云う。

さても来島が爆弾を投じたる後、門外に歩を移して高く手を挙げたるは何の故ぞ。この日来島、月成と袂を別つに当たり、吾が事就らば門外に出で右手を挙ぐべしと。すなわち来島すでに大隈を斃せりと信じ、門外に出づるの後、しかく右手を挙げて外務省外垣の一隅にありたる月成に向い「大事成る」を合図せるにてありき。

月成当時の惨憺たる光景を後にその友に語りて曰く、

「予は当日省外白堊連壁の一隅にありて、来島のなす所を見たり。大隈の馬車轣轆として外務省正門にかかるや、爆弾の音轟然、白煙濛々たり。来島はおもむろに歩を門外に移し、宮城に向って礼拝するものの如かりしが、たちまち懐に呑む所の匕首を以て頭脈を截つ。鮮血滾々として流出するの状を目撃したりし時、予は悽愴悲痛の感に打たれ、全身の血一時に冷却し去りたるの思いありき。かくて予も来島の合図によりて大隈すでに斃れたりと思いたれば、やむなく来島の遺骸を残し、外務省裏門の坂を上り、清公使館の前に出でたりき。盟約志士の屍を棄ててその姿を隠す、悲痛断腸回想する毎に悔恨永く熱涙と共に尽きず」と、その悽愴の状想うべし。しかもこの混乱の間にありて、来島が悠々宮城を遥拝したる沈着と至誠に至っては、これを聴くもの誰か襟を正さざるものあらんや。来島時に年歯三十、花と散り露と消えなん我が命、死してののちの名こそ惜しけれ。名花自ら散り柳枝雨に煙る。霞ヶ関頭壮士去復不帰、秋天月明にして悽風なまぐさし。

大隈遭難録

大隈の来島に狙撃さるるや、都下の新聞みな直ちに号外を発して飛報を伝え、翌日の新聞また大隈の遭難記を以て充たされたり。今その主なるものを抄録せん。なお黒田、大隈が国論沸騰当時いかにその警戒を厳にしたるかは、併せて左に録する。『日本』新聞の記事を以てこれを推知し得べし。

両伯の警戒（明治二十二年十月十八日発行『日本』）

内閣総理大臣黒田清隆、外務大臣大隈重信の両伯は、過般来、特に警衛を厳にし、駟馬軽車を駆りて、主務省へ出頭のみぎりには沿道の巡査をして警護せしむる由、兼ねて聞き及びしが、一昨十六日よりは通路憲兵を置き、万一の変に備えらるる由に承る。

また各大臣の警衛費は、わずかに五十円内外にて充分なりしが、過般来各大臣とも一層護衛を増加したるを以て、右費用はほとんど二百円に達したるやに聞く。

大隈伯狙撃せらる（明治二十二年十月十九日『東京日日新聞』所載）

昨日は閣議ありき。大隈外務大臣も臨まれて、午後四時前、霞ヶ関の官邸へと帰られし。折しも午後四時五分過ぎ、大臣の馬車は砂煙を挙げて外務省の正門に入らんとせしに、堂と響きて一発の爆裂弾飛び来たり破裂せしかども、幸いにして丸は馬車には中らざりしかば、馭者は馬に鞭強く加えて難なく門内に走せ入りぬ。右は外務省の門前にたたずみ居たる一人の紳士体の者の所行にして、その兇行者は日比谷原頭に向うの左側に待ち構えいたりしなり。爆裂弾の馬車に中らざりし事は確かなれど、右の爆裂弾は狙い外れて右側の石柱に中りてその細片馬車の窓より入りて、大臣の右の足を傷つけたりとも云い、または左に当たりて左足を傷つけたりとも云えり。

大隈大臣要撃せらる（明治二十二年十月十九日『東京朝日新聞』所載）

兇行者が投げ付けたる爆裂弾は、同省門の石柱に中りしやにてその痕を留め、また同人は右の門前の石橋の前にて自殺したるものなれど、余程劇しく喉部を貫きて斃れたるものと見え、屍体の傍なる門柱などに血痕の注射したるさま凄しき有様なり。

大隈伯遭難に係る別報

兇行者来島恒来が伯の馬車に向て爆裂弾を投げ付けたる際、同人は馬車に対して「請願の筋あり」と一声叫びしが、馬車は省みずして急に門内に駆け入らんとしたるより、忙しく右の爆裂弾を投げ付けたるにて、右の爆裂弾は前項記載の如く外務省表門の石柱に中り、爆裂反撃して大臣の馬車に及べるものなるが、右反撃の散弾は馬車の一部を傷つけ、併せて大臣の身辺に及べるものにて、傷所は都合四個所にて（一は右膝頭より四寸ほど下りたる内側、一寸ほど上りたる内側面部、右手に微傷）共に急所に非ざれども余程の出血にて、その血痕は滴りて馬車内にも印したる程なりしと云う。

爆裂の模様および馬車の損所（明治二十二年十月二十日『東京日日新聞』所載）

暴徒来島恒喜が大隈伯に爆裂弾を投ぜし時は、伯の馬車、将に外務省の正門に入らんとする時にて、暴徒はかねて伯を待ち受けて虎の門の方にあり、伯が馬車の近衛兵営の方より砂塵を蹴立てて騫々地に馳せ来るのを見るより、イデこの時なりと、足を早めて馳け寄るにぞ、馬車台にある馭者はその体怪しと見て取って急に鞭をあてて馬を急ぎ立つれば、これと並んで控えたる護衛も油断ならじと、腰のピストルを取り出さんとする時、馬首は早や門内に向い、曲者も八、九尺の所まで迫り居たり。その時暴徒は馬車を目がけ、携え居たる爆裂弾を堂と投げ付ければ、狙いは誤まらず、馬車の腰掛の角に中って、轟然一発、天地も崩るるばかりの音して、白煙漠々として咫尺も弁ぜずなりたるが、馬車は何時しか去ってあとなく、残れるは暴徒が自刃して打ち倒れたる屍骸のみ。当時伯は、馬車にあって右足を左足の上に挙げて曲げおり、かつ爆裂の処、身体の位置より下にありしを以て、爆裂弾の砕片は伯の膝口と右足の脚目とを痛く撃ちて、身体には中らず、この他に片頭部を掠めて飛んだれど、これはいささかにして、憂うべき程の事なく、左の耳の下に少々のかすり疵を受けたり。

大隈伯の遭難（明治二十二年十月十九日『時事新報』所載）

伯はあたかも午後四時ごろ外務省正門近く帰来したる時、一人の兇徒、門の左側より躍り出で、車上の大臣を目掛けて爆裂弾を投げ付けたれども、弾は啾然声をなして車上を飛び、しかも伯の膝を掠めて過ぎ、省門の石柱に当たりて爆然破裂するやたちまち火花四方に散乱し、その火片飛んで伯の交叉し居たる右足に当たり、ために伯は二個所の微傷を負いたり。一は膝節より二寸程下りたる内側にして、二は踝より一寸程上りて同じく内側なりしが、第二の傷は第一よりも差深くして、およそ一寸程も侵したり。

要撃の現状

昨日、大隈外務大臣が兇徒に要撃されたる際、その現状を目撃したりという者の噺を聞くに、大隈伯の馬車（母衣馬車）は、平素前掛の毛布を蔽うが例なりしに、当日はこれを畳みて掛けざりしに、伯の馬車、将に外務省の表門に入らんとする時、突然門の右側より洋服を着けたる曲者躍り出で、前に進むと見えしが、たちまち爆裂弾を車中目掛けて斜めに投げ付けたるも、弾は伯が膝角を摩り去り、石門の柱に中りて破裂したるより、弾片膝下に飛散したるを伯は両手にて打ち払い居たる中、馭者は馬を叱陀鞭笞して、躍るが如く直ちに官舎に入りたり。

初め兇徒が伯を狙うて爆裂弾を擲つや、或いは馬車の横面に当たりて破裂したりと云い、或いは馬車の母衣に中り伯の脚底に落ちて爆発したりと云い、或いはその爆裂弾は長さ五寸、直径およそ一寸の鉄製にして円筒形なりと云い、いろいろの風説一定せざれども、我が社の聞得せる所は前述の如し。

大隈伯の遭難（明治二十二年十月十九日『日本』所載）

大隈伯、馬車を軋らして外務省門前に来懸るに、兼ねて大臣の邸に帰る時は、門衛出でて門前に迎え敬礼するの例により、一人二人門脇に佇立《てきりつ》するその側にモーニングコートを着し、高帽を冠り、手には精絹の洋傘を杖つき、敬意を表して佇立したるものなれば、誰一人もこれを怪しむものなく、前駆の護衛巡査が乗りたる腕車は一転して門内に入り、続いて伯が駕したる馬車も門の敷石に懸らんとするや、先の男子は挺然一擲、馬車を目懸けて一弾を投ぜしが、たちまちにして轟然一声、馬車の左幌端に中りて触発したり。

大隈伯遭難詳報（明治二十二年十月十九日『郵便報知新聞』所載）

大隈外務大臣は、昨午後四時十分、内閣会議をおわり、桜田門の方より霞ヶ関の官邸へ帰り、将に馬首を外務省表門へ向けんとするや、一名のフロックコートを着したるもの道の中央を彿徊し居たるが、馭者はその様子いかにも不審なればとて、にわかに馬を駆りて表門に入らんとせしに、彼兇徒ツカツカと走り寄りしも、最早及ばずとや思いけん、そのまま手に持ちたる爆裂弾を馬車を目がけて投げ付け、弾は幌のカナメに当たり、轟然と塵に砕けしが、その破片大臣の右足のクロブシ並びに膝口に当たりたり。傷口は軽傷に非ざれども、生命は安全なり。大臣は神色自若として傍の人々に向い「文明の兇器はききめあり」と物語りたり。また大山、榎本の諸大臣は、先ず見舞に来たりしに、大隈外務大臣は諸大臣に向い「長いものが見えしが、それが爆弾にてありし」と物語りし由、右に就き、黒田総理大臣を初め各大臣以下の貴顕、馬車を駆って、外務大臣官邸を訪問したり。兇徒は爆裂弾を投じたる後、直ちに表門前にて喉を刺して自殺したり。その年齢はおよそ二十八、九の男にて、懐中には名刺その他何一つの書物を所持せず、唯だ「新し橋」の丸木に写したる己れの写真一枚を懐にせり。依って丸木方を取り調べたる所、来島常吉と名乗りて写したれども、偽名なるや詳かならず。兇徒の容貌は面長くして鼻高く、眼も大に、髪長く左右へかき分けフロックコート着居たり。大臣の馬車が桜田門の方より来たる時、手に蝙蝠傘を持ち、片手を傘の中に入れて明けたりすぼめたりする様子なりしが、多分この傘の中に爆裂弾を隠し持ちたるものと思わる。また兇徒の屍体は釣台に載せて直ちに検事局に廻したり。

遭難当時の模様（同新聞所載）

大隈伯が午後四時頃、二頭曳きの幌馬車を馳せ、内閣より桜田門を出で、近衛兵営（旧教導団前）の前通を経て、霞ヶ関なる外務省構内の官邸に帰らんと今や同省表門に近づきし時、虎の門の方よりフロックコートに高帽子を冠り、片手に蝙蝠傘を携えたるもの、足早にこちらに来たるにぞ、馭者は不審に思い、鞭を加えて門内に駆け入らんとせしに、彼兇徒は馬車を去る八、九間の所より急に走せてこれに近寄らんとする有様なり。さてこそ曲者ならんと、馭者と並んで居りし護衛は腰に帯びしピストルを出さんとし、馭者は頻りに鞭を加えて馬を駆り、馬首はほとんど門内に入りしと思う頃、兇徒はすでに八、九尺の所まで走せ近づき、馬車の左より爆裂弾を投ぜしも、伯爵には当らずして幌の左方のかなめに中り、轟然一声破裂したり。伯爵は車中において右足を左足の上に挙げて居りしを以て、爆裂弾の破片は左足のクロブシ並びその膝口の内側に中りたり。馭者もその響きにて耳も聾するばかりなりしが、ここより玄関迄の距離、わずかに十余間なれば、そのまま玄関まで乗り付けたり。

爆裂弾の投方

この投方については、馬車を目がけあたかも腕も投げつけし如くに記せしも、右はしからずして、実際は馬車の側四、五間近くまでツカツカと進み来たり、そりゃ進上申すと云うが如くに両手にてすくうて、これを車の方へ投げしことなりともいう。

大隈伯と兇行者（明治二十二年十月二十二日所載『朝野新聞』）

大隈伯遭難の当日、兇徒来島恒喜が爆裂弾を馬車に投げ付くるや否や、弾はたちまち爆裂して、轟然四方に飛び散り、伯の右足に重傷を負わせたると同時に、伯は憤然振り向いて兇徒をにらまえ、「馬鹿者めが」と大喝一声して、膝の上に燃ゆる弾片を払いつつある間に、馬車は門内に馳せ入り、兇徒は自刃して斃れたり。この時邸内に控えし警部松平氏は、変を聞いて門前に走せ出で、と見れば一人の朱に染んで俯伏して地上に斃れ居るものあるにぞ、こは必定護衛の従者が兇徒のために刺殺されたるならんと、ツカツカと走せ寄り、大声にて「大臣はどうじゃ、大臣は……」と問い懸けたる声の通じてや「大臣無事なり」と、微かに一言答えたると共に、鮮血泉の如く溢れ出でて絆切れたりと云えり。されば、兇徒は大臣が振り向いて大喝したる様子を見て、さては仕損じたるか、これ迄なりと覚悟をきめて自刃せしものと思わる。

井上、大隈の改正案に終始反対して、大いに条約改正中止派のために万丈の気焔を吐きたる谷干城の当時の日記に曰く、

十八日（十月）大隈氏狙撃せらるるの聞あり、熊谷氏来たる、云う「蒼海公は福岡の立洋社員来島恒喜なりと云う、中村忠雄ら来たり報ず、大体同説なれども、大隈氏の傷の軽重不分明なり、帰宅後、『時事新報』号外を以て報ず、微傷なりと、次いで『毎日』『報知』並び報ず、説大体同じ、十分重傷なりと云う、生命は安全なりとあれども、『毎日』の報の如くば危きが如し、ああ上君を欺き、また万民を欺き、自己の非を遂げんと謀る、売国の奸臣天下あにこれを座視せんや、祖宗在天の霊、けだし手を来島に借るものなるべし、輿論はすなわち天意なり、天意あに恐れざるべけんや、天日未だ落ちず、なお幾多の来島を生ずべし、天道恐るるに不足と云う頑冥者、少しく戒むる所あらん哉」。

後年に出でたる記録中やや詳細なるものには、中野正剛著『明治民権史論』、『日本及日本人』「玄洋社の今昔」、的野半介著『来島恒喜』、平井晩村著『頭山満と玄洋社物語』中に大隈狙撃当時の記事あり。

中野正剛著『明治民権史論』

十八日また閣議あり、大隈外務大臣は午後四時五分退出、霞ヶ関の官邸に帰り、将に外務省の正門を廻らんと

するや、福岡県士族来島恒喜瀟洒たるフロックコートを着けて馬車の側に進みしが、遽然爆裂弾を投じて大隈を撃つ。弾、馬車の腰角に中りて爆発し、轟然として百雷の一時に落つるが如く、白煙濛々咫尺弁ぜず、来島は予め短刀をポケットに蔵し、弾丸命中せざる時はこれを持して直に大隈を刺さんとの準備をなせしも、車体粉砕し、大隈また白煙の中に倒れしを見て志成れりとなし、直ちに前頸部を截断し、鮮血を浴びて倒る。その死に際の従容たる、明治刺客中の第一なり。来島は福岡玄洋社の有志なり、白皙精悍、父母に孝に友誼に厚く、一点掬すべきの温情と卓犖《たくらく》不羈の精気とを併せ有せし凜々しき美丈夫なり。年三十一、未だ娶らず、常に声色と酒肉とを以て男児の腸を腐らすものとなせり。井上、条約の世に伝えられてより以来、憂国の至情に堪えずして東奔西走せしが、時局のいよいよ急なるを見て死を決して立ちしなり。世の刺客と称し、壮士と称せらるるもの、多くは居常身を持すること謹厳ならず、放逸懶惰の余、自暴自棄に陥り、強いて快を一時にとらんとする者、十の八九にいる、独り来島はしからず、事あれば身を挺して難に赴くの気風あると共に、平素は極めて恭謙敦厚にして学問を好み、未だ大いに名を成さざりしといえども、つとに一部士流の間に推賞せられたり。彼れ軽挙を好む者に非ず、万止むを得ずして起ち、博浪沙の張子房を学びしものか、さきに頭山満の玄洋社健児を提げて条約改正の反対運動に着手するや、幾多同志の会合に出席するも沈黙して一語を発せず、佐々友房らの同志によりて公衆の前に意見を叩かるるや、儼然として答えて曰く、余に意見と称すべき悧巧なるものなし、ただこの際断じて大隈をして条約改正を成さしめざるにあり、今日の事すでに急なり、国家は廟堂の有司のみの負担するものに非ず、もし不幸にして条約改正の成立を見、子孫百世の憂いをのこすあらば、吾人三千九百万の国民、等しく子孫同胞に対するの顔なきなり。余はすでに空言の実効に益なきを知る。故に自ら任じて政府をして条約改正を行わしめざるに決せりと。辞色はなはだ決するものの如し。頭山はかくの如くにして公会の言論を避け、佐々友房を案内として各大臣を歴訪し、或いは松方を叱し、或いは伊藤を脅迫せんとせしが、世才に長ぜし佐々は、頭山の威を仮りて各大臣に臨まんとしながら、却って頭山の放胆にして露骨なる応対に病みたりと云ふ。果然無言なる頭山の演説は、急遽爆裂弾となりて霞ヶ関に轟き、条約改正案をして大隈の隻脚と共に灰燼とならしめたり。来島の挙、もとより頭山と何らの交渉ありしに非ずといえども、同志の熱血の迸る所、これに発せずんば止まざるに至りしは、自然の勢いなり。

灰殻者流の論を以てすれば、来島の挙の如きは兇漢の兇行のみ。しかれどもこの敢死の者ある、実に全国民に国家を思い政治を憂ふるの熱心を証するもの、来島出でざるも天下に来島が如きもの、続々現れんとするは当時政界の傾向なりき。ただ来島は挺身断行、天下の気運に先鞭を着けたるのみ。吾人当時の歴史を回想するに及びて、国民的勢力の能く天下を動かすに足りしを快とせずんばあらず、今や政治ことごとく私情に出で、天下の事紛々として士大夫を羶せしむるもの比々皆しかり。国家の大問題ありといえども、あに当時の如き真面目なる国論の沸騰を望まんや。

幸いにして敢死の者の現るるなきは、以て大臣の枕を高ふすべきも、公侯、大臣、政党の首領より有志家、書生に至るまで、私利に非ざれば、国家の問題を対岸の火災視する風潮に至りては、吾人これを慨嘆せざるを得ざるなり。

『日本及日本人』所載「玄洋社の今昔」

明治二十二年十月十八日午後四時過ぎ、けたたましい鈴の音を立てて市内を馳け廻る新聞の号外売りは、日本全国は勿論、世界各国をして驚倒せしむる様な大事件が霞ヶ関外務省玄関前で突発した事を伝えた。大事件!!! それは謂う迄もなく来島の決行した大隈狙撃!!! すなわちそれである。この日午後四時頃、山高帽にモーニングコートを着し、手に蝙蝠傘を持った一人の瀟洒たる若い紳士が外務省の正門前に立っていた。

外相の馭者が一鞭あてて築山の横手を過ぎようとした時、側に立っていた青年紳士は、馬車を目がけて勢い鋭く何物かを擲ったと見る間に爆然たる雷声起って、白煙濛々たる中に馬車は破壊され、肥馬は斃れた。馭者も車から放り出された。車内の主人公外相大隈も鮮血に塗みれて倒れて仕舞った。馬車破れ、馬斃れ、人倒れるを見て来島は、すでに我が事なれりと正門に歩を移す。折しもこの物音に省外省内より素破こそ大事突発と、あまたの役人警官が現場に飛んで来たが、一人の警部は今しも悠然として門外に出でゆく来島を見て、神ならぬ身のこれが現在の兇行者とは知る由もなく「犯人は何方に逃げましたか」と問うた。来島は神色自若として「犯人はあちらに逃げた」と虎の門を指した。これを聴いた警官は犯人の後を追うべく、直ちに来島に教わった方へと疾走した。来島は静かに門外に歩を移し、左手の石垣に倚りかかって一度高く右手を差し上げたる後、懐中から一口の短刀を取り出し、後頭部より右に刀を引き廻し、前頭部に至る首の半分を切断し、微笑を残して瞑目した。時に年三十、秋の木の葉の散る如く、潔くも彼は自ら散り果てて仕舞ったのである。来島が今や自殺せんとするとき右手を高く差し上げたのは、大事成れりとの暗殺遂行の合図であった。外務省外白堊連壁の一隅には月成光が潜んでおったが、来島が悠々騒がず心静かに自尽を遂ぐる潔い最期の様を見届けて逃走したのである。石垣によりかかった来島の頸部は、鮮血滾々と流れて凄い程であった。盟約の志士の屍を棄てて姿を隠す時の悲痛断腸、思い出しても血の涙が零れるとは、後年彼ら同志が人に語った所であった。

的野半介監修『来島恒喜』所載

これより彼は単身歩して外務省前に出で、大隈外相の閣議を終えて宮城より官邸に帰らんとするを待ちたりき。かくて午後四時過ぐる頃、彼は大隈外相が内閣より二頭立馬車を駆って桜田門を出で、近衛兵営（旧教導団）の前を過ぎ、霞ヶ関の官邸に入らんとし、将に馬首を外務省表門に向けんとするを見て、時機将に来たれりとなし、驀然流星の如く身を挺して十二歩の所に近づき、左方より馬車に向て爆裂弾を投ぜしに、轟然一発、その声雷の如く天地に震う。爆弾門柱に中りて破裂し、たちまちにして白煙濛々、咫尺弁ぜず、弾片逆飛して大隈の右足及び膝口に中れり。この日彼は爆弾と同時に左文字の短刀を持し、爆弾一発、効を奏せざれば、直に馬車に突入し、秋水一揮、直ちに大隈を刺さんとする決心なりしに、彼は大隈の硝煙満目の中に斃れたるものの如く思惟し、おもえらく「大隈すでに斃る、我が事おわれり」と、将に短刀を把りて自刃せんとせしに、変を聞きて邸内より走り来たりし警部某、その沈着なる恒喜の状を見て犯人なりとは思わず、突如として問いて曰く「大臣の安否如何」。彼、これに応じて曰く「大臣は無事なり」。某また問いて曰く「犯人はいずくに行きしか」。曰く「犯人は虎の門方面に走れり」と。某すなわち虎の門方面に疾走せり。ここにおいて彼はおもむろに歩を門外に移し、左方の石垣に倚り、一度高く右手を挙げ、皇城に向って再昇して曰く「臣事おわる」と。おもむろに懐中より短刀を出し、後頸部より右に刀を引き廻し、前頸部に至る首の半分を截断し、従容自若微笑を含みて鮮血淋漓の中に瞑目せり。

平井晩村著『続玄洋社物語』

品海は直ぐ目の下、秋も海苔採る潮木を掠めて小舟の棹が右に左に、……都の昼の閑人が、伍人三人愛宕山の頂に暢気な顔を並べていた。

渋茶召せとの床机にもかけず、肩擦り寄せて柵近く停んだ来島は、凝と鋭い眼をあげて秋雲の行方遥に見送っていたが、ぽんと月成の肩を叩いて「福岡はこの方角だろうな」と指さした西の涯——父母のまします在所、玄洋社のある郷土、千代の松原はるばると玄海灘の潮煙る床し国原も眼には入らぬ。「……」無言のまま頭を下げてややしばらくそもそも何を念じたのか、堪え難き感慨を胸に秘めて、再び旧の快活な来島にかえった彼は、安政の雪降る昔、水月の烈士がこの愛宕から桜田門へ押し出した故事を語りながら、社殿の前に額いて武運を祈り、樹肌を廻る陽の蔭を図って愛宕山を下ると霞ヶ関へ歩を移した。――新し橋を渡る時、「今日はいよいよ目的が達せられる、こんな愉快な事はない。……死ぬるときまると胸の底まで清々する」と笑いながら立ち停って「ここで別れよう、しっかり遣ってくれ」、「大丈夫」。死に行く身と見届けの悲しき役目――月成は瞼を濡らして来島の後ろ姿を見送った。来島は爆弾を匿した洋傘に気を配りながら、急ぎ足に霞ヶ関へ!! 霞ヶ関へ!! 午後四時近く、外務省の門前を訪れもせず去にもせず彿徊する洋服姿の一怪漢は、堰に積んで魚を待つ分秒の油断もなく、血走った眼を八方に配っている、――見届け役の月成は、小高き土手（現海軍省前の一部）に身を潜めて手に汗握っていた。

　馬蹄の音は静かな路上に戛々たる響きを刻んで近づいて来た。――馭者は手綱を緩めて鞭を軽く舞している。馭者台に並んで腰をかけた護衛の警部の顔は眩し気であった。車上の大隈伯は右脚を左脚の上に乗せて、何やら書類を膝頭に展げて読みながらも、苦しげに寄せた眉根には、旗色悪き閣議の形勢が明瞭と刻まれていた。馬車は近づく。

　来島の五体は血脈も裂けんばかりに熱して来た。

　今――二頭の馬が蹄をあげて、外務省構内の官邸に入るべく省門へ進んだ瞬時、――来島はさっぱりと洋傘を投げ捨てて爆裂弾を摑んだまま、前屈みに身を挺して飛鳥の如く駆け寄った。危機一髪!! 護衛の警部は眼敏くそれと認めて「コラッ……何を……」と云わせも果てず腰間のピストルを探ったが、この時早く来島が命がけの爆裂弾は、ぶーんと飛んで左側の幌の要に命中した。轟然たる爆音！ 濛々たる硝煙!!

　わっと魂消る声と共に馭者台の二名が転げ落ちる隙に、半ば砕かれたる馬車は驚き狂う馬に曳かれてがらがらと官邸の玄関へ打ち倒れた。大隈伯はいかに!! 刺客来島はいかに!!

　皇城を拝し従容として自刃す

天地震動——鉄門揺り壁を裂く爆弾の轟きに、面を向くる様もなき硝煙は濛々と渦捲いて、午静かなる霞ヶ関の一劃に、肉片血塊惨として物凄き修羅場を演出した。この爆音に驚いた邸内の面々が、心も空に玄関先へ駆け出す途端に、半ば砕かれたる火輪車はがらがらと駆け込んで来た。

「閣下……御怪我はありませんか。」狼狽えながら左右から問い掛けると右足および膝口を傷つけられた大隈は、なお消えやらぬ弾片を払いながら、傾いた馬車の幌に手をかけてどたりと降り立った。

——見よ、砕かれたる傷口から滾々と迸出する滝の如き腥血を！　無惨に裂けたる洋袴から靴の先まで唐紅に染めなした生々しき血潮の光！　左右が顔色を失って魔誤々々する裡に、屹と唇を噛んだ大隈は「馬鹿な奴め」。怒声を後に残して二、三歩歩んだが脚が利かぬ。忌々しげに肩を借りて騒然たる官邸の一間に這入った——どろどろと廊下に流れた血染の靴痕、しかも神色自若として高声一つ上げなかったのは、さすがに大隈の豪い処であった。

これよりさき、来島は大隈の馬車が硝煙に包まれたのを見ると「占たッ」と心に叫びながら、適切敵を仕留めたものと思い込んですたすたと門外へ立ち去ろうとすると、邸内護衛の一警部が剣を摑んで駆け出して来たが、来島が余りに平然としているので真逆に当の犯人とは思わず、息をはずませながら「大臣はどうしましたでしょうか」「何でも彼方の方へ逃げた如くです」と来島は平然たり焉。「犯人はどこへ逃走しましたでしょうか」「何でも彼方の方へ逃げた如くです」と指すままに靴を鳴らして一目散に虎の門の方向に走せ去った。——来島は冷やかに笑いながら歩を移し、鉄門に続いた左側の石垣を背に倚り掛って懐中せる短刀をぎらりと抜き放すと逆手に持って、焼刃の冴に鋭い眼を注いだ。

未だ駆け付ける人もなく外路は到って静かであるが、門内の動揺めきはただならず聞えて来る。その雑音を聞いた来島は、満足の微笑を禁じ得なかったに違いない。——背冷やかな石垣には哀れな草が枯れ残って、渇ける道砂に秋の陽は泌みこぼれている。彼は閃々たる短刀を持った右手をぐいと高く差し上げた。——目的貫徹の合図。——月成は土手の蔭で熱き涙に咽びながら、盟友恒喜の最後を見届けんとするのだ。——これ以上の悲壮事が他にあろうか。

来島は元より月成の所在を知る筈がない。やがて皇居の方に向って三拝を終ると、短刀の切尖を後頸部に当て、唸とばかりに串刺しに咽喉元まで貫いた。ぶるぶるッと慄えて手首を伝うて鮮血は胸から肱へ、——雪白のカラーカフスは勿論、石垣の秋草にも絞るばかりの紅を浸した。断末魔の苦しさを堪うる姿、——月成は「オオ来島……」と男泣きに泣きながら、介錯もならぬ身を藻掻いた。

来島は短刀に力をこめて我と我が頸筋を右にぎりぎりと輪切りに斷り放して、鮮血飛沫の裡にずるずると横に斃れた。上ずッた眼の光‼ ひくひくと獣の如く戦く四肢‼ ああ愛国の志士来島の生暖かき骸は霞ヶ関の路上に横たわった。

前に記すが如く来島投弾の着弾点を或いは馬車の横側と云い、或いは幌に中れりと云い、或いは門柱に中れりと云いて、諸説紛々たり。しかれども来島の生前もっとも親交ありし的野半介の監定によれば、門柱に中りて破裂し、爆弾の大隈を傷つけたること事実なるに似たりと。或いはしからんか。記して参考に止む。

玄洋社員の拘引

大隈来島に狙撃さるるや、警視庁は連累嫌疑者として多くの玄洋社員を拘引せり。当時玄洋社の浦上正孝は福岡聯合青年会を代表し条約改正中止建白書を懐にして上京、これを元老院に呈出したる後、さきに来島がかつて止宿せる神田美土代町の塚本方に仮寓し、大隈条約反対運動に加わりて、奔走中なりしが、兇変の当日月成勲と共に警視庁に引致され十九日木原勇三郎、来島の屍体下げ渡しを乞わんため警視庁に出頭してまた拘引さるる等一時嫌疑者三十余名に及べり。主なる人には、

福岡県人＝浦上正孝　同＝久世久　同＝月成光　同＝月成功太郎　同＝岡保三郎　同＝木原勇三郎　熊本県人＝中村楯雄　神奈川県人＝三田村玄竜　宮城県人＝砂沢敬太郎　群馬県人＝中島半次郎　千葉県人＝葛生玄晫　茨城県人＝小久保喜七　同＝淵岡駒吉　同＝鈴木藤蔵

また福岡においては、

平岡浩太郎　進藤喜平太　久田全　林斧助　高田芳太郎　杉山茂丸　吉浦英之助　結城演五郎　岡喬　玉井騰一郎　疋田統一　末永純一郎　来島新三郎　矢野喜平次　的野半介　竹下篤次郎　藤崎彦三郎

また大阪においては頭山満ら拘引されたり。

中にも月成功太郎は、この朝来島と横浜に別れ、彼に遅れて午後四時月成勲と横浜を発して帰京したる折柄、号外の振鈴けたたましく大隈狙撃の飛報を伝う。月成功太郎は、さては来島約に背いて単独大隈を狙撃したるかと初めは心中はなはだ平かならざりしが、来島が常に老母あり、妻子ある兄を予と共に死地に誘うは友として忍びざる所なりと語りし言葉を思い起し、さては我を不孝の子たらしめじとてかと、心に来島の厚誼を感じながらも、遅れて来島一人を死なしめしその残念さよと悶々たるものあり、折柄当時月成が寓居たりし本郷真砂町三四栗林方に警吏踏みこみ来たりて、月成を縛したるなり。

右のうち月成光、月成功太郎、月成勲、小久保、葛生、淵岡、浦上、鈴木、岡の九人は獄にあること半歳の永きに及び、二十三年四月二十八日わずかに無罪放免となりたり。

福岡においては進藤、結城のほか拘引されし者全部二十五日放免されたり。

当時的野半介は若松にありて居を構えたりしが、十九日来島大隈狙撃の急電に接して直ちに福岡に出で、同志

を訪わんとせしに、同志すでに続々縛に就くを聞き人参畑の高場乱の塾に隠れ、在京同志との間に電報を往復し、来島死後の処置に就き種々斡旋する所ありたるが、二十四日ついに捕えられて福岡地方裁判所に引致さる。検事は的野が来島と最も親交あるを知るが故に、糺弾ははなはだ厳なり。的野すなわち曰く、来島は常に島田一郎らの大久保を刺すに至りて六人を以てし、幾多の連累者を出したる不用意を罵倒したりき。いま来島大隈を刺す、彼の用意周密なる、到底一人の連累者を出すなかるべし。政府は何の見る所あって、我が同志を東京に、大阪に、将た福岡に求めんとするやと。弁説ははなはだ力め、かつ来島の人物を詳説す。検事これを聞き始めて釈然たるものあり、二十五日進藤、結城を止め、他はこれを放免するに至れり。検事は的野を法廷に呼ぶや、来島が的野に宛てたる書束（第23章最初の節参照）を示す。的野これを読み悲痛胸に迫り、一行一涙面を蔽うて泣きしと云う。頭山はこの年十月初め、広瀬千磨、伊地知迂吉を従え、条約中止遊説のため広島に赴きたるの帰途、大阪淀屋小路旅館越智に投宿するや直ちに曽根崎署に引致され訊問を受けたるも、頭山は霞ヶ関の変あるより以前二週間すでに広島にありたれば、何ら事に関係なき旨を語り、疑い完くはれて放たる。

曽根崎署における頭山取り調べに関しては一つの笑話あり。署員頭山に種々訊問する所あるも、頭山事に与り知るなきを答うのみ。署長すなわち旅館にて押収する処の手鞄を検査せんとす。頭山これを遮り、乞うこれを開く事を止めよと。これを聞ける警吏はいよいよこの鞄中証拠品あらんと嬉色あり。頭山ははなはだ悩むものの如し。中に来島よりその父に送る所の書束あり、警吏これを見てこれある哉と直ちに披読するに、ただ「今回頭山の帰省と共に必ず帰福すべしとの事なれど、未だ当地に用事あり落着次第帰省すべし」との意味を書けるのみ。

警吏唖然たり、なお鞄中を掻き廻して一つの布久沙包みを得たり。頭山、警吏がその布久沙包を探るやますます悩めるものの如く、乞うそれのみはこれを開く事を許せと。警吏ますます嬉び頭山の請を擯けてこれを開く、中に数通の書束あり、警吏先ず書束を採ってこれを読むにあに計らん、みな阿嬌校書の送る艶書と春宵戯〻色の密画等なり。頭山は「困ったな」と恐縮し、警吏徒に苦笑啞然たるのみなり。警吏以て唯一の証拠品ならんと思いし所のものは、頭山が以て「それを見られては困るな」と云いし所のもの、英雄好色の言まさに当れりと警吏呵々大笑し、頭山ますます恐縮せりと云う。

来島が、国に代うべき大事を謀るに臨み、他に一人の連累者を出さしめず、単独これをなし得たるは実に用意周到なりしと謂うべし。

改正案ついに敗る

「藎臣皆熊羆、武夫尽好仇、神州孰君臨、万古仰天皇、皇風洽六合、明徳侔大陽、不世無汚隆、正気時放光、」これ東湖藤田彪の詩に非ずや。正気は祖宗在天の霊、降って気を民に移すもの、気の民に移るこれを天意と言う。天意時に輿論を起し、輿論の起る所、正気すなわち光を放つ、来島の一撃は輿論の結晶なり、輿論の結晶なるが故に、その轟然として爆発するや、世を驚かせり、世を驚かしたる爆発は、また内閣諸公を驚かし、また大隈案賛成者を驚したり。条約改正断行論者を驚かしたり、しかしてまた外国を驚かしたり。すなわち来島の一撃は内外外交家をして対等の条約を結ぶにあらざれば到底国民の輿論これを容れざるを知らしめたるなり。

十月十八日大隈狙撃さるるや、上下大いに驚き、条約改正中止派の気勢また頓に昂る。政府は十月二十一日三田黒田首相邸に閣議を開く、大隈負傷後は廟堂黒田を援けて条約改正の断行を唱うるものなく、閣議の結果内閣不統一の理由を以て二十四日黒田骸骨を乞い、爾余の大臣みな辞表を捧げたるも（大隈は負傷病臥中に付き辞表を共にせず、十二月十四日に至り負傷やや癒ゆるを以て職を辞したり）後継内閣成立せず、二十五日総理黒田のみの辞表を聴許あらせられて、これを枢密顧問官に任じ、内大臣三条を以て総理大臣を条摂せしめ給い、十二月十四日山県内相を以て総理大臣に任じて、内相を兼ねしめ、青木周蔵外務に入り、井上農相退き、岩村通俊これに代る。ここに大隈の条約改正もついに断行に至らずして敗れ、空しく水泡に帰す。さしも天下を鼎の沸くが如くに騒がせたる条約問題も、大隈の頑傲なる五団体をしりぞけ、九新聞の筆陣を正面に防いで動かず、かえって食わするに発行停止の逆襲巨弾を以てし、谷、鳥尾、副島らの詰問あるも、瓢箪鯰の如くしてこれを遁れ、ついに三浦の闕下直奏となる。しかも大隈その意を翻さず、頑として万民の言を聴かず、その所信を貫かんとして、廟議また暗雲に閉ざさる。たまたま十八日の変あり、ついに改正案は敗れ了んぬ。国論を沸騰せしめたる屈辱的条約の締結もここにわずかにその厄を免るるを得たり。来島の挙、実に外交上自主対等の精神を発揮せんとせしのみ。文天祥云わずや、「是気所磅礴、凛烈万古存、当其貫日月、生死安足論、天柱由以立」と国家のために一身を犠牲に供したる青年志士の志、いとも憐れ深からずや。

ああ霞ヶ関の一撃!! その言簡にして、その意長くかつ深きや。流血の惨事、もとより悲しからざるに非ず。ただ国体傷つくなきを喜び、国礎動くなきを祝うて来島の霊を慰むるあるのみ。正気歌にまた曰く「死為忠義鬼極天護皇基」と。凄風一過ここに三十年来島の霊、今なお霞ヶ関にありや否や、ああ!!!

＊

来島事件ののち頭山と会合したとき、頭山は余に向て「大隈は我々に由って政治的生命を救われたものである」と云ったが、大隈を救うたものはなるほど来島の一撃であった。もしも当時、大隈の条約案にして締結せられたなら、大隈は未来永劫我が国より逆賊視せらるるに相違なく、彼が政治的運命は最後と謂わねばならぬ。この点から云えば、余は頭山と同感である。（柴四朗談）

＊

石川国次郎大隈を狙う

大隈の条約改正案に反対せし新潟県中蒲原郡満願寺村石川国次郎は、大隈が頑として天下の輿論に耳をかさざるを憤慨し、山際七司、鈴木昌司、寺窪貞孝らと図り、大隈暗殺を断行せんと欲し、寺窪筆を執って斬奸状を草し、盟約の士、袖を連ねて上京し大隈を狙う。時に全国の志士にして志を同じゅうして滞京せるものすくなからず。しかるに政府の意向、条約改正中止に傾けりと伝うるものあり。ここにおいて各党各派領袖らはおのおのその所属刺客に対して軽挙するなかれ、十七日を以て政府の方針決定の由なれば、同日迄は政府当路者に一指を加えず、これを監視すべしと相誡めて鎮圧する所あり。たまたま十八日に至り来島恒喜大隈狙撃の報伝えらるるや、各県の志士来島に先鞭を着けられしを悔みしと云う。寺窪貞孝は目下中央新聞記者として満洲大連に住居せり。その起草に係る斬奸状は二十三年国事犯事件に連坐し、家宅捜索を受くるに当り、密かに細断して厠中に投入せりと云う。寺窪当時を回想して曰く、大隈を刺せる来島がその場を去りもやらず、家伝の宝刀左文字の名剣を以て自刃せるは実に古武士の如き態度にして、当時吾ら来島と志を同じゅうするもの、来島の行を壮とし、かつその意気に感じ、みな暗涙に咽びたりき云々と。

第四篇

第25章　玄洋社の国権主義

帝国議会開設

明治七年一月、板垣、後藤、江藤、副島らが民撰議院開設建白書を左院に提出して拒絶されたる後、同八年二月、大阪会議の開かるるや、輿論公議はついに政府者をして国会開設の言責を吐かしむるに至り、次いで十四年十月、国会開設の大詔渙発となり、二十二年二月十一日、憲法大典の発布あり。この日は実に皇宗神武大帝即位紀元の佳節に当る。謹而惟に明治大帝登極より二十有二年、ここに宗祖の宏謨を開かせ給い、列聖の遺範をつぎ、民庶の夙願を容れ、憲典を詳瑞和気の中に頒ち給う、かくの如きの時、列国必ず兵革流血の惨禍あり、我が国独り平和の革新成る、盛儀思うべし。聖上古代の御服を召させられ、三殿に憲法発布の告文を奏し給う。

告　文

皇朕《すめらわ》れ謹み畏み皇祖皇宗の神霊に誥《つ》げ白《もう》さく、皇朕れ天壌無窮の宏謨に循い惟神の宝祚を承継し、旧図を保持して、敢えて失墜すること無し。顧みるに世局の進運に膺《あた》り人文の発達に随い、宜しく皇祖皇宗の遺訓を明徴にし、典憲を成立し条章を照示し、内は以て子孫の率由する所となし、外は以て臣属翼賛の道を広め、永遠に遵行せしめ、ますます国家の丕基《ひき》を鞏固にし、八洲民生の慶福を増進すべし。ここに皇室典範および憲法を制定す。惟うにこれ皆皇祖皇宗の後裔に貽《のこ》したまえる統治の洪範を紹述するに外ならず、しかして朕が躬に逮《および》て時と倶に挙行することを得るは洵《まこと》に皇祖皇宗および我が皇室の威霊に倚藉するに由らざるは無し。皇朕れ仰ぎて皇祖皇宗および皇考の神佑を禱り、併せて朕が現在および将来の臣民に率先し、この憲章を履行して愆《あやま》らざらんことを誓う。庶幾《こいねがわ》くば神霊これを鑒《かんが》みたまえ。

更に勅を宣せられ給う。聖旨に曰く。

憲法発布勅語

朕国家の隆昌と臣民の慶福とを以て中心の欣栄とし、朕が祖宗に承くるの大権に依り、現在および将来の臣民に対しこの不磨の大典を宣布す。

惟うに我が祖、我が宗は、我が臣民祖先の協力輔翼に倚り我が帝国を肇造し、以て無窮に垂れたり。これ我が神聖なる祖宗の威徳と並びに臣民の忠実武勇にして国を愛し公に殉い以てこの光輝ある国史の成跡を貽《のこ》したるなり。朕我が臣民は即ち祖宗の忠良なる臣民の子孫なるを回想し、その朕を奉体し、朕が事を奨順し相ともに和衷協同しますます我が帝国の光栄を中外に宣揚し祖宗の遺業を永久に鞏固ならしむるの希望を同じくし、この負担を別つに堪うることを疑わざるなり。

更にまたその詔勅に曰く、

朕祖宗の遺烈を承け、万世一系の帝位を践み、朕が親愛する所の臣民は即ち祖宗の恵撫滋養したまいし所の臣民なるを念い、その康福を増進し、その懿徳良能を発達せしめんことを願い、またその翼賛に依り与《とも》に俱《とも》に国家の進運を扶持せんことを望み、明治十四年十月十二日の詔命を履践し、ここに大憲を制定し、朕が率由する所を示し、朕が後嗣および臣民の子孫たる者をして永遠に循行する所を知らしむ。

国家統治の大権は朕がこれを祖宗に承けてこれを子孫に伝うる所なり。朕および朕が子孫は将来この憲法の条章に循いこれを行うことを愆《あやま》らざるべし。

朕は我が臣民の権利および財産の安全を貴重し、およびこれを保護し、この憲法および法律の範囲内においてその亨有を完全ならしむべきことを宣言す。

帝国議会は明治二十三年を以てこれを召集し、議会開会の時を以てこの憲法をして有効ならしむるの期とすべし。

将来もしこの憲法の或る条章を改定するの必要なる時宜を見るに至らば、朕および朕が継統の子孫は発議の権を執りこれを会議に附し、議会はこの憲法に定めたる要件に依りこれを議決するの外、朕が子孫および臣民は敢えてこれが紛更を試みることを得ざるべし。

朕が在廷の大臣は朕がためにこの憲法を施行するの責に任ずべく、朕が現在および将来の臣民はこの憲法に対し永遠に従順の義務を負うべし。

当時、専政主義の棟梁たりし岩倉具視は既に大阪会議の結果、大久保、木戸らの元勲が板垣と相提携し、民意を容れんとせしを喜ばず、八年新官制に依り設置されたる元老院議長の任命をも固辞して受けず、かつ八年の大詔および十四年の大詔は民権論者の拠って以て則る所、ついにこれを動かすべからざるを大いに憾みとしたるものの如く、その日記には明らかにこれに反対の意を記載せり。しかれども天下の分合治乱は勢いなり、勢いは漸を以て変じ漸を以て成る。一人の力よくこれを如何ともすべきに非ず、民撰議会設立は天下の勢なり。専制主義に対する反抗反動なり。百の岩倉を以てするも、容易にこれを遮り得るものに非ざるなり。すなわちここに憲法発布の盛典を見、次いでこの年貴族院議員選挙規則発布あり、越えて二十三年一月九日、衆議院議員選挙法施行規則発布さるるに至れり。

惟うに明治二十二年は我が国民にとりて最も記念すべきの年なり、明治六年、皇城炎上以来実に十有七年にして、この年一月十一日、両陛下赤坂離宮より新皇居に移らせ給い、二月十一日には憲法発布の大典を挙げさせられ、また神宮御遷宮もこの年なり。議員選挙規則一部の発布もこの年なり。東海道鉄道の全通もこの年なり、彼の西野文太郎が、文部大臣森有礼の神宮における非礼を憤りてその邸にこれを刺せるもこの年にして、来島恒喜が条約改正案中止促進のため大隈を霞ヶ関に狙撃せしも、実にこの年なりき。

明治二十三年六月十日、貴族院議員選挙を行い、七月一日衆議院議員の選挙あり、その第一回の帝国議会を召集したるは実に二十三年十一月二十五日にして、同二十九日、陛下親臨開院式を行わせ給う。

第一回帝国議会名簿を検せよ。閲者或いは自由民権を呼号して土佐の板垣と共に並び称せられたる箱田六輔の名なきを見て異様の感を起さん。それ箱田の如く民権伸張のために東西に奔走し、国会開設運動のために寝食を忘れたる者にして第一回の議員選挙に漏れたるは何故ぞ。世人は夙に議政壇上における彼の風貌を想見したりき。しかも彼の名を議員中に聞かず、彼は選挙に出馬するなかりしか、出馬してしかも敗れたるか、否々読者深く問うを休めよ。明治二十一年一月二十九日、彼は病を以て突として逝けるなりき。ああ民軍の雄将は、ついに日比谷原頭の檜舞台上に立つなく、満腔の悲憤を抱いて逝けり。彼が抱蔵せし経綸もこれを世に施すの暇なく、恨みを呑んで空しく幽冥界の人と化したるなりき、彼の死はついに玄洋社の活動上に一変化を来たらしめたり。彼の死後玄洋社は民権論より移りて国権論者となり、議会開会に際しては更にその旗幟を鮮明にして吏党と提携するに至り、第二回総選挙に当りては選挙干渉の先鋒となり、福岡県下に流血の惨事を呈せしむるに至れり。ああ箱田の死、それ只に玄洋社の悲愁のみならんや。

何故の国権論

玄洋社がその憲則に則り、皇室を敬戴し、本国を愛重すると共に、人民の権利固守を標榜して、民権伸長のために奔走し、或いは国会開設運動に活躍したる、その熱烈の意気は、当時天下の志士をして敬服せしめ、また我が福岡県をして高知岡山両県と鼎立して、憲政発祥の地たる誇りをかち得たらしめたりき。しかるに進藤喜平太、玄洋社長となるに及び、時勢の推移と国家の大事とは民権論者として最も名誉ある玄洋社の、根本主義を変ぜざるべからざるのやむなきに至れり。もしそれ当時箱田生存せば、玄洋社の国権論豹変は或いはその拒む所となり、領袖の議あい容れず、ために軋轢分離なからずとせず。そも国家の大事とは何ぞや。

当時、諸外国の我が国を遇する、あたかも小児を遇するが如く、殊に隣邦老大国の我に対する不遜軽侮の態度、憤慨に堪えざる者あり、たまたま明治十九年八月、清国潜軍提督丁汝昌、その軍艦鎮遠、定遠、威遠、済遠等の北洋艦隊を率いて我が国に来たり、到る処暴慢の状見るに忍びざる者あり、帰航の途、長崎に寄港するや、その水兵、良家の処女を辱しめんとし、長崎警察の巡査これを防げしを名とし、水兵ら警察署に闖入して乱暴す。政府これを提督に交渉する処ありしも、彼あくまで我を侮蔑し要領を得せしめず、錨を抜いて去る。これを聞ける国民の清国に対する敵慨心は勃としてその頂点に達す。ことに玄洋社員らはこの国辱を聞いてみな悲憤慷慨す。すなわちここに民権伸張論を捨てて国権主義に変ずるに至れるなり。民権の伸張大いによし、しかれども徒に民権を説いて国権の消長を顧みる無くんば、以て国辱を如何せん。宜しく日東帝国の元気を維持せんと欲せば、軍国主義に依らざるべからずとし、国権大いに張らざるべからずとし、ついにさきの民権論を捨つる弊履の如くなりしなり。殊に当時の民権論者は曩日の意気を失い、口舌に勇にして、実行これに伴わざるものあり、ここに玄洋社は完く民権論者と相背き、爾来頭山ともっとも善かりし佐々友房の率いる熊本国権党と提携するに至れるなり。論者あり、玄洋社が越智、武部らの遺志を継ぎ、民権伸張のために奔走する十数年、しかも一朝直ちにこれを棄てて国権論に改節せしもの甚だ奇にしてかつ笑うべしと。しかれども節を屈するこれを笑うべく、改めたるが故に直ちにこれを奇とし、かつ笑うべからず。改むべきの理あってここに到る、もとより奇なし、小を捨て大を採らんとしてここに到る、もとより笑うべきなし。玄洋社が民権論より国権論に移り軍国主義に趨る、その拠って来たる所をかんがうるもの、誰かその主義改変を難ずべけんや。余をしてしばらく軍国主義について語らしめよ。

世上軍国主義について是非を論議するもの甚だ多く、これを非とするものは、人智発達の今日、野蛮時代の遺風を襲うて暴力兵力に訴うは甚だ忌むべく、殊にこれに依って国帑を無用に費し、軍人跋扈跳蹂《ママ》して、一般国民をして卑屈に陥らしむることなしとせず、宜しく平和手段によりて国家の発展を期すべしと。しかもこれに反して軍国主義を可とするものはその利を説いてこれを個人および国家相互の間、生存競争の激甚なる現世界において、軍国主義は自衛上欠くべからず、殊に国家はその目的と任務とを貫徹遂行するがため、軍国主義を必要とするのみならず、これによりて国民の元気を振策鼓舞し、柔弱の弊風を矯正するに足ると。論難あい下らず、しかれども論議は事実にそわざるべからず。事実を根底とせざる論議は空論に過ぎず。事実は直にこれを一概に見るを得ず、各人これを異にし、各国これを別にす。翻ってこれを我が国について思うに、いわゆる有色人種として欧米人のために久しく百方屈辱圧迫を蒙れる吾人が彼らに対抗せんとする、宜しく軍国としての設備なかるべからず。殊に東洋の新興国として勃興せる我が国が将来東洋の盟主たらんとの希望を抱蔵せし時代において、軍国主義の首唱は最も時を得たりしものにして、欧米人は勿論、支那朝鮮すら軽侮の念を以て我に対せし当時において、いやしくも血性男子たるもの、誰か軍国主義に趨らざるものあらんや。我が国が軍国主義を採り、正義人道のため、尤も有益に活用したる結果は、ついに支那を破り、露国に勝ち、朝鮮を併合するに至りしに非ずや。また見よ、常に平和を云い、人道と慈愛を説いて世界文明の占有者なるが如くに自負せし白皙人も、今日は欧洲に戦を交え、相咬え相嚙み互に相膺たんとし、その及ぶ所、我が国また渦中にありて今日直ちに軍国主義を捨つべからざるにあらずや。玄洋社が夙に民権伸張を説き、世上また民権論の喧々たりし当時において、国家の前途を憂えて国権論に移りしもの、むしろ先見の明ありと謂うべく、その行動の堂々たるを称すべし。更に再び筆を返して第一回帝国議会当時を説かんか。

議会の衝突

第一回帝国議会開会に当り、明治二十三年七月一日を以て行われし選挙に衆議院議員の名誉を担いし者すべて三百、多くは侃々諤々の士にして、真に選良たるの名に負かず、稜々秋霜の意気あり、当選者の党派別を見るに、大同倶楽部五十五、改進党四十六、愛国公党二十二、九州進歩党二十一、自治党十七、自由党十六、官吏十八、中立六十八、不明二にして、その議会開会に当りて、或いは集合、或いは離散、ついに立憲自由党（百三十）、大成会（七十）、改進党（四十）、国民自由党（三十五）、中立無所属（二十五）の陶汰集成を見るに至れり。

立憲自由党は大同倶楽部、愛国公党、自由党の合成物たる庚寅倶楽部と九州進歩党との結合にして、国民自由党は庚寅倶楽部の一部と保守党の合成なり。これに含まるるもの、福岡玄洋社、佐賀同成会、熊本国権党、熊本大同派、大分豊州会、長崎鶴鳴会、富山大同派、愛知大同派、大阪大同派等にして、これらの多くは国権主義者を以て成立したるものなり、大成会は中立を標榜せる国体にして、末松謙澄、中村弥六、元田肇らこれに加わりたり。当時政界の分野を見るに、立憲自由党、改進党（両党百七十）は非政府党にして、国民自由党、大成会（両党百五）は政府党と見るべし。この時、山県有朋総理として初期の議会に臨む。

その閣員は、内務大臣＝西郷従道、外務大臣＝青木周蔵、大蔵大臣＝松方正義、陸軍大臣＝大山巌、海軍大臣

＝樺山資紀、逓信大臣＝後藤象二郎、司法大臣＝山田顕義、農商務大臣＝陸奥宗光、文部大臣＝芳川顕正らにして、政府と在野党とは第一回議会において正面より衝突せり、非政府党は政府費節減、民力休養を標榜して政府に迫る所あり、当時政府提出の予算八千三百余万円に対し、非政府党は一割強の大削減を加えんとし討議論争して相下らず、危く解散の厄に逢わんとして、わずかに政府の議員軟化策の成功により自由党員中に動揺あり、かつ政府および議会相互の譲歩により、六百三十余万円の削減を以て難関を切り抜け、始めて初期議会の結末を告ぐるに至れり。予算案に対する約八分の削減は政府の苦痛とする所にして、また実に政府の屈辱なり。ここにおいて翌年五月、山県内閣に更り、松方正義総理を承る。時に五月十一日、津田三蔵の露国皇太子に対する不詳事件湖南に起るあり、ために内閣員も改造のやむなきに至り、総理松方大蔵大臣を兼ぬ。閣員左の如し。

内務大臣＝品川弥二郎、外務大臣＝榎本武揚、陸軍大臣＝高島鞆之助、海軍大臣＝樺山資紀、逓信大臣＝後藤象二郎、司法大臣＝田中不二磨、農商務大臣＝陸奥宗光、文部大臣＝大木喬任らにして、後藤、陸奥を除くのほか何れも政党を蛇蝎視する者のみなり。湖南事件によりて内閣成立早々厄難を蒙りし松方内閣は、のち三ヶ月にして濃美の大震災に逢う。死者無慮一万人、地裂け、山砕け、水氾濫し岐阜、愛知の損害計るべからず。内閣直ちに百八十万円を支出してこれを賑恤す。しかるにその配布に当り、政党操縦の痕跡あり、民党議員らこれを聞き、政府攻撃の材に数う。議会と衝突せざらんとするも、あにこれを避け得べけんや。明治二十四年十一月二十一日、第二回の議会は開かれたり。

政府は前年度に比し、百四十九万円増加の予算を以て議会に臨む。新計画費用中に、軍艦製造、砲台建策、製鋼所新設、鉄道国有等の計上あり、ここにおいて民党は再び民力休養、政費節減を名としてこれらの予算を全部抹殺し去らんとせり。樺山海相の如き、民党が製艦費をも否決し去らんとするを見、かの拳骨演説をなし憶面もなく、「オハンらは薩長政府とかナンとか云うけれど、今日の国家を見、今日の安寧を保っちょるのは誰のお蔭と思うちょるか」と放言し、図らずも議会内に騒擾を惹起し、ついに官民の譲歩融和成らず、十二月二十五日議会はついに解散されたり。当時頭山は東京にありて官民衝突の状を見て、「民権もとより重んぜざるべからず。しかれども国権は更にこれを一層重んぜざるべからず、我が国は将来東洋の盟主たらざるべからず。しかもその天職を果さんとせば、宜しく軍備を拡張せざるべからず。民党議員が徒に感情に走せて事理を審かにせず、徒に反対せんがために反対するが如き態度あるは、予の深く採らざる所なり」と。慨然これを久しゅうしたりき。これ実に次いで来たるべき総選挙に玄洋社が戈を取って吏党のために尽すに至りし所以ならずんばあらず。

第26章　選挙干渉

政府の対選挙策

松方内閣は微弱なる御用党を率いて第二期議会にのぞみ、ついに民党と衝突してこれを解散し了んぬ。来たるべき総選挙に対して政府の採る所の術策は干渉あるのみ。以て幾干《いくばく》にてもより多くの官権党を作らんと欲したるなりき。政府は軍艦製造、製鋼所設置、砲台建設の如きは国防上一日をゆるがせにし能わざる国家の大問題に対して、議会があくまでこれを否決し去りたるは、すなわち議会がその権能を濫用するものとなし、政府の信ずる所を断行せんとするには選挙に干渉を試み、以て民党を圧迫するの外なしとなしたり。選挙干渉断行の硬論派は内務大臣品川弥二郎、陸軍大臣高島鞆之助、海軍大臣樺山紀資らにして、これに反対して選挙の公正を防ぐるなからん事を極論せしいわゆる軟論派は、農商務大臣陸奥宗光、逓信大臣後藤象二郎なり。しかれども陸奥、後藤の意見はついに硬論派のために排せられ、政府は断々乎として選挙干渉準備に着手し、機密費一百万円を以てその資に宛てたり。閣員中硬論派に品川、高島、樺山らあるを知るものまた品川内務の次官たりし白根専一を忘るべからず。当時政府に暴力強用を献策せしは実に彼白根専一なりしなり。

二十五年一月総選挙の詔勅下るや白根次官は地方官に訓令して選挙干渉の準備を行わしめたり。人物月旦に一種霊妙の筆を有したりし故鳥谷部春汀、白根を評するの語に曰く、

「初期の議会まさに開くるや、下院は予算査定案を以て朝野の争点となし、論戦麻の如く乱れて、山県内閣ほとんど重囲に陥る。この時に当り沈勇と冷静とを以て比較的成功ある演説をなしたるものは半面紫痣の壮年政府委員なりき。彼は怒罵噴沫の間に立ち嘲けるが如く笑うが如く、政府予算の安全なるはあたかも順風に帆を揚ぐるに同じく、その大磐石なることなお富士山に坐するに異らずと叫びて自負揚々たり。もとより政府の予算案は彼がいう如くに安全ならず。輿論の勢力はまた彼が思うが如くに微弱ならず、しかれども彼れは疑いもなく山県内閣にありて暗中飛躍の雄心勃々たりしものなり。

すなわち彼は松方内閣に至って自己の真骨頭を発現し、小心なる首相の下に立ち、以て最も大胆なる選挙干渉の張本人たりしは隠れなき事実なり。攻撃は独り議院より来たらずして他の元老よりも来たり、彼の同志が製作したる国民協会は離縁の宣告を受け、彼の運為したる選挙干渉は超然主義の謀叛なりと認められ、しかして松方内閣は倒れ、しかして元老内閣は建設され、しかして対議会はますます困難を加え、党派の声援を必要ならずと公言せし元老内閣は今や終に自由党に結託するのほかまた策の施すべきなきに至る。しからば彼はこの一点において必ず自ら先見の明ありと誇らん。彼とは誰ぞや、長閥の第二流白根専一これなり。非選挙干渉決議案上院を通過するの旦、彼一議員と廊下に邂逅して罵って曰く、公ら正に堂々の論陣を避けて奇兵を用い、ことさらに反対者欠席多き間に乗じて不意打ちをなす、何ぞその甚だ卑劣なるやと。のち松方首相彼に説くに疾と称して職を辞すべきことを以てするや、彼答えて曰く、予少しく病むといえども事に堪えざるの大患あるに非ず、予を罷め

んとせず請う旨を諭して官を免ぜよと。果してこれありとせばその豪骨稜々いやしくもまげざるの概、まことに愛すべし。」

これを要するに、松方の選挙干渉と云う、実は品川の選挙干渉なり。品川の選挙干渉と云う、実は白根の選挙干渉なり。それ根元実に白根にあって存す。むしろこれを白根の選挙干渉と云うのもっとも当れるを思うべし。

当時福岡に県令たりしは安場保和なり。安場夙に頭山と親交あり、頭山の対外発展国威宣揚論と松方の軍備拡張論とはここにその一致を見、松方は安場を介して頭山に会し、選挙干捗について深く依嘱する所あり、頭山すなわちこれを諾し、ついに自由党を敵とし、その政策に力を仮すに至れり。今しばらく各地選挙干渉の状を説かん。

ああ流血の悲惨事

明治二十五年二月十一日、総選挙行わる。民党員が予想したる政府の選挙干渉は最も露骨に実行されたり。なかんずく選挙干渉の最も激烈なりしは高知、佐賀なり。福岡、岡山、千葉らこれに次ぎ、各県到るところ民党吏党の衝突あらざる地なし。高知は民権発祥の地にして、また政府が最も嫌忌する自由党員の多数なる所、政府の巨弾は最も多くこの地に注がれ、警察官吏は壮士と共に自由党壮士と到る処に衝突し、阿鼻の修羅場を現じ、警官隊を以てしてはこれを如何ともする能わざるに至り、騒擾鎮撫を名として憲兵を派し、軍隊を動かして、或いは剣戟を揮い、或いは小銃、大砲を放ちて民党を威圧し、ついに死者十名負傷者六十六名を出せり。

佐賀は改進党の根拠地にして大隈重信、武富時敏、松田正久らの出身地なり。警察官は博徒兇漢と共に民党員並びに良民を脅かし、吏党候補に投票せざるものはこれを殺傷するが如き暴圧を加えたりき。

『超然内閣昔語』中に当時の状を記して曰く、

「干渉の最も烈しかったのは、高知と佐賀で、高知では警官が政府党のために抜剣で非政府党を脅迫したものである。非政府党は兇器を持ってるとみな取り上げられるので、何れも鍬の柄を以て応戦した。これがため高知では一時鍬の柄がなくなったと云われたもので、その鍬の柄もまた血がついてるのを持ってるとたちまち警察へ引ッ張られると云う騒ぎ。お終いには憲兵が出動してヤット取り鎮めたが、一時は実戦同様で、当時の高知の新聞は『手賀野峠の戦』などと題して両軍衝突の光景を報道したものである。佐賀もまたこれに劣らぬ騒動で、候補者などは何時首が飛ぶか判らぬと云う有様、されば子供の時から駆けた事がないと云う武富すらこの時ばかりは落ち着いて居られず、尻ひッからげて東京へ逃げて来た云々。」

岡山県の如き一の犬養毅を落選せしめんとして、加うるに官権暴圧を以てし、県知事千坂高雅はついに一村落を封鎖して交通を遮断するが如き暴挙に出でたり。しかれども犬養はついに当選の凱歌を奏したりき。我が福岡県における干渉の状また言語に絶し、惨禍人をしてみな政府を呪咀するに至らしめたり。ああこの惨禍これ実に玄洋社員と熊本国権党員によって演ぜられたるものなりき。玄洋社はいよいよ政府と提携して民党暴圧を企つるや、社員に令を下してその部署につかしむ。すなわち頭山、杉山茂丸らは民党の首将岡田孤鹿の根拠地たる筑後柳河に向い、進藤喜平太は多田作兵衛の根拠地たる、朝倉嘉穂方面、民党切り崩しのため秋月に入れり。

政情に通ぜざる福岡旧藩士らは、玄洋社員が白鉢巻に襷十字に綾なせる物々しき風貌を見て、明治十年当時越智、武部らの挙兵当時を回想し、「今度は官軍で御坐すな、賊軍で御坐すな」との奇問を発したりと云う。この総選挙に当りて民党を標榜して立てるは岡田孤鹿、多田作兵衛、征矢野半弥、庄野金十郎らにして、吏党を標榜せるものには、権藤貫一、小野隆助、香月如経、郡利、堤猷久、末松謙澄、中村彦次、佐々木正蔵らあり。

頭山、杉山ら総勢二百余名を率いて柳河地方に民党の壮士らと衝突するや、熊本より応援として国権党員三百人来たり加わり、極力民党撲滅に従いたり。多田作兵衛の根拠地、朝倉嘉穂郡方面に向いし進藤は、秋月藩士の一隊を従え縦横に奔馳したり。

玄洋社員のある所、民党壮士と相打ち相争い幾多の死傷者を出すに至る。玄洋社の活動は流石に民論の旺盛なりし福岡県下において、ついに民党議員として一人の岡田孤鹿を当選せしめたるのみなりき。

ああ我が憲政史を読むもの、一度松方内閣の選挙干渉の流血惨事を追想して、誰かこれを明治聖代の不祥事として嘆息せざるものあらんや。

暴力の後

明治二十五年二月十一日、時ならぬ選挙干渉の天狗風は山村海浦到る処を吹き捲りて、争闘撃攘、徒に血の雨を降らし、人の子を損ねて和平秩序を紊すこと甚しく、殺人実に二十五人、負傷三百九十人に達せり（その筋の調査は死傷百七十三）。しかもこれによりて得たる所の御用議員果して幾干《いくばく》ぞ。総選挙後の議員所属を見るに、自由党九十四人、改進党三十八人、中央交渉部八十一人、近畿倶楽部十二人、独立倶楽部三十一人、無所属四十四人なり。自由改進はこれ民党議員にして、その総数百三十三、中央、近畿これ政府党議員にしていわゆる吏党なり。その総数九十三。他の独立無所属と云うもの七十四、これ中立議員なり。この中にあって品川の直轄に属すべきは中央交渉部の八十一名のみなり。一百万円の大資と日本憲政史上に汚点を印せるこの流血の惨事とを犠牲としたる功果としては、余りにその得る所のすくなきを感知すべし。ここにおいて吏党中の佐々友房、大岡育造らは中立議員に向って腐飾策を試む。中立議員また自ら改進系、自由系、吏党系あり、おのおのその因縁する所に趨る。松方内閣はここに吏党九十三名のほか無所属派中の幾分をその圏内に移し得て、以て第三議会にのぞまんとせり。この御用議員あり以て第三議会にのぞみ得ざるにあらず。しかれども選挙干渉に関する全国民の輿論怨恨は未だこれを排し得べからず、すなわち三月十一日その責任者たる品川の官を免ず。品川退くといえども、しかも選挙干渉の根元たる白根なお次官に留まる在り、選挙干渉に反対せる陸奥これを快しとせず、かつ松方内閣の到底なすなきを看破し、三月十四日また挂冠、野に下る。

松方内閣は五月二十七日第三帝国議会を召集す。第三議会は選挙干渉に対する攻撃および製鋼所案等多くの意味において最も殺気立てる議会なりき。しかれば自由改進の民党応援として三多摩壮士を始め、土佐、佐賀、その他各地壮士の出京して議院門前に殺到するあり、大臣の門衙を訪うてこれを脅かすありて、凄風颯々たり。すなわち吏党応援として我が玄洋社員四十余名急遽上京してこれに備う。議会開会ののち民党は予定の行動として選挙干渉の不法を鳴らし、河野広中、高田早苗、犬養毅、鳩山和夫らによりこれが弾劾上奏案を提出したれども、百四十六に対する百四十三の少数を以て否決されたり。しかれども民軍の意気更に衰えず、不屈不撓あくまで政府に拮抗してついに製鋼所設立、製艦費等を否決し了んぬ。ここにおいて松方内閣は選挙干渉の大汚点を日本憲法史に残したる以外何ら功の録すべきなく、第三議会ののちついに倒れて二十五年八月八日、第二次伊藤内閣その後を襲えり。世に元勲内閣と称うるものすなわちこれなり。その閣員左の如し。

総理大臣＝伊藤博文、内務大臣＝井上馨、外務大臣＝陸奥宗光、陸軍大臣＝大山巌、海軍大臣＝仁礼景範、大蔵大臣＝渡辺国武、逓信大臣＝黒田清隆、司法大臣＝山県有朋、農商務大臣＝後藤象二郎、文部大臣＝河野敏謙。

当時玄洋社は伊藤内閣の出現を喜ばず、進藤喜平太、社員数十名を率いて大挙東上し、大いにこれに掣肘を加えんとしたりしが、伊藤、玄洋社壮士東上の報に色を失いしと云う。時にたまたま読売紙、頭山を以て主義節操なく人格下劣なる人物との人身攻撃を掲げて痛罵するあり、玄洋社員これを見、大いに怒り、石田音吉、山崎和三郎、佐久間秀吉ら、読売新聞主筆高田早苗を牛込納戸町の邸に訪いこれを詰らんとせしも、家人恐れて高田に逢わしめず、石田ら門前に高田の出づるを待ち、途に擁してこれを刺さんとし、佐久間、高田を切り、その肩に重傷を負わしめたる椿事あり。

加うるに加賀盈進社長の、自由党入党の申し込みに対し拒絶せらるるや、その理由を糺すを名とし、盈進社員、紫溟会員、玄洋社員ら、自由党本部に殺倒し、激論の末、玄洋社員藤井種太郎の自由党幹事河野醇を殴打して負傷せしむるあり。政党政社員ら殺気横溢、治安はなはだ穏やかならざる者あり、すなわち明治二十五年六月、予戒令発布され、危険視されたる政党政社員、何れも退京を命ぜられ、玄洋社員また川崎に退去の命を受くるに至り、進藤らが伊藤内閣成立を妨害せんとして東上したりし時はあたかも予戒令発布の当日に当り、ために川崎に下車を命ぜられ一行下車ののち川崎に一戸を借りて起臥し、空しく東京の天を睥睨するのみなりき。

明治二十五年六月、未だ松方内閣の瓦解せざる当時、品川、西郷と共に国民協会を組織し、吏党議員を網羅して、政府のために尽さんとす。その組織の始めに当りて頭山を誘わんとし西郷邸に招く。頭山は松方が民軍の一蹴に逢いてなすなきを憤慨せる折柄なりしを以て「およそ天下の事なすと称してなさざるあり、なすと称してなすあり、なさずと称してなすあり、なさずと称してなさざるあり、諸氏はなすと称してなさざるの徒か。予はなさずと称してなさざらんのみ」と、一揖して辞去せりと云う。また頭山は松方のなすなきを見るやその卑屈を攻め、その怯弱を嘲りて曰く、予が選挙干渉に一臂の力を貸せしもの、しかして蛮力を揮うて朝野を驚したるもの、ただ国権伸張のためのみ。偏に軍備拡張のために国民を圧したるのみ。予はこの大主義の犠牲として、流血の悲惨事をも敢えてしたるのみ。しかるに今閣下、外に民党民論の反抗に逢い、内に伊藤らの掣肘に逢うて、逡巡決するなし。初め予と約して、「千万人を敵とするも所信を改むるなからん」と誓いしは、一片の空言かと。松方蒼然、色を失い、答うる能わず、頭山、松方らと結びしの不覚を悟り、これより韜晦して再び政界に出でず、眠れる獅子の如く、林中深くその姿を隠して、ただ天下を白眼視するのみなりき。

ああ頭山果たして天下を白眼視して終わらんとするか。果たして林中に眠を貪り了らんとらんとするか、否々彼は夙に平岡らと画策したりし玄洋社の大抱負大主義たる対大陸策の実行について、これより大いになさんとせるなりき。政府当局の気概なきを憤り、その暗中に植え来たりし大勢力を支那大陸、韓半島に向って大いに延ぶる所あらんとせるなり。平岡、頭山らの画策とは果して何ぞや。

＊

二十五年十月、品川弥二郎、九州中国に遊説し各所に演説して曰く、第二議会に破壊主義の徒現われ天皇の大権を侵犯し、議会はついに解散されたり。故に弥二郎は総選挙の際再び破壊主義の徒を当選せしめては国家のため相済まずと心得、彼らの当選を妨げて選挙干渉を行えり。予は明らかに選挙干渉を行えるを自白す。今後といえども不忠不逞の破壊主義者を撲滅せんと欲す。予はこれを神明に誓えり、云々。

＊

是非とも退くことなかれ（初期総選挙当時の神奈川改進党党歌）
進めや進めいざ進め　彼の派は雲霞を寄せ来るも　壮士は猛り狂うとも
躊躇うことなく進み行け　是非とも退くことなかれ　主義のためなり国のため。
勇めや勇めよく勇め　壮士の手段も何のその　我が身を守る法律は
黒鉄よりもなお堅し　是非とも退くことなかれ　主義のためなり国のため。
思えよ思えよく思え　忌むべきものは脅迫ぞ　脅迫されて従うと
言われぬ様に覚悟して　是非とも退くことなかれ　主義のためなり国のため。
月日の立つは矢の如し　七月初日は今来るぞ　目指す獲物は目の当り
人に決して渡さじと　是非とも退くことなかれ　主義のためなり国のため。

第27章　天佑俠

活動平岡に移る

玄洋社が自由民権を唱えて東西に奔走するや、その活動の中心は箱田六輔にありき。当時平岡浩太郎は、大いになさんと欲せば豊富なる財資を備えざるべからずとなし、炭礦経営に従事し、玄洋社の活動に対しては裏面にあってこれを援助したりき。箱田病みて逝くや、進藤その社長に任じたるも、事実上首脳者となりて指揮采配せしを頭山満となす。当時既に玄洋社の立脚地は国権論にあり、箱田時代と完く反対なりき。頭山ここに退くに及び平岡出でて玄洋社活動の中心たり。

さきに第十六章において、中江兆民、宗像政らの渡清に当り玄洋社員十余名これと行を共にせるを云えり。中江、宗像らの東洋学館失敗に帰するや、平岡は頭山らと相議し、支那と我が国と提携するにあらずんば、吾人何を以て東洋の盟主たるべけんや。西郷の意ここにあり。吾人はこの志を継いで、その希う所を達して以て、地下先輩の士に酬うべきのみと。明治十九年、平岡、大野仁平と共に大内義暎、山崎羔《こう》三郎、奈良崎八郎、豊村文平、平岡常二郎、友枝英太郎、島田経一、関谷斧太郎、宮崎勝、岡喬、村山佐喜太郎ほか十数名を率いて上海に渡り、大いになすあらんとす。或いは深く内地に入りて地理風土を探索するあり、或いは荒尾の貿易研究所に止まるあり、平岡深くその志を社員に告げ、上海に製靴所を設立して、宮崎勝、友枝英三郎を代表者たらしめき。しかるに当時渡清せしものの内、関谷斧太郎、田中二郎らは、支那老いたりといえども大国なり、到底我が国の力を以てしてこれを指導せんなどとは空想の甚だしきもの、努めてしかも容易に得べからず、宜しく努めて得べきものに当らざるべからず。それ韓半島は東洋禍乱の根元、易より難に及ばんには先ず朝鮮の指導より先にせざるべからずとなし、二十四年上海より帆船を以て釜山に到る。

当時釜山に根拠を据えたる豪傑連には、大崎正吉（奥州）千葉久之助（奥州）吉倉汪聖（加賀）葛生修亮（千葉）武田範之（筑後）大久保肇（対州）西村義三郎（筑後）らありたるが、当時朝鮮また乱れんとするの兆あり、豪傑連、田中、関谷らに《ママ》迎え大いに喜び、共に与《とも》に事をなさんと約す。

二十五年、一度び起りし東学党ただちに亡び、二十六年ふたたび東学党起る。豪傑連、機到れりとなし、鈴木天眼、秋山定輔、内田良平ら内地の同志に向い盛んに気脈を通ずるあり。

越えて二十七年三月、朝鮮志士金玉均、上海東亜洋行において暗殺され、朝鮮問題を挟んで日清の風雲ようやく急にして、ついに天佑俠の組織を見るに至れり。天佑俠とは果たして何ぞや。今これを説く先だち、朝鮮亡命客金玉均の消息を伝えんか。

金の横死は実に天佑俠組織の依って起こる所、天佑俠の活動は実に日清戦争の火の手なりしなり。

金玉均の横死

玄洋社員的野半介らは、朝鮮亡命の士、朴泳孝、金玉均らを鉄桶中安らに隠し以て彼らが事をなすの根拠地を与えんと欲し、朝鮮善隣義塾を設立せんとしたりしが、朝鮮政府、智運英らの刺客を送り、朴、金らの身辺を覗わしむるありて、亡命客の危機、日に相迫る。ここにおいて朴泳孝は米国に遁れてしばらく難を避けんとし、金は日本にありてなお独立党回復の気運を策せしも、ついに日本政府は金のために謀り、これを小笠原島に送る。当時小笠原島に金玉均と的野、来島らあい会せしはさきにこれを説けり。その後二十一年に到り、金は病の故を以て北海道に移され、二十三年、始めて東京に帰るを得たり。朴、金ら亡命後の朝鮮の国状や如何。

清国派遣の通商弁理委員袁世凱は、その後ますます深く事大党と提携し、閔妃の意を迎え宮廷に取り入り、宮中の秘事一として知らざるなく、ついに彼は朝鮮を名実ともに清国の属邦たらしめんと欲し、二十四年一片の意見書を北京政府に致し、朝鮮併合説を建議するに至れり。さきの建議書を受け取りたる李鴻章はその説を可とし、韓帝に向って譲位を勧告せり。ここにおいて韓帝は大いに驚き、領議政沈舜沢、左議政鄭範朝の二人にこれを諮る。沈、鄭は事大党中ことに袁と親交あり、夙にその薬籠中の人物なれば、直ちに譲位に賛意を表せるも、韓廷未だ完く売国の士を以て満たされず、幸いに譲位に反対する者多く、かつ北京政府内にありても今直ちに韓国をその属邦たらしむるは名分に背き、かつ東洋平和のために可ならずとなすものあり。議ついにやむ。韓帝譲位のこと不成功に終るや、袁は強いて日清間に事端を生ぜしめ、以て自己栄達の機を作らんと欲し、常に李鴻章に対し報告するに虚報捏報を以てす。しかもなお彼は韓半島にその野心を抜べんとするには、独立党を根底より全滅せしめざるべからざるを思い、事大党を操縦してわずかに余喘を保てる独立党員に対しますます圧迫を加えしめ、かつ亡命の志士を刺さしめんとし、明治二十七年三月、洪鐘宇を日本に派す。洪鐘宇は金玉均の友なり。洪は李鴻章の一子李経芳の手書を金に伝えてこれを上海に誘わんとす。李の手書なる者、果して真に李の書状なりや、将た洪の偽する所なりや明らかならずといえども、書中記する所は「東洋のこと共に与《とも》に提携してこれに当らざるべからず、今や韓国の内政大いに紊る。一臂を韓廷に添えんと欲す。希くは面晤して事を謀らん」との意あり。金これを見て大いに喜び、直ちに洪と共に上海に赴く。その発するにのぞみ、頭山ら深く金の軽挙を誡むるところありしも、金ついに聴かず。

二十七年三月二十七日、金は上海に着し、洪と共に東亜洋行に宿る。越えて二十八日朝、金の居室に当り轟然たる爆声起る。金に従って上海に赴き、その身辺に跪従したりし和田信次郎（目下東京市四谷警察署警部）は大いに驚きその居室に至れば、金は洪の放ちしピストルのため斃されたるなりき。金を欺きついにこれを斃したる洪はこの時すでに何れにか遁走してあらず、和田は憂悶空しく異郷の天に横死せる金の屍を抱いて悲憤の熱涙止めあえず、ただ長嘆息するのみ。しかれども今ここに金の屍を抱いて徒に憤涙に咽び長嘆息するも詮なきを思いて、これを西京丸に運び、日本に帰りて善後の処置を取らんとせる折柄、数名の支那官吏来たりて金の屍体を奪い去りたり。これ袁の指揮により、官吏金の屍体を奪いて支那軍艦威揚に運び朝鮮に送還せしめたるなり。洪鐘宇は金を斃すや直ちに軍艦威揚に遁匿したるものにして、洪の行方不明に就いては当時上海において一問題なりしも、これもとより摩伽不思議に非ず、袁の画策のままに清韓共力して亡命の浪士金玉均を斃したるなりき。

ああ金玉均の一生、何ぞそれ悲惨なる、故国のために謀て志を得ず、亡命して異郷の風月に泣き、ついに南清の客舎に兇手に斃る、志士の末路また悲しからずや。

的野の奔走

上海における金の横死を聞ける日本内地の志士はみな金のために一掬同情の涙を注げり。しかして支那官憲の処置を聞きたる日本志士の激昂甚だしく、直ちに交詢社員は金玉均の友人を以て成る友人会を組織し、金の屍体を日本に引き取らん事を議決したり。すなわち斎藤新一郎を以て正使とし、岡本柳之助、有志を代表して上海に向わしむ。斎藤、岡本の上海に到着せる時は、既に支那軍艦威揚に金の屍体を乗せて朝鮮に送還したるの後なりしかば、二人空しく日本に帰りこれを同志に報ず。これを聞ける友人会の鈴木天眼、秋山定輔、佃信夫、的野半介ら大いに憤り、これ正に日本の国辱なり、これを放任すべからずとなし、大いに議する所あり。

二十七年五月二十日、浅草本願寺において金の葬式を挙行す。金が当時寓居したりしは東京有楽町木暮方なりしを以て、棺をこの家より出す。この日、田中正造、鈴木天眼、佃信夫、秋山定輔ら的野の寓居に会し、日本は金玉均のために弔合戦をなさざるべからざるを痛論し、以て帝国の面目を維持すべしとなし、ついに的野半介を以て代表者とし、時の外務大臣陸奥宗光を訪わしむ。

的野、陸奥を訪うて金玉均の支那に横死するに至りしもの、実に帝国の国辱なり、宜しくこの国辱を雪がんと欲せば清国と戦わざるべからずと説きしも、陸奥は、卿らの謂う所はすなわち書生論なり。一亡命客の横死を以て直ちにこれが弔合戦をなすべしと謂うもの、到底能うべきに非ずと説き、的野の云う所を排す。的野切に説いてやまず、陸奥また的野を説破する能わず、「とにかく戦が出来るや否や、川上にこれを聴け」と、一通の紹介状を的野に与う。的野すなわち紹介状を携え参謀総長川上操六を訪い、その金玉均との関係を説き、這般清国の採れる行動が偏に我が国を蔑視せるに基く所以を説き、聞く閣下は旧臘（二十六年暮）より今春に渉り満洲シベリアの地を漫遊踏破されたりと、閣下この行によりて、清国の与し易きを知らん。切に願わくは報復の法を講ぜられんことをと。川上答えて曰く、「卿の謂う所その理を尽せり。しかれども伊藤総理を以てしては、これ到底なし能わざる所」と。しかれども的野の心中痛憤やみ難く、事ここに到る、国辱を如何せんと、すなわち孤剣提身、同志を募りて韓半島に渡り事を挙げんと期す。当時鈴木天眼らもまた川上に清国膺懲の事を説くあり、的野、川上邸を辞し頭山を訪い、川上訪問の顚末を語り、かつその孤憤を訴え自己の決心を告ぐ。頭山大いにこれを賛す。的野さらに平岡浩太郎を訪う。当時平岡は実業に志を得て既に豊富の資を得、芝信濃屋裏手に寓居を構えたりき。的野すなわちその決心せし所を以て平岡に告げ、頭山また賛成せる旨を語り、今より直ちに韓半島に入りて大活動をなさんと欲す、願わくはその資を頒てと。平岡、的野の謂う所を聴き「よか、草鞋銭を出さうたい。貴様も面白い事を考えたやね。俺も一度川上に逢うてもう（見よう）か」と、五月二十七日、的野、平岡を川上に紹介する所あり。川上、平岡と相会するや、平岡曰く、支那は大なる牛の如し、世界列強みな支那を望んで垂涎す。これを要するに日本指導せずんば、欧米列強これを導いて利を得べし。邦を同じく東邦に樹つ、欧米に導するは不可、我が国これを指導せざるべからずと、大いに支那指導を説く所ありたり。川上また平岡の謂う所を可とし、かつ曰く、これを思うに我が国の国会議員多くは大陸策について定見なし、卿の如き先覚の士出でて、議員たらざれば国家の前途を如何にすべきと。平岡ここに始めて衆議院議員たらんことを志す。

これより先、人の平岡に衆議院議員たらん事を云うものあれば、平岡は常に「俺は頭山と安川と鶴原と四人一所でなければ出ぬ」と答え居たりき。しかるに川上の言を聴き、大いに悟る所あり、いよいよ衆議院議員たらんとの一念発するや、即ち平岡は的野と共にたまたま開会中の議会傍聴に行きぬ。時に議場には長谷場致堂、条約改正厲行について舌鋒鋭く伊藤総理を攻むるあり、平岡これを傍聴し、勇心勃々たり。明治二十七年六月二日議会解散す。平岡ここにいよいよ候補準備に着手し、的野を福岡に帰し、福岡第三区候補征矢野半弥に対し、根拠地譲り受けを交渉せしむ。的野はこの交渉をなしたる後、直ちに同志と共に韓半島に赴かんとしたるなり。

天佑侠成る

的野、鈴木らが東京において金玉均の弔合戦を名とし、国威維持を絶叫して韓国出兵の奔走をなしつつありし当時、朝鮮にありし関谷斧太郎らは専ら東学党の内容を探索し、その組織、土匪鼠賊と選を異にするを見、これを援けて韓半島に事を揚げんと欲し、兵器弾薬を準備せんとして、関谷斧太郎、西村義三郎帰国、福岡に来たり内田らに謀る所あり、内田らは内地において兵器弾薬を求めんとするの危険と無謀を説きてこれを諫止するも関谷聴かず、久留米に赴きこれを渡辺五郎に謀る。時に島田経一、清国より帰来し、関谷に兵器準備運動を訓むるあり、また大崎正吉、朝鮮より帰来し、東上して秋山定輔、鈴木天眼らに韓半島の状を告ぐ。秋山、鈴木、的野らは既に平岡、頭山らと謀る所あり、ここにおいて第一偵察隊を韓国に派遣すること、第二偵察隊に次いで玄洋社隊を韓国に送ることを議決したり。的野は平岡の選挙を名として福岡に帰り、次いで大崎正吉、鈴木天眼、日下寅吉、時沢右一（陸軍中尉）ら福岡に向う。時に九州日報釜山通信員大原義剛、福岡に帰省したりしが、的野、内田らの画策を聞きこれに加わる。

　的野は福岡市下名島町吉巳屋旅館にありて、征矢野半弥に対し、平岡の意のある所を告げ、競争の不利を説き、征矢野はその郷里に選挙区を移し、第三区を平岡に譲らんことを交渉するや、征矢野これを諾したるも自由党支部との交渉に行き悩みを生じ、交渉ついに不調に終れり。（しかれども平岡ついに当選し、二十七年以降、三十九年に至る間衆議院議員たり。）時に警視庁は早くも的野らの計謀を探知し、警戒はなはだ厳なり。時の福岡県警察部長有田義資、一日進藤喜平太、的野半介をその邸に案内して曰く、「的野氏近く某方面に旅行の企てある由なるも、その旅行は中止してもらいたし」と。的野曰く「予の福岡に帰りしもの、他意あるに非ず、ただ平岡の選挙事務に関するのみ」と。すなわち的野はあくまで自個の素志を貫かんとせば、同志の行動また警察方面より注視されん事を慮り、ついに朝鮮行を中止せり。

　鈴木、時沢、日下、大崎、内田、大原らの行李すでに整う。内田おもえらくこの行爆弾なかるべからずと。すなわち大原と謀りて同志らと門司石田屋にて落ち合うことを約し、平岡の経営する福岡県赤池炭礦に到り、坑長児島鉄太郎に爆弾分与を乞う。児島これを諾す。このとき早くも内田、大原の行動に対し、警察署は大いに注意する所あり、直方警察署員並びに赤池炭礦請願巡査をしてこれを監視せしむ。内田ら事の破碇を恐れ、末永節を使として関谷らを直ちに門司に赴かしめんとす。門司警察署長大倉周之助は玄洋社員なり。内田、大原、鈴木、日下、大崎、時沢らのなさんとする所を知るといえどもこれを黙過す。夜に入り末永より電報あり「ヒトフネオクレテタツ」と。鈴木、内田、大原ら一刻の逡巡はついに破端の基ならんと、すなわち六月二十六日門司を発し、釜山に向えり。

　一行が朝鮮に向える翌日、渡辺五郎、関谷斧太郎、西村義三郎、末永節らみな久留米に捕えらる。いわゆる福岡県の爆裂弾事件なるものこれなり。

一行釜山に入り、釜山に居る田中侍郎、本間九介、柴田駒次郎、千葉久之助、武田範之、白水健吉、葛生修亮、大久保肇、西脇ら十五名と天佑俠を作り、年長の故を以て田中を俠長に推す。当時内田は年歯わずかに十八の美少年なりき。一行釜山を発して馬山浦に至るや、この地に吉倉汪聖、井上藤三郎に会す。井上時に十四歳の若冠なり（現今大阪朝日新聞に記者たり）。当時天佑俠組織の発端を『天佑俠』中に書して曰く、

「ここに湖南泰仁の地に、郷士、全琫準なるものあり、年齢将に四十にして、識学自ら博く放胆にして慎重、気慨あって果決なり。幼より東学の開祖崔済愚に就いてその教を聞き、党人間にあって最も衆望を有す。これを以て終に挙げられてその接長となり、威名次第に南三道に振う。崔時亨のさきに武を慶忠の間に示すや、全は済衆の時未だ到らずとして、俄かに起ってこれに応ぜんとせず、独り退いて湖南の僻陬に潜み、寂然として岩穴に棲し、自修他導ただ教のために孜々として尽す所あり。衆望これがためにいよいよ加わる。しかれども全琫準また極めて覇気に富めるもの、いずくんぞ無為にしてその一生を酔生夢死の間に空過するを得ん。唯彼れや、その器局、時人に比してすこぶる宏濶に、眼識また甚だ遠大なるものあり。これを以て念一たび民生の疾苦に及べば連想直ちに国家興廃の事に至り、従って閔の跋扈を憤り、妃の淫縦を憂うること一方ならず、すなわち天下の禍根を絶つは、先ずこれが元兇を斃すにありとし、静かに野に処し、韜晦して自ら発するの機をまつ者久し。しかるに果たせる哉、その機は終に到れり。彼が隣郷古阜の郡守はつねに勢に頼り権を弄し、民怨を顧みることなくして強いてその収斂をほしいままにせんとす。党政上、古阜は彼が任たる接長の管区内に属せり。故に彼の親人と彼の党人とは先を争うてみな彼の許に集り、彼の速やかに起ってその大なる手腕を揮わんことを勧めたり。しかれども彼未だ容易にこれに応ぜんとはせざるなり。彼が威名を慕える党員外の隣境の人も、また彼を訪うてともに起たん事を要請せり。しかれども彼なお神色自若として動く所なきこと、なお木強人に似たり。これ何の故ぞ。彼が如きの人物は誠に千歳の一人なり。彼にしてこの国家危急存亡の際、軽々その身を処して進退宜しきを失う

あらば、国家はまた彼と共に亡びん。宗廟また彼と共に倒れん。彼のその身を重んずるは、もとよりその所というべし。しかれども彼もまた男児なり。世に処してあに一個の大野心、一片の大功名心なからんや。去れば談判数回の極、彼は終に衆人の己が隠退を許さざるを見るに及び、決然その赤心を吐露して曰く、諸兄の志すでに義のために斃るるにあらば我また何ぞ強いてその挙に同せざることあらん。ただ我が欲する所は、東学のいわゆる済世安民の大義を伸ぶるにあり、一道を乱るも誅せらる、八道を乱るもまた誅せらる。誅は一なり。願わくは事功の大なるを取らん。諸兄の意、幸いにしてここに決せば、我また奮ってその驥尾に附し、また骨肉を以て念を変ずる事なく、決然として道のために殉ぜんのみ、敢えて諸兄の決心を望むと、これ誠に彼の真面目なり。否これ独りその真面目なるに止まらず、彼が多年満を持して放たざりしは、深意或いは機に乗じて這般衆人の合意を促さんがためなりしかを疑わざるべからずとす。ここにおいて元来彼を仰ぐこと泰山北斗もただならざる衆人は、直ちに彼の陥る所となり、万口一済、彼の万歳を称し、彼れを擁し、雀躍して彼と共に彼の草盧より蹶起せり。

　暴吏の占拠せる郡衙は一撃にして彼のために破らる。ここに蒐集せる金穀は、彼直ちに散じてこれを多年困弊せる郡民に施与せり。彼が私利心なきこの指置はますます隣境人の欣慕する所となり、彼が義軍は期月にして四方より来投するもの数万に及ぶ。彼の名声は日にますます振い、党軍の到る処は、百姓簞食壺漿してこれを迎えざるなし。ここにおいて彼また檄を連邑に馳せ、挙兵の要旨を三南所在の諸豪に致し、倶《とも》に与《とも》に約を立て、力を合して君側の奸を払わんと計る。諸豪応ずるもの踵を接して続き長興の李爺は八十余歳の老軀を賭して郡民を煽揚し、順天の李福竜は十四歳の若冠を以てして四万の義兵をあげ、烽烟千里、旌旗野を蔽い、各路より正々堂々として全州の監営に逼り来る。官軍出討するもの一望して気喪し胆落ち、また能く一人の戦を言う者なし。将相またみな狼狽して、群議出づる所を知らず、恐怖の極、終に大清の天兵なるものを乞い得て来たり、わずかにこれを以て党軍を威圧せんとするに至れり。

ここにおいて五十六管は正にその兵馬倥偬の修羅の巷たり。去らば全琫準は彼らのいわゆる新天子にして、李の王朝に代るべき運命を有するものにあらざるか。たといしからずとするも、彼は日後、万里長駆の勢を以て朝鮮の南方を席捲するに及び、満腔の覇気、終に開南国王の尊号を自称するを禁じ得ざりし。しからば則ち天の暦致、必ずしも彼が頭上に落下せざりしものを断言するを得ざらん。惜しい哉、当時吾が国、彼を御し得る底の大人物なく、彼をして空しく済世興国の雄志をもたらして九泉に逝かしめたる事や。

韓山八路の騒乱は今やその極に達して、傲頑なる清国は慢然としてこれに援兵を与えたり。日出処の国裡、遥かにこれを観望して、腕鳴り血湧くもの何ぞ限らん。意外にもまた意外にも一団の俠徒、総勢挙ってわずかに十五名、驀然として慶尚道の南部、馬山浦の一角より全羅の内地に突入し、大胆にも暗夜数万の東党の陣門を敲いて、斡乾転坤の大手腕を海外に振わんとするものあり、一団十五名の俠徒とはそも誰をか指す。すなわち当時世に喧伝せられたる天佑俠これなり。借問す、彼ら十五名に当初よりその志を一にして事に朝鮮に従いたるものなるか、将た彼ら個々の志々以て奮起し、中道にして意気相投合するに至りたるものか、乞ういささか次において述ぶる所あらん。

彼らの精神にありては個々の間、もとより秋毫も相異なる所なし。しかれども彼らの系統出処においては、皆各々相同じからざるものならずんばあらず、今その出処を区別すれば大略左の知し。

(一)京城派　田中侍郎、関屋斧太郎、本間九介、柴田駒次郎の諸人これに属す。彼らは二十四、五年の頃より京城にあって観風の志士を招来し、二十七年の春に至り事情あって釜山派に合同せるものあり。

(二)釜山派　二十六年吉倉汪聖が朝鮮再遊の時、大崎正吉、千葉久之助を伴い行き、のち筑前の武田範之、白水健吉、千葉の葛生修亮、対馬の大久保肇、その他数名と釜山に梁山泊を築き、ここに居る事二年、その間終始意を朝鮮の内乱と開導とに注ぐ所ありしが、終に京城を包容して声威ますます振う。

（三）筑前派　関屋斧太耶、吉倉の忠言を容れずして同志と共に筑前に至り、別になさんとする所あり、この時あたかも天真館の内田甲が末永節らと共に事に朝鮮に赴かんと欲する志あるを聞き、関屋すなわちこれに謀る所ありたれども、内田、彼がその準備を内国においてするを危うしとなし、百方その中止を勧め、言聴かれざるに及んで玄洋社の大原義剛と共に先んじて韓に入る。

（四）二六派　釜山における京城釜山両派の合議に依り、大崎正吉を東京に派して鈴木力らを招く。入韓の途次、時沢右一、大阪よりこれに加わる。

以上四派相合して釜山より馬関浦に渡り、突然烽煙を昌原の鉱山に揚げて幾場の活演劇これより生じ来たる。

釜山大本営の動静

京城の梁山泊、事情のために陥落して以来、釜山は正に彼ら一党に向て中央大本部の形勢を成ぜり。しかるに今や彼らが待ちに待ったる千載の一時は来たれり。湖南の風雲は日一日と険悪にして、出討の官兵旗を巻きて走り、連城連邑、東学の占むる所とならざるなく、嶺南の地またその山郡一帯を侵略せられんとす。形勢すこぶる危急に瀕せり。彼らあに踴躍してこの好機に投ぜざらんや。曽謁二鎌倉源右府墓一、我欲レ征二大明一汝諾否、大丈夫当レ用二武万里外一、何為鬱々老二小洲一、彼らが酒を被って連日連夜口吟する処はすなわちこれ、今に至り躊躇し逡巡してその平生の所期に乖くが如きは、彼ら断じてこれをなすべきにあらざるなり。

紫山水明閣の会議

時機は彼らを駆って、一夜釜山の山紫水明閣に一党の大会を催さしめぬ。座に主なる者、先ず曰く、如何んが吾が徒の前途執る所を決せん。一人応じて曰く、第一着として士を四方より招致せん。衆別に異議なし。すなわち大崎正吉を東京に派して鈴木と相謀らしむることとなす。一人また曰く、山道既に急なり、吾が徒よろしく速やかに東学の情形を審かにして、他と合縦連衡の地をなさざるべからず。衆みな以てしかりとなし、直ちに武田範之、千葉久之助を星州金山地方に遣わす。ここにおいて方針ほぼ定まる所あり。

両朴山道の党情を探る

武田千葉の二人は朴善五、朴善七の名を以て身を薬商に扮し、密陽より清道に入り、大邱府蛛洞の豪族、徐相竜を訪い、次日の黄昏ようやくにして金山の邑門に到る。百姓数万、市頭に喧騒して形勢はなはだ平穏ならざるものあり、朴善五、行客についてその動静を探る。曰くこれ東学の余党この鄰に出没して、人心往々これがために脅かさるるものなりと。朴らすなわち欣然酒家に就いて宿を定め、半夜街上月を踏んで吟遊の態をなし、以てますます党情を探らんとす。当面たちまち一偉人の路を塞ぎて一睨するものあり。彼れ呼んで曰く、来たれ孺子、共に与《とも》に語らん。我に従って酒幕に入れ。朴ら懐やや穏やかならずといえども動を鼓してこれに伴うて一医家に投ず。偉人坐に就き、莞爾として杯を挙げ嘱して曰く、汝ら我が東道の直意を知るか、余はその道を宣揚せんがために、夜々巷頭にあって行人をまつものなりと。朴ら事の意外に出でたるを以て、始めはやや狼狽して疑う所なきにあらず。去れど他の諄々として説き去り、至誠の人を動かすもの少なからざるを見るに及び心中ようやく安んじ、すなわちあらためてこれに来意を報じ、合せてその道の秘教と、頃日挙兵との目的とを聞かんと要す。彼また快諾、仔細に公明なる党情を告げ、かつ大義の済衆安国に存する所以を明らかにし、その秘符、侍上席造化定永世不忘万事知の十三字を授け、再会を期して酒家より出づ。朴らここに至り、探究の意を遂げたるを以て、星夜馳せて釜山の水明閣に帰り、同志を集めて報告する所あり。

吉倉先発の決心

しかれども一方において、清兵来援のために湖南の東徒は意気ようやく消磨し、一旦占領して号令の根拠地となせる金州城を再び官軍に返し、鋒を収めて南に遷らんとする飛報あり。一たびこの機を逸する時は、彼らは大業また期すべからず、しかしてその成敗は今や将に一髪の間に分れんとす。ここにおいて吉倉は同志を相請して曰く、さきに東京に派したる大崎は茫として未だ消息を知るべからず、福岡に赴きたる関屋は成功もとより期せざる所、しかしてこの間の一刻は平時の十年にも匹当す。吾が徒空しく手を拱して他の返るをまつべきにあらざるなり。加うるに東徒の現情かの如く旦夕を計るべからざる危急に瀕せり。丈夫唯一死を賭して大道を行うべきあるのみ。我れ乞う、この任に当り成すべくんば彼の徒の頽勢を挽回し、万一成すべからずんば彼の徒の傑人の命を救うて日本に走らん。諸公しばらく我がなす所を黙視せよと。田中、武田、白水、みなこれをしかりとなし、吉倉は鈴木らの来着をまつに及ばずして、単身先ず湖南に向ってその啓行を試みんとす。

両士《い》の先発

時は明治二十七年六月二十四日、釜山居留地の郊外、富平洞の大路を優然として歩み去るものあり、手には笏を握り、頭上には烏帽子を戴き、紫彩の袴を穿ち、錦糸浮鶴の直衣を着け、意気揚然として顧眄する所、当代の風采にあらず。その人やがて路畔の酒家に入り、濁酒数酌、陶然としてこれを出で、吟声朗々、九徳の嶮坂を攀じ登らんとす。微雨霏々たり、烟霞揺曳せり。焼くが如き当日の炎暑これがために消殺せらるるもの多し。彼いよいよ心気快然として渓に沿うて走る。後頭たちまち人あり、絶叫して呼んで曰く、吉倉君、かつ独り去ることなかれ、我もまた鎮西の一男児、若冠は自ら若冠の任あるべし。乞う共に虎穴に入って虎児を探り来たらんと。吉倉これを顧みれば、平生能く相識る所の一少年井上藤三郎なり、彼はその歳取ってわずかに十四、吉倉が主幹する所の新聞にあって文撰たる者。しかれども天資精悍にして気鋒鋭峻、凜として犯すべからざる所あり、吉倉また常にその行為の大いに当代の群童と異なるあるを知る。すなわち容易に戒諭して去らしむべからざるを察し、先ずこれに問いて曰く、汝父母の許諾を得て来たれるか。曰くしかり。曰くしからば以て共に往くべしと。終に相提えて征途を急ぎ、その夜は亀浦の一旅店に投宿せり。次日暁起、小四将軍の城墟を後に見て一舟早く亀浦の渡頭を過ぎ、やがて広漠たる洛東江の中洲を渉り、一水また一水、幾回か舟手を呼んで舟を蟻し、滞眸無限の風光を吟嚢に収め得てようやく彼岸金海の領内に達し、義人尹子益を囹圄に訪い、直ちに馬山浦に向う。両人の馬山浦に滞留すること両三日、舟いまだ全羅に向って発せず、彼らすなわち当時の転運御史、後の農商務大臣鄭秉夏を尋ね、或いは加藤左馬之助の水城に登臨し、或いは土俗人情を観て、ようやくその鬱劫の情を制せり。しかるに何ぞ図らん便船を待つがため費やせる日子は、一方において同志十余名が行陣の準備を完成し、一朝偶然舟路よりここに来たり会せんとは。

本隊水陸より並び進む

同二十七日の淀川丸は一団の志士を日本より釜山に運べり。鈴木、大原、内田、大崎、日下、時沢は、午前十時躍然として居留地に入れり。彼らは直ちに山紫水明閣に相会し、共に与《とも》に前途の計を議せり。爆薬掛、銃砲掛、輜重掛、医薬掛に各々あい別れて己が任に走れり。百般の準備は既に成る。彼らはすなわち世の嫌疑を薄うせんがために、ことさらその徒を水陸二隊と後進軍の一隊とに分かち、各々行路を別にして、船馬並び進まんとす。大原、内田、白水、千葉、大久保、日下は富民洞の捷路より走って、多太古城の夜望台下に出で、ここに水軍の到るを待ち、水軍、鈴木、田中、時沢の三人は倭館南浜の辺より発して絶影島を繞り、西に折れて洛東の河口に達し、更に後進の武田、大崎、西脇らは快馬一鞭、亀浦路より昌原路に来たり会せんとす。水軍は既に約の如く多太において内田一行を載せ得たり。韓海波静かにして千里畳の如く、洛東江口より加徳、巨済両島の間、或いは帆、或いは櫓たちまち馳せて、去って払暁馬山の湾に入れり。先発の吉倉もまたこれに至ってか、この徒と共に南原路を指して馬嘶剣鳴の形勢を漲りつつ進まんとす。」（『天佑俠』抜抄）

平岡、頭山、的野らが東京にあって奔走したりしものと相対照する興味はなはだ深きものあり。

東学党と合す

一行は馬山浦より昌原に至り、昌原山中金場における長崎県人馬木健三の経営する金山に赴き、その貯蔵する所のダイナマイト売却を乞う。馬木応ぜず、交渉数時間に及び、ようやくにして左の方法によりダイナマイトを盗取することを承諾す。

「馬木は天佑俠の請求に応ずべし。天佑俠もまた馬木の請う所を承諾せざるべからず。馬木は朝鮮政府に対する口実を得んがために、総ての火薬を天佑俠に強取されたる姿に装うの要あり、故に天佑俠は鉱山傭い韓人の目前において強取の態度を示すべし、しかるのち支配人は必ず火薬庫の案内をなさん。」

ここにおいて深更時沢ピストルを放ち金山使傭の韓人三十余名を脅して退去せしめ、馬木父子を縛し、三百余個の爆裂弾を八百長的強奪によりて手中に収め、咸安晋州を経て南原府に到り、東学党と会す。東党一行に書を寄せて曰く、

「貴国大人各位、万里を遠しとせずして駕を陋地にまげ、熱風火雨、長途の労苦誠に驚惶に耐えたり。知らず諸公のここに来たる、もと大命を帯びて敗余の吾党人を万死に救わんがためか、そもそもまた別に期する所あるに由るか。幸いに教示を賜わば幸甚。吾が党人さきには貪官汚吏の民膏を剥割するを黙視するに忍びず、一朝俄然、冤を鳴らし訴を呼び、衆を会して全州に入る、志一に百姓と共にその浮沈を与にするにあり。おもわざりき、城上砲丸雨下、敢えて我千余人を射殺す。至冤極痛の情、今や訴を呼ぶに所なし。しかしてかくの如き至冤の民、終に指して不軌の徒に数えられ、方伯守命、毎に剣戟を磨して吾が党人を邀撃鏖殺せんとす。天下の無辜これより甚しきあらんや。これ実に諸公の憐察を乞わざるべからざる所、かつ吾党人本来徳を明らかにし、道を宣ぶるを主意とす。故に久しく兵馬の間に駆逐すといえども、今に至るまでかつて一たびも無辜の民を害したるなし。そ

の紀律の整然乱れざるはひそかに自ら京軍の上に出づるものあるを期す。諸公もし高駕を我が陣門にまげ、しかして愚蒙を啓諭するの労をおしますんば、何の遅疑をか要せん。何の躊躇をかもちいん。会生ら席を請じて謹んで諸公の光臨をまつ。」

と。すなわち一行、武田、田中、吉倉を遣りて東学党全首領と会せしめ、羽檄を有司金晋賢に手授し、これをして朗読の任に当らしむ。檄文の大意に曰く、

「第一　海山万里艱難を意とせず、特に来たってみずから諸公を訪う所以の者は、唯諸公が義に拠り大道を履み、王家の衰うるを興し、百姓の流離を救わんとするその志に感激し、同志十四人、すなわち産を擲ち家を捨て、死を以て父母の国を走りたるもの也。日や韓やもと同祖同文の国と称す。隣誼の情その存亡に対して黙過すべきにあらず。しかりといえども利害の関係すでに直接ならざる也。邦人にしてなおかつ義を見て奮興することかくの如し。諸公にありてはすなわち先祖墳墓の地たり。宜しくまさにその国のために至誠尽忠、粉骨砕身すといえども、なお以て足れりとなすべからず。

第二　済民の挙やもとより不可なる所なし。しかれどもその済民の目的を達せんとするにあたっては、軽挙暴動は最も戒めざるべからず。否かくの如きは徒にその大事を誤りて大機を失うに過ぎざる也。先聖云う、事に臨みて懼れ、謀を好んで成ると。これ実に諸公の鑑みざるべからざる所、よってひそかに思うに当今の世、国に任ずる者の急務は四方の形勢に対して自家の地位を考え、審勢審敵以て能く天下の機勢に応じ、その生民々を安んずると共にその社稷の鞏固を計らざるべからず。もしそれこの言に顧ること無くんば、国破れ家喪う必ずしも旬年をまたざるべし。

第三　天下今日の形勢、その優勝劣敗角逐の状、彼の如く恐るべきものなり。朝鮮の安危存亡はあにこの秋に非ずや。しかして現今兄弟内にせめぎ、虎狼外に窺うもの多々、志士身を以て国に殉じ、万世泰平の基を立つる、

今日を措きてそれ何の日をまたんや。

第四　朝鮮の時弊は上下一般偸安姑息にして、一念かつて国家の存亡に思い到るもの無きにあり。時に上にある者にあっては、宰相以下地方守命の徒に至るまで、みな争うてその私を営み、詩酒淫楽、朝以て暮に接す。今これを改めて強健の国風を養成せんと欲せば、革命は実にその第一手段たるべし。

第五　一杯の土も李氏の天下なり。一人の民も先王の百姓の子孫なり。しかるに今この土を割きて俄羅新に与え、この民をして歳々相率いて胡地に流亡せしむるはこれ果して誰の罪ぞ。閔一族の失政の跡、実にかくの如し。彼の罪悪は単に暴斂に止まらずして、別に先王を辱め、社稷を傷うものあり、志士あにこれを黙視するを得んや。

第六　唯それ物には本末あり、今日地方官吏の虐政が閔家の収賄政事より来たるは公らのもとより知悉せる所、故に人民疾苦の因に出づる所は、公らもまた閔家なるを云い、閔の罪の地方守命より重しとするも事理当然の論なり。公らの明智眼識すでにかくの如し。しからばすなわち閔の罪の依って来たる所、また究め易きのみ。しかして終にその罪を咎めざるは何ぞや。彼れ閔族悪政の背後にはこれが守護者として清国使臣袁世凱あり。袁は実に閔の悪を扶け、その罪を長ずる所の本尊たり。しかも公らは妄りにその敵手に袁大人の尊称を与え、その敵国に祖国上国の佳名を献ず。吾が徒はひそかに公らの賢明にしてかくの如き迂愚の挙に出づるを怪しむ者なり。

第七　これを要するに百姓を虐する者は守命、守命の元悪は閔族、しかして閔族悪政の根元は袁とその本国にあり、これ天下万衆の公論に係る。しからばすなわち朝鮮の百姓をして今日の塗炭に苦しましむる者は、彼清国に非ずして誰ぞ。ひそかに怪しむ、公らその刃を袁と清とに加うるを忘れて、独りこれを閔と守命とに用いんと欲するか。否、公らの義挙、わずかにかくの如きに止まらば、これ旦に一閔を斃して夕に一閔を迎えんと欲するもの、百姓の痛苦、天下の禍根、何の時にか能くこれを掃蕩し尽すを得ん。

第八　いわんや公らは単に漢王の明朝時代における恩恵を記憶し、しかして現に朝鮮に対して清国が大禍心を包蔵する所以を知らざる者なり。かつて袁世凱が広言する所を聞かずや、三年の後、我必ず朝鮮を以て我が版図となし、その王を廃して庶民たらしめんと。咄々大逆無道不倶戴天の言、臣まさに憤慨して節に死すべき所、しかして葉聶二将はその野心実行の先鋒となり、既に海を飛渡し、来たって牙山の陣営にあり、宜なる哉、袁の強いて無道の政府を助け、以て公ら安民勤王の師を剿滅せんとするに努むることや。

第九　家族あるを知って国家あるを知らざる閔は、葉聶二将の来たって牙山に屯するを奇貨とし、これに啗《くら》わしてその暴政の援兵とならしめ、しかして国王殿下の叡慮を悩まさるるを意となさず、彼ら三人は実にこれ朝鮮の虎狼たり。公ら閔を討ずるにあたって、先ず牙山の清兵を掃わざるべからず。

第十　閔族朝に立ち、清人外よりこれを援助す。かくの如くんば、忠義の臣、到底世に挙げらるるの期なし。今日野に遺賢多く、年豊かにしてしかも四民に菜色あるが如き、その原因一にここに存す。

第十一　唯だ日本国民はすなわちしからず、公らにして長えにその安民興国の志を持続せん限りは、出来得る限りの尽力を与うるを惜しむことなし。義侠は実に我が帝国三千年の歴史を成ぜり。

第十二　故に公らにして我が徒の言う所を聴かば、吾が徒は欣然これより公らの先駆となり、矢石を冒し、剣刃を排し、以て北進京に入るの途を啓き、全力を尽して斃れてやまば、彼れ牙山清兵の如き、たとい万々の衆ありと称するも、一撃して胆を奪う、易々たるのみ、何の恐るることかこれあらん。」

羽檄は高らかに読み上げられたり。聴者はいよいよ謹厳なり。読んで奸臣専横の罪を論ずるに至る毎に朗読する者の声は俄かに激張し、聴者は臂を張り眼を怒らし、百姓疾苦流亡の所に至れば、満堂みな暗涙を浮かべ、燭火また自ら明滅して夜気愁然たり。更に朝廷人なく社稷累卵の所に及ぶや、泣いて慟哭し、剣を抜いて柱を斬るあり、以ていささか党人熱誠の真情を察するに足る。独り怪しむべきは、袁世凱弾劾の点のみ。衆人やや半信半疑の色あり、終に党人の義胆忠魂を称揚する所に至って、歓喜の笑声は殿頭より門外まで一斉吶喊の如く、哄然として遥かに響き渡れり。憐むべくまた愛すべきは彼らの状態なり。流石の三士もしばらく我を忘れ、天地を忘れて暗涙に咽ばざるを得ざりき。渾身の熱血またこの時において烈しく流動し、一死以て党人の義挙を扶け、その宗廟の蒙晦を排除し、八道一千万人の困憊を救済せずんば止まざらんとす。ああ党人は如何なる魔術を逞しゅうしてか、かくも容易に日本三個の侠丈夫を心的生擒とはなせしぞ。

「全総督大いに三士を饗す

少刻にして酒肉は席上に配列せられたり。東方血性の侠男子は、鶏籠八道の重患を双肩に担わんとする無双の侠士と肘を取りて酌みて陶然として酔い、豁然として語るところ正に青梅酒を煮て当世を談ずるの概あり。既にして晩餐もまた供せらる、陣中ながら流石に馳走と塩梅とはその出来うべきだけの善美を尽くしたるが如し。全琫準語って曰く、公ら三位幸いに来たって弊陣に駕を臨めらる、房舎坐食の事、いささか以て客中の適意を得るに庶幾しといえども、爾余諸公に至っては、或いは恐る旅館の不潔、永く足を駐むる能わざらんを。乞うこれより直に迎えて粗餐を献じ、かつ宿房を我が陣の最佳処に選び、いささか一党接賓の礼意を致さんと。全総督の厚意、実に多とすべし。されど夜は既に太く更けたり。三士は辞を叮重にして今夜の接遇を謝し、更に明朝を待ちて党陣に移るべきを約し、杯を撤して宴席を辞せり。

義無ければ命ありといえどもまた何かせん

これより先き談端の将に開かんとするや、田中は党人に対して謂って曰く、我れ既に義のために死を許す。これを以て今この陣を叩くにあたり、身辺また寸兵尺鉄を帯び来たらず。我が諸公に対していささかの戒意を懐かざるかくの如しと。言い終って冷然右側の吉倉を一瞥す。しかるに吉倉はこの時平常の如く、何心なく短刀を帯して坐中にあり、田中の談ずる所、すこぶる自家の面目に関するあるを見て心少しく動き、咄嗟の間に一策を案じて大いに得る所あり。すなわちその談話の終わるを待ち、直ちに党人を呼んで曰く、兵馬乱離の間、天下往々刺客あり、変形横行して敢えて兇行を逞しゅうせんとす。この際三軍に将たるの士、大いに戒心する所なかるべからず。しかるに日本の士風、古来刀を帯ぶるを以て例となす。甚しきはこれを以て己の精神となし、行住坐臥かつてその身辺より離るるを許さず、去れど殊邦の諸公よりこれを見れば、必ずや異様の感に耐えざるべし。今時に諸公のために我いわゆる精神を徐き去って、しばらくこれを諸公の手中に委せん。いささか以て我に異心なきを証するに足らんかと。すなわち腰辺の刀を解き、これと対座せる党人に与う。武田これをしかりとし、自ら刀を脱してまた党人に附す。党人すなわちこれを束ねて別房に提え去らんとす。全琫準叱責一声、たちまち手を以てこれを制して曰く、咄々臆病漢、なすなかれ、我が徒久しく万馬の間に馳騁し、九死の巷に出入す。仁は我が金甲にして義は我が鉄楯たり。天下行く所として我が党の畏るる者あるを見ず、今や貴客、義のために至重の刀を解きて顧みず、その丹心真に欽すべき者あり、我が徒何分独りその利刃に恐れてにわかにこれを収むるをなさん。たまたま利刃あり、我が胸に加うといえども義あればすなわちこれに甘んずべきのみ。義なくんば能く生をぬすむもまた何かせんと。ああこれ東学党領袖がその肺肝より絞り出せる至言也。」

東学党中劈頭の日本人

この夜三士は党軍を辞し去るに臨み、先ず待接の厚きを謝し、あらためてこれに告げて曰く、諸大人既に我らの来意を領せらる。想うに我が同人もまた以て満足すべし。こいねがわくば諸大人また我が徒が遠途日に晒され、雨に打たれ、幾回か病厄を凌ぎ、難苦と戦い、しかしてようやくここに到りたる微志を察し、長えにこれを胸中に劃して以て遺忘せざらんことを。党人これを領して拝謝す。三士すなわち席を立って出づれば、全総督は殿を下ってこれを見送り、配下は門外に並列して敬礼す。

「案内者金普賢、手ずから灯を提え、嚮導して郊外の客房に送り到る。党士の悃情至れりと謂うべし。誰か言う、東徒はこれ排日の分子なりと。当時天祐俠の見たる所に依って断ずれば、これを操縦して朝鮮革新事業の中堅たらしむる、また唯だ一呼吸の間なりしのみ。恨むらくは我が廟堂一人の達観者なく、前途有為の党人をして、空しくその向背を誤らしめたることを。還って客房に到れば、自余の侠徒は既に久しく鶴首してその帰来を待てり。しかして三士の還るやその顔上には微醺現われ、その双頬には喜悦を呈す。安慰の情知るべきなり。三士は幸いにして毫も危険なかりし。否、危険を想像して往訪せる当初の決心より見れば、むしろ絶大なる歓迎を受けたるものなりしなり。この夜の訪問に依って三士がたしかめたる事実は、東学党中数多の日本人ありと云える世上の流言に反し、我が天佑侠の会見以前において、絶えて一日本人の同党に加入したるものなきことこれなり。

天佑侠、東学党の陣営に移る

一行は既に東徒の日本人に向って害意なきを知れり。その衷心より来陣を勧むるに対して如何んぞ無下にこれを拒絶すべけん。次日すなわち衆を挙げてその陣営に移ることに決し、朝飯を終え行李を調えて静かに他の使節の到るをまつ。既にして使節は来たり、衆欣然として駄馬を勒し、威風凛々陣営に向う。この日彼は些かの示威的行列を設けず、また表門に入って虚喝の号砲を試むるの迂愚をも取らざりき。」

一行は数多の党人に囲繞せられ、意気揚々として階を経て殿に上れり。殿堂は即ち党人の一行に貸与せる所、郡の本衙と全琫準の本営との中央に在り、大房一、小房一、共にその左右に属し、中房には四、五十畳敷きの大広間あり、結構荘宏、室々清潔、実に一行に対する無上の好館たり。しかも一たび殿庭に出でて四面を望めば、左右前後みなこれ東党の支営にして、旗影剣光、角音蹄声、雑然また擾然として我が一行を囲繞せるを見る。

全総督と正式の初対面

「全総督は侠徒の坐に着せるを見るや、自ら来訪して初対面の礼を致す。酒肴はまたも饗せられたり。大酔快談の間、一行は各自名字を連署してこれを全琫準の前に通ず。全は一行の服装区々にして毫も一定の観あらざるを見、甚だこれを怪しみ、孰《ママ》て問う所あり。けだし全の意、服装を以て位階を分つ所以ならんと信ぜる者の如し。一行これに対えて曰く、万里の客地更衣極めて難し、我が徒の服色個々相違せる、これがためのみ。けだしまたやむを得ざるに出るなりと。当時一行の服装を見れば、日下は雷神打鼓の模様を染めし浴衣を着け、田中は朝鮮袴、支那胴着、日本羽織、三国の折衷服を用い、武田、内田は純洋服、鈴木は純日本、吉倉は錦衣紫袴にして烏帽子を着し、時沢は士官の略服に胸上勲章を輝かし、名人各色奇装奇冠、異邦人の目よりこれを見れば、ほとんど百鬼夜行の感あるを免れざるなり。既にして全は一行の携帯せる武器の精鋭にして、佩剣の明晃々たるを見、大いに驚いて曰く、久しく聞く日本刀はこれ天下の精鋭たりと。いま親しくこれを見るに及んで人言の我を欺かざるを知る、ああこの一事恐らくは区々貧弱の鄙邦、終に貴国と天下に並立して、東洋の大局を維持するの任に耐えざらんか、甚だ憾むべきなりと、長歎して大息す。彼が愛国至高の熱情は、物に触れ、事に接して時々横溢することかくの如し。」（『天佑俠』抜抄）

かくして天佑俠士は初めて東学党陣営に移り、ここに相合してその行動を共にするに至れるなり。

＊

チョイト一万円

頭山翁の全盛時代には、時の高位高官といえどもなし能わざる豪快な遊びをやったもので、翁が烏森の浜の家と仲の町の桐半とへ、かけ持ちで金を蒔いていた頃、翁がしばらく仲の町へ足踏しなかった。或る年の霜月、有繫にそろそろ下駄の音も凍ろうとする不景気柄、桐半でも思わぬ事に出費が嵩んで弱っていたが、女将は急に思い立って浜の家の女将お浜を訪ねた。女同志の声も低く火桶を中に話すのを聞けば「頭さんに是非少し遊んで戴くようにお頼みして下さいな」「お話してみましょうが幾らばかり」「左様ネ、チョイト一万円ばかり遊んで頂けば」と茶漬けを掻きこむやうな手軽な話、翁はこれ位大きく遊んでいたのである。

第28章　日清戦争

天佑俠の活動

天佑俠の勇士が東学党本部に党首全琫準を訪うの夜、飛報あり。官兵四路より来たり東党を攻めんとし、江華兵五百最新モーゼル六連銃を携え、余勢実に五千に及ぶと。東党これに応戦せんと欲し、新たに迎うる所の日東志士天佑俠の面々と軍議を謀りその部署を定む。

本営　総督　全琫準
軍師　田中侍郎　鈴木天眼　吉倉汪聖
遊撃軍　兵七十人　韓将　金氏
大将　内田甲（良平）　副将　西脇栄助
東面軍　兵一百人　韓将　斐氏　全氏
大将　時沢右一　副将　井上藤三郎
西面軍　兵一百人　韓将　崔氏　安氏
大将　千葉久之助　副将　大久保肇
南面軍　兵一百人　韓将　李氏　超氏
大将　白水健吉　副将　日下寅吉
北面軍　兵一百人　韓将　朴氏　鄭氏

大将　大原義剛

輜重軍　兵五十人

大将　大崎正吉

赤十字軍　兵三十人

大将　武田範之

更に方略を定め、また軍議すでに成り、各将みな兵甲して馬を陣頭に進む。全総督と三軍師とは殿頭に立ち、微笑を含みてこれを見送れり。衆人すでに軍門を出で去れば、各面の軍隊忽然としてここに部署せられ、北する者、南する者、東する者、颯々たる暁風の中に旗影翻々、歩調整々として行陣の状、宛然長蛇の原頭に軽駆するが如し。

これより天祐俠士韓兵を率い、東西南北並びに遊撃の五軍三昼夜に渉り、各地に転戦、至るところ日東男児の意気を示し、官兵の肝を寒からしむるものあり。しかれども未だ完く官兵を撃退せしむるに至らず、一夜天佑俠士軍議を開き夜襲を企つ。『天佑俠』に当時の状を叙して曰く、

「東面軍の進退

大将時沢右一は副将井上藤三郎および韓将二名と共に兵百名を率い、先ず進んで雲岩江辺に至る。高堤に登って遥かに前岸を望めば、南原以西数里の地、悉く京軍の掌中に落ち、丘林となく山野となく旗風に棚引き、郊頭原上、砂塵天に漲り、喊声地に振うて軍容藉《ママ》にその壮を極めたり。井上すなわち時沢に謀って曰く、敵すでに正々堂々、大路より驀地に来たって我に迫らんとす。ここにおいて一たびその鋭を挫かずんば淳昌の本営もはなはだ危し。我れ乞う、兵三十を藉り、上流より潜かに江を渡り、横ざまに敵を打って進撃の力を牽制し、君をしておもむろに正面より敵を破るの地をなさしめん。君以て如何となすと。時沢曰く、君の策すこぶる妙なりと。すなわちこれに兵三十を与う。井上兵を得て即時令を発し、堤下より身を潜めて走せ、江畔柳樹陰翳の所に至り、徐々

堤に上り、前岸を窺い、その異状なきを見るに及んで、たちまち流れを横ぎり、また徐々として前堤に攀じ、堤上柳樹の間より忍びやかに敵営に近づかんとす。幸いなる哉、敵はその大兵をたのみて哨兵の警戒、今や甚だ乏し。井上すなわち号令して急に陰樹の間より銃を並べて敵軍を直射せしむ。敵事の不意に起りたるに愕き、陣中狼狽の状、極めて甚し。このとき時沢また井上の進撃を察し、直に軍を進め逸足して流れを乱る。敵ますます周章、前衛の兵ことごとく破れ、先を争うて南原路に退かんとす。井上、時沢攻撃ますます力め、終にことごとく江岸の敵を掃蕩して赤城津を奪い、要所に拠ってしばらく戦装を解き、村酒を徴発して一軍をねぎらう。一軍既に初軍の勝ちを占めて驕ること甚し。みな曰う、京軍何者ぞ、敢えて蟷螂の斧を竜車に試みんとするやと。井上衆心の驕気に過ぎたるを憂い、叱咤してこれを戒めんとす。衆顧みず、けだし井上の年少を見てこれを侮るなり。時沢また官兵の与し易きを思うて、強いて衆の懈心を咎めず。井上ますます憂い、独り陣前の高丘に上って敵の動静を窺わんとす。果然砂煙の東方より西方に向い、風に従って飛動し、次第に我が陣営に近づき来たらんとするあり。ただ人影は茫々として砂煙に蔽われて見えず。井上倉皇、丘より飛び下り、直ちに時沢のある所に至り、叫んで曰く、敵兵すでに咫尺の間に迫る、君何ぞ速やかに防守の令を発せざると。時沢は呑気の性、これを聞きて以て戯言となし、笑って曰く、君戯るるを止めて我と共にかつ一盃を挙げよ。」

井上は真摯、怒気たちまち心頭より発し、声を激し大喝して曰く、大丈夫何ぞ戯言あらん、君乞う自ら陣外に到り見よと。時沢、井上の満面朱を濺ぐを看、意中始めて不安を懐き、韓将斐氏と相提えて陣外に出でんと欲す。たちまち流丸の三々五々声をなして頭上を掠むるあり、時沢周章、首を縮め身を転じて陣に入り、大に呼んで曰く、驚くなかれ、汝ら静かにかつ速やかに銃を執って整列せよと。一陣事の不意に出でたるを以てその何の故たるを知らず、狼狽銃を求めんとして相騒擾し、加うるに酔気未だ全く醒めず、起たんと欲してかつ倒れ、顚転して走る。このとき敵兵すでに五百歩の中にあり、飛丸雨の如くようやく陣前に集り注ぐ。ここに至りて陣中の狼狽いよいよその度を高め、また陣頭に立って応戦の急務に就かんと欲する者なし。

「韓将斐全の二氏この状を見、大に怒って曰く、汝ら何する者ぞ、敢えて倭客の前にかくの如き醜態を演ずるや、我が徒すでに生民のために一身を以て犠牲となす、進んで敵を破る能わずんば、何の面目あってか帰ってまた江東の父兄にまみえん。名を惜しむ者は宜しく我に従って来るべしと。奮然馬首を東に向け、誇り立ったる敵の中堅を望んで一気に突貫す。その健闘苦戦の状、阿修羅王の荒れ廻るよりも猛烈なり。衆兵またこれに激せられ、各々矢石を冒して進む。軍気ここにおいて新たに振い、井上、時沢、左右よりこれを指揮し、再び敵の前衛を撃破して一小丘下に防備陣地を布かんと欲す。何ぞ図らん、既に潰走せりと見えたる敵は、更に幾倍の荒手を添えて突然丘後より現われ出で、地勢の勝を利し、直下して我に殺到し来たり。呼吸も吻がせず、攻め立て駆け悩まさんとは、我が軍この不意打ちに逢うて更に策の出づべきなし。士気自ら沮喪し、旗色はなはだ乱る。敵ますます勢に乗じて猛進し、我が軍これがためみな江中に追い落とされ、負傷極めて多し。ようやくにして危急を脱れ、退きて柯王里に拠るを得たり、力闘して辛く敵の追撃を拒む。

南面軍の進退

大将白水健吉、副将日下寅吉は韓将朴鄭の二氏および兵一百人を率い、払暁急に走せて牛峙の要所に至る。峙畔未だ一京兵の来たり屯するなし。衆、天を仰ぎてその先制の地を与えたるを感謝し、直ちに峙下について地勢を卜し、地雷を沼道各処に伏せ、おもむろに敵の到るを待つ。しばらくして前程を望めば、各色の旗幟煙樹の間に翻々として次第に我に来たり迫らんとする者の如し。白水すなわち令を伝え、妄語を戒め、寂然無人の態を装い、突如として敵の不意を襲うべき用意を整えしむ。既にして敵兵衆を挙げて峙下に来たり屯し、将に峙に攀じんとして、先ず伏兵の有無を探らんとする者の如し。この時日下急に数兵を遣わし火を地雷に導かしむ。忽然として百千の大雷地底より爆発し、轟然耳を貫き、天地をつんざきて分断たらしめんとす。千余の京軍は錯愕周章を極め、叫喚煩悶してことごとく朦々たる硝煙の中にあり、白水ら機に乗じ兵をつくして峙上より直下し、四面より包んでこれを鏖殺せんとす。京兵一望、胆喪し、心消え、銃を捨て、服を脱して走る。白水また長駆、行々敵の傷を救い、降を容れ、終に玉果県城に進撃し、兵を交えずしてその官衙を占領し、これに拠って悠然他面の戦報を待つ。

西面軍の進退

大将千葉久之助、副将大久保肇、ともにこれ沈勇の士、千葉は特に用兵の術に老す。すなわち択んで西軍の強敵に当らしめたるもの、ここにおいてか、二人は韓将崔安の二氏、および兵一百人を率い、暁霧を冒して白山里を飛過し、午前五時、進んで防襲峴の要害を占頃せんとす。不幸にして潭陽の京軍五分前すでに峴上に占拠し、専ら天嶮を頼んで邀撃の設備を速成せるを見る。我が予定の計画はここに先ず第一着を誤りたり。千葉、大久保、恨悔禁ぜず、憤激の余、終に自ら刀を抜きて前頭に立ち、衆兵魚串これに従って坂路を攀登し、力攻して強いて攻め破らんと欲し、大いに苦闘す。敵兵下瞰、木石を投ち《ママ》弾丸を直射し、頑強に抗抵《ママ》すること多時、容易にその嶮を奪うべからず。千葉、憤悔措く能わず、ますます苦闘して敵に当る。我が兵これがために傷つく者ほとんど算なし。しかして遊撃軍の動静未だ測り知るべからず、千葉終に軍のなすべからざるを察し、心ならずも背進の令を伝え、死を決して白山里に拠守す。」

遊撃軍の進退

大将大原義剛は極めて剛毅の士、正々堂々敵の中軍と接戦せんことを期し、独身北面の将任たらんことを望む。すなわち韓将、李超の二氏および兵一百を率い、払暁全州路を望んで発程す。行きて双岩里に達すれども未だ一兵の来たり迫るものなし。すなわち前衛を進めて岩崎村に入る。京兵なお未だ来らざるなり。ここにおいて塁を秋月山下に築き、高丘に拠って敵を迎うるの策を建て、双岩里の兵を挙げてこれに合せしむ。山霧既に吹き散じて朝暾ようやく暉々たり。塁頭まなじりを決して前面を望めば、長橋里、雲岩店、独山洞の連邑、雲岩河一帯の平原は、何時とも知らず京兵の充満する所となり、山も川もみな進撃喇叭の一曲に震動し、土民等の担荷して侵掠を遁れんとするの状、歴々指点すべし。大原哄然として破笑し、塁を下りて韓将を顧みて、静かに謂いて曰く、大丈夫畢世快心の時今にあり、公ら速やかに塁畔に配兵して我が号令の発するをまてと。韓将すなわち唯々として退き、施設総て受命の如くして京兵の来たり迫るに備う。警衛はかくの如くにしてようやくその緒に就けり。この時あたかも好し、京軍徐々行進を始め、一隊二千余名、独山洞より雲岩江を乱り、粛々然として長財洞に入り来たる。その勢、長江堤を決して奔るが如く、草も木も皆一様に風靡して、当面ほとんど抗拒すべからざる者に似たり。大将大原、莞爾として久しく塁頭にあり、すなわち手を挙げて急に両韓将をさしまねき、速やかにその側に到らしむ。韓将到れば大原耳を属して密かに吟咐する所あり、韓将唯々として退き、三、四十卒を率い、突如として塁の一方より下り、京軍の前衛に向って急襲を試みんとす。京軍騒擾、隊を乱して防戦し、韓将また右奔左走して挑戦の状をなす、しばらくして我が軍退きてことごとく塁中に入れば、京軍の大いにこれを追跡し、軽進して塁下に蟻集する者、正に三百、大原これを見て大喝一斉、射撃の号令を発す。一百の党軍、声に応じて急に銃を執り、速射約五分間、その奇、驟雨のたちまち至るが如く、硝煙朦々、塁を蔽うて暗澹たる者久し。硝煙ここに散ずれば塁下一面京兵の算を乱して斃るるもの累々たり。しかして全衆は既に全く潰散してわずかに本隊と共にあるを見る。第一戦その勝利は先ず党軍に帰したりといえども、衆寡勢を異にするもの殊に甚し。ここにおいて大原深く慮り、容易に韓将の出戦を許さず、一軍鳴りを静めて塁壁を固守し、しばらく敵の動静を窺うの姿勢を取る。

進撃軍の進退

内田は天佑俠中の急先鋒、危を冒し難を凌ぎ、四方に転戦して虚を衝き、不意を襲うには最も適任たり。ここにおいてか、遊撃軍の大将として潭陽攻撃の任を帯び、更に敵の背後に出で、千葉と合撃して西方また京軍を鏖殺せんとす。副将西脇栄助は機敏健脚、韓語に巧みなる者、しかして内田の率ゆる兵は、韓将金氏外七十人なり（中略）。

「内田ら曲江の上流に出で衆を激励して急駆し、直ちに潭陽城下に達す。すなわち正門より驀入してその官営を襲う。時に営兵多く出で、防築峴の戦に赴き、城内空虚残留する者百に満たず、内田突進、営に入って大喝すれば、京兵萎縮、銃を捨てて多く降を乞う。けだし変不測に起って敵の多寡を詳かにせざればなり。内田ことごとくその降兵を収め、これを先駆として急遽防築峴に向い、京軍合撃の前約を果さんと欲す。

第一戦の全局観

内田の遊撃隊と、白水の南面軍とは、ようやく勝利を博したるが如きも、千葉の西面軍は敵のために防築の嶮要を先制せられて、進攻その機を失い、時沢の東面軍は軽々兵を進めて戦頻りに利あらず、大原の北面軍は優勢の敵の包囲する所となりて、孤塁を堅守するに過ぎず。党軍大体の戦況は未だ全敗には至らざるも、決して全勝とは称すべからざるなり。いわんや本営においては内田が道に迷うてより遊撃軍の動静を詳かにせず、或いはその鄧艾的陣法を以て、必ず快捷を博すべきを信ずるも、時に或いは全軍覆没の惨に逢えるに非ざるやを疑う者あり。内田が戦闘の如何は実に全軍の死命に関するもの少なからず、敗か勝か、その消息もとより究めざるべからざるも各面刻下の危急は力を他に分つの余裕なし。すなわち急に白水の軍を玉果より招還し、これをして東面軍に赴援せしめ、しかしてのち別に遊撃軍の動静を探らしむるに決す。

第二日早朝の東面軍

大将時沢意気甚だ揚らず、井上また激闘に労し、韓将斐氏負傷して東面の軍ついに支え難く、ようやく柯王里を退却せんとす。形勢窮塞またいかんともすべからざるに似たり。危急の報、直ちに本営に到る。全琫準すなわち三軍師と熟議し、終に吉倉をして逞兵二十人を率いて救援に赴かしむ。吉倉即刻兵を提げて電馳柯王里に到り、先ずその地理を察し、ひそかに樹陰に拠り、不意に吶喊して京軍の横面に衝突せんと欲す。京軍大いに驚き、おもえらく敵の援軍大いに至ると。すなわち急に□《不明》を去って少しくその兵を退く。ここにおいて我が軍また振い、刻前の敗形は俄かに変じ来たってかえって攻勢を取るに至る。時に南面軍の白水、王果より雲岩江に沿うて遡り、急に赤城津の背後に現われ、頻りに敵の走路を絶たんと欲す。敵すこぶる驚きしばしば後方を顧みて士心一ならず。吉倉兵、機に乗じてますます樹陰より狙撃し、井上、時沢の軍、正面より猛進して前日の敗辱を雪がんとす。白水また次第に敵の後軍に迫り、三面合撃、勢はなはだ壮なり。京軍終に拒戦するに耐えず、陣形大いに乱れ、次第に潰敗して北西に向って走る。

第二日早朝の西面軍

嶮要敵の拠る所となりて、千葉の軍、容易に進む能わず、狭撃を約せる遊撃軍は消息ほとんど絶えて成敗測るべからざるに似たり。本営の軍議すなわち田中をして親兵二十余を率い、走せて千葉に協力せしむ、千葉、大久保迎えて大に悦び、協議の極、また兵を防策峴麓に進め殊死して大いに戦う。あたかも好し、内田の遊撃軍この時降兵を駆って背面より鼓燥して殺到す。京軍ここに至って糧路全く絶え、陣中すこぶる騒ぎ、頻りに走路を求めんと欲する者の如し。千葉、田中、機を察してますます進撃に努め、内田またすこぶる健闘して突貫を行う者幾回、京軍ついに自ら支えず、参々伍々相伴い相助け、秋月山脈に従って逸奔す。

第二日早朝の北面軍

北面軍は京軍と相対戦せる者、敵の我に優る正に二、三十倍、その容易に勝つべからざるは理の当然たり。報の本営に達するや、鈴木また親兵二十五名を提げて赴き救う。ここにおいて軍気大いに振い、将に敵を撃破せんとするもの数次、この時不幸にして一隊の精兵俄かに東南面より顕われ来たり、敵のために大に力を添う。既にして東面京軍の敗兵また次第にこれに加わるあり、あい合して大原、鈴木の軍を包撃す。我が軍二隊に岐れ、防戦はなはだ力むといえども衆寡もとより敵すべからず、塁の一角終に破れ、漸次追われて秋月山の高所に移り、地勢の利に拠ってわずかに陥落の難を脱るるものの如し。しかるに何ぞ図らん、この地また西面京軍の敗卒、突如として山嶺より俯瞰し、低きに就きて我を攻むるあらんとは。我が軍ここにおいて全く重囲に陥り、また一人の生還するものなきに至らんとするが如し。これより先、武田大和尚は自ら淳昌の本営に留まり、赤十字隊を指揮して諸路死傷者の治療をなせり。のち北方京兵の優勢なるを聞くや、進んで双岩里に至り、万一の変に備えんとす。しかして今や危急寸刻に迫るの報を得たり、大和尚奮然蹶起、直ちに附近の農具を徴発し、これを三十名の兵士に分与し、一種の鋤戟隊を編成して秋月山下に急駆す。けだし赤十字隊もと兵器なし。即ち止むを得ず農具を振って、その難に赴かんと欲する者、自身はすなわち一尺四、五寸の戒刀を揮い、しかして敏活猛劇に部下を指揮する処、宛然たる古上杉霜台の風采あり。ようやく進んで戦地に近づけば夕陽将に西天に没せんとして暮霞蒼然、遠きより来たる、敵に我が兵の多寡を知らしめざるこれより好時機なるはなし。和尚号令一下、吶喊して敵陣に殺奔し、左衝右突、たちまち一条の血路を開き、突出一回また更に突入す。山上の我が軍これに拠って大いに気力を恢復し、奮闘力戦してのち始めて蘇生の地を成せり。唯それ敵勢なお未だ十重二十重の包囲を解かず、これがため苦戦苦闘幾回に及ぶといえども、容易に囲を衝いて山を下り、山下の我が軍に合するを得ざるものあり。山上の軍ようやくにして気力将に枯渇するになんなんとす。幸なる哉、この危機一髪の際、吉倉、時沢、井上の一軍逸足空を飛んで東面より来たり救い、ここに武田の隊と協同力を振い、終に大原、鈴木の一軍を山上より擁護し来たり、ようやく双岩里に向って退き去る。その途、内田隊、千葉隊、大崎隊ら来たり会し、あい提えて双岩里の党中に帰着し、半夜灯前、盃を挙げて戦労を慰め、更に大いに今後の軍議を凝らす所あらんとす。

第三戦の夜襲、京軍を粉虀す

軍議はここに再び開かれたり。しかれどもこの夜の会議は前夜と異にして、また一個の韓人を交えず、座に連るものは唯わずかに天佑侠の同志十四名のみ。議はついに夜襲に決し、即夜これを実行せんとす。夜襲の手段はいわゆる切り入りにして、十四名手に爆裂弾を携え、二、三個ずつ左右前後にあい別れ、各所より敵陣に侵入して以て、その荒胆を取り挫ぎ、及ぶべくんば簡単なる方法を以て全軍々潰散せしめ、一挙して日本人の手並を敵味方に知らしむるにあり。評定すでに一決す。一同すなわち旨を全総督に報じ、即時準備の爆弾を取って起ち、潜かに敵の哨兵線を通過し、徐々として各方より次第に敵の本営に近づき進む。発するに臨み一同約を立て、曰く、先登第一陣に入る者まず弾を投じ、その轟響を以て各人に対する合図とせん。各人これを聞かば直ちに一斉あい投じ、以て声援を計り、急駆して突貫を試むべしと。大崎、千葉、田中、先登第一たり。すなわちみな約の如く弾を投じ、諸人相次いでこれに倣う。総て期せる所の如し。爆声喊声、ここにおいて轟々反響し、ともに天地を震憾す。この時京軍おおむね昼戦の労に耐えず、陣中に披藉して酣睡を貪り、爆声の耳をつんざくに及び暗中敵の多寡を察するを得ず。狼狽してあい蹂り戦わんと欲すれども策の出づる所なし。十四人突撃縦横、無人の境を行くが如く、終に敵の全陣を破壊し尽す。なかんずく最もおびただしく敵人を屠りたるは内田急先鋒にして、内田と相並び劇しく敵を殺戮して諸人を驚倒せしめたるは、年少の井上なり。敢えて専ら戦闘を好むというに非ず、慰みがてら出合い頭に敵を切りさいなみたるは鈴木、吉倉にして、最も周到の戦闘をなしたる者は、大原、大崎、千葉、武田、白水、大久保、五、六人なり。吶喊猛烈、一騎当千の威勢を示したる者は田中、日下を推すべく、左手ピストルを用い、右手刀を携えたる割に、多数の敵を斃し得ざりし者は時沢右一なり。かくの如くして卑怯なる敵軍は五十余の死屍を陣中に遺棄し、躓けつ輾びつ這々の体にて血路を求め、九死に一生を得たらんが如く、命からがら金州路を指して潰走せり。この時まさに天明に近からんとす。顧みて味方を験すれば、一人の死者、負傷者あるなし。一同雀躍の情、推して知るべし。凱歌幾番、声天に震えり。既にして戦労ようやく発し、睡魔また襲い到って堪ゆる能わず、すなわち陣跡に臥休しておもむろに後軍の綴ぎ至るを待つ。天ようやく明くれば、全総督報を得て自ら馬を飛ばし来たり、ここに始めて夜襲の顚末を詳かにし、感謝称歎これを久しゅうするの後、十四人の地位を進めて各党軍の大将となす。しかれども十四人固辞してこれを受けず、ただ客将の地位を以て軍事百般の画策に参謀たらんを諾するのみ。全はこの好機に乗じて直ちに官兵を追跡し、即朝本営を雲岩店に移し、先鋒を長橋里に進めて、旦夕金州を衝くの勢を示せり。しかして更に他面において力めて四方の窮民を撫恤し、その酷吏を追い、その暴税を除き、挙措堂々宛として王者の風あり、湖南の健児ここに至って彼が幕下に帰属するもの五万人、声威遠く湖西嶺南を震撼す。大丈夫馬上の事あにまた快ならずとせんや。喜ぶべき飛使のたちまち万里関より本営に馳せ到るあり、その使命に曰く、順天の少年李福竜、郷兵四千を提げて順路金州に攻め上らんとす。願わくはこれより全総督の節度を承け以て共に与《とも》に天下のために妖霧を排《ひら》かんと。また不快なる一報は別に先鋒の営よりもたらされたり。曰く今日勅使と称する者、全州より来たって媾和の意を通ず。如何にかこれを接遇して可なる。敢えて総督の賢慮に訴えんと。天下億兆のために妖霧を排して立たんとするか、そもそもまた王命を拝して媾和の約を立てんとするか、全総督の進退去就果して如何。

万馬関頭の少年英雄

万馬関頭より急使を全琫準の本営に送り、共に与《とも》に北上の義軍を起さんと寄語し来たれるものを誰とかなす。これはこれ少年英雄の偉名を轟かしたる全羅順天郡の李福竜なり。福竜この時年わずかに十四、しかも天資英邁にして俠気に富み、胆略ありて郷党の重望を荷う、全琫準の軍、京兵の攻囲する所となるを聞くや、福竜慨然として衆に謂って曰く、全総督今日不幸にして万一の変あらんか、天下百姓蘇活の願望これより終に絶えん。我故に今より別路を進んで直ちに全州の城営を窺い、以て官兵の背後を衝くの勢を示し自然に総督を危急より脱せしめんと欲す。諸兄弟もし平生の約に背かずんば、乞うこれよりあい共に兵を挙げて万馬関に拠らんは如何と。ここにおいて郷人の彼が義に伴う者、無慮四千人、声勢大いに震うて道東俄かに彪然一敵国を生ず。官兵今や一面に全の精鋭を引き受け、他面また李の荒手を迎う、攻守困難の地に陥らざるべからざるなり。」（『天佑俠』抜抄）

京軍和を媾う

前に東学党のあるあり、後に福竜軍の起るあり、官兵進退困難なり。すなわち東学党に対し和を媾う。これ京軍の狡智攻戦を避け東党軍を離散破滅せんがためのみ。その条件に曰く、

第一　東学人は尋常教化なき民と異にして、頗る国家のために用をなすべき者なり。故に一般民衆また能くその意を体し、漫にこれと争端を開き、以て東学に対する官の礼遇を傷つくべからず。命に違う者は重罰あり。

第二　東学人中、従来家を捨て産を擲ち、四方に出遊したる者、極めて夥しかるべし。思うにその家政またこれがために紊乱して目下困難の状にある者、従って少なからざらん。これを以て一般民衆中、もし党人に対して債権を有する者あらば、事情の如何を問うを許さず、爾後宜しく悉皆その債権を棄つべし。また田地等を債権の典当に預り居る者は、総てその田地を本人に返還すべし。

第三　東学人の四方に往来するを妨ぐべからず。旧怨ある者といえども、決して他の行動を阻害するを許さざるなり。（『天佑俠』抜抄）

東軍また意気沮喪衆心戦に倦むものあり、全総督いま直ちに兵を用うるの不利を見、七月一日京城にあい合して事を挙げん事を俠士と誓い、日章旗を携うるものを義兵の印とせん事を約し、俠士に贈るに麻布数巻、麻服数着、路銭五百両、金砂丹数十個、朝鮮色紙数十巻、馬三頭、馬夫三人、なお添えるに東学党の秘密印符（一人に一個ずつ）を以てし、全総督また兵を率いて玉果県に去る。天佑俠士また速やかに京城に出でん事を思い、金州その他途に幾度となく韓兵を懲してしばらく八道第一の霊域鶏籠山新元寺に籠って労を休め、神心を慰むる所あ

り。当時一行中の保寧山人賦して曰く。

太平歌

太平唱来五百年　厝火積薪坐貪眠　暦数有識思鄭氏　八道無人解倒県
三南時聞杜鵑叫　泰山欲呼寸膚雲　半夜聞鶏誰唾手　幾人撫枕気慨然
東学道主崔夫子　心抱済世斥西祆　名高一代誡妄作　十万教徒担一肩
難奈衆徒激時事　飛檄馳羽人馬喧　念珠在手提銃起　誓排閭闔訟民党
全州北清朝天闕　南之嶺湖勢可連　韜略独推全璋準　万馬啣枚度層嶺
暁霧末醒夜宴酒　一城倉皇驚響弦　軍令清明十二幟　城下望風衆万千
趙括乞降官屢敗　陣営講道開法筵　三南既非敗官有　宜向京師勒鞍鞭
烈焰四面万雷迸　江華親軍捲狂欄　為民殺民非吾義　姑全城民且退軍
日東男児有義胆　天佑其俠既天権　錦嚢秘得霹靂術　長袖善蔵蛟虬拳
揚鞭駕洛雨暗夜　歃血広寒月明前　斡乾転坤在弾指　千百幼身十五員
天祐相感是天俠　扶桑遥望鶏林烟　天俠相合是天佑　淳昌将庁訂天縁
八将星羅如曜電　賓儀上壇似神仙　指天指地誓噭日　論道談兵風生壇
大道不怪行大逆　密謀先天不違天　行徇州郡張形勢　忽放奇計入京阡
汝到雲峰立汝馬　万県伝檄下仙寰　鶏籠吾且闘我室　七初投鞭乱洛川
奇中有奇奇生寄　約中有約約更堅　如去如来隠又顕　神変誰敢倪其端
天佑俠兮東学党　動九天兮潜九泉　願共建無前鴻烈　太平長歌大朝鮮

一行下山の後、京城に向って道を急ぐ。ついに韓人と衝突し活劇を演ずること一再ならず。

活動いよいよ起る

これより先き韓国朝廷、東学党の猖獗を聞いて大いに驚き、許将軍を派してこれを征せんとす。許将軍東学党征討に向うも軍中日本人あるを聞き愕然色を失い、敢えて発せず。韓廷すなわち袁に嘱するに東学党討伐の事を以てす。ここにおいて袁は威海衛に置く所の兵三営を招致す。三営の兵はその数一千五百に当る。

清国の意、朝鮮の内乱を機とし、以て属邦の実を挙げんと期したるに外ならず。的野の謂う所の活動は既に天佑俠によりていよいよ鶏林八道の一角にその気勢を揚げたるなり。

ここにおいて我が国は、混成旅団兵（兵員七千）を大島義昌に率いしめ朝鮮に派す。

これに先だち、清兵朝鮮に入るの報一度我が国に達するや、我れ清兵に対抗するに非ざればただに我が国威を全うするを得ざるのみならず、朝鮮の独立ために危うからんを慮り、特命全権公使大鳥圭介を京城に派す。大鳥公使一行は陸戦隊に護衛されて京城に入り、仁川京城間を扼して以て変に備え、かつ清国に左の通牒を発す。

「日清韓三国はその土壌あい接近し、その関係輔車唇歯もただならざるを以て、朝鮮の禍乱は直ちに貴我両国の利害に及ぶべし。しかして朝鮮の時事日に非にして危機一髪なるはまた貴国の知了する所ならん。よって貴我両国の協議に依り、韓廷に向って諸般の制度を改善せしめ、大いに自治を釐正せしめ、将来の禍根を断ち、百年の大計を定めしめんことを韓廷に勧告せんと欲す。これ我に他意あるに非ず、ただ朝鮮の独立を幇け、以て東洋大局の平和を保維せんことを希うのみ。」

と。清国これに答えて曰く、

「東学党すでに平定したり。最早互に留兵の必要なし。依って我が兵を撤回せしむべければ同時に貴国兵をも撤回せらるべし。また韓廷に対する貴我両国の勧告の協議には応ずること能わず。」

と。韓廷また我に謂うて曰く、

「敝邦もし貴国の要求に従わんか、各国もまた陸続兵を出して要求する所あるべし。敝邦はなはだこれを病む、かつ貴国の兵を敝邦に駐むるは民心動揺物情恟々としてほとんどこれを鎮綏する所以を知らず、故に願わくはこの際断然貴国の兵を撤回されたし。しかる上にて敝邦の改革は任意に着手実行すべし。」

ここにおいてか公使は韓廷、我の好意に背くを憤り、

「朝鮮は明治十七年の条約に基き、我が軍隊のために兵営を建築すべし。帝国保護の名を以て清国兵を駐むるは独立国たるの体面に関す。宜しく撤兵せしむべし。もし二十二日を期し、これが確答をなさざるにおいては我より韓廷の改革を強行すべし。」

と。しかも期限到来するも韓廷回答するなし。公使すなわち韓廷に問わんと欲してその翌日王宮に向う。日韓の衝突ここにおいて始まり、互に兵を交えてついに韓兵を降し、公使すなわち国王に謁し、その意を致す。国王我が政府の厚情に対して賛同の意を表し、事ついに局を結ぶに至りたり。しかれども当時清国は韓国内における兵を撤せざるのみならず、続々その兵を送りてやまず。

当時我が国においては第五議会に議長星亨収賄の廉により不信任を議決され、不信任上奏を可決し、次いで後藤農相の政商狎親を責めて官紀振粛に開する上奏を可決し、十九日議会は十日間の停会を命ぜられ、二十四日大臣の副署なき官紀振粛上奏に関し、勅語を閣臣に賜い世論ますます沸騰し、しかして条約励行と軍艦千島訴訟事件とにて、政府と議会との議合わず、二十九日十四日間の再停会を命ぜられ、翌三十日解散の詔勅あり、第六議会は明治二十七年五月十二日を以て召集され、十五日開院式を挙行したるが、五月三十一日内閣弾劾上奏案衆議院において可決され、翌一日闕下に奉呈し、次いで翌二日解散の命下るあり。

我が国の状すでにかくの如し。清国官人おもえらく、日本はいま朝野の軋轢甚しき者あり、到底出兵する能わ

ざるべしと。しかるに意想外にも七千の兵堂々乎として韓半島に送らるるを見るや、袁は大いに驚き、蒼惶その本国に引き上げ去りぬ。かくして韓国における日清両国の威望は正反対の傾向を示し、初め袁の鼻息を窺いて我が軍の行動を妨げたる外国使臣も屏息して我の威風に恐れをなすに至れり。

当時我が国有司中には清国を恐るるもの少なしとせず、総理伊藤の如きその尤なるものなりき。しかれども暴戻は膺たざるべからず、驕慢は懲らさざるべからず、かつ韓帝大鳥公使に書を贈り、嘱するに国内の清兵を掃蕩せん事を以てす（韓帝の書を大鳥公使に致すもの岡本柳之助大院君を力説せるによると云う）すなわち公使兵を率い牙山に向い、二十九日奮闘して成歓城を抜く。牙山の清兵戦わずして潰ゆ。

皇軍連勝

八月一日宣戦の詔勅あり。

「天佑を保全し万世一系の皇祚を践める大日本帝国皇帝は忠実勇武なる汝有衆に示す。

朕ここに清国に対して戦を宣す。朕が百僚有司は宜しく朕が意を体し、陸上に海面に、清国に対して交戦の事に従い、以て国家の目的を達するに努力すべし。いやしくも国際法にもとらざる限り各々権能に応じて一切の手段を尽すにおいて必ず遺漏なからんことを期せよ。

惟うに朕が即位以来ここに二十有余年、文明の化を平和の治に求め、事を外国に構うるの極めて不可なるを信じ、有司をして常に有朋の誼を篤くするに努力せしめ、幸いに列国の交際は年を逐うて親密を加う。何ぞ料らん清国の朝鮮事件における、我に対して著著鄰交にもとり信義を失するの挙に出んとは。

朝鮮は帝国がその始めに啓誘して列国の伍伴に就かしめたる独立の一国たり。しかして清国はつねに自ら朝鮮を以て属邦と称し、陰に陽にその内政に干渉し、その内乱あるにおいて口を属邦の拯難に藉り、兵を朝鮮に出したり。朕は明治十五年の条約に依り兵を出して変に備えしめ、更に朝鮮をして禍乱を永遠に免れ、治安を将来に保たしめ、以て東洋全局の平和を維持せんと欲し、先ず清国に告ぐるに協同事に従わんことを以てしたるに、清国は翻って種々の辞柄を設けこれを拒みたり。帝国はここにおいて朝鮮に勧むるにその秕政を釐革し、内は治安の基を堅くし、外は独立国の権義を全くせんことを以てしたるに、朝鮮は既にこれを肯諾したるも清国は終始陰にいて百方その目的を妨碍し、あまつさえ辞を左右に托し、時機を緩にし、以てその水陸の兵備を整え、一旦成るを告ぐるや直ちにその力を以てその欲望を達せんとし、更に大兵を韓土に派し、我が艦を韓海に要撃し、殆ど亡状を極めたり。すなわち清国の計画たる、明らかに朝鮮国治安の責をして帰する所あらざらしめ、帝国が率先してこれを諸独立国に伍しめたる朝鮮の地位はこれを表示するの条約と共にこれを蒙晦に付し、以て帝国の権利利益を損傷し、以て東洋平和をして永く担保なからしむるに存するや疑うべからず。つらつらそのなす所について深くその謀計の存する所をはかるに、実に始めより平和を犠牲としてその非望を遂げんとするものと謂わざるべからず。事すでにここに至る、朕平和と相終始して以て帝国の光栄を中外に宣揚するに専なりといえども、また公に戦を宣せざるを得ざるなり。汝有衆の忠実勇武に依頼し速やかに平和を永遠に克復し、以て帝国の光栄を全くせんことを期す。」

ここにおいて列国局外中立を宣言す。我が軍海陸共に連戦連勝、清国ついに和議を乞い、二十八年三月十九日下関に媾和談判を開く。時に小山豊太郎なるものあり、李鴻章を狙撃し、李に微傷を負わしむ。四月十七日に至り媾和条約始めて成り、四月二十日批准を得、その条約左の如し。

大日本国皇帝陛下および大清国皇帝陛下は両国およびその臣民に平和の幸福を回復し、かつ将来紛議の端を除くことを欲し、媾和条約を訂結するために大日本帝国皇帝陛下は、内閣総理大臣従二位勲一等伯爵伊藤博文、外務大臣従二位勲一等子爵陸奥宗光を大清国皇帝陛下太子大傅文華殿大学士北洋大臣直隷総督一等粛毅伯李鴻章、二品頂戴出使大臣李経芳をおのおのその全権大臣に任命せり。因りて全権大臣は互にその委任状を示し、その良好妥当なるを認め、以て諸条款を協議決定せり。

第一条　清国は朝鮮国の完全無欠なる独立自主の国なることを確認す。因って右独立自主を損害すべき朝鮮国より清国に対する貢献典礼等は将来全くこれを廃止すべし。

第二条　清国は左記の土地の主権、並びに該地方にある城塁兵器製造所および官有物を永遠日本国に割与す。

一、左の経界内にある奉天省南部の地。

鴨緑江口より該口を溯り安平河口に至り、該河口より鳳凰城海営口に亙り、遼河口に至る折線以南の地、併せて前記の各城市を包含す。しかして遼河を以て界とする所は該河の中央を以て経界とすることと知るべし。

二、台湾全島およびその附属諸島嶼。

三、膨湖列島すなわち英国グリーニウィチ東経百十九度ないし百二十度および北緯二十三度ないし二十四度の間にある諸島嶼。

第三条　前条に掲載し、附属地図に示す所の経界線は本約批准交換後、直ちに日清両国より各二名以上の境界共同劃定委員を任命し、実地について確定する所あるべきものとす。しかしてもし本約に掲載する所の境界にして地形上または施政上の点に付き完全ならざるにおいては該境界劃定委員はこれを更正することに任ずべし。該境界劃定委員はなるべく速やかにその任務に従事し、その任命後、一個年以内にこれを終了すべし。但し該境界劃定委員において更正するに当りて、その更正したる所に対し日清両国政府において可認する迄は、本約に掲記する所の経界線を維持すべし。

第四条　清国は軍費賠償金として、庫平銀二億両を日本国に支払うべきことを約す。右金額は都合八回に分かち、初回および次回には毎回五千万両を支払うべし。しかして初回の払い込みは本約批准交換後六箇月以内に、次回の払い込みは本約批准交換後十二箇月以内においてすべし。残りの金額は六箇年賦に分かち、その第一次は本約批准交換後二箇年以内に、その二次は本約批准交換後三箇年以内に、その第三次に本約批准交換後四箇年以内に、その第四次は本約批准交換後五箇年以内に、その第五次は本約批准交換後六箇年以内に、その第六次は本約批准交換後七箇年以内に支払うべし。また初回払い込みの期日より、以後未だ払い込みを終らざる額に対しては、毎年百分の五の利子を支払うべきものとす。但し清国は何時たりとも該賠償金の全額あるいはその幾分を前以て一時に支払うことを得べし。但し本約批准交換後三箇年以内に該賠償金の総額を皆済するときは、総て利子を免除すべし。もしそれ迄に二箇年半もしくは更に短期の利子を払い込みたるものあるときは、これを元金に編入すべし。

第五条　日本国に割与せられたる地方の住民にして、右割与せられれる地方の外に住居せんと欲する者は、自由にその所有不動産を売却して退去することを得べし。そのため本約批准交換の日より二箇年間を猶予すべし。但し右年限の満ちたるときは未だ該地方を去らざる住民を、日本国の都合に依り日本国臣民と視做することあるべし。

日清両国政府は、本約批准交換後直ちに各一名以上の委員を台湾省へ派遣し、該省の受け渡しをなすべし。しかして本約批准交換後二箇月以内に、右受け渡しを完了すべし。

第六条　日清両国間の一切の条約は交戦のため消滅したれば、清国は本条約批准交換の後、速やかに全権委員を任命し、日本国全権委員と通商航海条約および陸路交通貿易に関する約定を締結すべきことを約す。しかして現に清国と欧洲各国との間に存在する諸条約の章程を以て該日清両国間諸条約の基礎となすべし。また本約批准交換の日より該諸条約実施に至るまでに、清国は日本政府官吏、商業航海陸路交通貿易工業船舶および臣民に対し、総て最恵国待遇を与うべし。

清国は右のほか左の譲与をなし、しかして該譲与は本約調印日より六箇月ののち有効のものとす。

第一、清国において、現に各国に向て開き居る所の各市港の外に、日本国臣民の商業住居工業および製造のために左の市港を開くべし。

但し現に清国の開市場に行わるる所と同一の条件において同一の特典および便益を享有すべきものとす。
一、湖北省荊州府沙市、二、四川省重慶府、三、江蘇州府、四、浙江省抗州府。
日本国政府は以上列挙する所の市港中何れの処にも領事館を置くの権利あるものとす。

第二、旅客および貨物運送のため、日本国汽船の航路を左記の場所まで拡張すべし。
一、楊子江上流すなわち宜昌より重慶に至る、二、上流より呉淞および運河に入り蘇州杭州に至る、三、西江すなわち広東より梧州に至る日清両国において章程を妥定するまで、前託航路に関し適用し得べき限外国船舶清内地水路航行に関する現行章程を施行すべし。
第三、日本国臣民の清国に輸入する一切の貨物は輸入者または貨物所有主の都合に因りて輸入手続の際、又は輸入手続の後、元価百分の二の交換税を支払うときは、清国の各地へ自由に輸送することを得。政府官吏私人会館またはその他各種の会社等が徴収する税金賦課取立金等、たとい何らの名義を以てするも、一切これを納むるを要せず、また日本国臣民が清国において清国貨品および生産品を購買し、これを輸出する旨を通知するときは、総て交換税を納むる迄もなく、通知の日より輸出の時に至るまで、前同様一切の諸税金等を免除せらるべし。また日本国臣民が清国内地の消費に充てるため、日本船舶を以て清国貨品および生産品を積載し、これを一の開港場より他の開港場に運送する時は、沿海貿易税を納むるのほか前同様一切の諸税金および輸出入税を免除せらるべし。但しこれら税金免除の件は輸入鴉片の税金徴収に関する現行章程には関係なし。

第四、日本国臣民が清国内地において貨品および生産物を購買し、またはその輸入したる商品を清国内地へ運送するには、右購買品または運送を倉入れするため、何らの税金取立金をも納むることなく、一時倉庫を借り入るるの権利を有すべし。

第五、日本国臣民は清国において税金手数料等を支払うに庫平銀を用うべし。但し時宜に依り該銀と同価値を有する日本円銀を以てすることを得べし。

第六、日本臣民は、清国各開港場において自由に各種の製造業に従事することを得べく、また所定の輸入税を払うのみにて自由に各種の器械類を清国へ輸入することを得べし。清国における日本臣民の製造に係る一切の貨品は、各種の内国運送税内地賦課金取立金に関し、また清国内地における倉入上の便益に関し、日本国民が清国へ輸入したる商品と同一の取り扱いを受け、かつ同一の特典免除を享有すべきものとす。

第七、清国に直ちに黄浦港にある呉淞バーを除くことに著手し、低潮の時においても、少なくも二十フィートの水深を保たしむべし。

これらの譲与に関し、更に章程を規定することを要する場合には、これを本条に規定する所の通商航海条約中に具載すべきものとす。

第七条　現に清国版図内にある日本軍隊の撤回は、本約批准交換後三箇月内においてすべし。但し次条に載する所の規定に従うべきものとす。

第八条　清国は本約の規定を誠実に施行すべき担保として、日本国軍隊の一時山東省威海衛を占領することを承諾す。しかして本約に規定したる軍費賠償金の初回次回の払い込みを了り、通商航海条約の批准交換を了りたる時に当りて、清国政府にて右賠償金の残額の元利に対し、充分適当なる取りきめを立て、清国海関税を以て抵当となすことを承諾するにおいては、日本国はその軍隊を前記の場所より撤回すべし。もしまたこれに関し、充分適当なる取りきめ立たざる場合には該賠償金の最終回の払い込みを了りたる時に非れば撤回せざるべし。もっとも通商航海条約の批准交換を了りたる後にあらざれば軍隊の撤回を行わざるものと承知すべし。
第九条　本約批准交換の上は、直ちにその現時にある所の俘虜を還附すべし。しかして清国は日本国よりかく還附せられたる所の俘虜を虐待もしくは処刑せざるべきことを約す。日本国民にして軍事上の間諜もしくは犯罪者と認められたるものは、清国において直ちに解放すべきことを約し、清国はまた交戦中日本国軍隊と種々の関係を有したる清国国民に対し、如何なる処刑をもなさず、またなさしめざることを約す。
第十条　本約批准交換の日より攻戦を止息すべし。
第十一条　本約はまた大日本皇帝陛下および大清国皇帝陛下において批准せらるべく、しかして右批准は芝罘において明治二十八年五月十八日すなわち光緒二十一年五月十四日に交換せらるべし。
右証拠として両帝国全権大臣はここに記名調印するものなり。
明治二十八年四月十七日すなわち光緒二十一年三月二十三日下の関において二通を作る。

伊藤博文　印
陸奥宗光　印
李　鴻章　印
李　経芳　印

別　約

第一条　本日調印したる媾和条約第八条の規定に依りて一時威海衛を占領すべき日本国軍隊は一旅団を超過せざるべし。しかして該条約批准交換の日より清国は毎年右一時占領に関する費用の四分の一庫平銀五十万両を支払うべし。

第二条　威海衛における一時占領は劉公島および或いは威海衛湾の全沿岸より日本里数五里の地を以てその区域となすべし。

右一時占領地の経界線を距ること日本野数五里の地内にありては、何れの所たりとも清国軍隊のこれに近づきもしくはこれを占領することを許さざるべし。

第三条　一時占領地の行政事務はなお清国官吏の管理に帰するものとす、但し清国官吏は常に日本国占領軍司令官がその軍隊の健安全紀律に関し、またはこれが維持配置上に付き必要と認め発する所の軍令に服従すべき義務あるものとす。

一時占領地内において犯したる一切の軍事上の罪科は日本軍務官の裁判管轄に属するものとす。

この別約は本日調印したる媾和条約中にことごとく記入したると同一の効力を有するものとす。

右証拠として両帝国全権大臣これに記名調印するものなり。

明治二十八年四月十七日すなわち光緒二十一年三月二十三日下の関において二通を作る。

大日本全権弁理大臣内閣総理大臣　従二位勲一等伯爵　伊藤博文　印
大日本帝国全権弁理大臣外務大臣　従二位勲一等子爵　陸奥宗光　印
大清帝国欽差頭等全権大臣太子大傅文華殿大学士北洋大臣　直隷総督一等肅毅伯　李　鴻章　印
大清帝国欽差全権大臣二品頂戴前出使大臣　李　経芳　印

袁の面皮剥る

老大国と新興一小国との交戦なる題目において、日清戦争は世界の興味をそそれり。清国すでに我が国を視る豆大貧弱の孺子何をかなさん、殊に内に上下の軋轢あり汗せずして破るべしとし、大いに我を侮る。我は夙に清の暴慢を憤り、機を以てこれを膺せんと欲するもの、好餌韓国を間に挟んで両々あい睨むもの久し。

それこれを思うに清国をして兵を起さしめたるものは実に袁世凱なり、彼の虚報捏報はついに李鴻章の決意を促し、李の決意は清兵を韓半島に送らしむるに至れり。更にこれを思う、袁をして韓国併合の機今日にありと思惟せしめ、その食指を動かさしめたるものは東学党の乱なり。東学党をしてその勢を加えしめたるものは実に我が天佑侠なり。

これによってこれを思う。天佑侠の活動は韓廷をして東学党中日本人あり、清兵の力を借らずんばこれを討滅し能わざるべしと思惟せしめ、袁は韓廷嘱する所の東学党討滅の事を以て、韓国併呑の機を作り、清の野心を延べんと欲したりき。かくの如き豺狼の野心、天人如何でかこれを許さん。我が国は正義大道に則り、ついに韓半島より清兵を逐わんとせり。これ日清合戦の端にして、その事端の発する根因天佑侠にあり、東学党にあり、天佑侠は真に日清交戦の火の手なりしなり。しかも責の帰する所は清廷ならずんば非ず。それしかり、袁の終始果して如何、天佑侠の消息また果して如何。

二十七年七月我が兵、旗鼓堂々として京城に入るや、袁大いに驚き蒼惶遁逃せるは既に述べたり。当時彼狼狽の極、啇門楼上の黄竜旗を棄てて走れる、今なお世に伝うる所の胡虜《ものはらい》にして、袁は一切の事務を唐紹怡に委し、京城より遁れて天津に至る。厚顔の彼なお醒めず、虚報捏造を以てその非を蔽い朝鮮招討使に任ぜられたりといえども、清兵連戦連敗の事実は袁の罪悪を証拠立つるに至り、李鴻章の怒りに触れて官を免ぜられ、ついに直隷周按察使部下の軍糧係員に貶せられたり。しかれども袁の野望なお止まず、盛宣懐らの斡旋に依り、日清戦争後わずかに李鴻章に面晤するを得たり。当時李鴻章は袁を見、かつ罵って曰く「我長髪乱以来戦に出づる事百幾回、未だかつて微傷を蒙らず、しかるに今老齢まさに棺中の人たらんとして、しかも汝のために一涯始めてこの負傷あり」と。小山豊太郎に撃たれし眼下の銃創を指し、更に声を励まして曰く「我の負傷なお忍ぶべし。しかれども汝のために我が北洋艦隊はその一隻をも止めず海底の藻屑と化せり、また台湾をも失えり。北洋艦隊の全滅、台湾の割譲なお忍ぶべし。しかも我が大清国は汝のために、豆大小日本のために敗辱を蒙れるものにあらずや。しかして我また名誉を喪失するもの、みな汝の虚報と捏造の致す所、汝が罪、死に当たる。しかも自ら死せず官を求め職を得んとして我を訪う厚顔唾すべし」と嘲って、これを蹴ること両三度、盛宣懐、胡燏芬ら、袁のために李を慰むる所あり。李の意わずかに解け、またこれを蹴りしを憐み、かつ袁の窮状を聴いて軍処文案の職を与う。これより袁またその手腕を振い、のち西太后の意を迎え、ついに革命党を利用して清朝三百歳の歴史を壊ち自ら大統領となり、また皇帝たらんとするの非望を懐くに至れり。袁の後世実に李の一蹴に起るものと謂わざるべからず。それ人生の転変また奇ならずや。

その後の天佑俠

天佑俠を韓半島に送れる玄洋社は、第二隊を組織して鶏林に殺到せんとし準備する所あり、偶機熟して日清交戦ここに起るあり、すなわち第二隊組織の事やむ。天佑俠々士は全琫準との約を履まんと欲し、鶏籠山を下り、時沢右一を福岡玄洋社に帰し天佑俠の状を報ぜしむ。頭山、平岡ら天佑俠のために幾干かの軍資を時沢に与え、再び韓国に赴かしむ、しかるに時沢、身軍籍にあり、すなわち天佑俠に加わらずして従軍す。

天佑俠京城に向うの途、日清交戦始めて起る。しかも日本政府は天佑俠に擬するに、持兇器強盗の罪名を以てし、その行くえ探索に努むるあり、ここにおいて武田周山、佃信夫、西村天囚ら、天佑俠のために斡旋する所あり、軍政府天佑俠をして牙山の清兵偵察を命ず。天佑俠員大いにこれを喜び直に命に服し事に従う一行十五名金二百円を給せられ、牙山清兵屯所に向い大いに努むる所あり。途に内田病み一行と快を分つ。内田密かに朝鮮火薬製造所に入りて仮寝す。時に壮漢突として来たる。内田鮮人のすでに危害を加うるものなるかを思い、凝視すれば何ぞ計らん、本間小平なりき。両人奇遇を喜ぶ。本間曰く、予嚢日途に午睡して剣を鮮人に奪わる。君いま病みて帰らんとす。その帯ぶる所の名剣を我に与えよと。内田すなわちその刀を本間に贈りて袂別す。一行任をおわりて、或いは平壌方面に従軍するあり、或いは内地に引き上ぐるあり。

内田仁川に到りし時、頭山、平岡より天佑俠援助として軍資を持たしめたる玄洋社員宮川五郎三郎と会す。時に鈴木、大原、吉倉らまた来たり会す。吉倉は釜山に帰り鈴木、大原、内田、長崎に帰る。三人長崎港に着したるのち道尾《みちのお》温泉に至り労を慰せんとし、一浴して盃を傾け微醺わずかに頬を染めんとする時、玄関に当り警吏佩剣の音あり、これ三人を検挙せんとして長崎警察署員追跡し来たれるなりき。

鈴木、大原後庭より遁れ、鈴木は長崎に帰り緑屋に入る。緑屋の女将気骨あり、鈴木をその倉庫中に永く隠匿しおわる。大原は鈴木と別れて道を西方に取り、山を越え、谷を渉り、早岐の近く関音の渡しに出で、佐賀より福岡に出でたるもなお危険の身に及ぶものあるを察し、遠く北海道に走り、当時北海道にありて新聞紙経営中なりし天門中野次郎の許に身を寄せたりき。内田は年少の故を以て事なきを得、のち東上して平岡の許に寄り、更にシベリア探検を企劃す、吉倉仁川より釜山に帰るや憲兵のために捕われ、糾探はなはだ厳なり。当時釜山にありし邦人ら大いに天佑俠および吉倉のために斡旋するあり、天佑俠が馬木健三の金山における爆裂弾強奪の如きこれただ表面朝鮮政府に対するために行う所にして、もと八百長なりしこと判明の、ついに証拠不充分の故を以て赦されたり。ああ天佑俠その俠士わずかに十五名、万難を排して東学党と合し、ついに火の手を揚げ得て、ついに日清交戦の端を開かしめたり。その功また偉ならずとせんや。

三崎山

日清戦を交うるや、玄洋社員にして軍に従うものすくなからず、しかもまた軍外軍に従い、或いは軍事探偵に、或いは馬賊の群れに投じ、その選む所により奇功を樹てたるもの多し。金州城外に悲壮の死を遂げたる山崎羔《こう》三郎も玄洋社の一員たり。

山崎人となり磊落剛胆、しかも情誼に厚く、能く人をして推服せしむ。夙に心を東亜の経綸に傾け、明治十七年末、広重恭らの東洋学館を上海に設立するや、頭山、平岡に選ばれ同志の士十余名とともにこれに遊学し、のち荒尾の人を各地に派し、清国事情を探究せしむるに当り、単身雲貴両広の山川を踏破し、審かにその険夷を察し、精査至らざるなし。貿易研究所の興るに当り荒尾をたすけてその経営に努む。のち鶏林の風雲急なるを見て韓半島に至り、清軍衙門に就き「予は神戸にありし清商なり、日清事急なるを見て帰国せんとしてこの地に来たる。願わくは国家のため尽すあらせよ」と。清兵上長山崎を見て、好漢日語を巧みにす、以てこれを用うべしと、すなわち牙山兵営に入る事を得たり。

山崎苦力の間に交り具に営内の情形を探り、城兵の異動、銃砲の布置、清兵の計謀等を明らかにし、一知一報して以て我が軍をして敵情を知ること掌を指すが如くならしめ、終に我が軍進撃の前日を以てひそかに出で、自らこれを迎え、一挙にして該営を抜かしむ。想うに豊島牙山の二捷は全軍の士気を振わしめ、我が軍全局の大捷に関するところ大なるものなり。果してしからば山崎が牙山における功績、実に寡少ならずと謂うべし。これより後、山崎第九師団司令部附通訳となり数々奇功あり。一旦広島に帰還す。玄洋社員平岡ら数十名これを迎えて、一夜大いに宴を張る。山崎の意気禹域を呑むの概を示す。鐘崎、藤崎、大熊鵬、猪田正吉、向野堅一らとともに特別の任務に当り、旅順方面の敵情を偵察せんとして、花園口に上陸し偵察に従う。越えて一日不幸碧流河上において、鐘崎、藤崎と共に清兵に捕えらる。

鐘崎は筑後の人、性剛毅、機才に富み義侠を喜ぶ。貿易研究所に学ぶこと二年、のち北上して芝罘に出で特別の任務に従事す。朝鮮東学党の乱起るや、具に辛苦を嘗めて山海関に出で、敵情を探り、ついで上海を経て広島に帰来し大本営に復命す。大元帥陛下その殊勲を思し召され、特に拝謁の恩命を下し賜う。次いで第二軍に従い花園口に上陸し、路を貔子窩街道方面に向い、敵兵に捕えらる。

藤崎は、鹿児島県の人、濶達倜儻《てきとう》、日清貿易研究所に遊ぶ。のち大熊鵬、向野堅一、楠内友次郎、福原林平、景山長次郎らの諸士と共に国事に尽さんと欲し、大いに敵情を探り、広島に帰り大本営に召されて陸軍通訳官を拝し、有栖川参謀総長宮殿下に拝謁するの光栄を担う。十月十六日、山崎、鐘崎ら、五氏とともに第二軍に従いて広島を発す。二十三日、花園口に上陸し、鐘崎とともに和尚島および小平島を偵察せんとして、深く敵地に入り碧流河畔に捕えらる。

三士前後して金州副都統衙門に送られ、ついで海防同知の獄に繋がる。肉をつんざき骨を削る拷問の酷も、交々迫る飢寒の苦も、三烈士を屈するに足らず、三士はわずかにその姓名を告ぐるのほか他を謂わず、明治二十七年十月二十九日、終に金州城西門外の刑場に忠魂永く護国の鬼と化す。時に山崎春秋三十一、鐘崎二十有六、藤崎二十有三なり。三士刑に就かんとするや、清の礼によりて西方に向わしめんとす。山崎これを肯ぜず、東方に向い遥に我が天皇陛下を拝せんとし、刑吏のために一刀をその前額に加えらる。碧血淋漓たり。しかも終に東嚮して従容瞑目せり。

越えて二十八年二月、三士と行を共にし万死に一生を得て功を完うしたる向野堅一および通訳官沢本良臣ら三士の事蹟を審かにし、埋骨の地を探り、遺骸をあつめ、首級を求めて厚くこれを葬るあり、のち根津一三士の遺骸を金州城北門外崔家屯の一丘上に移し、名づけて三崎山と称し、別に三基の碑を建て大日本志士山崎羔三郎君捨生取義之碑と銘じ、他の二基またこれに傚う。

しかるに日本に対する遼東半島の割譲は露仏独が清国に勢力を伸張せんとするものに支障するところ甚だし。すなわち四月二十三日に至り、日本駐在露公使ヒトロヴォー、同じく独公使ゲートシュミット、同じく仏国アルマンあい前後して我が外務省を訪い、日本が遼東半島を永久に占領するは東洋の平和に害ある旨を以てしたり。ここにおいて我が国は広島行在所に御前会議を開き、一たび露国に再考を求むると同時に英、米、伊三国の援助を乞う、伊国これに応じたるも他の二国応ぜす、五月八日批准交換の終りし翌々日五月十日、遼東還附に関する詔勅発せられたり。

詔勅に宣く、

「朕さきに清国皇帝の請に依り全権弁理大臣を命じ、その簡派する所の使臣と会商し、両国媾和の条約を訂結せしめたり。しかるにロシア、ドイツ両帝国、およびフランス共和国の政府は、日本帝国が遼東半島の譲地を永久所領とするを以て、東洋永遠の平和に利あらずとなし、交々朕が政府に慫慂するに、その地域の保有を永久にするなからんことを以てしたり。

顧うに朕が恒に平和に眷々たるを以てして、ついに清国と兵を交うるに至りしもの、まことに東洋の平和をして、永遠に鞏固ならしめんとするの目的に外ならず。しかして三国政府の友誼を以て切偲する所、その意またここに存す。朕平和のために計る、もとよりこれを容るるにやぶさかならざるのみならず、さらに事端を滋し、時局を艱し、治平の回復を遅滞せしめ、以て民生の疾を醸し、国運の伸長を沮むは、真に朕が意に非ず。かつ清国は媾和条約の訂結に依り、すでに渝盟を悔ゆるの誠を致し、我が交戦の理由および目的をして、天下に炳焉ならしむ。今において、大局に顧み、寛洪以て事を処するも、帝国の光栄と威厳とにおいて毀損する所あるを見ず。朕すなわち支那の忠言を容れ、朕が政府に命じて三国政府に照覆するにその意を以てせしめたり。もしそれ半島譲地の還附に関する一切の措置は、朕特に政府をして清国政府と商定する所あらしめんとす。今や媾和条約すでに批准交換を了し、両国和親旧に復し、局外の列国またここに友誼の厚を加う。百僚臣庶、それ能く朕が意を体し、深く時勢の大局に視微を慎み、漸を戒め、邦家の大計を誤ることなきを期せよ。」

尽忠至誠の将士が血を以てかち得たる半島は空しく彼碧眼奴の脅迫に遭うて遂にこれを清に還附せざるべからざるに至りしなり。ああこの詔勅を読む者、誰か憤然痛恨、長大息せざらんと欲するも、あにそれ得べけんや。すなわち我が政府遼東半島を清国に還附す。ここにおいて我が軍この地を撤退するに当たり三士の碑石と遺骨を併せて内地にもたらし、東京高輪泉岳寺に改葬せり。しかるに天運我に幸いして日露戦役ののち遼東再び我が有に帰するに及び、三崎山遺跡保存会を設立し、記念碑を建つ。金州城外三崎山上の英魂静かにこの地を護りて、殉忠報国の芳名永く尽きず。ああ誰か徒に秋雨に恨み春風に傷まんや。

第29章　憲政党と平岡

憲政党成る

日清戦争は国民の思想に一転化を促し、小日本主義は大日本主義に変じ、民権思想はようやく国権思想に移らんとするに至れり。しかも戦勝国民の誇りは三国干渉によりて三十痛棒を加えられたるの感なくんばあらず、翻って日清戦争前後議会の状を見るに、第五、第六議会解散の事ありてのち第七、第八議会は、これいわゆる軍国議会として、第七議会は広島に招集され軍事費一億五千万円を議決し、第八議会また軍事費一億円を可決せり。

彼の遼島半島還附問題に関し政府問責論喧しかりしも、ついに無事閉会することを得。第九議会において閣員弾劾上奏案提出されしも否決され、第十議会はいわゆる松隈内閣たり。かくて議会久しく解散の事なく、藩閥政府と政党と漸次接近して、また曩日両者あい軋れるが如き状なかりき。しかるに明治三十年十二月二十五日、衆議院における内閣不信任案に依って解散の命下り、進歩党と提携せる松隈内閣ここに瓦解し、そののちを受け、三十一年一月自由党と提携せる第三次伊藤内閣成立し、第九議会を切り抜けたり。始めその提携に当り板垣に内相の椅子を与うべきを約す。しかるに、井上馨入閣するに及び板垣の入閣に反対するあり。加うるに伊藤また約に反き、第十二議会に戦後経営を名として地租増徴案を提出す。ここにおいて自由党は猛然として起ち、始め進歩党より提出せる外交問題に関する政府弾劾上奏案に反対したるに係わらず、今や突如として自ら大いに政府反対の気勢を示すと同時に旧怨を忘れて漸次進歩党に接近の態を示せり。政府すなわち三十一年六月十一日議会を解散す。

これより先き玄洋社員平岡浩太郎、選ばれて衆議院議員たり。頭山が佐々らと行動を共にせるを遺憾とし、一日、頭山、平岡、進藤、大原、的野らあい会して政治的態度を決せん事を議す。平岡、頭山に謂いて曰く、君が佐々に致されて政府と提携せしもの甚だ可ならずと。頭山怫然色をなし、吾不肖なれども未だ佐々に致されしことなし。さきに政府と提携するもの、ただ国家を思うが故にしかりしのみと。ここにおいて当時政府党たりし大成会と関係を絶たん事を議決す。この議決は久しく政府党たりし玄洋社をして吏党たるの因縁を絶たしめたるなりき。平岡当時政籍を進歩党に置く。すなわちその豪快の手腕を縦横にし、豊富なる資を散じて、自由、進歩両党の合併に尽し、斡旋大いに力むる所あり。

解散の翌六月十二日自由、改進両党幹部をその邸に会し、両党を合併して新たに憲政党を組織せんことを議す。これを憲政党組織第一回正式の交渉となす。この日竹内正志、栗原亮一を挙げて宣言綱領の起草を嘱す。創立委員に、

片岡健吉　田口卯吉　楠本正隆　大井憲太郎　河野広中　平岡浩太郎　大東義徹　武富時敏　改野耕三　菊池九郎　西山志澄　園山勇　鳩山和夫　谷南尚忠　杉田定一　中又五郎　尾崎行雄　竹内正志　栗原亮一　柴四朗　志波三九郎　島田三郎　長谷場純孝　中村弥六　大石正巳　岡崎国輔　鈴木重遠　神鞭知常　富田鉄之助　山田

喜之助等を挙ぐ。これらの人みな自由、進歩両党を中心として、山下倶楽部、同志倶楽部、無所属等より両党合併の組織傘下に参じたるものにして、一に平岡の斡旋によらざるはなし。両党委員並びに創立委員の議成り、二十二日憲政党結党式を新富座に挙ぐ。ここに民党の大勢力は樹立せられたり。大勢力を築き得たる民党の意気昂然、正に当るべからざる者あり。民党の連衡合縦を企て、これを大成し、民党のために虹の如き気を吐く、豪語快談玉盃に満を引いて大笑する平岡の得意想うべし。

政党内閣の出現

平岡の斡旋と尽力は、ここに在野政党の大連合を見るに至り、新たに大隈、板垣を勧誘して新政党に加入せしむ。憲政党の宣言に曰く、

「憲法発布議会開設以来将に十年ならんとす。この間解散はすでに五回の多きに及び、憲政の実、未だ全く挙がらず。政党の力、未だ大いに伸びず。これを以て藩閥の余弊なお固結し、ために朝野の和協を破り国勢の遅滞を致せり。これ挙国忠愛の士の慨嘆する所なり。今や吾人は内外の形勢に鑑み、断然自由進歩の両党を解き、広く同志を糾合して一大政党を組織しその目的を達することを努むべし。」

さらに又その綱領に曰く、

一　皇室を奉戴し憲法を擁護する事。
一　政党内閣を樹立し閣員の責任を厳明にする事。
一　中央権の干渉を省き自治制の発達を期する事。
一　国権を保全し通商貿易を拡張する事。

一　財政の基礎を鞏固にし歳計の権衡を保つ事。
一　内外経済共通の道を開き産業を振作する事。
一　陸海軍は国勢に応じ、適度の設備をなす事。
一　運輸交通の機関を速成完備する事。
一　教育を普及し実業科学を奨励する事。

綱領中「政党内閣を樹立す」と云うもの、藩閥政府に対する堂々の宣戦なり。短刀直入の肉迫なり。さきに全力を挙げて政府の軍備拡張に反対せる自由進歩両党の結合物たる憲政党において「陸海軍は国勢に応じ適度の設備をなす事」と謂わしむるもの、これ日清戦争後における国民思想の転化を意味するものにあらずして何ぞや。

時の総理伊藤博文は憲法制定の功をおわり、その第二次内閣第四議会において多年の暗礁たりし海軍拡張案を成立せしめ、かつ明治初年以来朝野の一大問題たりし条約改正案は対外硬六派連合の反対するありて第五、第六議会解散の厄を見たるも、伊藤出でてまたこれが改正の功を修め、やや政に倦めるものあり。ここに第十二議会を解散したる彼は財政問題において大いに行き詰り、ついに英国式政治摂度に倣うて、新たに成立せる憲政党に内閣を譲らんと欲し、二十四日闕下に辞表を捧呈し、かつ後継内閣組織者として大隈、板垣を推奏す。その表に曰く、

「謹んで奏す。臣博文聖恩を荷い、しばしば重任を奉じ、孜々として報効を図る。しかも事志と違う。これ臣が疎才の致す所、恐懼なんぞ勝《た》えん。もしなお尸位に茬《ママ》り、賢路を壅塞せば、恐らくは聖鑑を汚さん。ここに謹みて表を奉り、以て補衮の職を辞し、併せて勲位顕職を奉還せんことを乞う。伏して願わくは皇上陛下まげて哀憐を垂れ、速やかに聖允を賜え。臣恐懼屏営の至りに勝えず。
誠恐頓首百拝」

ここにおいて各大臣みな辞表を捧呈す。二十五日夜に至り伊藤その邸に大隈、板垣を招き、両者を内閣後継組織者に推奏せる旨を告げ、かつ曰く、

「今内外はなはだ事多し。かくの如きの時、政府、議会と衝突して国務の渋滞を見る遺憾これに如かず。幸いに両伯憲政党を大成して、下院に大勢力を有す。今両伯にして国務を見るあらば、以て国家安泰たるべし。」と。大隈これを諾したるも、板垣逡巡の色あり。さらに二十六日、大隈、板垣を訪い、内閣組織について議する所あり。板垣意進まざるものの如く「憲政党成るといえどもただこれ進歩、自由両党の形骸を尨大ならしめたるのみにして、未だ党員の融和なく、にわかにその実力を計るべからず。宜しく隠忍自重、以て他日の機を待つを可とせずや」と。大隈肯ぜず、ここにおいて板垣、大隈に向い「もし意見の隔離を見るの日において、その曲直を問わず身を退くを与《とも》に倶《とも》になし得るや」と。大隈答えて「諾」と。板垣さらに「卿を以て総理たらしめ、予は内務を承らん。それその余の閣員はこれを進歩、自由両系均分たらしむるか」と。大隈また答えて「諾」と。ここにおいて、隈、板の議熟し、伊藤に旨を通ず。すなわち六月二十七日大隈、板垣に対し、内閣組織の大命下り、三十日親任式あり、ここに内閣制度改革以来始めて政党内閣を見るに至れり。

時の閣員左の如し。

総理大臣兼外務大臣＝大隈重信（進歩系）　内務大臣＝板垣退助（自由系）　農商務大臣＝大石正巳（中立）　陸軍大臣＝桂太郎（中立）　海軍大臣＝西郷従道（中立）　文部大臣＝尾崎行雄（進歩系）　司法大臣＝大東義徹（進歩系）　逓信大臣＝林有造（自由系）　大蔵大臣＝松田正久（自由系）　等にして次官以下の顔触れは、

外務次官＝鳩山和夫（旧進歩党）　内務次官＝鈴木充美（旧自由党）　大蔵次官＝添田寿一（中立）　司法次官＝山田喜之助（旧無所属）　文部次官＝柏田盛文（旧同志倶楽部）　逓信次官＝箕浦勝人（旧進歩党）　法制局長官＝神鞭知常（旧無所属）　内閣書記官長＝武富時敏（旧進歩党）　警視総監＝西山志澄（旧自由党）　外務省通商局長

＝重岡薫五郎（旧自由党）　内務省北海道局長＝中島又五郎（旧自由党）　同県治局長＝山下千代雄（旧自由党）
大蔵省監督局長＝栗原亮一（旧自由党）　文部省専門局長（当時高等学務局と称す）＝高田早苗（旧進歩党）　農商務省農務局長＝菊池九郎（旧進歩党）　同水産局長＝竹内正志（旧自由党）　逓信省鉄道局長＝伊藤大八（旧自由党）
等なり。当時大隈は頭山を入閣せしめんと欲し、鳩山和夫を使してこれを早稲田邸に聘し慫慂する所ありたるも頭山はただ笑って答えず、大隈が切に入閣を説くに至ってこれを謝絶せる事ありしと云う。また平岡は憲政党組織の盟主たり。尾崎の入閣に慊焉たらざる大石らは尾崎を排けて鳩山を代らしめ、大石自ら退いて平岡を入閣せしめんとす。平岡また尾崎の入閣を喜ばず、これを排して犬養を文相たらしめんとす。犬養、平岡を説いて曰く、先ず人に与えよ、しかして人をして得せしめよ。他の能わざる所に任ぜんもの卿と予輩とあるのみと。平岡これを可とし尾崎排斥を止め、犬養と共に自ら内閣後見役を以て任じたりき。

隈板ついに乖離す

しかるに政党を蛇蝎視せる頑迷の藩閥者流は、伊藤が政党首領たる大隈、板垣に政権を委ねたるを見て大いに憤り、「伊藤は国賊なり」と罵るものあるに至れり。また憲政党内閣に対して快からず、これが分裂崩壊の機を覗う。桂陸相は実に山県の見付役として留任せるもの、常に内閣の陥擠を事とす。たまたま八月二十二日、尾崎文相、帝国教育会において日本の如き国体においては共和政治を行うべからざるを説かんとしたりしに、言やや彊激に渉り、ために言禍を招く。藩閥者流これを奇貨とし、鳥尾小弥太らをして檄文を飛ばさしむ。平田東助、千家尊福これに和し、これを以て政府攻撃の具とし、盛んに内閣に向って巨弾を放つ。閣内また進歩派の跳梁に快らざりし板垣以下の自由系に属する者、内外あい応じ声を大にしてその非を鳴らす。ここにおいて大隈、尾崎に諭して十月二十四日官を退かしむ。尾崎の退官に当たり板垣その後任に江原素六を推し、江原の入閣するを諾せずんば、卿の兼任たる外務の椅子を星亨に譲れと。大隈、板垣の求むる所を排け、十月二十七日、犬養を文相たらしむ。これより板垣、大隈の専横を憤り、政府部内内訌盛んなり。すでに領袖内に争う、外両系党員の争いなからんや。

すなわち十月二十九日、自由党系の党員は神田青年会館に大会を開き、旧憲政党を解散し、新たに憲政党を樹立し、星亨、江原素六、片岡健吉を挙げて総務となし、壮士らを遣り憲政党の看板を奪わしむ。その発表する所の綱領宣言一字一句を訂さずみな旧憲政党のものを以てしたり。ここにおいて進歩党員は啞然自失の状あり、周章狼狽ついに旧憲政党を解散して、憲政本党樹立の手続をなし、綱領宣言を発表す。綱領宣言また憲政党のそれと同じく一字一句を改めず旧憲政党のものを以てし、総務に平岡浩太郎、鈴木重遠、工藤行幹、河野広中、大井憲太郎を、幹事に武市彰一、鈴木万次郎、降旗元太郎、臼井哲夫、浅香克孝らを挙ぐ。当時の所属議員憲政本党百二十三名、憲政党百十九名を算す。

一党両分す、もとよりその主義において容れざるものあるが故ならずんばあらず。その政見において均しからざるものあるが故ならずんばあらず。しかるに憲政党、憲政本党の発表する所の綱領宣言は、旧憲政党の綱領宣言を以てす。綱領宣言の相同じきは主義政見の相同じきなり、主義政見相同じかるべき両党軋轢するもの、他にその主因なかるべからず。分裂の主因はただ感情にあり。ただ党利にあり。しかして台閣椅子の奪い合いにあり。それ感情と党利とを基礎とす、何ぞ永く相提携するを得んや。

十月二十九日、板垣、松田、林、辞表を捧呈す。板垣の辞表に曰く、

「臣退助誠惶頓首謹みて奏す、臣無似を以て謬りて寵眷を辱うし前内閣の諸臣引退するにあたりて伯爵大隈重信と共に大命を奉じ内閣の組織に任ず、当時事急なりしがために重信と国家細大の要務に関し逐一講究を尽すにい

とまあらずといえども、あえて聖意に奉答し廟謨を奉承し夙夜戦兢ただその及ばざることを懼る。しかりしかして在職数月の経過に徴するに、臣が政務上の意見往々重信と相反し、共に献替の職責を全うする能わざらんとす。たまたま文部大臣尾崎行雄の国体に関する言説忍ぶべからざるものあり、臣再三これを重信に論議する所あり。重信断ぜず、終に宸慮を悩まし奉るに至る。臣誠に惶悚《こうしょう》の至りに堪えず、かつその後任を薦奏するにおいて重信これを専断す。国務大臣の任命もとより一に聖断に存す。

事後において臣のあえて妄りに容喙する所に非ざれども、重信および閣僚に詢り議協わざるにおよんで専断し、以て聖裁を仰ぐに至りては、臣その当を得たるの処置たるを認むること能わず。かくの如くにして比肩朝に立つは徒に廷議を紛累するのみならん事を懼る。退いて省るに、重信をして当初大命を奉承したる趣旨に反し擅乱に至らしむるは、臣が匡補の力に乏しきに由らずんばあらず。ために内閣の分裂を促し以て宸襟を煩し奉り、以て国務を遅滞せしむるは臣の恐懼止む能わざる所にして、当初臣は重信と反覆切偲、以て陛下の負託にそむかざらんとし、およそ言うべき所を言い、尽すべき所を尽し、臣の微力すでにつきたり。仰ぎ願わくは陛下優恩幸いに臣が苦哀を憫み、臣が骸骨を賜わらんことを。臣退助恐懼屏営の至りに堪えず謹みて奏す。」

陛下板垣を慰撫してその留任を勧め給う所あり。

大隈、板垣の辞表捧呈を聴き、当時清国漫遊中の伊藤を起し、これと連衡して居据らんとの野心ありしもついに成らず。三十一日に至りて大石、大東、犬養と共に辞表を捧呈せり。かくて十一月に入り山県内閣成立せり。

思うにここに政党内閣の出現するもの、我が政党史空前の事柄に属し、実に維新以来の大政変と謂わざるべからず。しかるに何者の頑傲痴漢ぞ、徒に内訌を事とし、感情に趨り党利に眩惑して自ら政党の勢力を失墜する、かくの如きや、ああ我、憲政のために惜しむべくまた悲しむべし。

当時政党内閣の出現を見たる藩閥者流の驚愕、果して如何なりしぞ。ために藩閥の寵児伊藤はその同輩たる藩閥者流の憎む所となれり。しかれども伊藤はつとに憲法治下政党なかるべからざるを知るもの、ついに自ら明治三十三年八月二十五日、立憲政友会を組織し、自由党（憲政党）これに加わる。憲政党、憲政本党あい争うの後、平岡憲政本党に属したるを以て玄洋社また従ってこれと行動を共にしたるが、韓国問題を挟んで日露間ようやく事滋く、志士多くは国外に奔走し、玄洋社員もまた多くは満韓の野に活躍するに至れり。

＊

宜く囀る虫　杉山茂丸

明治三十三年の夏だった。僕が赤十字病院へ入院中、頭山氏が見舞に来てくれた時、寝台の側の椅子にかけてぽつりぽつりと世間話をしていると、後藤新平氏が見舞に来てくれて、病室で頭山氏と落ち合った。当時後藤氏は台湾民政長官であったから、得意の長広舌滑らかに、堂々と支那経営から東洋政策を論及すると、頭山氏は黙々として聞いていた。さて後藤氏が辞し去った後、頭山氏は初めて口を開いて「あの虫は宜く囀るネ、籠に入れて置けば立派な虫だが、野放しにして置くのは惜しいものだ……何という虫かい」と僕に訊いた。双方初対面の事で名前も知らなかったのだから。「彼が後藤新平ですよ」と説明すると、「フフーム彼かい新平と云うのは、……俺の様な無口な虫では一向金にもならないが、あの位宜く囀れば、金にもなるだろう。何しろベラベラ宜く喋る虫だ」と大笑した事があった。

第30章　日露の危機迫る

隠忍四十年

露国がアジア侵略の端を開きしは、遠く我が織田信長の時代にあり。コサックの酋長エルマック、ウラル山東の地を侵してこれを露帝イバン四世に献じてより以来、露国しきりに東方に志す。その我が国に来たりしは明和年間を以て初めとして、文久元年露艦ポザートニック艦長ピリレフ対馬に来たり浅海尾崎浦を測量し、芋崎古里浦に無断上陸し、樹木を伐採して小屋を建てたるのち、その地を租借せんことを迫る。幕府小森豊後守を遣しこれを逐わんとす。ピリレフ傲然聴かず、すなわち英公使を介してこれを退けんとするもなお肯かず、英公使露国南漸を妨げんとの意あり、すなわち英本国に軍艦派遣を乞う。やがて英艦隊対馬海峡にその堂々たる雄姿を浮ぶるや、露艦始めて錨を抜いて去る。また露人我が領土たる樺太千島に移住し、漸次これを蚕食す。ここにおいて日露間ようやく紛議を生じ、幕府は樺太全島を我が領土なりと主張したるに対して彼はこれを非認し、幕府屈譲して北緯五十度線を以て両国境界となさんと提案せるも、彼は北緯四十五度半を以て国境となさんことを主張し、議容易にならず。

明治新政府に及び、二年十二月、外務大臣丸山作楽、開拓判官岡本監輔ら士農工商五百余人を従えて樺太に渡航し、露国陸軍中佐テフレラト・ウイチと談判する所ありしも、当時露国に対する我が国勢は余りに貧弱なりしを以て到底彼に拮抗するを得ず、丸山は岡本を留めて一と先ず帰京し、その顚末を政府に陳上する所あり。明治三年七月十九日を以て開拓次官黒田了介をしてもっぱら樺太の事務を管理せしむることとしてこの地に至らしめしに、黒田は両国人民の雑居和親しておのおのその生業を営むに至らんことを議す。明治五年四月、久しく函館にありし露国総領事エフゲニー・ビウッォフは新たに代理公使を兼任し、樺太境界談判に応接せんがため東京に来任せり。時に副島、外務の局にあり。我は五十度以北買地論を主張し、彼はラベルーズ海峡を以て両国の境となさんとし、会合幾十回なるを知らずして意見相和するに至らず。ついに明治八年、樺太千島交換の約あり、多年の懸案ここにその局を結ぶ。

交換の言はなはだ美なりといえども、もと樺太、千島共に我が有なり。しかもここにこの局を結べるある所以のもの、実に我が国力の露に比肩すべきなく、恨みを呑みて彼の要請を甘受したるなりき。

露国に対する我が怨恨すでにここに根底したるなり。かくの如くにして露は我に対するに甚だ暴慢の態度を以てし、我が国民が血と肉とを以て購いたる遼東半島は、彼のために空しく清国に還附せざるべからざるに至れり。露国はその南漸政策の立脚地において日本が遼東を大陸政策の根拠地とするを以て己に妨げありとし、独仏を誘うて、日本が遼東半島を領有するは東洋平和に障害ありとし、我に干渉してついに清国に還附せしめたり。しかも彼は二十九年カシニー密約により満洲鉄道敷設権を得、次いで三十年秋、ドイツが山東省においてその宣教師の清人に殺害されたるを名として、膠州湾を九十年間租借するを見るや、同年十二月十八日、露国は軍艦を旅順に派してこれを占領し、パヴロフ公使をして李鴻章とパヴロフ条約を締結し、旅順大連の二十五年租借権を得たり。ここにおいてか三十一年五月二十四日、我が日本兵が清国より償金を完領して威海衛を撤兵すると共に、英国は露、独対抗均勢のためこれを占領租借したり。仏国また広州湾を租借す。ああこれを想え、露、独、仏は我が国に干渉して遼東半島を還附せしめたるの国なり、しかもここに自ら広州湾を占領し、膠州湾を占領し、遼東半島を占領す。広州湾の占領なお許すべし、青島の租借また忍ぶべし、遼東半島の領有に至っては吾人断じてこれを不問に附すべからず。モンロー主義は白人の認むる所ならずや。しかるにこれが東洋をしりぞけて、我を威圧し、我を凌辱し、我に遼東半島を還附せしめて、自らこれを掠奪す。そのなす所、まさに持兇器強盗なり。彼の三十三年、義和団によりて誘発されたる北清事件なるもの、実に欧洲人の清国各港占領によって東洋の平和を攪乱したるに基因せるにあらずして何ぞ。東洋の平和は東洋人によって初めてこれを企図しこれを維持すべし。彼碧眼、口に文明人道を説くといえども、心に持兇器強盗たらんとする劣等人種に過ぎざるなり。我が国また満韓の野において露国とようやく利益の衝突多く事端ますます滋を加うるに至れり。彼を想いこれを想う、我の露国に屈辱を受くること実に四十年の久しきに及び隠忍また隠忍、国民は露国に報復せんためには臥薪嘗胆の苦をなお忍べるなりき。

東洋の覇者たらんと欲せば、先ず強露逐わざるべからず。さらに進んで東洋的モンロー主義を布かざるべからず。今しばらく日、韓、露の関係に筆を染め、日、露衝突のやむべからざるものを説かんとす。それこの時韓国を挟んで互に外交場裏に軋轢せる日露の国状果して如何。

日韓露の関係

日清戦争は実に我が国が韓国のためにその独立を図って鶏林より清兵の勢力を逐わんがために起りしものなり。頑迷の韓廷ようやく我の誠意を悟り、その交戦当時より我の勧告に従い亡命せる朴泳孝らを帰国せしめ、我が制度に倣うて百事みな改革する所ありき。しかるに彼の三国干渉によりて遼東半島還附の事あるや、彼たちまちその態度を改め、我の言を聴かず、朴ら愛国の士を遠ざけ、王妃もっぱら時の駐韓露国公使ウエーベルに頼り、再び政治に容喙して内治ようやく紊れんとす。露は将に日清戦前の清国の地位に代らんと努むるものにして、露国が韓半島を覬覦するや一日にあらず、韓廷に入って日本の勢力を排擠し、日本に代って顧問とならんとす。

駐韓日本公使三浦梧楼、一挙して韓廷の秕政改革を断行せんとし、二十八年秋十月、大院君を擁して王宮に入らんとす。この時何者か後宮に闖入し王妃を弑するあり、三浦の改革ために頓挫を来たす。親露党の首領李範晋、露公使と気脈を通じ、親日党金宏集の内閣を顛覆せんと試み、王妃の変に乗じ侍衛隊をして、王宮に闖入せしめんとす。事未前に現われその徒党或いは捕えられ、あるいは露公使館に隠る。しかりといえども彼らはこの失敗を以てなお屈せず、二十九年二月十一日、ひそかに国王および世子を誘うて露国公使館に導き、露国公使館内より詔勅を発せしめて、金宏集以下日本派の内閣有司を死刑に処しこれを梟す。これより日本党の勢力は蕩然として地を掃い露国党代って勢力を得、内閣は露国党に由って組織せられ、露国公使は完く韓廷の実権を掌握するに至れり。ここにおいて吾が政府は新政府を以て正当の政府なりと承認する能わずとなしてこれが抗議を試みたりき。この時に当たりたまたま露帝ニコラス二世の戴冠式あり、山県遣露大使これに列席し、別に韓国における日露問題を協商せしむ。その協商に曰く。

第一条　日露両国政府は、朝鮮国の財政困難を救済する目的を以て、朝鮮国政府に向って一切の冗費を省きかつその歳出入の平衡を保つを勧告すべし。もし万止むを得ざるものと認めたる改革の結果として、外債を仰ぐことの必要なるに到れば、両国政府はその合意を以て朝鮮国に対し、その救助を与うべし。

第二条　日露両国政府は朝鮮国財政上および経済上の状況の許す限りは、外援を藉らずして内国の秩序を保つに足るべき内国人を以て組織せる軍隊および警察を創設し、かつこれを維持することを朝鮮国に一任すべし。

第三条　朝鮮国との通信を容易ならしむるため、日本政府はそのすでに占有する所の電信線を引き続き管理すべし。露国は京城よりその国境に到る電信線を架設するの権利を保留す。右諸電信線は朝鮮国においてこれを買収すべき手段付き次第、これを買収することを得るものとす。

第四条　前記の原則ルーフ一層精確かつ詳細の定款を要するか、又は後日に至り商議を要すべき他の事項生じたる時は、両国政府の代表者は友誼的にこれを妥協することを委任せらるべし。

山　県（手署）

ロバノフ（手署）

これと同時にまた韓国京城において小村公使とウェーバー公使との間に締結せられたる覚書は左の如し。

一　朝鮮国王陛下の王室へ還御の事は陛下御一己の裁断に一任すべきも、露国代表者は陛下の王室に還御あらせらるるも、その安全に付き疑惧を抱くに及ばざる時に至らば還御あらんことを忠告すべし。また日本国代表者は日本壮士の取締りにつき厳密なる措置を執るべき保証を与う。

二　現在内閣大臣は陛下の御一考を以て任命せられたるものにして、多くは過ぐる二年間国務大臣もしくはその他の顕職にありて、寛大温和主義を以て知られたる人々なり。日露両国代表者は寛大以てその臣民に対せられんことを陛下に忠告するを以て常にその目的となすべし。

三　露国代表者は左の一点に就き全く日本国代表者と意見を同じゅうす。すなわち朝鮮国の現況にては釜山京城間の日本電信線保護のため或る場所に日本国衛兵を置くの必要あること、および現に三中隊の兵士を以て組織する所の該衛兵はなるべく速やかに撤兵してこれに代うるに憲兵を以てし、左の如くこれを配置すること、すなわち大邱に五十人、可興に五十人、釜山京城間にある十箇所に各十人とす。もっとも右配置は変更することを得べきも、憲兵隊の総数は決して二百人を超過すべからず。しかしてこれら憲兵は将来朝鮮において安寧秩序を恢復したる各地より漸次撤回すること。

四　朝鮮人より万一襲撃せらるる場合に対し、京城および各開港場にある日本人居留地を保護するため、京城に二中隊、釜山に一中隊、元山に一中隊の日本兵を置くことを得。但し一中隊の人員は二百名を超過すべからず。該兵は各居留地最寄に屯営すべし。しかして前記襲撃の虞れなきに至り次第これを撤回すべし。また露国公使館および領事館を保護するため、露国政府もまた右各地において日本兵の人数に超過せざる衛兵を置くことを得。しかして右衛兵は内地全く静穏に帰し次第これを撤回すべし。

明治二十九年五月十四日京城において

小村寿太郎

ウェーバー

これ実に露国をして韓国事件に容喙し得べき機会を与えたるものと云うべし。さらに明治三十年四月二十二日、軍部大臣沈相薫は韓露密約に基づきて露兵を傭聘せんとす。我が政府これ日露協商に反するものなりとして露国に抗議す。彼聴かず、遂に我一歩を譲り露国士官三名下士十名を三年間韓国に雇聘して韓国軍隊を訓練せしむることを承認す。彼さらに三十年十月アレキシーフを以て度支衙門となし、韓国の財務顧問たらしめんとして韓廷を圧迫す。日本政府また異議を申し立てたるも、露国は日露協商を無視してついにアレキシーフを度支衙門に入れしむ。

露国の跋扈跳梁、それかくの如し。日露協商また蹂躙されてほとんど空文たらんとす。我が政府怒り、列国怒り、韓国民またこれを怒る。ここにおいて三十一年四月二十五日、東京駐在露国公使ローゼン、吾が政府と一の議定書を作成す。議定書に曰く。

「日本皇帝陛下の外務大臣西男爵および全ロシア皇帝陛下のコンセイユ・デター・アクチュエル侍従特命全権公使ローゼン男爵は、これがためおのおの相当の委任を受け千八百九十六年モスコウにおいて、陸軍大将山県侯爵とスクレテール・デター・フランス・ロバーフとの調印せられたる議定書第四条に準拠し、左の条款を協定せり。

第一条　日露両帝国政府は韓国の主権および完全なる独立を確認し、かつ互に同国の内政上には総べて直接の干渉をなさざることを約定す。

第二条　将来において誤解を来たすの虞れを避けんがため、日露帝国政府は韓国が日本国もしくは露国に対し勧言および助力を求むるとき、練兵教官もしくは財務顧問官の任命については先ず相互にその協商を遂げたる上にあらざれば何らの処置をなさざることを約定す。

第三条　ロシア帝国政府は韓国における日本の商業および工業に関する企業大いに発達せること、および同国居留日本臣民の多数なることを認むるを以て、日韓両国間における商業上および工業上の関係の発達を妨碍せざるべし。」

これ第二回の日露協商にして、露は日本および列国の怨恨を恐れ、一旦韓国を引き上ぐるを以て得策なりとしたるなり。すなわちアレキシーフおよび韓国傭聘の露国武官らみな韓国を去りたり。

露国は果して韓国に対する野心を棄てたるか。否、彼はおもむろに満洲に退き自重塁を築き大鵬の翼延べたらんが如く、捲土重来して満韓の地を一挙にその手に収めんとの謀をなしたるなり。

国民同盟会と対外同志会

韓国の一角よりその陰影を消したる露国人は、三十三年北清事件勃発するや、草賊討滅を名として満洲の野に現われたり。露国は列国の注目北清にあるを機とし、兵を送りて満洲の広野を占領せり。しかして八月二十五日、列国に通牒を送りて曰く「満洲において鞏固なる秩序確立せられ鉄道の保護に関して必要なる手段採らるるにおいては他国の動作が障害を与えざる限り露国は清国の版図内より軍隊を撤去することを躊躇せざること」を宣言せり。すでにして十月二十六日、北京使臣会議始まり、十二月二十二日、列国使臣連名同文公書を清国媾和委員に提出す。しかして三十四年九月七日に至りて北京条約成立す。その要点は左の如し。

第一　清国は償金四億五千万両を列国に支払う事。

第二　ケットレルおよび杉山書記生虐殺に対し謝罪使を派遣し並びに元兇を処罰すること。

第三　大沽砲台を破壊して白河の交通を便にすべき事。

第四　北京天津間の交通を便にすべき事。

第五　兵器並びに兵器製造の材料輸入を禁止する事。
第六　公使館に護衛兵を置く事。
等にして、その賠償金は露二割九分、仏二割、独一割五分七厘、英一割一分、日八分、米七分、伊六分、墺一分、蘭二厘、西一厘にして、我が公使館杉山書記生殺害の謝罪使として翌九月那桐我が国に来たる。
北京条約確定の調印ありてのち列国聯合軍は漸次に撤退したるも、露国依然として満洲を占領せるあり、李鴻章満洲還附につき露国に対し折衝する所ありたるも、三十四年十一月五日、不幸にして長逝す。すでにして三十五年一月七日、事変のため西安府に蒙塵せし清帝始めて北京に還幸あり、この時に当たり極東の政局を変転せしむべき日英同盟条約は発表せられたり。その条約項中に曰く。
「第一条　両締約国は相互に清国および韓国の独立を承認したるを以て該二国いずれにおいても、全然侵略的趣向に制せらるることなきを声明す。しかれども両締約国の特別なる利益に鑑み、すなわちその利益なる大ブリテン国に取りては主として清国に関し、また日本国に取りてはその清国においてする利益に加うるに、韓国においては政治上並びに商業上および工業上格段に利益を有するを以て両締約国はもし利益にして列国の侵略的行動に因りもしくは生命または韓国において両締国約いずれかその臣民の生命および財産を保護するため、干渉を要すべき騒擾の発生に因りて侵迫せられたる場合には両締約国いずれも該利益を擁護するため必要欠くべからざる措置を執り得べきことを承認す。
第二条　もし日本国または大ブリテン国の一方が上記各自の利益を保護する上において別国と戦端を開くに至りたる時は、他の一方の条約国は厳正中立を守り、併せてその同盟国に対して他国が交戦に加うるに妨ぐるに努むべし。
第三条　上記の場合においてもし他の一国または数国が該同盟国に対して交戦に加わるときは、他の締約国は来たりて援助を与え協同戦闘に当るべし。

媾和もまた該同盟国と相互合意の上においてこれをなすべし。」

日英同盟の目的とする所はこれ実に満洲における露国の野心を牽制せんとするにあり、日英同盟の成立は実に露国南下策に大痛撃を加えたるものにして、彼また三月二十日露仏同盟を宣言す。その要に曰く、

「露仏両国の同盟政府は極東における現状および全局の平和を保持するの目的を以て清韓両国領土の保全および商業上門戸の開放を基礎とし、一千九百二年一月三十日を以て締結せられたる日英協約の通牒を受け、露仏両国政府が従来累次発表せる諸原則の該協約に依りて確保せられたるに対し、充分なる満足を以てこれを喜ぶ。しかれども露仏両国政府は前顕の諸原則を尊重すると同時に極東における両国特別利益の保障たるを信じ、第三国の侵入ある場合、もしくは清国内乱の新たに発生しその保全および自由発達を危くし、かつ露仏両国の利益を不安ならしむる場合においては両国政府は右の利益を保護するの意味をここに保留す。」

と。ここにおいて満洲問題処分の必要起り、いわゆる満洲撤兵条約なるもの四月八日露清両国間に締結されたり。

「第一条　露国は占領以前の状態の如くにして満洲の主権を清国に還附す。

第二条　清国政府は満洲における露国人民および事業を保護するの責に任ず。これを以て露国は十八ヶ月間にその軍隊を全く満洲の地より撤退す。その期限は三期に分かち六ヶ月以内に盛京省の西南部遼河に至る地方より次の六ヶ月以内に盛京省の残部および吉林省より最後の六ヶ月以内に黒竜省より撤退す。

第三条　露国の軍隊を撤退せざる間は清国軍隊を配置する地点およびその兵数を露清両国の将軍において協定し露国軍隊ことごとく撤退し了りたる後は清国軍隊の駐屯地点およびその兵数等清国政府の自由選定に任するもその兵数はこれを露国に通知すべし（以下略之）」

とこれ実に露国のために大譲歩なりしなり。何となればこの条約は満洲の主権を清国に復し鉄道を返還したれば

なり。

これより先き玄洋社員内田良平は天佑俠より帰来し平岡に謀るに、満洲、シベリア、および欧露を巡遊してその国情を探究調査せん事を以てす。時にたまたま三国干渉の事あり、平岡しばらくその行を止む。すでにして政府遼東を還附するや、平岡、内田に謂って曰く「満洲および朝鮮は東方の禍源たり。しかしてその禍機を促すものは露国なり。汝それ、その素志に従い、彼の地に航して彼の外交軍事およびその国情を精査し、予め他日の計を講じて可なり」と。内田すなわち旨を領し、三十年東京を発しシベリアより欧露に赴き、具にその探究する所をもたらして三十一年帰朝し、平岡に告ぐるに露国の東方経営並びに満洲蚕食の企図、著々歩を進め、満韓の形勢危急に瀕し一日もこれをゆるがせにすべからざるを論じ、征露のやむべからざる所以を説く。平岡大いに悟る所あり、すなわち日露の危機切迫を説き、極力朝野に征露論を唱導す。三十四年に至り露国の満洲を占領するあり、ここにおいて頭山ともに近衛篤麿を説いて国民同盟会を組織し、対外硬を天下に呼号す。

露国の満洲撤兵第一期たる三十四年十月八日の到来すや、露国は辛うじてその撤兵を行いたり。しかれども次いで第二期、第三期撤兵の期日順次到来せるに係らず、露国は依然としてこれを占領し毫も撤兵するなく、また満洲開放の実を挙ぐることなく、却って露兵続々南下し満洲における露国の軍事的活動はますます盛んなるに至れり。ここにおいて玄洋社員等および民間志士は大いに当局を鞭撻してやまず、我が国有司中親露論者あり、また恐露論者あり、元老閣員等の対露策ははなはだ拙劣を極むる間において、露国は極東総督府を設置しアレキシーフを以てその総督に任じ、

「極東総督は本国政府各省の管轄を受けず、その管内行政上の最高権を附与せらるると共に満洲鉄道に対し利害を有する各地方および総督庁管下における露国殖民の安寧秩序を維持するため、臨機の処置をなすことを得、また隣国との外交事は総て極東総督の手に統一すべく、太平洋における艦隊とその管内における軍隊の総指揮を委

任す。」
との権限を附与す。これすなわち露国政府が極東問題のために敏活なる運動をなさんがための施設なり。今や満洲にその鵬翼を延べ来たれる露国は、また韓国にその強爪を加えんと欲し、竜岩浦租借条約を締結して二十五万坪を租借し、ここに砲台を建設せんとせり。これ明らかに韓国侵略の素地を作らんとするものにあらずして何ぞや。吾が政府は露公使ローゼンに対し左の協商をなす。
第一　清韓両国の独立および領土保全を尊重することを相互に約すること。
第二　清韓両国における各国商工業のために機会均等の主義を維持することを相互に約すること。
第三　露国は韓国における日本の優越なる利益を承認し、日本は満洲における鉄道経営に付き露国の特殊なる利益を承認し、併せて第一項の主義と反せざる限り上記の利益を保護するために必要の処置を執り得ることを相互に承認すること。
第四　韓国における改革および善政のため助言および助力を与うるは日本の専権に属することを露国において承認すること。
第五　今後韓国鉄道を満洲南部に延長し以て東清鉄道および山海関および牛荘線に接続せしめんとすることあるも、これを阻碍せざるべきことを露国において約すること。
これに対し露は答えて曰く。
一　露国は清国の主権および領土保全を尊重することを約する能わず。
二　露国は清国における各国商工業上機会均等の主義を約する能わず。
三　満洲およびその沿岸は全然日本の範囲外なる事を要求す。
四　韓国における日本の利益保護上必要の場合には出兵の権あるを認むるも同時に韓国領土の一部たりともこ

れを軍略上の目的に使用する事を許さず。
五、北緯三十九度以北の韓国領域を以て中立地帯となさんことを要求す。
この傍若無人の回答に接したる我が政府はこれに対し抗議する所あり、交渉また数回を加え、日露の風雲はなはだ穏かならざるものあり。平岡、頭山ら玄洋社員、官民有志と共に対外同志会を組織し、大いに討露の議を唱う。また戸水寛人ら大学教授七博士の主戦論ありて、世論ますます囂々たるものあり。

＊

静岡県人田中寿三郎つとに日韓問題に付き大いに焦慮するものあり、明治三十三年頃より韓国に入り親露党の頭目李完用らを説いて親日党たらしむ。時の誓約書に曰く、日韓両国有志人、協心戮力、以て韓国の施政改善と富国強兵を計りて、日本文化を韓国内地に普及して両国交誼をますます親密にして東洋平和を計り、以て世界に雄飛する吾ら、死を以て決心するところ上天に警告す。

光武八年十二月二十六日

李　允用
李　完用
李　南濙

田中寿三郎閣下

第31章　日露交戦

屈辱初めて報う

日露の風雲急にして内に対外同志会の討露を唱えて轟々たる世論あり、外に露の態度を看る、その交渉誠意の認むべきなく、しかも水陸の軍備日に充実してその大兵は韓半島の西境を圧せり。ここにおいて我が政府断然決する所あり。三十七年二月五日駐露公使栗野慎一郎に左の訓電を発せり。

「貴官は左記の趣旨の公文を、ラムスドルフ伯に送附せらるべし。

日本国皇帝陛下の特命全権公使たる下名は日本国政府の訓令に遵い露国皇帝陛下の外務大臣閣下に対し左の通牒をなすの光栄を有す。

日本国皇帝陛下の政府は韓国の独立および領土保全を以て自国の康寧と安全とのために緊要欠くべからざるものなりと思惟す故に如何なる行為たるを問わずいやしくも韓国の地位を不安ならしむるものは帝国政府においてこれを看過する能わず。

露国政府が韓国に対する日本の提案すなわち帝国政府においてはこれが採用を以て韓国の存立を確実にし並びに該半島における帝国の優越なる利益を擁護するため緊要不可欠と思惟する提案に対し到底妥協の望みなき修正を提出して執拗にこれを拒絶したること、並びにまた露国がその清国との条約および満洲地方に利益を有する他の諸国に対し累次与えたる保障の存在するに拘わらず依然該地方の占領を継続し、ために甚しく侵迫を蒙れる満洲領土保全の尊重を約することを執拗に拒否したることは、帝国政府として自衛のためその取るべき手段を慎重に考量するのやむを得ざるに至らしめたり。

露国において了解し得べき理由なくして屢次回答を逡巡し、加うるに平和の目的とは調和し難き軍務的活動をなせるに拘わらず帝国政府が現交渉中用いたる耐忍の程度は、その露国政府との関係より将来誤解の一切の原因を除去せんことを忠実に希望したることを十分証し得て余りありと信ず。しかも帝国政府はその尽力の結果帝国の穏当かつ無私なる提案もしくはまた絶東において鞏固かつ恒久の平和を確立するに近き如何なる他の提案に対しても露国政府の同意を得ることは毫もその望みなきを領得したるが故に、現下の徒労に属する談判はこれを絶断するのほか他に選ぶべき途を有せず。

帝国政府は右の一途を採用すると同時に自らその侵迫を受けたる地位を鞏固にし、かつこれを防衛するため並びに帝国の既得権および正当利益を擁護するため、最良と思惟する独立の行動を取ることの権利を保留す。」

同日続いてまた栗野公使へ左の訓電を発す。

「官は左の公文をラムスドルフ伯に送附せらるべし。

日本国皇帝陛下の特命全権公使たる下名は日本国政府の訓令を遵奉し、全ロシア皇帝陛下の外務大臣閣下に対しここに左の通告をなすの光栄を有す。

日本帝国政府はロシア帝国政府との関係上将来の紛糾を来たすべき各種の原因を除去せんがためあらゆる和協の手段を尽したるもその効なく、帝国政府が極東における鞏固かつ恒久の平和のためになしたる正当の提言並びに穏当かつ無私なる提案もこれに対してまさに受くべきの考量を受けず、従って露国政府との外交関係は今やその価値を有せざるに至りたるを以て、日本帝国政府はその外交関係を断つことに決定したり。

下名はさらに本国政府の命により来たる八日を以て帝国公使館員を率いて露京を引き揚ぐる意思なることをこ

こに併せてラムスドルフ伯に通告するの光栄を有す。」

ついで栗野公使は二月八日を以て露京を引き揚ぐ。露公使ローゼンまた十一日東京を出発し帰国の途につけり。これより先き二月八日より翌九日に渡りて我が聯合艦隊は旅順港を攻撃し、ここに日露の戦端は開かれたり。八日夜半、いよいよ総攻撃に決し、水雷駆逐艦を四隊に編制し敵艦を襲わしめ、大いにこれを破る。この役、敵の一等戦闘艦レトウィザン、ツエサレウイッチの二艦および巡洋艦バルラダ、我が水雷のために破壊せられ、翌九日正午より約四十分間我が艦隊総攻撃をなし、敵に多大の損害を与う。

十日宣戦の詔勅下る。

「天佑を保有し万世一系の皇祚を践める大日本国皇帝は忠実勇武なる汝有衆に示す。

朕ここに露国に対して戦を宣す。朕が陸海軍は宜しく全力を極めて露国と交戦の事に従うべく、朕が百僚有司は宜しく各々その職務に率いその権能に応じて国家の目的を達するに努力すべし。およそ国際条規の範囲において一切の手段を尽し遺算なからんことを期せよ。惟うに文明を平和に求め列国と友誼を篤くして以て東洋の治安を永遠に維持し、各国の権利利益を損傷せずして永く帝国の安全を将来に保障すべき事態を確立するは、朕夙に以て国交の要義となし、旦暮あえて違わざらんことを期す。朕が有司また能く朕が意を体して事に従い列国との関係年を逐うてますます親厚に赴くを見る、今不幸にして露国と釁端《きんたん》を聞くに至る、あに朕が志ならんや。帝国の重を韓国の保全に置くや一日の故に非ず、これ両国累世の関係に因るのみならず、韓国の存亡は実に帝国安危の繫る所たればなり。しかるに露国はその清国との明約および列国に対する累次の宣言に拘らず依然満洲に占拠し、ますますその地歩を鞏固にして終にこれを併呑せんとす。もし満洲にして露国の領有に帰せんか、韓国の保全は支持するに由なく、極東の平和またもとより望むべからず。故に朕はこの機に際し切に妥協に由って時局を解決し、以て平和を恒久に維持せんことを期し、有司をして露国に提議し半歳の久しきに亙りて屢次折衝を重ねしめたるも、露国は一も交譲の精神を以てこれを迎えず曠日弥久徒に時局の解決を遷延せしめ、陽に平和を唱道し陰に海陸の軍備を増大し、以て我を屈従せしめんとす。およそ露国が始めより平和を好愛するの誠意なるもの毫も認むるに由なく、露国はすでに帝国の提議を容れず韓国の安全はまさに危急に瀕し、帝国の国利は将に侵迫せられんとす。事すでにここに至る、帝国の平和の交渉に依り求めんとしたる将来の保障は今日これを旗鼓の間に求むるの外なし。朕は汝有衆の忠実勇武なるに依頼し、速やかに平和を永遠に克復し、以て帝国の光栄を保全せしめんことを期す。」

また同日公示せられたる露帝宣戦の詔勅に曰く、

「朕が忠実なる臣民に左の事項を宣す。

朕が主とする平和を維持するの目的を以て、朕は東洋における静謐を鞏固ならしむるに尽したり。

この平和の目的を以て、朕は韓国の事体に《ママ》関し両帝国の間に現有する協約を改訂せんとの日本政府の提議に対し同意を与えたり。しかるに該問題に付き開かれたる商議は未だ終了せざるに、日本は朕が政府の最近の回答においてなしたる提議に接するをも待たずして露国との商議および外交関係の断絶を知照し来たれり。この外交関係の断絶はすなわち軍事行動の開始を意味するの予告を与うる事なくして、日本政府はその水雷艇をして旅順口砲塁の外側にありたる朕の艦隊を襲撃せしめたり。朕が大守よりこの報告に接するや、朕は直に干戈を以て日本の挑戦に応ずべきを命じたり。朕はこの決意をなすに当たり深く上帝の救護を祈り朕の臣民がその祖国に防護するため皆ひとしく起ちて朕の命に赴くを疑わず。朕は偏に朕の名誉ある陸海軍に上帝の加護を祈る。」

ここにおいて列強みな中立を宣言す。

我が軍、海に陸に連戦連勝、彼の大西洋を迂回、舳艫あい含んで同航し来たれるバルチック艦隊もあわれ筑前海上に全滅し、流石に強名を謳われし露国また起つ能わざるに至り、ついに米国大統領ルーズベルトの居中調停により、ポーツマウスに和を媾ず。すなわち露国樺太の半ばを割壌し、我は南満遼東における露の既得権を継承し、朝鮮の利権を収め、明治三十八年十月媾和成る。その詔勅に曰く。

「朕東洋の治平を維持し帝国の安全を保障するを以て国交の要義となし、夙夜懈らず以て皇猷を光顕する所以を念う。不幸客歳露国と釁端《きんたん》を啓くに至る、またまことに国家自衛の必要やむを得ざるに出でたり。開戦以来朕が陸海の将士は内籌画防備に勤め、外進攻出戦に労し、万難を冒して殊功を奏す。在廷の有司、帝国議会とまた善くその職を尽して以て朕が事を奨め、軍国の経営内外の施設その緩急をあやまらず億兆克く倹に克く勤め、以て国費の負荷に任じ、以て貲《し》用《よう》の供給を豊かにし、挙国一致、大業を賛襄して帝国の威武と光栄とを四表に発揚したり。これもとより我が皇祖皇宗の威霊に頼るといえども、そもそもまた文武臣僚の職務に忠に億兆民庶の奉公に勇なるの致す所ならずんばあらず。交戦二十閲月帝国の地歩すでに固く帝国の国利すでに伸ぶ、朕の恒に平和の治に汲々たる、あに徒に武を窮め生民をして永く鋒鏑にくるしましむるを欲せんや。

さきにアメリカ合衆国大統領の人道を尊び平和を重んずるに出でて日露両国政府に勧告するに媾和の事を以てするや、朕は深くその好意を諒とし、大統領の忠言を容れ、すなわち全権委員を命じてその事に当らしむ。爾来彼我全権の間、数次会商を累ね我の提議する所にして初めより交戦の目的たるものと東洋の治平に必要なるものとは露国その要求に処して以て和好を欲するの誠を明らかにしたり。朕全権委員の協定する所の条件を覧るに、皆善く朕が旨に副うすなわちこれを嘉納批准せり。朕はここに平和と光栄とを併せ獲て、上は祖宗の霊鑒に対え下は以て丕績《ひせき》を後昆にのこすを得るを喜び、汝有衆の友邦たりすなわち善鄰の誼みを復してさらにますます敦厚を加うることを期せざるべからず。

惟うに世運の進歩は頃刻息まず、国家内外の庶務は一日の懈かならんことを要す。偃武の下ますます兵備を修め、戦勝の余ますます治教を張り、しかしてのち始めて能く国家の光栄を無疆に保つ国家の進運を永遠に扶持すべし。戦に狃《な》れて自ら裁仰するを知らず、驕怠の念従って生ずるがごときは深くこれを戒めざるべからず。汝有衆、それ善く朕が意を体し益々その事を勤め、益々その業を励み、以て国家富強の基を固くせんことを期せよ。」

伸びんと欲するものはよく屈す。そもそも我が国が露国のために所在凌辱と翻弄とを受けてなお屈したるもの、実にその今日を希うが故にしかるのみ。露国に対する屈辱ここに初めて報じ、しかして我の国威隆々、露国をして完く南満の野より退くの止むなきに至らしめ、かつ鶏林の地よりこれを逐いたるまた快ならずや。しかも日露の危機を伝うるの時、国民に率先して討露のやむべからざるを呼号し、当局を鞭撻してついにこれを起たしめたるもの対外同志会の力与ってすくなからずとせず。対外同志会はすなわち平岡、頭山らその枢軸たるもの、しからばすなわち日露交戦の大局より考察して以て平岡、頭山の力また与る所ありと謂うべし。

＊

李鴻章死するに望み錦囊あり、その策に曰く、露国いまや満洲に跳梁す。悪むべしといえどもまた止むなし。日本これを見て平かなる能わず必ずや衝突せん。日露に争わしめ欧米列強をして掣肘せしむるは、これ一臠《いちれん》を捨て、双狼を掣する所以なりと。先見火をみるが如く日露戦役を生ず。李さらに曰く、本土に尺寸の地といえども死守すべし。蒙古を捨つるもまた可なり。しからずんば清は寸裂せんと。ああ老袁の社稷を支えて狂瀾を既倒に回らさんとせる老政治家の憂うる所、その言憐れむべく悲しむべし。

内田の献策

玄洋社員内田良平、さきにその叔父平岡浩太郎と謀り、満洲よりシベリアを経て露都に入り、具に国情を探り帰来、平岡をして討露の議を唱えしめたるはすでに説けり。内田再び大陸に入り満韓の野を跋渉して露軍の施設を探究精査する所あり、三十六年日露の危機迫り、頭山、平岡ら内地志士対外同志会員ら討露の議を唱うるを聞き、帰来平岡と杉山茂丸の斡旋により、某氏に面会しその平常抱懐する所の方策を献じて曰く、

「日露交戦の事到底避くべからず、果してしからば吾人は今日より以てこれに備うるの途を講ぜざるべからず。聞く所によれば参謀本部の満洲に関する調査は甚だ違算多きものの如し。予の見る所を以てすれば満洲の物資は甚だ豊富にして、糧食の如き三、五十万の兵を養うに余りあり、以て露兵糧食に飢えを訴うるなからん。宜しく進んでシベリアの曠原に入り、ハルピン、イルクック方面の鉄道を破壊し、満洲馬賊と提携し蒙古人と盟約し、これを率ゆるに日本人を以てし、我が陸軍の遊撃となりて、臨機応変、神出鬼没、時に露軍の背を衝き、右に攻め左を討たば露軍以て大いに悩まん。

今シベリアに発す所のもの三隅次郎、古川里見、鈴木重遠、菊池軍三郎、浜名官佑、辻栄らあり、予が閣下に献策する所を待って彼ら鉄路破壊の任に当らん事を期し予の報ずる所を待つ、もし予の献策にして容れられずんば彼らを速やかに帰国せしめん。しからざれば、危険彼らに迫るべし」と。

某氏これを聞きその奇兵を用うるを喜び、内田を紹介して陸軍中佐竹内輸に会せしむ。内田また竹内を説く所あり、しかるに内田の献策は竹内の手を経て参謀本部に提出されしも審議ののち否決されおわんぬ。けだし参謀本部の見る所は露軍のシベリア線運輸力を基礎としたるが故にその兵員糧食量等に誤算を生ずるに至りしものにて、始め参謀本部はシベリア線における兵員兵機糧食等の運送用車は出発地点と到着地点との間を往復するものならんと思惟し居りしに、いよいよ開戦に至りては露軍はこれらの列車はこれを往復せしめず、到着地点において総て放棄したるを以て、我が参謀本部の予定に比し非常の輸送力を現わしたるなり。某の日、内田某氏とあい会す。某氏曰く、「ありゃ出来損うた」と。これ内田の謂う所の容れられざりしを云うなり。内田の献策を拒みたる参謀本部においては、その後種々研究の結果、軍隊以外に人を遣り満蒙方面において特別任務を帯ばしむるの

要を切に感ずるに及び、頭山らを介し内田をしてその特別任務に当らんことを勧む。しかるに内田肯ぜずして曰く、「予は予の智恵に殉ずるを許すも他の違計失策のツカワレ者となるを好まず」と。すなわちここにおいて頭山、内田ら相議し玄洋社員を起して満洲義軍を組織せしむ。

満洲義軍

福島、頭山、山座、内田ら満洲義軍の組織をなし、選びて玄洋社員十名を得たり。曰く小野鴻之助、安永東之助、樋口満、吉田庚《こくら》、河村武道、藤井種太郎、本田一郎、横田虎之助、進藤慎太郎、柴田鱗次郎らこれなり。花大人花田中佐これが指揮を承る。義軍組織されて朔風凛冽たる満洲の野に入るや、馬賊隊を率い、すでに交戦前より特別任務に従い敵兵の行動を制肘するあり、そのいよいよ日露交戦を開くや、通化方面の特別任務に従い、東西に奔馳し南北に転戦す。小野ら馬賊若干を率いて、三十七年十二月二十五日夜、本隊の命を受け某地点に前進せんとす。満天満地、白皚々、月影すでに没して遠く豺狼の声あり。人は銜を含みて一語なく、ただ積雪を踏破する一行の歩音静かに四隣の寂寞を破るあるのみ。山を越え谷を渉り、ひたすらに目指す地点に進む折柄、突として銃声起り、忽として露兵現われ一行を包囲す。これマドリドフ中尉の率ゆる一隊、義軍を途に擁せんとするなり。すなわちここに遭難戦は開かれたり。銃火を交え、剣戟閃光を発す、両軍死屍数十、鮮血雪を染めて悽愴名状すべからず。寡を以て衆に当る、寡は畢竟敗辱を蒙るとならば、ままよ死花さかせて日本男児の面目見せよと、決死の勢、奮撃突進の猛然たるに敵も気を呑まれて、マ軍ついに退却す。一行凱歌を奏し、なお前進せんとせし折しも一弾飛来して小野鴻之助の膝間部を貫く。「呵ッ」と叫んで雪中に倒れし小野は再び起ちて「何のこれ式」と剣を杖つき一行に加わらんとす。衆みな驚きこれを止め、後送して野戦病院に入れしむ。樋口満、由来豪放磊落、一度盃を挙ぐれば五升を尽す。玄洋社員彼に名づくるに堀部安兵衛を以てす。その満洲に入りて馬賊隊なるものと相見るや、十年役の驍将逸見十郎太の一子某ありて馬賊中に勢力あり、常に玄洋社員等に対する甚だ傲慢の態度を以てす。樋口すなわち彼と某宴席に会せるを機とし、鉄拳を見舞わし以て戒しめたる事ありきと。平常すでにかくの如し。その戦陣にあるやもとより軍功尠少《ママ》からざるものあり。日露開戦よりその終局に至る実に一年有半、満洲義軍はこの間各地に転戦し、大いに軍に功あり、以て玄洋社の名を発揚する事多し。野戦病院に後送されたる小野の銃創経過宜しからず、ついに左大腿部より切断したり。戦後従軍の士みな恩賞に預る、小野以下義軍の士一つもこの事なし。しかれども社員はもとより君国のため軍に従うもの一人としてこれに対し不平を懐かず、また頭山、小野らを慰むる所あり、一将功成り万骨枯る、玄洋社員ただ君国のために尽して恩賞を思わず美しい哉。

玄洋社を訪うものあらんか、風粧野朴、隻脚にして眼光炯々鬚髯頰を蔽うの偉丈夫あるを見るべし。これ小野鴻之助にして、彼は国家のため失いし隻脚を補足器に代え、今なお玄洋社幹事として孜々社務を見つつあるなり。

戦塵止むや一行多く郷関に父母を省す。安永大いに期する所あり、独り止りて馬賊の群に投じ、彼らを指揮しなす所あらんとす。三十九年十一月十七日、満洲利源調査のため旅行中支那官兵のために狙撃せられ、三十四歳を名残に異郷の土と化す。安永狙撃事件は日清両国間の外交問題となり、清国ついに三万両を賠償する所ありたり。日露戦争ののち玄洋社員にして南満、南北清にあるものすくなからず、支那革命党員らと往来交渉し、その志を助る者すくなからず。

安永は明治四年福岡庄村に生まる。中学修猷館を出でてのち漢学塾に入りしも、研学は我が事にあらずとしてこれを廃し、内田良平、平岡良助らと共に福岡本町に青年会を設立し、盛んに政談演説をなす。明治二十四年の選挙干渉に至り、玄洋社員と共に一隊を率いて秋月方面に出で大いに奔走し、民党員のために顔上に二寸余の創を受く。安永屈せず、その対手を斬りて退かしむ。のち平岡経営の赤池炭坑に入り、ついで農商務省学生となり上海に渡航し、実業調査等に従事中、張之洞より軍器買い入れの依頼あり、安永約を果たさんとして帰国せしも、北清事変後の事なりしを以てついにその意を果たさず、九州日報に入り政治欄を担当す。のち東京美術学校に入りて絵画を学ぶ。安永は絵画の天才とも云うべく、少年時代はなはだこれを好みたりき。しかも性質豪放、小事に齷齪せず、その満洲義軍に入りて出発の前、福島安正に面会す。福島問うにその経歴を以てす。安永答えて曰く、

「予は閣下に語るべきの経歴を有せず、また語るべき事業なし。しかれども閣下もし予に問うに国家のために死を賭するやと謂わば、予は喜んで『しかり』と答うべし。予はこれを答え得べき修養を玄洋社において練りたり。」と。また日露交戦中満洲義軍は戦争開始前に敵を脅すの特別任務を以て組織されたるもの、今日すでに日露兵を交うるに至らば、軍事挙げて軍人に一任すべし。到底素人を以てしては駄目なりとの論ありて、義軍解散を首唱するものあり。安永これを聞き怫然色をなして曰く、

「素人とは何者の言ぞ。不肖といえども東之助は武士なり。筑前武士なり。すくなくとも武士の子なり。すなわち胎中すでに武を享く。何ぞ二年三年の短日月調練する所の兵士と選を同じくせんや。しかも玄洋社に武士道を習うて今日ここにあり。素人の言、宜しくこれを取り消すべし。」

と。衆みな驚き、義軍解散の議、ためにやみたりと云う。

第32章　日韓併合

日露戦争開始されたるのち、すなわち明治三十七年二月二十三日調印の日韓国議定書に曰く、

「大日本帝国皇帝陛下の特命全権公使林権助および大韓国皇帝陛下の外部大臣臨時署理陸軍参将李扯鎔はおのおの相当の委任を受け左の条款を協定す。

第一条　日韓両帝国間に恒久不易の親交を保持し東洋の平和を確定するため、大韓国帝国政府は大日本帝国政府を確信し施政の改善に関しその忠告を容るる事。

第二条　大日本帝国政府は大韓帝国の皇室を確実なる親誼を以て安全康寧ならしむる事。

第三条　大日本帝国政府は大韓帝国の独立および領土保全を確実に保障する事。

第四条　第三国の侵害に依りもしくは内乱のため大韓帝国皇室の安寧或いは領土の保全に危険ある場合は、大日本帝国政府は速やかに臨機必要の処置を執るべし。しかして大韓帝国政府は右大日本帝国政府の行動を容易ならしむるため十分便宜を与うる事。

大日本帝国政府は前項の目的を達するため軍略上必要の地点を臨機収用することを得る事。

第五条　両国政府は双互の承認を経ずして後来本協約の趣意に違反すべき協約を第三国との間に訂立することを得ざる事。

第六条　本協約に開聯する未悉の細条は大日本帝国代表者と大韓帝国外部大臣との間に臨機協定する事。

明治三十七年二月二十三日　　特命全権公使　林　権助　印

光武八年二月二十三日　　外部大臣臨時署理陸軍参将　李　扯鎔　印」

さらに明治三十八年十一月十七日、日韓両国間に韓国保護条約成り、韓国は我が国の保護下に置かるるに至り、伊藤博文統監に任ぜられて赴任す。かくて明治四十三年八月二十二日、韓国併合条約成立し、二十九日その勅詔発せらる。

「朕東洋の平和を永遠に維持し帝国の安全を将来に保障する必要なるを念い、また常に韓国の禍乱の淵源たるに顧み、さきに朕の政府をして韓国政府と協定せしめ、韓国を帝国の保護の下に置き以て杜絶せし平和を確保せんことを期せり。爾来時を経ること四年有余、その間朕の政府は鋭意韓国施政の改善に努め、その成績また見るべきものありといえども、韓国の現制はなお未だ治安の保持を定むるに至らず、疑懼の念つねに国内に充溢し、民その堵に安せず、公共の安寧を維持し民衆の福利を増進せんがためには革新を現制に加うるの避くべからざること瞭然たるに至れり。朕は韓国皇帝陛下とともにこの事態に鑑み、韓国を挙げて日本帝国に併合し、以て時勢の要求に応ずるのやむを得ざるものあるを念い、ここに永久に韓国を帝国に併合することとせり。

韓国皇帝陛下およびその皇室各員は併合の後といえども相当の優遇を受くべく、民衆は直接朕が綏撫の下に立ちてその康福を増進すべく、産業および貿易は治平の下に顕著なる発達を見るに至るべし。しかして東洋の平和はこれに依りていよいよその基礎を鞏固にすべきは朕の信じて疑わざる所なり。朕は特に朝鮮総督を置き、これをして朕の命を承けて陸海軍を統率し諸般の政務を総轄せしむ。百官有司克く朕が意を体して事に従い施設の緩急その宜しきを得、以て衆庶をして永く治平の慶に頼らしむることを期せよ。」

ああ明治四十三年八月二十二日は、日韓両国に何ぞ幸多き日なりしぞや。日韓の間紛訌を醸せるは遠く神代素尊の時に始まり、上代歴朝必ず事あり、神功皇后におよびわずかに小康を得たるも、ついに天智帝に至りて完く我と絶ち、以後久しく修交断続定まる所なし。豊太公にいたり再び征韓の挙あり、徳川幕府倒れてここに維新の大業成るや、端なくも修交の辞令について口舌文書の抗争絶えず、ために内に征韓論の勃発あり、惹いて各地内乱続出し、外に列国の嗤笑を受くるものすくなからずして、爾来我が国内外騒乱の根因たりしもの、実に韓半島の存するあるがためにして、東洋の禍根またここにありたりき。

掛け巻くも畏き事ながら、我が明治大帝叡聖文武王政復古の大業に次ぐに政令更新兵備完成、さらに憲法法典を制定あらせられ、或いは琉球を略し、また清を懲し、露を膺ち、台湾を得、樺太を復し、南満に羽翼を延べて、ここにまた韓半島を併せ給う。日清戦争は第一期の国土膨脹にして、日露戦争は第二期の国土膨脹たり。それ朝鮮併合に至りては、国土の膨脹と謂わんよりは、むしろ第一期新日本の建国を以て言の当れるものにあらずや。以て列強に対すべく、以て宇内に覇を称するの基とすべし。それ第二期、第三期の新日本建設の期は果して何の日ぞや。

大帝四十五年の治蹟遠く神代よりの禍乱を治定し、近く維新以来の紛因を根絶し給う。ここに進取の皇謨を宏め、宇内に飛躍すべきの時は来たれり。それすでに朝鮮を併合す。玄洋社が祖先伝承の使命の下に奮闘し、先輩同人の遺志を継いで活躍せるもの、その抱負としその主義とする所は、我が日東帝国をして朝鮮を併合せしむるにあり、東洋の覇王たらしむるにあり、宇内統一の盟主たらしむるにあり。それしかり、今ここにその一端は実現せられたり。天上に瞑れる我が祖先の英霊、地下なお護国の鬼たらんと謂いし我が先輩同人の幽魂、希くはここに空前の大義を看て、国家のためにをこれ喜び、幽霊永く静かに瞑れ。

＊

玄洋社を訪うて直ぐ目につくのは床の間に懸けてある猛猪玉を捕えんとする図である。余程古いものであるらしいが、何日行っても年中この軸が懸けてある。また玄洋社では何人に対しても座蒲団を出さない。どんな権貴の人が訪ねて来ても座蒲団なしである。日本風の客接待法としては一寸異様に感ぜらるるけれど、こんな所がすなわち玄洋社気質とでも云うのであろうと話していた人がある。

第33章　支那革命と玄洋社

革命軍蜂起す

東方問題を以て畢生の事業とし、特に韓国経綸に多大の抱負を持したりし平岡浩太郎は、朝鮮併合の事を生前に見る能わず、三十九年幽瞑の人となれり。玄洋社三傑と謳われし箱田、平岡、頭山のうち箱田、平岡すでにあらず、頭山独りありて今なお日本浪人界の頭梁たり、社長進藤喜平太と共に玄洋社の長老たり、盟主たり。頭山の談ずる所は国家問題なり、頭山の行う所は国家問題なり、彼の行動呍々するところ常に国家問題に基かざるものなし。

時に明治四十四年秋、隣邦革命の鋒火揚り、孫興兵を提げて立ち、四百余州乱れて紛々、老衰の社稷ついにために滅ぶ。頭山すなわち玄洋社員を従え、犬養木堂と共に海を渡り、援にこれに赴く。革党頭山を迎えて「頭山大人来、頭山先生来」を連呼し、欣躍ために意気頓に大いに昂るものあり。革党何すれば異邦人たる頭山を迎えてしかく喜色あるや。今これを説くに先だち、しばらく支那革命の大要について述べん。

これより先き、南清に唐才常、邱菽園、譚嗣同、孫逸仙、黄興、康有為、章炳麟らあり、みな満州朝廷を滅ぼし、漢を興して別に一の共和国を建設するを以て理想とし、清国革命のために奔走すること年あり。孫は広東香山県の人、少時香港にありて医を英人カントリー氏の門に学び、数年にして業成り、医業を澳門に開き、貧民の治療を請う者あれば喜んでその病を看て薬価を求めず、その得たる金銭はこれを散じ尽して広く志士と結納し、大いに人心を得るに力めたり。ここにおいて薬を乞う者門前に市をなし、終に外国医師の反感を買うに至れり。すなわち彼は医業と華客とを棄て、瓢然として故山に帰り、陳飛鵠の徒と共に耶蘇教的新教育を受けたる青年党を糾合して興中会を組織し、名を時事研究に藉り、密かに大事を謀れり。由来広東の地民風刁健にして冒険を好み、海外に出稼せるもの幾十万を以て算し、かつ地香港に近きを以て洋学に通ずる者多し。彼らは漢学の素養に乏しく、進んで考試に応ずる能わざるのみならず、退いて地方神董《ママ》の信用を博する能わず、血気内に燃えて功名の念盛んに、相率いて破壊党となるもの多し。果然彼らの興中会に投じ来たる者日に多く、久しからずして会員数百を以て算うるに至れり。たまたま日清両国干戈を支え、清国は連戦連敗、国歩正に艱危、ここにおいて孫は時機至れりとなし、その党を率いて密かに広東乗っ取り策を講ぜり。羽翼未だ成らずして一撃千里の鵬を学ばんとす。如何ぞその成功を期す得べき。すなわち事を挙ぐるに及ばずして顕われ、身を以て英京に亡命せり。彼の英京にあるや、陰険なる支那公使館員のために欺き捕えられたるも幸いに旧師カントリーの斡旋に因り、首相ローズベリー卿の手に依りて九死に一生をかち得たり。これより孫逸仙の名、支那改革の先駆として環球に喧伝せらるるに至る。爾来東奔西走、在外支那人間に革命を宣伝するものここに十余年、一日もその志を更えず。

黄興は湖南長沙の名門に人となり、十九にして秀才に挙げられ張之洞の両湖書院速成師範科に学ぶ。業を卒うるののち唐才常らと交わり、胡子靖らと良沙に明徳学堂を建て子弟の教養に力め、革命思想を伝え、彼の哥老会の頭目馬福益と通じて華興会を創設し、革命挙兵の準備を劃す。三十六年万寿節を機とし事を挙げんとして顕われ、黄、身を以てわずかに遁るるを得、のち上海に潜伏中捕えられしも、ついに獄を脱出して日本に亡命せるなり。

孫、日本に亡命ののち宮崎滔天の紹介によりて黄と相識り、明治三十八年中国同盟会を組織し、共に大義を説き、在京支那留学生に革命思想を注入し、また同志を糾合して他日の変に備えんとし、傍ら日本朝野の有志に交を求む。頭山、犬養、平岡、内田良平、美和作次郎、小川平吉、古島一雄、伊東知也、岡保三郎、宮崎滔天、福田和五郎、尾崎行昌らと共に有隣会を組織してその後援となり、時に財資の足らざるを補うて、彼ら熱血児のために尽す所すくなからず。苦節幾十年、天運循環ここに革命の機は熟せり。革命挙兵の準備は成れり。

明治四十四年十月一日、すなわち清暦八月八日革党檄を飛ばす。その文に曰く、

「それ春秋は九世の讐を大なりとす、小雅は宗邦の義を重んず、いわんや神明の華冑を以て犬羊の下に匍匐する

をや、維れ我が皇漢の遺裔奕葉久しくさかんなり、祖徳宗功、四表に光被す、降って有明に及び、家の不造に遭い蕞爾《さいじ》たる東胡かつて意に介せず、ついに渦乱に因縁して我が神器を盗み、我が種人を奴にするもの二百六十有七年、凶徳相より累世暴殄す、廟堂はみな豕鹿を奔らし四野に豺狼の嘆きあり、群獣嘻々として羌遠慮なし、蔵を慢にし盗に誨え、ついに門を開いて揖譲す、土疆を裂棄し、以ていやしくも旦夕の命を延ぶ、久しく仮りて帰さず、重ねて以て破棄す、これ特に逆胡の死罪のみならず、また漢族の奇羞なり、慕府ここの大義を奉じ山河を顧瞻し、馬に秣《まぐさか》い兵を厲《と》ぎ日に放逐を思う、徒に大勢未だ集まらざるを以て忍辱今に至る、またまた屢偏師を遣わし兼ねて義士を選び颷馳搏撃、我が漢風を呼ぶ、これ誠に我が俠士雄夫の鬱々として久しく居る処のものなり、天その魄を奪い牝鶏晨を失い塊然たる胡雛、冒昧摂に居る、ついに群小をしてともに進み朝野を黷乱《とくらん》せしめ、金壁を闘集し官を以て市となす、強敵見てしかして心を生じ、小民望んで額を蹙む、好んで食言して肥るときはまた偽収鉄道の挙あり、権を喪い国を誤り在民を劫奪し、憤毒の気、鬱として雲雷となり、鄂よりして湘、しかして粤しかして川大風を扶揺し地を捲きともに起る、土崩の勢殷に成る横流の決、足を翹げてしかして俟つべし、これ真に逆胡命を授くるの秋、漢族復興の会なり、幕府機宜を総摂し恭しく天罰を行う、懼るるは義師の指す処、或いは未達悉せず、疑畏徒をして事を過り惶惑せしむるを致すを僻遠の諸彦奮起を知るなし、すなわち先ず独立の義を以て我が国人に布告す、在昔虜運方に盛にすなわち実に野人の生活を以て弓をひいてしかして闘い、睒目鵰舌、習いて豺狼たり、これ以て索倫の兇声を以て遠近に播越す、入関の始めすなわちその張粱を択び偏く要津に拠る、しかして吾が民をして粟を輸し金を転ぜしめ、その醜類を拳い以て諸夏を制す、伝世九葉、すなわち放誕淫侈二百載をこゆ、貪縁苟偸以て高位を襲取す、枯骨廷にみち人行尸たり、甲午の役九廟倶震い近ごろますます岌々祖宗の地、北、俄（露）に削られ、南、日に奪わる、廟堂闃寂として卿相嘻々たり、近貴は善賈を以て能となし、大臣は売国を以て相長とす、本根すでに斬き枝葉瞀乱す、虎皮を馬に蒙しいささか外形あり、挙げてこれを蹴れば枯朽を拉《ひし》ぐが如し、これ虜の必敗すべき原因の一なり、昔三桂関を開き漢家始めて覆り、福酋鼎を定むるやますます漢族に因縁しこれが佐命となす、ようやく漢風に浴しついに覇縻を事とす、継れ時中漢の義師しばしばつまずきて起たず、ここに洪主に及んでほとんど漢土を復す、また曽胡左李の如き本族の彦を以てして倒行逆施しついに虜をして危くしてまた安からしむ、久しく留まりて去らず、これ実に孝孫のすでに酔いたるもの逆胡の長ずべきにあらざるなり、方今大義日に明らかに人心漢を思う、觥々たる碩士、烈々たる雄夫、天を敬し祖を愛し、その節義を高くせざるものなし、彼の官邸を以てみな金を輿にし璧を輦にす、貨に因って利に就く、鄙薄驕虚、艱巨に任ゆなし、虜実に競わず、漢臣またとぼし、盲人瞎馬あいともに俳徊す、これ虜の必敗すべき理由の二、邦国の遷移は動は英豪にありて衆志に成る、故に傑士臂を奮い風雲気を異にすれば人心解体し変乱すなわち起る、十稔以還（十年以来）吾が族の臣子胆を断ち腹を没するものすでについで相接す、徒に民その常に習うを以て能く大いに起るなし、虜ついにその間に刼持し因って以て局容し、遷延今に至る、すなわち立憲を以て官を改むるも詐偽信なし、借債収賂、重ねて吾が民を陥る、星々の火、風に乗じて原を焼く、川湘鄂粵の間、偏戸の斉民、奔走呼号し山谷響震す、一夫臂を揮わば万姓影の如く従う、頽波横流の中敗舟これに航す、これ虜の必敗すべき三なり、我が皇祖皇帝中夏を肇造し九有を掩有す、唐虞世を継ぎ三王跡を奮い、すなわち文化彬々として宇内に独歩す、煌々たる史冊四千年をこゆ、博大寛仁、民徳久しく著わる、これを西欧に衡すればすなわちその条理を譲るのみ、先覚の民、神聖の冑、智慧優渥、宜しく土疆に高踞し宇宙に折衝すべし、すなわちその種を鋭降し首を低れ心を下して人のために役となる、先に背くは不孝なり、国を喪うは勇なく、身を失するは義にあらず、徳を潜め光を幽にし古を望んで遥に集る、我全身をみれば弔景慙魂するも性に返ればすなわち明に、勇を知ればすなわち勇あり、孝子とぼしからず、永く爾の類に賜う、すなわち漢族のまさに起るべきの一大道の行わる天下公となす、国至尊ありこれを人権という、平等自由、天を楽しみ命に帰す生を以て体となし、法を以て界となす、和を以て徳となし、衆を以て量となす、一人横行すれば謚して独夫という、諒たる彼の武王ついに典刑あり、満虜潜窃、さらに驕恣を益す、道を分かちて駐防し斉民に坐食す、厚橡高官、皆子姓に分かち肩を脅かして諂笑し、朝堂に武断し、我言論を束し、我大群をとどめ、我閭閻を擾がし、我が善良を誣い、我秀士を鋤き、我民業を奪う、我代表を囚い、我議員を殺す、天地晦盲、民声銷沈す、牧野洋々、檀車煌々たり、我自由を復し、我邦家を還す、すなわち漢族のまさに興るべき二、海水飛騰、雄騒参会す、弱国孱種、夷げて犬豕となる、民に群徳あり朝に英声あれば威よく旁に達し競争して以て存するに足るのみ、維れ我中華、逆虜に戹し根本参差として国力終に靡す、虜吏に無状、魚餒、肉敗れ腥聞四布し、ついに群敵を引いて間に乗じ隙に抵らしむ、辺境要区割削ことごとく去る背を拊ち杭を扼しその廟臥榻の傍に鼾声四起するに及ぶ、耳目蔀覆し手足繋維せらる、遂に我漢土をして堂奥ことごとく失し民気萎痺せしむ、慶父を去らずんば魯難未だやまず廓々これを清め暖雄良材握手倶見、万機粛穆群敵声を銷す、すなわち漢族の起るべきの三、維れ我が四方の猛烈天下の豪雄、すでにこの義に審かなり、宜しく各子弟を率い時に乗じて躍起すべし、雲集響応小となく大となくことごとくその害を去り獲醜を執汎し以て膚功を奏すべし、維れ我伯叔兄弟、諸姑姉妹すでにこの義を審かにし宜しくその決心を失いその大群合しその徳を堅忍にしその力を綿々にし進戦退守猛士と倶にせよ、維れ爾《なんじ》失節の士夫、軍人に逼られたるも爾生身あり、爾もまた漢族なり、宜しくこの義を審にし、宜しく反悔して速やかに善に遷るべし、宜しく常に本根を懐いその遠祖を思うべし、宜しく爾の戈矛を倒にして義師に逆らい奸細となるなかるべし、維れ爾胡人、爾は漢土にあり爾は囚徒たり、すでにこの義を審かにして宜しく天命を知るべし、宜しく爾の部落に帰り或いは爾の形性を変じて斉民に化するを願えば爾すなわち罪なし、爾すなわち赦宥を獲べし、幕府すなわち四方俊傑とここに要約をなす、曰く州県より以下おのおのその虜使を撃殺し易ゆるに選民を以てし境を保ち治をなすべく、また毎州県、師一旅を与しその同仇を会し以てもっぱら征伐すべく虜使を撃殺し省会を粛清し共和の政をなさば幕府すなわち大いに将士を選びみずから六師を率い庭を梨し穴を掃い以て我中夏を復し民国を建立すべし、幕府すなわちまた軍中の約をなす、曰くおよそ漢胡にしていやしくも逼脅せられたるものも但だ既に降服を事とすればみな大赦して問う処あるなし、その俘囚にあってはもし形を変じ面を革め農牧に帰せんことを願わばまた大赦して問う処あるなし、その衆を挟んで才をあげ抗顔やや行えば処して赦すなし、間諜たるものは殺して赦すなし、故に軍法に違うもの殺して赦すなし、これを以て天下に布告す。

中華開国四千六百零八年八月八日」

すなわち革党は清暦八月八日を以て事を武昌に起さんとし、秘中計劃するあり。しかるに事、総督瑞澂の知る処となり、総督は兵士二十名を抜擢して、特別探偵隊を組織し、革命党三人以上を逮捕せるものは官等一階を進め、なお賞銀百五十両を与うることを約し、城内の警戒厳重を極む。革党また満を持して発せず、十月七日に至り瑞総督は馬隊八標をして轅門を警護せしめ、第四十一標中より一大隊の兵を出して武勝門外一帯を警戒せり。かくて十月九日午後二時に至り革命党本部は伝単を発し、同夜午前二時に至り総督衙門を襲撃し、先ず瑞総督を殺さんことを各党員に通知す。しかるに伝単配送の飛脚誤ってこれを第八鎮統制官張彪の公館に投入す。ここに端なく大陰謀発覚し探偵隊は大活動を開始し、小朝街において三十二名の党類を捕獲するに至れり。のちまた同日午後三時、露国租界内、宝善里十四号地において、突如として爆声の猛然たるを聞く。これ同所に潜みて炸弾製造中なりし革党が誤ってこれを爆発せしめたるものにして、時を移さず洋務公省より呉元愷は露国領事と共に捕警を率同し、現場に至りて厳査の結果、同所はすなわち革党の居城にして、黄星国旗（革党旗）多数、篆文を以て「中華民国軍政府鄂省大都督之印」と刻せる印信一顆。革党入会願書および告示、往復文書、淡紅色に印刷せる「中華銀行滙完税釐」の文字をある多数の新紙幣、武昌各省の秘密事項を以て充たせる尨大なる調査書類を始めとして、その他雑品巨多を発見せしを以て、官憲は屋内にありたる革党三名と共にこれらの物件を押収し、また別に発見せる革党名簿（二百余人の名を署す）に依り大捜査を開始す。ここにおいて武昌の革党は事破れたるを見るや、兼ねて気脈を通じたる新軍と共に、一気に事を挙ぐるに決したり。すなわち清暦十九日夜十一時、第二十九標および第三十標の歩隊、砲隊、馬隊、両標、工程営等の全部同時に蜂起して、各自袖に巻きたる白布を以て味方の章表となし、隊を整えて営門を突出し革党と合して官署の襲撃を開始し、督署以外に尚提学使、勧業道、漢関道、夏口庁、江憂県各署および官銭局、模範監獄等は早くすでに烏有に帰せり。能く防禦の職を尽せしものは、僅少なる満洲出身兵に過ぎず、総督瑞澂なす所を知らず、即夜藩司連甲と共に、あたかも長江の中流に碇泊し居りたる支那軍艦楚予号に避難し、第八鎮の統制張彪は漢口に遁れて日本租界に、交渉司施炳燮は洋務局に入り、他官憲もまた四方に散乱し、かくて武昌は一挙革党の手中に帰せしを以て、四方風を望んでこれに帰するもの多く、その勢力二万五千人に上り、諮議局を以て本部に充て、黎元洪を挙げてその統領となし、進んで漢陽、漢口を占領し、製鉄所、兵器製造所みなその手中に帰す。革軍その軍紀を厳にし、いやしくも私人の財を掠め、婦女を辱しむるを厳禁し、その他やむを得ざるにあらざる以上民人の事業を碍ぐるを許さず、殊に外国人に対しては極力その安全を保証せんと努む。その告示に曰く、

「中華国民軍鄂軍都督示、蔵匿敵人者斬、蔵匿偵探者斬、買売不公者斬、傷害外人者斬、擾乱商務者斬、姦擄焼殺者斬、邀約罷市者斬、違抗義師者斬、楽輸粮餉者賞、接済軍火者賞、保護租界者賞、守衛教堂者賞、率衆投降者賞、勧導郷民者賞、報告敵状者賞、維持商務者賞。」

また彼ら人民に布告する書に曰く、

「中華国民軍政府鄂軍都督黎布告、今奉軍政府命、告我国民知之、凡我義軍到処、爾等勿用猜疑、我為救民而起、並非貪功自私、拯爾等於水火、拯爾等之瘡痍、爾等前此受虐、甚於苦海沉迷、只因異族専制、故此棄爾如遺須知

今日国奴、幷非我漢家児、縦有衝天義憤、報復竟無所施、我今為此不忍、赫然首挙義旗、第一為民除害、与民努力駆馳、所有漢奸民族、不許残忍久支、賊昔食我之肉、我今寝賊之皮、有人急於大義、宜速執鞭来帰、共図光華事業、漢家中興之期、建立中華民国、同胞無所差池、士農工商爾衆、定必同逐国賊、軍行素有紀律、公然相待無欺、願我親愛同胞、一律敬聴我詞。」

革軍の勢威隆々たり。

ここにおいて政府、蔭、昌を以て征討軍総督に、昊録貞を以て征討軍司令官に、薩鎮氷を以て水師督帥に任じて革軍を討たしむ。

有隣会より宮崎滔天、末永節らつとに上海に赴いて謀議に参し、革軍蜂起するにおよんで尾崎行昌、漢口に逆江し、平山周、北京に急行し、伊東知也、武昌に至る。革軍十三日独立を宣言す。その文に曰く、

「吾人は常に満朝を亡ぼし独立を図らんとせしも事志と違う。今や我が党の素志成り四川を平定し、その土を領し、ここに独立を宣言し、不倶戴天の満奴を亡ぼすべき秋は来たれり。友邦の誼みに就き列国願わくは独立を認め、今回の交戦に局外中立を厳守せられん事を望む。もしかくの如くんば従来清国の締結せる条約はみな履行し、負う所の賠款借款みな責に任ずべし。また誓って外人に危害を加うるなし。」

と。さらに十四日各国領事に書を遣りて曰く、

「中華国軍政庁の鄂軍督黎照会す

昔は各国我を認めて国となさざりしは唯臣民と主権とありて土地なかりし故なり。今やすでに四川の土地を取得し、国家の三要素備われり。軍政府は祖国を復する情切に満朝の無情を憤り、ために賊を討ち以て世界の平和を維持し、人類の幸福を増進せんことを期し、同時に友邦の各国に対しますます睦誼を敦くせんことを図り、今特に軍政府対外の行動を知照して誤解を来たすことなからしむ。

一　清国政府と各国政府と締結したる一切の条約はみな継続して有効とす。
二　各国人民財産の軍政府占領地域内に存するものは一律に承認保存す。
三　各国既得の権利は総て承認保存す。
四　内款外款旧に照し各省より期に従い数の如く返還す。
五　各国もし清国政府を扶け我が国を敵とすればすなわち以てこれを敵視す。各国もし軍需品を以て清国政府を扶くれば捕獲没収す。
我が軍は義に依りて動き、毫もその間に排外の情実を交えざることを知らしめんがために特に知照す。右貴国政府に通報せられんことを希う。

　黄帝紀元四千五百一年八月二十一日」

南清各省長江一帯また独立を宣言して革命党に応じ、時局収拾すべからず。朝廷すなわち袁世凱、岑春煊を起用して袁を湖広総督に、岑を四川総督に任ず。岑辞して受けず、これより官革両軍大いに戦い、共に勝負あり、官軍一度漢口の革軍を退けしも、二十七日より三十日の戦闘において革軍またまた漢口を克復す。十一月二十七日資政院動乱に鑑み上奏して曰く、
一　皇族内閣を廃止する事。
二　憲法は人民の協賛を経て制定する事。
三　国事犯者の赦免をなす事。
四　国会を速開する事。
民選議員はこの案提出者として交々起って説明を試み、中には今回の変乱に関係ある瑞澂を厳罰し盛宣懐を死罪に処すべしと論ずるものあり、これに対して一の反対論なく議長は内容の各項に付き採決せるに、四項の外一

項より三項までは多数を以て通過したり。次いで三十日に至り、憲法速制の上諭下り、十一月一日、時の総理慶親王に代うるに、袁世凱を以て内閣を組織せん事を命ぜらる。

この間清廷の形勢日に非にして水軍革党に降り、また各鎮営、革軍と提携蜂起するあり、二日、袁、北京に電報を発し、永遠の平和を講ずるため戦闘を中止し、革軍と媾和すべきを奏請し、三日資政院黎元洪に休戦を求む。のち革軍上海に仮政府を組織し、次いで四十五年一月南京城内に移り、ここに中華民国政府を樹立し、一月一日孫逸仙を以て仮大統領に推し、黄興を以て督軍長官たらしめ、伍廷芳外交部長たり。この地各部課みな新進の俊髦を羅致登用して、革軍の勢力旭日冲天の観あり、かくて北方の媾和使たる唐紹怡は北京より漢口に出で、一気に六百マイルの長江を下りて、十二月十八日、上海に入り、十九日、上海市会議事堂に革軍代表者伍廷芳と相会し、第一次媾和談判を開くに至れり。

＊

濤貝勒刺客を放つ（『大阪朝日新聞』所載）

濤貝勒らは満洲人中より決死暗殺隊七百名を募り、暗殺すべきもの六十余名を指名し本月上旬より各方面に派遣したるが第一にその手に斃れたるを呉緑貞とす。しかして暗殺すべきもの一、二、三等に分かちおのおの懸賞あり、その顔振れ左の如し。

一等（十人）懸賞十万円、孫文、黄興、黎元洪、湯化竜、呉緑貞、張紹曹、伍廷芳、湯寿潜、程徳全、張謇ら。

二等（二十人）懸賞金三万円、藍天蔚、徐紹楨、漂延闓、哈漢章、李平書、唐文治、温宗堯、揚度、陳錦濤、孫宝琦ら。

三等（三十人）懸賞金一万円、林調元、沈同午、羅傑雷奮、年琳ら。

この他にありては、袁世凱暗殺の懸賞金は百万円なり。しかも袁に対しては大局定まりたる上にて手を下すべしと。なおこの計画には摂政王慶親王は与らざりしが、近時ようやく之を知り計画を阻止せんとせるも刺客はすでにそれぞれ出発せる後なればそのままとなり居れりと。この秘密は刺客の一人なる元漢人の子にて満人の籍に入りしものが武昌に赴く途中当地に洩らせしよりその内容暴露せるものなり。

頭山と犬養の渡清

革命戦の蜂起せる以前より、我が国のいわゆる支那豪傑あるいは支那浪人の清国にあるものすくなからず、彼らは一波動き一濤起る毎にこれに因縁を求め、火事場泥棒的活躍をなして非倫背徳をあえてし、その私服を肥するものあり、三十三年来革命党員と親交ありし鉈村腹水（仮名）の如きは、大倉組より軍器を購入するに賂せざるべからずとして、孫文より五万金を欺取するあり、また某浪人あり、常に革命党と結んで親交ありたるも、広東の劉学詢なる政府の密偵の依頼を受け、平常革命党員と親交あるを利用して、これが首級を掻いて、清朝懸くるところの懸金を得んと謀り、南洋に革命党を物色して渡航せるに英警官の捕うる所となり、ついに獄に投ぜられて、わずかに我が国の面目を汚すなきを得たるあり、また某軍人にして支那浪人あり、論功行賞の二十五万円を強奪するあり、支那浪人の醜態かくの如くにして、我が国の名声を汚す甚だし。しかも支那浪人中には具に革命党のために一身を顧みずして、友邦のため尽力するものすくなからざるも、たまたまこれらの醜漢あり、以て日本人の名誉を損するに至りてはもとより不問に附すべからず。しかも革命党が五色旗を翻してより、仮共和国を建設するに至るもの、誠に一気呵成、未だ十旬ならずしてすでに北軍と媾和せんとす。ここにおいてか我が有隣会の諸士憂心堪えず、たまたま三浦梧楼革軍の前途を憂い、また支那浪人中に不徳漢あるを心外とし、革党首領を説破してあくまでその本領を発揮せしめ、かつ不徳の浪人輩を摺伏せしめ得るものを渡清せしめざるべからず、この任に適するもの独り頭山と犬養あるのみとなし、これを美和、古島に告ぐ。すなわち美和、古島、犬養を訪うて渡清を促す。時に犬養病んで病床にあり、二人の云う所を聞き、病を犯して渡清せんは甚だ易し、また革命党首領を説いてその方向を誤らしめざるは余またあえてその任に当らん、しかれどもいわゆる支那浪人、支那通豪傑連に至りては予の力を以てしては如何ともすべからず、願わくは頭山をも起たしめよと。美和直ちに頭山を訪い告ぐるに三浦、犬養の云う所を以てす。頭山答えて曰く、

「行く！　必要と認めるから行こうたい。行くときめたら水の中でも火の中でも飛び込もうたい。」

と、ここにおいて寺尾亨、副島義一両博士また行を共にせんと決し、犬養は四十四年十一月先発し、頭山は十二月九日、早稲田大学教授松平康国、古島一雄、小川運平、柏原文太郎、玄洋社員浦上正孝、藤井種太郎、山本貞美、柴田隣太郎、岡保三郎および大阪朝日新聞記者中野正剛ら行を共にして東京を発す。十三日門司春日丸船上に進藤喜平太、的野半介、大原義剛らと袂別し、十五日夜上海に着す。

すでに革軍の帷幄にあって活動せる岡本柳之助、末永節ら出でてこれを迎う。一行豊陽館に入る。革党員頭山大人来、頭山先生来と連呼し、歓迎厚遇至らざるなし。頭山、犬養の上海に到るや、中村弥六を通じて携うる所より二万金を割いて浪人連に配布せしむ。大小の浪人連頭山の名に恐れみな慴伏して、完くその影を南清より消す。頭山、犬養らは上海北四川路に一家を借りてここに事務を見、一月八日南京都督府に至りて孫黄と正式会見をなし、互に胸襟を開きて快談し、また革軍の成功を祝し、東亜の形勢を語り、日支親善を説き、革党の将来について大局を誤るなからん事を諄説忠告する所あり、頭山、犬養ら南京城にあるの間、革党国士の礼を以てこれを遇す。一行大いに革党のために謀り、また尽す所あり。一度上海に還り、さらに二十六日頭山揚子江を逆江し、武昌に黎元洪を訪いたるのち北上朝鮮を経て四十五年四月十三日、福岡に帰省したりき。当時頭山をその寓居西新町筒井条之助の宅に訪う。頭山語りて曰く、

「岡本も未だ支那にいるよ。二、三年何か調べものをすると云っていた。そう支那にも随分如何わしい日本の浪人が入り込んでいた様で、日本の恥晒しをした軍人もあった様じゃった。私が行ってから皆どこにか消えて仕舞ったそうだ。ハッハッハハハハ」と微笑を漏し、さらに語を進めて、「私は支那も朝鮮も今度が始めてで、袁世凱、唐紹怡には逢わなんだが、袁世凱と云う男は中々の才物だそうで、金の遣い方も上手、乾分をうまく扱っているらしい。黄興は西郷南洲に私淑していると云っているが、東洋的の傑物じゃ。孫逸仙との優劣は判らないけれど中々沈着いて確然した男だ。孫はどうかと云えば、理想家と評すべきで黄、孫双方その遣口が違って、それぞれの意見を持っている。黎元洪にも武昌で面会した。あの人は高徳の君子じゃと思った。」

しからば支那共和の前途に対する高見はと叩くと、一寸　《欠字》い目の光を問者に投げた翁は、冥想数秒時、「判りませんな。うまく行くかどうかは疑問でしょう。或いは最後は袁のものになりはしますまいか」と答え、さあ貴方膝を潰しなさいと云いながら、自分も今までの正坐を一寸横に潰して、「日本の今回支那革命乱に対して採った方針の善悪ですか。フムそれは余り上手な行り方と云うんじゃなかったじゃろう。単に支那に対する遣口ばかりじゃない。どうも昔に比べると政治の遣口に力が入って居らん。また誠実が無い様に思われる。政府の方に誠実がないから、従ってこれに対する一部の人民や議員にも誠実がない様に思われるじゃ」と語り了って翁はまた黙想すること暫時、突然高く「ハハハ……」と笑って、「私も昔は演壇に立って何か喋った事もあったが、全体が私は話が下手じゃ。記憶も至って悪い。京都の新聞記者が、神鞭などに行けばどんどん話をするけれど、頭山は自分らの方から話をして聞かせる様なもので、少しも喋らぬから困ると云ったそうじゃ。好んで喋らんのじゃない、私らはもう世の中の者でないから別に喋ることが何んにもないのじゃ。」

と、話はそれからそれへと移って行く。外には春雨がしとしとと降って、窓に見える老松も次第々々に夕靄に包まれて仕舞った。

第一次革命はついに宣統四年二月十二日、幼君溥儀皇帝の退位を以て局を告げたり、聖祖康熙の年より実に九世二百四十九年、清の太祖ヌルハチが満洲諸部を統一してより二百九十六年なり。

革命軍は中華民国を設立して、孫逸仙仮大統領に就任し、ここに完く対満の素志を遂げ得たり。しかるに三月十日狡猾なる袁世凱は孫、黄、黎と妥協し、孫に代って自ら共和政府臨時大統領となり、漸次政をほしいままにし、民党を圧迫するに至れり。頭山らが革命党の前途に付いて忠告を与えたるものは、実に革党が袁のために致され、その得る所を空しく袁に奪わるるなきかを憂えたるが故なりき。ああついにこの事あり、袁に快からざる者、民国二年再び南京に第二革命を起して袁奸可斬と呼号し旗鼓動く、しかも志成らず、孫、黄、陳其美、譚人鳳、戴天仇、柏文蔚らみな日米に亡命す。のち黄孫たまたま隙を生じ、頭山らその間にありてこれが調停に努む。革命の領袖みな日米に亡命するや袁は十月六日を以て第一次大総統に選挙せられ、同十日盛大なる就任式を挙げ、大総統の権限に関する憲法問題について国民党を解散し、議会を停止し、憲法を改正し、政党を圧迫し、地方大官を交迭し、北軍を全国重要の地に配置し、ひたすら中央集権を謀り、ついに在朝官人を籠絡し、また参政院参政等をして籌安会を組織せしめて帝政を唱えしめ、四年夏ついに帝政を布きて自らその帝位に上らんと謀るに至れり。しかれどもかくの如きの背倫乱徳、天人如何でかこれを許さん。日、仏、露、英これを勧告阻止せしめたりき。

四年十二月雲、貴先ず討袁の旗翻り、各省呼応し五年第三革命の事あり、六月たまたま袁病んで死す。袁の死、毒殺の説あり。彼れ文盲大器にあらずといえども、その大奸の才を縦横にし、風雲に乗じて帝位を望む、また怪傑たるを失わず。袁の死後革党はその敵自ら斃れたるによりここに兵を収め、北方派と相謀り黎元洪を大統領に推し、わずかに共和国の名を存するを得たり。次いでまた黄興病みて死し、これを国葬に附す。黄死してまた栄ありと謂うべし。玄洋社員平岡、頭山ら初め覇を称して以て東洋の平和を図り、以て国勢を張り、また以て東洋の盟生たるべしとなす。しかも東洋禍乱の根源地たる韓半島我の有に帰すあり、また時運は漸次進展して今や玄洋社員の意もっぱら支那保全にあり、領土保護にあり、その意その念すなわち支那志士を援護する所以ならずんばあらず。

ああ東洋の老大国、その将来や果して如何。革命の首唱者、新共和国の創設者たる孫中山健在なりや否や。

第34章　玄洋社の現在と将来

玄洋社の過去はすでにこれを説けり。その大抱負大主義を奉じ、その憲則を遵守して活動するところ滔々たる奔流の石に激するが如く、金石相撃って火光燦々たるが如く、威武屈せず、権勢恐れず、時に民権論に与し、時に国権論に趨るものありといえども、これ大勢の推移に随って推移するなり。その憲則に謂う所の「皇室を奉戴し」「本国を愛重し」「民権を伸張すべし」との綱領標榜に牴触するにあるなし。論者謂うあり、玄洋社初め民権伸張を唱え、天下に率先して国会開設の請願をなす、すなわち福岡県は玄洋社の活動によりて岡山県と共に憲政発祥の地として知られたり。天下すでに以て憲政の発動玄洋社に負う所多きを謂うに当って、しかも玄洋社国権論に移り、あえて選挙干渉に力を添う、玄洋社のために惜しみ、かつ慨すべしと。また曰く、岡山県犬養のありて憲政のために気を吐く、福岡県すでに憲政ほろぶ、惜しみかつ慨すべしと。それしかり、しかりといえども民権伸張と謂いまた憲政の発達と謂う、その謂う所は以て国家の隆盛、国威の発揚を願うにあらざるなし。まさにこれを願う、その可なるもの、その善なるものを採らざるべからず。すでにその最良を選ぶ、時に必ずしも変通なき能わず、変通不可なるあり、また可なるあり、基礎を国威発展の大綱に置く、もとより変通不可あるなし。玄洋社が民権伸張を唱えたるもの、すなわちこれによって国家の発展を希う所ありたるが故なり。すでに大憲発せられ国会開かるるのち、民権党国家の四囲強敵に包まれ、外侮ようやく多きを覚らず、徒に口舌の雄を弄ぶあり、すなわち玄洋社民権主義を棄つること敝履の如くし、以て国権主義に拠って軍備を整え、兵を強くし外敵に当らん事を望みたりき。玄洋社の真骨髄はもとより政争にあらずして、対外的国家の大事に当らん事を期するにあり、国勢の推移する所に従って推移するもの何ぞ一憲政発祥の名誉の如きこれを顧慮するの暇あらんや。それしかり、玄洋社は政府に対しては、その初め武力派なりき。すなわち兵馬の権を以て政府に肉迫せんとしたりき。藩閥重臣らに拮抗して政府を改造せんと思惟したりき。武力派たると共に対外硬論者なりき。しかもその西南役に呼応して起るや、武力派の主力多くみな斃れたりといえども、なおその余党は旗鼓の間に政府に迫り、拮抗以て政府を改造せんとの念を棄つなかりき。しかも一度民権論の政府肉迫にもっとも可なるを知るや、力をこれにもっぱらにしたりき。しかれどもその対外政策に至りては越智、武部の遺志を継いでかわる所なく、終始一貫するものあり。玄洋社を内治派に対せばこれ対外派の錚々たるものなり。すなわち藩閥専制の敵塁を衝いて陥れ、内治ようやく張るにおよんで徐々としてその活動を外に移せるなりき。その社員を上海に学ばしめ、満韓に悠遊せしむるもの、ただこれ孜々たる究学、漫然たる遊行にあらざるなり。すなわち他日国家事あるの日に備うるものにあらずして何ぞ。その韓国に玄洋社隊を送りて韓半島に風雲を起さんとしたるもの、韓国亡命客を庇護したるもの、その霞ヶ関に大隈を一撃したるもの、その天佑俠、その内田の欧亜視察、その国民同盟会、その対外同志会、その満洲義軍、その支那亡命客の庇護、その革命援助等、みな係るところ国家問題にあらざるなく、その発露するところ係って対外の事象にあらざるなし。

ああ帝徳馬蹄の極まるところに被り、立扈に坐して凡は船頭のおよぶところを照し給う。それ玄洋社の一微力を以てしてその行くところ常に分厘の功を国家に報うものこれ昭々たる稜威によるにあらずして何ぞ。稜威昭々としてために筑前健児の意気常に潑剌、ために九州男児の面目揚々、ために以て惟神の大道に報じ故賢先憂の士に酬うるあり。

それ一度我が神典を繙け。古事記に曰く、

「於是。天神諸命。以。詔二伊邪那岐命。伊邪那美命。二柱神一。修理二固成是多陀用幣琉之国一賜二天沼矛一而言依賜也。」

また祝詞を見よ。

「辞別。伊勢爾坐。天照大御神能大前爾白久。皇大御神能。見霽志坐。四方国者。天能壁立極。国能退立限。青雲能靄極。白雲能墜坐向伏限。青海原者。棹柁不干舟艫能至留極。大海原爾。舟満都々気氏。自陸往道者荷緒縛堅氏。磐根木根。履佐久弥。馬爪能至留限長途無間久。立都気氏。狭国者広久。峻国者平久。遠国者。八十綱打掛氏。引寄如事。皇大御神能。寄奉波。荷前者。皇大御神能大前爾。如二横山一打積置氏。残乎波。平聞看。又皇御孫命御世乎。平世御世登。堅磐爾。常盤爾。斉奉。茂御世閉。幸爾暴故。皇吾睦神漏伎。神漏弥命登。宇事物頸根衝抜氏。皇御孫命能宇豆乃幣帛乎。称辞竟奉久登宣。」

これ誠に我が皇範皇謨、これ実に建国の大遺訓世界統一の大垂示にあらずや。それ日本民族の雄図偉略ここに存す。すでに雄図あり。偉略あり。壮挙なかるべからず。その上代海の日本史を想うもの誰か我が日本民族祖宗の壮烈に驚かざらんや。攻略進撃するもの韓半島しかり、北境しかり、蒙満しかり、勃海しかり、南洋列島また我が祖先の徳光及ばざるなかりき。近世徳川鎖国の世にあってしかも満蒙政策を云い、世界の統一を謂いしものあり、彼の佐藤信淵著す所の混同秘策中に曰く。

「凡そ他邦を経略するの法は、弱くして取り易き処より始むるを道とす。今に当って世界万国の中において皇国よりして攻め取り易き土地は支那国の満洲より取り易きはなし。何となれば満洲の地、我が日本の山陰および北陸、奥羽、松前等の地と海水を隔てて相対するもの凡そ八百余里、その勢、もとより擾し易きことを知るべきなり（中略）故に皇国より満洲を征するには、これを得るの早晩は知るべからずといえども、終には皇国の有とならんことは必定にして疑いなきものなり。それただに満洲を得るのみならず、支那全国の衰微もまたこれより始まることにして、既に韃靼を取り得る上は、朝鮮も支那も次いで図るべきなり。」

と、林子平はその三国通覧に朝鮮、琉球、蝦夷、小笠原等の地理を明らかにする所以を記して云うあり、すなわち、「その意日本の雄士兵を仕うてこの三国に入ることあらん時この図を諳んじて応変すべし」と。

また水戸の会沢安の新論開巻第一に曰く。

「謹案神洲者、大陽之所出、元気之所始、天日之嗣、世御二宸極一、終古不易、固大地之元首、而万国之綱紀也。誠宜下照二臨宇内一、皇化所レ曁、無上レ有遠邇《ママ》一、而今西荒蛮夷以二脛足之賤一、奔二走四海一蹂二躙諸国一、眇視跛履、敢欲三凌二駕上国一、何其驕也」と。

吉田松陰の幽囚録に、

「今急修二武備一艦略具、礮略足、則宜レ開二墾封建諸侯一、乗レ間奪二加摸察加、隩都加一諭二琉球一、朝覲二会同内諸侯一、責二朝鮮一納レ質、奉レ貢、如二古盛時一、北割二満州之地一、南収二台湾、呂宋諸島一漸示二進取之勢一、然後愛レ民養レ士、慎守辺固、則可レ謂二善保一レ国矣。」

と記し、さらに獄是帖に記するあり。

「その間を以て国力を養い、取り易き朝鮮、満洲、支那を切り随え交易にて魯、墨に失う所は、また土地にて満鮮にて償うべし」と。

橋本左内策を樹てて曰く、

「さて、日本はとても独立難相叶候、独立に致し候は、山丹満洲の辺、朝鮮国を併せ、かつアメリカ洲、或いはインド内地に領を不持してはとても望みの如くならず候。」

それ彼の玄洋社同人の先賢平野二郎の回天管見策中に曰く。

「先対二三韓一再建二府任那一以再復二先規一或責二渤海之不レ貢、為二師族屯営之地一常艤二商船一而到二于定海及香港一探二索夷情一殊駆二三韓之士兵一、而誅レ寇以鷹鸇之逐二鳥雀一、跨二駛巨艦一蹂二躙百蛮一巻二宇内一以レ華変レ夷、今三天之所レ覆地之所レ載殊方絶域、普冒二皇化一矣哉。」

古人すでにこの意気あり、この経綸あり、今人また踽踖の天地に志を屈すべけんや。それこれを想う、韓すでに我に帰し、満またしかり。将に我が開拓進取の地すでに南方門戸開かるるあり、それ進まん哉。

玄洋社の建物約二十五坪二階建ての日本家屋にして繞らすに庭園菜圃を以てす。前福岡の勤王家加藤司書の控邸なりしもの、後に博多海を控う。屋後十歩にして海浜に立つべく、西、玄界島を徹して玄海の外洋を望み、北海の中道に対し東、箱崎香椎名島を見る。眼前指呼の間に点在する能古、志賀の諸島みな元寇の史跡なり。庭園菜圃或いは七百余坪を算うべし、中に小図書館を有し、撃剣道場一到館を有し（十五坪）柔術道場明道館（十五坪）を有す。武を練るもの多くは社員子弟たり。前に玄洋社員が国事に奔走したりし当時より選挙干渉前後において、その気を負い武を練るの状、実に壮烈、懦夫をして起たしむるものありき。それ今当時の社員多くは老境に入るといえども意気さらに衰えず、常に玄洋社に集まり烏鷺を戦わして追懐談に豪放の気を遣りてわずかに慰むるものあり。しかれども一度、衆議員選挙等の事起らんか、彼らまた起って大いにその選む所の候補のために尽すあり。

玄洋社より代議士として議政壇上に立ちしもの、曰く香月恕経、曰く郡利、曰く権藤貫一、曰く小野隆助、曰く平岡浩太郎、曰く進藤喜平太、曰く大原義剛、曰く的野半介らあり。香月、郡、権藤、小野の選良たりし当時はすなわち吏党平岡進歩憲政本党に籍を置く。これより玄洋社憲政本党と結び、次いで憲政本党の後身国民党と聯絡し、国民党分裂してその一派同志会と合するや、大原、的野また同志会に趨り、現に同志会の後身憲政会と機脈相通ず。しかれども従来玄洋社は政党政派の外に超越してその所信を披べんとするもの、常に朋党相倚るを忌み、前に自由民権の思想を県下に普遍して勢力を植えしといえども、漸次地方団体と交渉を薄からしめたるを以て従って県会議員を有すること甚だ少かりき。また強いてこれを有することをなさざりき。されば県会の基礎完く自由政友系の占むる所となれり。ここにおいて一部の有志県下にその政治的勢力を挽回せんと筑前協会を作り、福岡協同会を組織し、玄洋社を以てその根拠としたりしも、これ玄洋社を政争の渦中に捲き込むものとして漸次非難の声社中に多く、ついに明治四十年玄洋社は政党政派の外に立ち、大いに国事に尽し、その活動の地を大陸に求むべきを規約し、さらに明治四十五年、頭山支那革命よりの帰途福岡に帰省せるを機とし、玄洋社に大会を開き、四十年の規約を厳守する事を申し合せ、かつ子弟教養に力を用うべきを約し、従来玄洋社の牌板と並び掲げたる福岡協同会の牌板を他に移す。

二十二年の来島事件、および二十五年の選挙干渉事件ありてより以来、世人玄洋社員を目するに兇暴を以てし、中央政変ある毎に誣説を伝うること多し。かつて日露媾和条件、吾が国民の期待に背くや、媾和反対焼打事件なるものあり、当時某新聞紙に玄洋社これに加わりて行動せりと掲ぐるあり。また犬養ら、桂を弾劾して憲政擁護を呼号し中央に騒擾を起すや、また玄洋社員これに加わると風評するものあり。さらにまた山本内閣の海軍問題により て国民の攻撃する所となるや、玄洋社員上京して山本権兵衛並びに政友会本部を襲うの企てありと噂するあり。さらに大正五年十月大隈と寺内との間、政権授受に付き紛議あり、政界の小波瀾として当時やや社会の注目を惹きたりしが、十月二十日の『報知新聞』に記して曰く。

「玄洋社員の上京

福岡玄洋社員数名は数日前鉄路東上せるが、その上京の目的に就きその筋において何事を探知せしか、彼らの通路に向って電信電話を以て厳重なる警戒をなせし結果、その一名はようやく大阪府警察部にて逮捕せしも、他はみな巧みに姿を晦まし無事上京せし者の如く、大阪府警察部より警視庁に向ってその旨通知し越したるより、警視庁にては直ちに憲兵隊と共同して活動を開始し、彼らの所在並びに行動に就きて警戒をなしつつありとの説あり。これに就き警視庁側にては『近頃かかる風説はあるも、全然さる事実はない。大阪の警察に捕まった男は福岡県の者とは云うが、この男は窃盗前科者でなかなか志士などと云うものでなく、玄洋社の者などとは全く跡方もない事である』と否認し居れり。」

幽霊の正体見たり枯尾花、風声鶴唳は常に疑心暗鬼を生ぜしむ。玄洋社もとより主義あり、抱負あり、また摂度あり、あに暴勇を好み、気を負い、徒に軽挙妄動するものならんや。かくの如き風声鶴唳を生み訛伝を起すもの、真に玄洋社の本領を知らざるが故にして、都人士玄洋社を以ていわゆる無頼壮士の集合所の如くに想像するによらずんばあらず。兇暴事を好むものは福岡県その徒なからずとせず、これもとより市井無頼の徒ならずんば筑豊所在炭坑の坑夫のみ。無頼の徒と坑夫は未だ玄洋社員にあることなし。これ玄洋社員にあらず、また玄洋社に関係あるなし。玄洋社いやしくも志士として国家の大事を以てその任とす、あに徒に兇暴その社名を傷つくるが如き痴漢愚昧のあるあらんや。すでに記するところ三十余章、玄洋社に関する大要これを尽せり。

筆を擱いて静かにその将来を思う、ああ玄洋社の将来それ如何、進藤、玄洋社に社長たるものここに二十余年、その篤行と温容とはよく社員をして心服せしめ得たり。進藤に次いでよく社長の印綬を承ぎ得るものは果して何人か。

越智、武部の遺志を承けたる宮川太一郎は、箱田、平岡、頭山を起してよく越知、武部の志を成さしめ、高場乱の志を成さしめ、筑前健児祖宗の志を成さしめたり。すなわち我が日東男児の志を成さしめたり。箱田逝いて平岡、頭山あり、平岡逝いて頭山、進藤あり、それ頭山、進藤の遺志を奉ずるものは果して誰ぞ。過去において華かなりし玄洋社の尊き名誉をさらに発揚せしむるものは果して誰ぞ。

天地もとより悠久、万物もとより厚生、些かの憂うべきなし。狭国者これを広うせよ。峻国者これを平くせよ。遠国者は八十綱打ち掛けてこれを引き寄する如くせよ。無窮の大平を開きて世界のあらゆる邦土を徳服統一せんことこそ日本民族に対する我が大祖先の大垂示大理想なれ。それ敵国自ら来たり降伏すべきは玄洋社の郷土たる筥崎八幡社頭の宸翰にこれを示さずや。乞う、問うを休めよ、玄洋社の将来の如何を。すでに名誉の歴史あり、また済々たる名士あり、あに社運の隆々たるものなからんや。予をしてしばらく故人今人の片影を写さしめ、しかしてここに玄洋社々史の筆を擱かしめよ。

第五篇

第35章　玄洋社員の面影

筑前人物系統

筑前の国その人勇敢任俠、交わりて親しましめ、親しむも狎《な》れしめざるものあり。玄海の怒涛はその性をして豪放不羈ならしめ、筑前の平野はその性を潤達寛裕ならしめ、西に東に聳え立つ連峯は、以てその性を沈毅ならしむ。加うるに磊々落々竹を破るが如きものあり、これ果して何によって得る所か。任俠導いてここに至れるか、豪放これを誘うてしかるか。人ありこれを説いて曰く、筑前人由来山気《やまき》多く芝居気《しばいぎ》に富む。そのこれある、彼らを磊々落々たらしむるものありと。その山気と芝居気は果してこれ筑前固有の性か否やを審かにせずといえども、その因って来たるもの福岡藩祖黒田如水の遺す所にあらざるなきか。如水もとより一条縄《ひとすじ》を以て行く男にあらず、天下の風雲に乗ぜば、徳川家康を向うに廻さん程の曲者なり。藩公すでにしかり、藩臣またこれあらざるべからず。すなわち後藤又兵衛、毛利太兵衛の如きすなわちそれか。三代忠之を極諫し、ついに大公議に争論したりし栗山大膳の精忠大いに賞すべく、その忠大石良雄をして歎美せしめたるものあり。しかれどもまた大膳いささかの芝居気なからずとせず。博多三傑を以て知られたる徳川初期の大貿易家、神谷宗湛、島井宗室、大賀及宗また山気と芝居気に富むもの甚し。自余これを求むるまさに枚挙にいとまあらざるべし。平野国臣の行動またこの憾みあり。平岡、頭山の行動またこれありと。吾この論評の当れりや否やを知らずといえども、その豪放自ら喜び磊々落々真情を流露して小事に齷齪せざるものあるは事実なり。予これを思うに筑前健児の性情しかるものはすなわち山川風土の醇化に帰因する所すくなしとせずといえども、しかも古来幾千年間対外的関係によりてその民に自主独尊の元気自ら旺盛を来たし、ついにいわゆる今日の筑前気質を形成せしものならんか。黒田如水の感化の如き極めて微少ならんのみ。殊に玄洋社員が一点の邪気を止めず、直情径行その言わんと欲する所を云い、その行わんと欲する所を行う、誠に磊々落々、しかもこの間にあって礼譲を重んじ長幼の序を整すを見る、人或いはその意表外なるに驚くものあるべし。

福岡に名儒あり、これを貝原益軒、亀井南冥となす。益軒の学統多くは佐幕に走り、南冥の学統勤王に志す。勤王の士を起すものに漢学系、国学系あるはすでに説けり。これら門下の士、幕末の人材を別ちて二となすべし。仮に名づけてこれを才子派、豪傑派と謂わんか。才子派に属するものに勤王家早川勇あり、平賀磯二郎あり、浅香一作あり、豪傑派に勤王家加藤司書あり、平野国臣あり、建部武彦あり、矢野梅庵あり、その系統の流るる所才子派に金子堅太郎、栗野慎一郎、団琢磨、井上哲次郎、松下直美、太田峯三郎、鶴原定吉、寺田栄らあり、豪傑派に高場乱、越智彦四郎、武部小四郎、加藤堅武、久光忍太郎、久世芳磨、宮川太一郎、箱田六輔、平岡浩太郎、頭山満、奈良原至、進藤喜平太らあり、これら豪傑派に属すべきものみな玄洋社に因縁あり。寺尾寿、寺尾亨、山座円次郎らに至っては才子派の如く豪傑派の如く、一面を見て直にこれが分野を定め得べからず。山座は鼠公使小村寿太郎の知遇を受け外交官中の偉才、霞ヶ関稀に見るの豪傑となす。彼れ玄洋社と由緑深く、常に筑前人特有の山気と芝居気を以て終始せり。山座また快漢たらずとせず、その才子派なるものこれ多くはつとに藩命を帯びて長崎に遊び、或いは江戸に学び、以て新智識に養われしの人、硜々乎として君子の風を学び、今日の栄達を得たり。その豪傑派なるもの多くは高場門下の出なり。今これを伝せんとして一言すべきあり。一は朝にあって君に仕え、一は無禄布衣、野にあって呼号するといえどもその報国の念勃々たるはあえて他に譲るなし。ここに分って二となすも、帰する所は一ならずんばあらず。

筑前古より名士豪傑の士すくなからず、維新ののち栄達の士また甚だ多し。しかれども栄爵を肩書せず、勲等の虚勢を誇らず、一布衣を何《ママ》てその名声嘖々たるもの、箱田六輔、平岡浩太郎、頭山満の如きは、けだしすくなし。越智、武部の死後その志を継いで福陵健児の意気を脈絡一糸に継ぎしものは宮川太一郎なり。宮川と共に起って玄洋健児の面目を発揮したるは箱田六輔、平岡浩太郎、頭山満、奈良原至、進藤喜平太、中島翔らにして、箱田、平岡、頭山は玄洋社の三傑として天下の認むる所、進藤は現に玄洋社長たり。

箱田は醇の醇なるものにして正に寸毫も仮さず、堂々として権謀を忌み、古武士の風格を具備し、民権論を以て終始行一貫す。頭山は黙々重厚沈毅古武士の風格を存し、不言にしてしかも実行を尊み、国権伸張を以てその大要領とする人、平岡は磊落にして豪放古武士の風格ありといえどもまた理財に長じ、変通の才あり、つとに民権伸長を云うと共に国権伸長を論ず。彼の性は到底単式に非ず複式なり。三人者古武士の風格を備うるにおいてその性を同じゅうするも、その意気の発するところ小異大差なからずとせず、箱田、平岡、頭山ともに民権国権の伸張を云い、対大陸政策に共鳴する所あり。その天下の憂に先だってこれを憂い、その国家の大事を以て自ら任ずるの大節、揆を一にせずんばあらず。明治の初め維新の大業緒について百制面目一新するものありといえども、天下未だ完く平康なる能わず、上に藩閥政をもっぱらにし下に民権張らず、そのようやく有司専制の弊廃るるに及ぶや、民権者流国家の大事を外にして徒に論議横行す。一是一非、一長一短これが融和もとより容易の業にあらず。それ国力の消長は勢なり、勢は制すべからず、以て移すべし。勢を移して以て国民を指導する、これ治道の要治。道の要は先覚の士を以て初めてこれを明らかにするを得べし。箱田、平岡、頭山らこれ先覚の士なり。故にその行動、時に時流の外に出で、時に天下に物議を起す為《ママ》しとせず、しかれどもこれを動中に静観し、静中に冷観するに未だ以て天下の憂に先だち、天下の憂を憂いとせざるなし。活躍せる三人者についてはすでにこれを説けり。今個々を拉し来たってその面目の一端を披瀝せん。

箱田六輔

箱田六輔は青木善平の第二子、嘉永三年五月生まる。初め円三郎と称す。のち出でて箱田仙蔵の後を嗣ぐ。黒田藩士たりといえども家格ははなはだ高からず、わずかに足軽鉄砲組たり。戊辰の役奥羽に転戦して功あり、当時福岡の兵制ははなはだ完からず、明治二年箱田就義隊を編制し大いにその改革に尽し自ら器械方たり。

箱田、有田俊郎らと就義隊を組織せる当時、宮川太一郎、西川寅次郎らと別に併心隊を組織し、就義隊と相拮抗す。一日両隊士葛藤を生じ、ついに大事に及ばんとす。早くも藩吏これを探知し、両隊士を拘禁し、かつ箱田を捕えて姫島に流す。箱田孤島に配所の月を見る事八ヶ月、わずかに釈されて福岡に帰り、宮川と相和し酒を酌んで刎頸の交を誓う。旧怨一掃光風霽月の如く、これより両雄の締盟ははなはだ堅きものあり。箱田資性高潔、気魄あり、満身これ胆、居常快濶すこぶる統御の才に富むあり、明治七年佐賀鎮撫隊に加わり、帰来越智、武部、平岡、頭山、宮川らと矯志、強忍、堅志社を組織し福岡青年の教養に努め、士気振策を図り、また民権論を唱導する所あり。つとに前原一誠の人となりを慕い、その萩に乱をなすや、頭山、進藤、松浦、宮川、奈良原らと共にこれに呼応せんとす。事また成らずして捕えられ福岡の獄に投ぜらる。のち山口の獄に移され罪を一身に被りて懲役一年に処せらる。その出でて向陽社々長たるや、民権伸張のために尽瘁奔走し、南川政雄と共に筑前共愛公衆会を代表し、上京して国会開設、条約改正の建白を元老院に呈出せる事さきに説けるが如し。平岡の後を受け玄洋社々長たるやますます民権伸張のために尽し、板垣退助をして「西南箱田あり安じて可なり」と、その民権論者としての箱田の声望を覗うに足る。箱田また東方経営について大志あり、惜しむらくは内地事端多く未だその志を伸ぶるに暇なくして民権伸張のために終始一貫し、二十一年三十九歳を以て病死す。天下をして福岡県と共に憲政発祥の地たりと称せしむるに至りたるもの箱田の力にあり。箱田、向陽社に社長たる時その事務を議政、行政の二に区別し、もっぱらその実行に当たり別に郡利を議長に推して会議を司どらしめたり。その立憲的組織見るべし。箱田在生の日、帝政党領袖丸山作楽福岡市に来たり中教院において帝政主義の政談をなさんとす。箱田大いに怒り「我が民権の地に来たって丸山輩帝政を説かんとす、何者の無礼漢ぞ。福博の地一歩も彼らに蹈ましむるなかれ」と。丸山密かにこれを聞きて恐れをなし、ついに政談をなし得ずして去りしと云う。

箱田また常に育英に志を注ぎ、力行主義を以て青年を訓導す。彼平常酒を嗜み、斗酒辞せず、その晩酌実に一升、もしそれ箱田が晩酌の膳に向うのとき友の訪うあれば「どうも悪い時来たねえ」と挨拶し「まあ飲みやい」と、微笑の中に不足を漏らす。友これを受け一、二盃するものあれば大声その妻を呼び「某君来たって予の定量を減ず、再び定量一升を持ち来たれ」と命ずるを例とす。その山口の獄にあるや密かに獄吏に賄して酒を買わしめ常に酒気を絶たず、しかも時に或いは乱酔して獄中放歌高吟し「室替え」の制裁を受くること数次。箱田また尺八を巧にす。微酔すれば月明らかにその清調を弄ぶ。余韻嫋々たるものあり、彼をして王翰謡う処の「葡萄美酒夜光杯。欲レ飲琵琶馬上催。酔臥二沙場一君莫レ笑。古来征戦幾人回」を聞かしめ、また聴かするに「酒泉太守能剣舞。高堂置酒夜撃レ鼓。胡笳一曲断二人腸一。坐客相看涙如レ雨」を以てせよ、彼必ず幽瞑地下微笑するものあらん。

佐賀の役に当り大久保利通福岡に来たり、二口屋（今の中島町松島屋旅館）に投宿す。箱田鎮撫隊組織に反対し、大久保を刺さん事を企てたるも機を失して果たさざりき。

ああ箱田少壮、気を負うて国奉《ママ》に奔走し、時に軍旅に従い、或いは政府の忌憚に触れて獄に投ぜられしといえども、民権論によりてついに天下の志士と共にその志を得たり。惜しむらくは百尺竿頭一歩を進め、彼の抱蔵せる経綸を不爛の舌頭に載せて、議政壇上にこれを吐露せしめざりし事を。箱田逝くや郡利の輓詩に曰く、

「絶絃知己少。投箸惜英雄。遭遇非容易。無人識此衷。」

箱田氏碑文

箱田君義門通称六輔父青木善平君恒定母小柳氏初冒母之姓後改箱田世為福岡藩卒、居早良郡鳥飼村、君自幼卓犖不羈、動輙凌長上及長益豪放、慶応戊辰君年十九始従東征之軍、覚旧来之兵制未善、凱旋後与諸有志者建議、改其編成就義隊、君掌其器械、後廃之、更編大隊以分配之、君編入第二番隊、時昇平之余士気未振也君等大慨之、欲且奪其膽因以激昂之一夜、卒壮士、数十人襲諸隊、諸隊果無備、騒擾如湧、君等乗之縦横蹂躙而去、於是議論大起交咎君等之所為、共謀四十余人皆被罰君乃与東某、窃詣諸隊長久光氏、具告其意、且曰事由二人、他皆附和随行耳、請赦之、君遂削籍流於姫島、居一年遭赦還家明治七年佐賀乱興君卒士族一隊、向神崎口、事平不戦者而帰、九年遊甕島、見西郷桐野諸人、帰聚壮年子弟、興矯志社者、是年熊本秋月山口之乱相尋而発、君挙為警部、而亦遂被嫌疑繋獄、未決、而甕島之役起、因遷於山口県之獄十年九月以国事犯未遂罪処於懲役一年、明治十一年刑満而帰、会其友某々等設向陽義塾以教育子弟推君為塾長、而民権之説漸盛、十二年十二月筑前の《ママ》志士、建白以開国会及訂正外国条約、君与南川某為委員東上、十三年一月奉書於政府、爾後国会開設請願之遂行於全国而各地之志士、会東京大阪等君毎為委員以列其場、其名滋著於世、当是時改向陽義塾為政談社曰玄洋社、君及為其社長兼興開墾之業、且労力且読書、壮士輩多帰之、忽然為我筑前之重矣、明治二十一年一月十九日罹激症心臓病、忽焉而歿、享年三十九君為人豪邁、常以、気圧人、不肯屈下、故人憎之亦不少、然其死之日、使人悼惜不已是君之所以為君也、亦孝順、而人多不知之、豈有以他事蔽之者也歟、父恒定君年八十五、猶厳存妣小柳氏文久三年歿初配広辻氏無子後配上野氏方娠而未娩、銘白。

壮烈之気　屈而未申　忽然長逝　継在後人

明治二十一年五月　　　　　　　　　　正四位　山岡鉄太郎題額
香月恕経撰
宮小路康文書

平岡浩太郎

平岡浩太郎、父は平岡仁三郎、内田良五郎はその兄なり。良五郎出でて内田家に嗣となるや、浩太郎平岡家を継ぐ。嘉永四年六月二十三日、福岡地行五番町に生まる。幼名は鉄太郎、静修また玄洋と号す。戊辰の役、親兵に伍して東上し、奥羽の野に転戦して功あり、明治二年一月、藩兵に従って凱旋し、ついで箱田らの同志と共に一到社を興し、代言事務を弁じ、冤枉を伸べ、民権を主張す。九年、遠賀郡底井野村の戸長に任じ、十年西南呼応の福岡挙兵に加わる。浩太郎幼より傲岸不屈、初め習字を岡崎四郎に、小銃を臼杵久左衛門に棒術を平野吉郎兵衛（平野国臣の父）に、剣術を幾岡五吉に学び、句読を大西仁策に受く。しかして浩太郎、幼より武健人に絶し、嬉戯、多くは縄墨の外に逸するものあり。

平岡藩兵として東京に出で、桜田門警衛の任に就く、一日偉軀雄貌巨眼豊頬の士、肥馬に鞭して門を過ぎらんとす。平岡卒然馬前に進みその轡を控え、「足下今この門を過ぎらんとす。果して誰ぞ」と。厳としてその姓名を訊す。馬上の巨人微笑して名を告げて曰く「予は西郷なり。隆盛なり」と。すなわち平岡馬首を離れて一礼す。その夕西郷千代田城退下に当たり衛兵屯所を訪い、平岡を招き謂うて曰く「歩哨の任もとより重し。軍務にある者すべからく汝の心を以て心とすべく、汝また予の馬首を控えたるの心掛を永く忘るべからず。時に閑暇あれば予の邸に来たり遊べ」と。平岡、西郷の気宇大なるに感じ、これより西郷を崇拝すること甚だし。明治元年七月十四日、平岡の済輩白垣昇、平岡の腰間に帯べる拳銃を指し「汝の拳銃果して用に備うるに足るや否や」と揶揄す。

平岡答えて曰く、大いに用うべし、君望むあらば弾丸を馳走せんかと、戯れにその拳銃を擬す。計らざりき誤って指頭引金にかかり轟然たる銃声と共に弾丸昇の胸腹を貫き、昇ために斃る。平岡大いに驚き、急にこれを扶け医薬を施すもすでに及ばず、平岡大いにその粗忽を悔い、自刃してその過を謝せんとす。時に兄良五郎変を聞いて来たり、これを止めかつ諭して曰く「国家多難の際、汝の過失に依り、徒に戦士を喪うその罪軽からず。しかれども逝くものはまたおうべからず。汝進みて君国のために一身を犠牲に供し、その罪を償うを期せよ」と。平岡北征の軍に従うや、戦に臨む毎に常に進みて自ら危地を択び、功を樹つる事少なからず、しかも身微傷だも負わずして凱旋す。しかも浩太郎の賞典を賜わるや、その資を挙げてこれを昇の父母に附し謝意を表し、始終かわることなく墓を修め法を営み、これが忌辰供養の事を懈らざりき。のち明治十年福岡挙兵の事あるや、平岡戸長の職を棄ててこれに応じ、事敗るるに及び、身を以て免かれ、服を変じて道を豊後に取り、以て薩軍に投じ奇兵隊本営附となり、豊日各地に転戦して利あらず、八月十七日、薩軍に従って日向可愛岳を突出し、終に捕えられ懲役一年の刑に処せられしも、十一年一月特典に由って放免せらる。

平岡福岡を落ちて薩軍に投ぜんとする日、筑、豊の堺に途を失い山中に彷徨すること数日、山野に露臥し、飢餓迫り、かつ病みて将に昏倒せんとす。たまたま一金山坑夫これを援け食を与う。平岡深くその恵みに感じ、坑夫のこの山中にある所以を問う。坑夫答えて金山探鉱の由を告げ、かつその近江国より来たれるを語る。すなわち平岡一書を裁し、これを坑夫に与うその文に曰く、

感状之事

我天下に志を得ば近江一国を与え行うもの也

と、平岡の一端想見し得べし。

平岡縛に就くや、宮崎の獄舎にあること数旬、さらに長崎に送られていくばくもなく東京佃島監獄に護送せら

れ、のち市谷監獄に移さる。当時同囚の士には、古松簡二、大橋一蔵、三浦清風、柨本務、尾本仁郎、野村忍助、和泉邦彦、有馬源内、堀善三郎、月田道春、高田露、宗像政、岡崎恭輔、荒巻重三郎らあり、平岡平生粗豪自ら許し甚だ読書を好まざりしが、その獄にあるや読書修養のやむべからざるを悟り、月田道春について歴史を学び、また古松簡二について論孟および孫呉の講義を聴く。赦されて福岡に帰り、箱田、頭山、進藤らの向陽社を設置するに当たりその議に与る。平岡、箱田と善からず、頭山これを調停し、玄洋社成るに及びこれが社長を承る。十一月、同志と共に筑前共愛会を興し、国会開設の議を主張す。十五年京城の変あるや、平岡おもえらく「先輩の志を紹ぎ、以て大陸経営を樹立するは、機会まさに当れり」と。すなわち野村忍助と謀り義勇兵を組織し、菅新平、加治木常樹を以て先鋒となし、若干の兵を率い、いつわりて大阪行の此花丸に搭じ、玄海洋に出るを待ち、船長を威嚇し、針路を転じて直に対島に至り、同地の同志土井唯八郎を乗せて釜山に上陸し、平岡はその後より精兵若干を率いてこれに赴き、相合して一挙京城を衝くの計画を立つ。野村は密かにこれが準備のため外務卿井上馨を神戸に擁して外務省御用掛となり、先発朝鮮に渡りたりき。しかるに此花丸の入港遅れ、計謀齟齬し、かつ朝鮮との平和条約成り、平岡らの奔走画餅に帰す。のち玄洋社長の任を箱田に譲り、実業に志し、十六年豊前吉原銅山を経営し、十八年赤池炭礦の採掘を開始す。十七年の交、浩太郎商用を帯びて長崎に至る。たまたま熊本人日下部正一あり、平岡に謂って曰く「上海は東洋第一の要港なり。彼の地において学校を創設し、大いに青年子弟を養成せば、他日大陸経営に便益すくなからざるべし。予の同志に山口五郎太なる者あり、久しく清国に遊び革命志士と親交あり。これをして事に当らしめば、他日事あるの日必ず吾人宿昔の志に酬ゆる所あるべし」と。平岡大いに喜び福岡に帰りて同志の賛成を得、東洋学館の創立に尽力する所あり。東洋学館は資力継がず一年有余にして閉館せしといえども後の日清貿易研究所、東邦協会、東亜同文会等の先駆をなせるものなり。明治二十年平岡清国に遊び、洋靴店を上海に開き、青年有志の士を派し、清国の国情を調査し、語学の研究に従事せしむ。

同年条約改正問題の起るや、これが反対運動を試み、二十二年また条約政正問題の起るや再び起って中止運動を試み、終に霞ヶ関爆弾事件あり、一時これがために嫌疑を被りて拘致せらる。二十三年豊国糸田炭坑を開始す。二十七年八月選ばれて衆議院議員となり、のち憲政党の組織に当たり、斡旋最も努むる所あり、三十二年米国に遊び三十四年臼井哲夫と共に朝鮮に渡航し、国王および太子にまみえて帰り、三十六年対外同志会の成るや、主として対露の議を唱う。日露の役起るに及び、三十八年四月清国に航し、北京に留ること数月、那桐、瞿鴻機、栄慶、鉄良、張百熙および袁世凱らを歴訪し、慶親王、恭親王、粛親王に会し、対露政策に関して大いに説き、日支親善のために尽す所あり。当時平岡の親王を訪い満洲問題についてこれに説いて曰く「我が国が百万の兵を動かし健闘苦戦するもの東洋平和のためなり。聞く清国日露、戦後満洲を還附せんことを希うもの多しと。清人の意もとよりしからん、しかれども軍備薄弱の貴国に満洲を還附せんか、明日また露国の有たらんのみ。故に我が国は漫然としてこれを貴国に還附すること能わず。もし貴国大臣の意見にして徒に満洲還附を我に求めんとならば余は帰朝の後さらに国論に訴うる所あらんと欲す。満洲還附の如きは貴国兵備成るの後にあり、我れ強いてこれを還附せずというに非ず、ただ東洋平和のためこれを還さざるのみ」と。慶親王また言う能わざりきと。三十九年心臓を病み、筑前月畑の別荘にあり、十一月福岡市博多対馬小路の本邸に帰り、病あらたまりてついに歿す。年五十六。清国粛親王平岡の訃を聞き、嘆じて曰く「平岡君の北京にあるや満廷の諸王大臣みなその罵倒する所とならざるはなし。しかして君独り我を罵らず、今やその畏友を喪う惜しむべきなり」と。また頭山かつて平岡を評して曰く。

「彼は才子であるが、世のいわゆる才子とは型を異にしている。何から何まで大きく出来てる男で、直情径行、急湍奔流の如き性行であったから、随って失敗も多かったのだが、とにかく男らしい男、実に一世の快男子であった。彼は万事にこせこせしなかった。一体が無遠慮の男で我意が張っているから、こうと思った事はその前途に如何なる難関が横たわっておろうがやり通さねば置かぬという気風、ために失敗を招き、衆怨を買う様な事があったにしても、一方成功の階梯に向うのだから、この性行は彼の短処でもありまた長処でもある。」と、英雄の心は英雄にして始めてこれを知りうべし。頭山の平岡評、誠に味わいありと謂いつべし。また柴四朗語りて曰く、

「二十年、井上案条約改正の当時、余は同志平岡浩太郎と共に痛くこれに反対し、トルコの例を挙げて『露土戦争の結果トルコが屈辱的条約に調印すべく内閣会議を開いたとき、反対派の志士陸軍少佐某が突如として闥を排して来たりピストルで内閣大臣を射殺したことがあった』と云う話をした処、平岡は掌を拍って『これは妙計である。我々も国家安危の問題に関しては、この非常手段を執って残骸を擲たねばならぬ時が来るかも知れぬ。好し君と共に内閣の模様を視察し置かん』とて、翌日赤坂御所の内閣まで新衣高帽で二人曳の腕車を馳せて何の苦もなくその門内に進入することを得たりしが、この日は内閣会議の定日であらざりしを幸として、周囲の模様を一瞥した事がある。その時余は少しく遅刻して御所の辺に至ると、平岡が御所の内より、二人曳で出で来たるのに遇うたが平岡は『威風堂々と乗り込めば天下の事なおなすべし』と云ったが、当時の有志家は概して献身的精神を有したもので、来島が霞ヶ関の一撃に紳士の風采を具しておったのもまた決して偶然にあらず、平岡の言に負う所ありしを思わざる能わず。」

と。来島の一撃もとより平岡に関係するものありしや否や、すでに来島死し、平岡世にあらざるを以てこれを明らかにするを得ずといえども、また以て当時の事情を想像せしむるものなからずとせず。三十八年秋、高田三六、韓国にあり、伊藤博文渡韓の説を聞き、書を平岡に寄せてその意見を問う。九月五日、平岡これに答うるの書に曰く、

「神鞭近来帰京、両三回面晤仕り候。しかし韓国の事は結局取るより外に名策無之候。先般伊藤の渡韓せんとせ

し時は、小生は極力相止め申し候。元来清国なり露国なりと、三千年の祖国を賭し戦争するものは、我が国自衛上、止むを得ずして奮発せるものなれば、今度は無論朝鮮を取るだけは、国民一般、期する所なれば、伊藤渡韓、その国王を連れ来たり、吾が華族になしたる所が、伊藤の手柄には全く不相成、もしこれに反し彼国の改善などに着手する事あらば、国民は伊藤を目して何と云うべき哉。必ず死を決して戦死せる軍人のため、また軍費を負担せる国民のために、伊藤が首を打ち落す者の出づる火を睹るより明らかなる次第なりと。彼れ腹心二、三の者に面陳致し置き候。その後、彼の渡韓は断然止められたりと承り候。伊藤もこの問題については、余程考え居り候間、容易には動くはず無之候」云々。

平岡戸畑にその病を養う、書を的野半介に与えて曰く。

「小生も年来の目的たる征露の事を終り、朝鮮の処分も半ば以上決定したるを以て、明治三年、手鎗を提げて露国公使を赤羽橋畔に襲わんとして捕われ、征韓を賛成して同志の忠死に後れ、恥を忍び俗士らの罵に任せたるも、最早死して亡友に面するも左までの不都合もなきものと信じられ候間、遠からず俗世を退く積りなり」云々と。

「同志の忠死に後れ、恥を忍びて俗士の罵に任せ」と謂い「不遠俗世を退く積りなり」と謂う、何ぞその言の悲しき。しかれども「年来の目的たる征露の事を終り、朝鮮処分も半ば以上決定したるを以て」「最早死して亡友に面するも左までの不都合もなきものと信じられ」と気を吐く所、正に平岡の面目躍如たるものあり。

平岡の資性はすでにこれを説けり。彼れ豁達にして放胆弁論滔々懸河の如く、人を屈服せずんば止まず。自ら標榜すること甚だ高く、容易に人に許さず、ただ漢土においては呉の魯粛に私淑し、日本においては明智左馬之助に私淑す。平岡閑あれば書画を弄し、和歌および俳諧を賦す。かつて京都嵐山に遊び、

来る人も常はあらしの山桜　咲ける春とて賑ひにけり

また三十九年「新年川」の御題を詠じて曰く、

ひらけゆく御代そ嬉しき若水を　とまもろこしの川瀬にそ汲む

と、高麗唐土に若水を汲まん事、また玄洋社員の抱負ならずんばあらず、風月に雅懐を寄せてその理想を謂う。武人徒に武なれば猛虎豺狼の如し、文人徒に文なれば優柔見るに堪えず、右手剣あり左手一笛を携う、また優に美しからずや。平岡の如き戦国にあらしめば「年を経し糸の乱れの苦しさに」と謡うの敵を許し遁れしむるの高風あるものならんか。平岡また神谷宗湛の茶室を購いてその庭前に移し、小早川隆景名島城の大手門を移してその住宅の正門に代え、また博多湾に三百万円の資を投じて築港を築かんことを計画したる事あり、目下杉山茂丸博多築港会社を起して工事中なり。平岡の起業的先見、驚くべし。彼の一生は百華繚乱の感あり。平岡福岡にあって政敵と相対峙するの間、敵陣孤瑩悄然寂として声なきの観あり。それ福岡市の政界平岡の死後寂寞を感ずるものまた所以なしとせず。

頭山満と杉山茂丸

頭山満は筒井亀作の第三子、安政二年四月十二日福岡城外西新町大字中東に生まる。その地海に遠からず甚だ幽閑なり。年十九出でて外戚頭山和中の家を嗣ぐ、筒井頭山氏ともに世々黒田氏に仕えその藩士たり。満八歳の頃西新町上野友五郎に習字および漢籍を学ぶ事一年余、さらに亀井昭陽の子暘洲の門に遊び、のち高場乱に学ぶ。明治八年、箱田、進藤、宮川ら十余人と共に福岡監獄に拘せられ、西南の乱起るに及び、一時長州に移され、乱平ぐののち始めて釈さる。その獄を出づるや、同志と共に向陽義塾を起し、もっぱら青年子弟を養う。来島恒喜、大原義剛らみな当時の塾生たり。

頭山年少時はなはだ腕白を以て聞こえ、附近の群童多くはその幕下たり。頭山またこれら群童を指揮するあたかも親分乾分の関係の如く、時に饅頭菓子を振舞い、群童これを受けて嬉々たるを見て以て得意となす。その十

一、二歳に及ぶや十歳も年長なりしその姉と衝突する屢次、母イソ子頭山を折檻してこれを一打すれば返すに二打を以て母に反抗したりき。しかれども研学に熱心にしてその十五、六歳に及ぶや翻然として悟る所あり、父母に仕うること従順孝養至らざるなし。十七歳、眼を病み人参畑の眼医高場乱について治療を乞わんとしてその門に到る。咿悟《いご》〔書をよむ声〕の声あり、頭山高場に乞うに塾生たらん事を以てす。乱これを止めて曰く「我が塾の書生は皆これ跌蕩《てっとう》不羈、縄墨の外に逸するもの、子能くこれを伍するを得るか」と。満強いてその入塾を乞い、始めて塾中の豪傑と伍す。

　某あり頭山を見て、

「珍竹来たれり」と大呼す。珍竹とはけだし頭山の生地西新町附近珍竹多し。故に西新町に住める士族を侮蔑するの語なり。頭山これを聞くや、

「咄汝何者ぞ、士族輩の後方にあって土下座する足軽に過ぎざるにあらずや」と。すなわち頭山を見て珍竹来たれりと大呼せしもの足軽なりしを以て頭山声に応じ彼を正面より罵倒し去りたるなりき。しかれども頭山幼より凡物に非ず、直に顔を和げ「それ汝は足軽なり。しかれども身分の高下家格の差異、我において何かあらん。要は正義と正道にあり。以後理あるものを以て勝と定むべし」と、入塾第一日先ず衆を驚かす。彼の高場塾にあるや、黙々として終日一語を発せざることあり。その一挙一動他生と自らその趣舎を異にし、読書章句に泥ず、しかもその会心の文を読破するに及んでは反覆夜に継ぐに晨を以てし、これを諳んずるに至らざれば息まざるものあり。彼の従妹有馬悦子、頭山の幼時を語りて曰く、

「わらわは満さんより九つ年下ですが、従兄妹の関係で母に連れられては飯塚の代官所から西新町の家へ泊りに行った事がしばしばありました。わらわが四つ位の頃でしたろう、半年ばかり満さんの家に泊りましたが、満さんは両親の命令でわらわをおんぶしてくれましたけれど、遊びたい盛りなのでぶんぶん怒っている矢先へ、わら

わが弱虫で泣き立てますので、遂々満さんは疳癪を起してわらわを途の真中へおろし頭から小便を洛びせかけ、そのまま置いてけ放りにして何処かへ遊びに行ってしまいました。何しろ満さんは幼さい時は随分乱暴でした、云々」

と。また頭山高場塾にあるや、蓬頭垢面、少事に拘泥せず、また上級者の意を迎えず、上長頭山の不遜を憤り幾度かこれを布団巻きにせんとす。頭山これを知り常に短刀の鞘を払って床中に隠す。しかも床上に身を横たうれば睡魔直ちに襲うて眠り深し。塾生頭山の室に至れば彼の鼾声を聞き、その大胆に恐れ常にその悪戯を中止せりと。彼また当時好みて名山大川の間を跋渉し、或いは三昼夜食を断って山中の廃寺に坐禅し、或いは郊外の空堂に眠りて週日その家に帰らざることあり、以て心胆を錬磨す。

頭山の居常かくの如し。高場これを見、大いに彼を推重す。彼れのち当時を追想して曰く、「人寰を去って深く山渓の奥に入り悠々天地の自然と相対す、神伸び意悠々として謂うべからざるの趣を感ず」と。寡言黙々としてあたかも禅僧の如く、大山崩るるも動かざるが如きの修養、しかもその一度言を発すれば人の心腸を貫き、その一度起てば天下を震駭せしむるもの、当年心胆錬磨の致す所ならずんばあらず。

十年乱後頭山、山口の獄を出づるや鹿児島に遊び、西郷隆盛の邸を訪い川口雪蓬に面し、西郷遺愛の文籍を見んことを求む。雪蓬『洗心洞箚記』を出し、「これ、西郷が南島謫居中愛読して措かざりし書なり」と。満ひらいてこれを読むに、書中往々隆盛手記の註あり、満垂涎措かず、雪蓬に請いてこれを借り福岡に帰来す。のち雪蓬その返却をせまること甚だ急なり。一年ののち頭山飄然再び鹿児島に遊び、雪蓬にまみえてその書を返す。雪蓬大いに喜び、さらに「王陽明全集」を贈る。頭山南海に板垣を訪いて自由民権論を聞くや、大いにこれを賛し、帰来箱田、平岡らと向陽社を興し、大いに民権伸張のために気を吐く。のち東上、箱田南川の国会開設請願運動の別動隊となりて奔走する所あり、さらに北陸東山を漫遊し、河野広中と会し、広沢安任と会して還る。その福島に遊ぶや、当時福島の獄中に西南役の反将河野主一郎のあるあり、一日河野と共にこれと会す。けだし当時の獄則はなはだ不完全にして、囚人一日労作の労金を償えば外出を許さるるなりき。河野広中、河野主一郎、頭山ら旗亭に飲む。頭山、越智らと志を共にし政府転覆を思うや久し。しかも同郷先輩多く乱に斃るるにおよんでその念一層はなはだしく、殊に薩南に南洲の墓を展してよりは、兵挙ぐべし、旗鼓再び動かすべしと期す。ここに今西郷麾下の主将河野と会す。頭山黙々のうち感慨なからざらんや。すなわち頭山突として河野に問うて曰く。

「君出獄の日幾万の兵を集め得るや。」

と。河野答えて曰く。

「二万の兵を得る容易ならん。」

と。頭山、河野と黙契するあり。しかれども時勢の推移は国民思想に転化を来たし、国内の秩序整頓はついにかくの如き無謀の挙を許さず、花咲き花散る幾春秋、歳月空しく流れて鶏林八道の風雲急なるあり、内に民論の起るあり、条約改正問題のあるあり、天下騒然寧日なく、頭山また玄洋社員と共に或いは鶏林亡命の士のために尽し、或いは条約改正案中止運動に奔走するものあり。

これより先、荒尾精の日清貿易研究所を上海に設立するや、頭山、平岡らまたその計画に参し、しばしば資を送りてこれを助く。荒尾は士官学校の出身にして、つとに川上操六の知遇を受け、清国の軍事研究に没頭せるもの。荒尾また東洋の形勢を観て大いに心に期するあり、ついに日清貿易研究所を設立し大いになすあらんとせり。二十三年荒尾上海より帰来し、研究の経営に関する財源を求めんとして、これを頭山に謀る。頭山高利貸某を訪うてこれを弁ぜんとす。某曰く「鳥尾小弥太の受判あらば、その望に応ぜん」と。すなわち頭山、今田、荒尾と金主某を伴い鳥尾の避暑地熱海に到る。鳥尾たまたま上京せんとして途にこれに遇う。頭山金主某を途に待たしめ、今田、荒尾と共に路旁の茶店に入りて、その来旨を告ぐ。鳥尾応ぜず、これを強ゆる再三に及び、すなわち頭山に謂って曰く「余足下のためにこれを他に謀らん。出金者は何人にても可なるや。予は井上馨に出金せしめんと欲す。君の意如何」と。頭山曰く「何ぞ出金者の井上たると穢多たるとを問わんや」と。荒尾ただ苦笑するのみ。しばらくありて荒尾、頭山に謂うて曰く「吾人貧するといえども、未だ井上輩の恩を被るを欲せず」と。すなわち鳥尾と別れて帰る。窮困の境にありて不浄の財を忌む。荒尾の高潔まさに掬すべし。のち頭山、荒尾のために三千金を調えたりと云う。頭山当時の状を語り、かつ荒尾を称して曰く、

「荒尾は真正直だったよ。その金がないでは研究所がどうもこうもやって行けぬと云うのに、高利貸からなら借りてもよいけど、井上のような男に鐚一文でも恩を受けたり銅銭一枚たりとも借るのは嫌じゃちゅうたよ。なかなか傑い男じゃった。私も先達て荒尾の記念碑が建ったと云うので、荒尾の郷里まで出掛けて行って祭文ども読んで来た。私は祭文を読んだのは生れて始めてだ。多分あれが一生一度の事となるのだろう、ハハハハハハ」（大正五年十二月二十日談）

頭山の意を対外問題に留め、韓国亡命の士に尽し、日清貿易研究所に尽し、天佑俠に尽し、国民同盟会に尽し、対外同志会に尽したるは、すでにこれを説けり。

頭山、天資寛弘、気宇宏濶、大人長者の風あり、事あればすなわち猛然蹶起渾身の努力をこれに捧げ、満腔の熱血をこれに注ぐ。しかも事なければすなわち名利権勢の外に悠々たり。平生同情に富み、故旧に厚く、人の急を救う嚢を傾むくるを辞せず、かつてその所有せる北海道炭礦を売却して八十万円を獲るや、先ずその負債を清償して故旧に及ぼし、のちその余嬴《よえい》を同志の知己に頒ち、頭山の手に残る所はすなわち今の霊南坂の一邸宅のみ。その恬淡驚くべし。九州の炭礦王安川敬一郎これを聞き嘆じて曰く「ああこれ頭山の頭山たる所以か」と。雑誌『日本一』に頭山を伝評して曰く、

「日本一怪物伝の主人公は謂うまでもなく頭山満君である。彼は元亀天正年間に生まるべかりしを、誤って明治

大正の御代に生まれ落ちたのだ。怪光閃々として現代人の眼を射るものも無理はない。

彼は大の無精者で、言う事も無精なれば、動く事も無精、懐手の握り睾丸で黙々として天井を眺めている。それでいて、時の大臣宰相を畏縮せしめているから、真に怪物の頭梁たるに愧じない。

彼の、当路者に畏敬せらるる所以は、その乾児に決死の青年を貯えているに因るが、しかも彼は、他の軽々たる小親分連の様に、乾児の養成に骨を折るような事はせぬ。来るものは拒まず、去るもの追わず、例の物臭主義を発揮しているが、一度彼に親炙したものは、彼のために一命を鴻毛の軽きに比して馬前の塵たるを辞せないから不思議である。

彼の郷人は彼を、谷ワクドと呼んでいる（谷は頭山の養家先のある村名）。ワクドとは、福岡辺りの方言で墓の事をいうのだ。ワクドとは、全く彼にふさわしい異名である。彼が細い眼を半開に開いて、しかも黙々として天地を睥睨している処は薄暗い洞窟の中で、ワクド先生が氤氳《いんうん》たる妖気を吐いているのに酷似している。

大隈の片足を奪取したのは来島恒喜であるが、恒喜をして、霞ヶ関に活躍せしめたのは例のワクドの妖気だ。

日比谷の焼打事件に桂をして、才槌頭をかかえて遁竄せしめたのも、やはりこのワクドの妖術であった。過般もインドの志士なるものが、我が当局に窘迫せられて彼の家に逃れたが、刑事が門前に張り番している間に、彼の妖術によってヒュードロドロと消えて無くなったなどはすこぶる痛快であった。彼一度一脈の妖気を吐き来たれば、天下の志士は、あたかも傀儡の如く彼の掌上に活躍する。ここを以て、堂々政権を掌握している大臣宰相も、市井の一布衣たる彼を畏怖する事は夥しい云々。」

と。もしそれ頭山の洗髪お妻との艶話に至っては、雲に衣裳を想い、花に容を想うの風流子をして垂涎せしむるもの、正に三丈ならずんばあらず、一枝の濃艶露香を凝らす、断腸の花独り桃李のみならんや。娼家の美女鬱金香、痴蝶花に戯れ、花蝶を弄ぶ。狭斜に入って時に折花攀柳、頭山の遊行自ら異なるあり、彼酒を嗜まず、茶菓に興をやって、浜の家に御前と成り済ます。時に千金の宴を張って豪遊し、翠鬟夜に仙屈の春に酔う、落花狼藉たり。我かつて福岡に頭山を訪う。時に頭山その生家筒井家にあり、筒井条之助は頭山の甥にして、かつその女トラキチ子の婿なり（かつて頭山旅行して家にあらず、たまたま夫人峯尾、女子を分娩し、これを頭山に報じ、かつ命名を乞う。頭山すなわち「トラキチ」とせよと電命す。生まるる所は女子なるも、ついにこれを以て名となす）条之助外縁の紙戸を開いて曰く、

「御覧下さい、この庭先に大きな樟樹があるでしょう。あれは叔父が十歳の時小さなのを植えたもので、以来四十七年、今はあんなに根本は一丈もある位になり、従って葉も繁っておりますが、叔父はあれを植えた当時、無精の樟樹よ、もし私が世の中に知られる様になる事が出来なければ一日も早く汝は枯死せよ。しかしもし私が傑い人物になり得るならば、お前も早く大きくなれ。決して枯れるなと、常にあの樟樹に向って云ったそうです。その後樟は枯れずに段々と大きくなる。頭山満と云う名も世に知られて来る様になりましたが、今でも叔父は時々あの樟樹の幹を抱いて見て、その大きさを当って楽しみそうに微笑しております。御覧の通り私の家は草葺きの軒も傾いている様な古い家ですけれど、これは叔父が呱々の声を挙げた歴史ある家として、永久に改築などはせぬつもりです。」

と、床上の壁間、犬養木堂の「一以貫之」の横額を掲げ、床に加藤徳成の筆に成る今様一首を懸く。長押に長槍長刀あり、古びても昔忍ばるる床しの家よと黙想に耽ること少時、時に頭山他より帰来し座に入る。黒紋附を羽織りし白髯の巨老人……劇中に見る「不如帰」の片岡中将のそれの如くヌーボー式の老人これ頭山なりき。吾人が頭山満の名によりて想像する所は、便々たる腹、蓬々たる鬚髯、水滸伝中の人物を聯想せずんばあらず、しかも見よ身長五尺六、七寸、肥大ならずといえどももとより疲身に非ず、五分刈にして白髯まじり、白髯長く垂れて眼光炯々、時に人を射るものありといえども、打ち見たる処好箇の老爺、温容人に接する態度、さも親しげの

話し振り、かくてこそ、玄洋社の面々がこの人のためには水火も辞せずと心服せる所以ならんと解得せしむるものあり。

頭山おもむろに語を起して曰く、

「……そう高場乱先生、あの人は人参畑にいた女眼医者じゃったが、実に無慾で、淡白で、気節のある女丈夫じゃった。私も進藤も来島恒喜も門人じゃった……実際ナカナカ豪いお婆さんじゃったよ……」

と、語り終りて話頭一転、

「福岡も八年振りに帰って見ると変わっているじゃ。電車も出来てちょっと故郷に帰った気はせぬ……私の生まれたのはこの家じゃが、頭山に養子に行ったのじゃ。孫がもう四、五人出来たが、孫は可愛いいもんじゃよ」と語りながら、条之助の長男五つばかりになるのを抱き上げる。「お祖父ちゃん『ばっち』がなくなった」「ウムばっちがないか、ヨシヨシお祖父ちゃんが買ってやる、モット善い奴を……東京からも、私の一番末の男の児が来てるが、二人で私を奪い合って俺のお父さんじゃ、いや俺のお祖父さんじゃと云うて毎日の喧嘩ですから何時も私が仲裁している様な次第ですよ………」

「何です条約改正の時、私が陸奥から頼まれて犬養の首を二万円で切る事を約束した……と仰しゃるのか。フム結局犬養木堂暗殺かネ……それは嘘だ。何時じゃったか陸奥から頼まれたと云って、岡本柳之助が私の宅へ遣って来た。そして南洋の方に少し人を出してくれぬか、二十五万両出すからと云う話じゃ。私は南洋行きは嫌じゃから、岡本に向って頭山は嘘をつく事は嫌いだ、南洋には行かぬがその二十五万円をただくれぬかと、帰って陸奥にそう云ってくれと話したら、岡本が左様なことを云わないで、南洋に行くからと曰って二十五万円取って、五万円位俺にくれればよいじゃないかと笑って帰った事がある。この話から何か間違って犬養暗殺説が湧いたのだろうハハハハ。条約改正問題でまた玄洋社員が乱暴しては困る、私が居てはどんな事をするかも知れんと云うの

で敬遠しようとしたんですよハハハハ。」（四十五年五月談）
頭山は実に明治、大正における怪傑なり。彼をして乱世に生れしめよ、或いは小早川隆景の如きそれに似たらんか。頭山に二股肱あり、これを結城寅五郎、杉山茂丸となす。結城は頭山の炭坑経営に努め、頭山活躍の資財はすなわち炭坑経営によりて生ぜるなり。頭山炭坑を手放し市井に深く隠るるの後、結城また自ら炭坑経営をなし富巨万を得と云う。
杉山は頭山を背景として政治の裏面に活躍す。出没自在秘謀縦横、時に世人のその片影を捉え得ざる事あり。杉山は元治元年八月十五日筥崎八幡放生会の佳日を以て福岡城下因幡町大横丁に生まる、三郎平の二男なり。幼名を秀雄と云い、七歳の時殿中に奉仕して黒田長知の太刀持を勤む。長知杉山を愛し茂丸と命名せしむ。幼より群童と交わるに異行多し。その腕白譚は杉山著す所の『百魔』『其日庵叢書』等にこれを収む。その十二、三の頃、乃木希典福岡分営隊に隊長たり。一日筥崎八幡宮神苑の樟蘭を採取せんとして面を仰け口を開いて長竿を以て切に樹上の樟蘭を剥落せしめんとす。時に盛夏なり。蟬虫「チウッ」と鳴き尿を放ちて樹上より遁れ、その尿仰けたる乃木の面を汚しまた口中に入る。乃木狼狽、面をふかんとす。杉山これを見て「大将が蟬に小便しかけられた、詰らぬ大将じゃ」と罵る。乃木これを聞き、悠々杉山の傍に歩を移し、この児異貌ありと微笑し、その頭上を撫して去りたりと云う。杉山の父三郎平灌園と号し、貝原派の系統を受けて朱子学に通ず。藩校教授たり。当時貝原益軒の流を汲むもの多くは佐幕派なりしも、灌園はつとに勤王の大義を奉じ、説講はなはだ努む。明治三年帰農在住の藩命を受け、城東蘆西浦に移住し、家塾を開き近村子女の教養に尽す。杉山また父の志を継ぎ、少壮郷を辞し東西に放浪歴遊し、有志と交を締す。杉山と頭山とはもと同藩同郷なりといえども、未だ相識らず、明治十八年熊本県人八重野伴三郎、佐々友房、杉山を頭山に介し、芝口田中屋に相会す。一見旧知の如く、意気相投合するものあり、もしそれ人ありて「杉山を以て怪人物となし」「杉山また怪人物を以て自ら任ず」と評するものあらば、それは未だ杉山を知らざるなり。「杉山を以て形影深く雲霧の裏に隠れ輪廓鮮明ならざるが如し」と論ずるものあらば、また以て未だ杉山を知らざるものの言なり。倉辻白蛇、『其日庵叢書』中「怪人の怪文を読む」と題して杉山を評する一節に曰く、

「其日庵先生は当代の怪人格なり。居常その面を包みその手を袋にし、影を暗雲濃霧の裡に没し、人をして進退挙止を端倪せしめず、天下もし大事あり、霹靂天の一方に轟くに及んで、わずかに閃電の如く暗雲を破りて出で、怪光妖火を東西に馳せてまた暗雲の裡に没し去る。ここにおいて世人たまたまその片鱗を見るも、未だかつて全身全形を見ず、自ら想像して猿面となし、虎体となし、蛇尾となし、しかして呼ぶに聖代の怪物を以てす。魔乎、怪乎、竜乎、源三位の武威照魔明鏡を仮るに非ざれば、暗裡の実体得てこれを知る能わざるべしといえども、唯だ形影深く神秘的雲霧の裡に隠れて、首尾朦朧、人格の最も不可鮮なるはすなわち疑うべからざる事実なり」と述べ、さらに筆を進めて、

「先生はこれ当代の達人なり。世人もし先生を呼ぶに達人を以てするに異議あらば、単に達人に類すと云うも不可なし。先生維新風雲の際に生れて、革命の大気を呼吸し、少壮身を志士の群に投じて、東西に奔走すること多年、幾度か死生を賭して国事を争い、半世の放浪数奇辛酸艱苦嘗めてこれを尽さざるものなし。すでにして世態一変、国会開け、憲政施かるるに及んで匕首を捨て牙籌を採り、一時身を貨殖の巷に投ぜりといえども、往年事を共にしたるもの、或いは鼎鑊の苦を受けて肉を割き血を流し、或いは志を抱いて早く幽冥の世界に入り、骨を白沙青松の間に埋めて、春風秋雨徒に限りなきの怨魂を弔うを見、黙視せんと欲して黙視する能わず、すなわち出でて国家の経綸を策し、王侯の間を縦横して以て故人親明の怨魂を慰めん事を期す。爾来面を包みて帝都の中央に蟠踞し、時に土蜘蛛の如く地下に潜み、時に土窟を出でて羅を八方に張り、天下大事のある毎に常に舞台の背面に隠れて巧みに傀儡を操る。日清戦役の前後に起りて、日露の大戦を経、韓国併合の実を挙ぐるに至りし最

近二十年の歴史において、世人は独り舞台の前面に活躍演舞する幾多の傀儡を見れども、恐らくは背後にありて動ける巨大の黒影を見ざるべし。これ功名を眼中に置かず、虚栄の桎梏より離れ、ただ管怨を呑んで九泉の下に眠れるその友を慰めんとする其日庵主人の帰趣にして、また自在なる工夫のその裡に存する所なり。」と。しかれども杉山の人格と資性は明瞭なり。杉山の人格は平岡と同じく単式に非ず複式なり。彼の全人格の神髄は醇の醇なるもの、彼の眼中ただ皇室と国家あるのみ、忠孝節義あるのみ。その数奇異怪なる、日常の行動の如き、ただ世に処するの変通のみ。彼の第二人格のみ、あえて多くを謂うの要あらんや。杉山その室に大仏壇を設け中央に御歴代の皇霊を祭り、その左右前面約二百の小位牌を配して、早晨礼拝、読経を欠くなし。二百個の小位牌は、これ史上昭々たる忠孝節義の士か、しからずんば彼が認めて、以て国家に直接間接功労ありし所の志士義人の霊ならざるはなし。この一事以て彼の全人格を推想し得べきなり。杉山いま台華社に蹲居し、また博多築港会社を起こし（この築港は三期計画にして資金二千五百万円、第一期資金三百万円なり）目下第一期工事中にあり。この築港にして完成せんか、北九州の形勢に一変を来たすと共に、日本貿易の主力は漸次九州方面に集中せらるるに至らん。杉山また九州日報に資を供し、大原義剛をしてこれを経営せしむ。九州日報は福陵新聞の後身なり。福岡日々、九州日々新聞と共に北九州に鼎立して、常に堂々言論の陣を張る。『九州日報』はこれ玄洋社の機関新聞なり。（杉山についてはその渡米前後或いは時々突発せる政変等に関し記すべきものすくなからずといえどもこれを他日に譲らん。）

頭山、杉山ともに書を能くし、また興到れば時に詩歌に感懐を遣る。頭山の歌に曰く、

　今よりは暁までも尋ね見ん　雲かくれにし月のありかを

頭山深く私利私慾を忌み、常に楠公の和歌

　身のために君を思ふも二心　君のためにと身をは思はて

を誦し、今のいわゆる大官有司に慊焉たらざるの意を諷す、頭山は実に日本浪人の頭梁たり。近者浪人の意気衰え、気骨滅び、或いは威武に屈し、或いは利禄にはしるもの多し。それしかり、しかもこの間にありて節を撓げず、報国殉忠を説きて一に士道の振作に努むる頭山の如き、真に日本浪人のために万丈の気焔を吐くものと称すべし。彼の一挙国家のために身を忘れざるなく、彼の一行善政を願うて家を顧みるなし。未だ以てその為政者の当否を云わず、政派の消長に関せず、偏に君国の恩を懐うてこれに報いんとするや切なり。

漢の時、任侠第一を以て名ありし劇孟を銭起謡うて曰く、

「燕趙悲歌士、相逢劇孟家、寸心言不尽、前路日将斜」と。それ悲歌か、それ悲憤か、中原鹿を逐うて得ざるも慷慨の志なお存するあり、ああ人生意気に感ず、功名誰かまたこれを論ぜんや。

現社長進藤喜平太

進藤嘉平太は栄助の子、嘉永四年福岡に生まる。世々黒田氏に仕えその藩士たり。文武館に学びのち高場乱の門に入る。いわゆる「北家組」にして明治八年矯志社を興す。九年萩の変起るにあたり、進藤同志と共に捕えられ獄に投ぜらる。西南の乱平ぎてのち釈され、十二年四月、向陽社の組織成るや、その幹事たり。箱田の死後玄洋社長を継ぐ。

進藤資性謹直重厚、平常沈黙寡言を守る。しかれども玉盃に満を引いて意気昂るや、善く談じまた善く論ず。そのかつて高場塾にあるや、頭山と共に黙々、しかれども時に事を以て乱子、進藤を叱咤するも理に叶わざれば進藤以てこれに服せず盛んに論議を戦わすものありしと云う。箱田就義隊を組織し、黒田藩の兵制に改革を加うるや、進藤またこれに加わる。進藤少壮血気横溢、然諾《ぜんだく》を重んじて一歩も退くなし。進藤玄洋社長として稜々の気を九州の一角に吐くや、その勢隠然一敵国たるの観あり、かつて九州進歩党玄洋社をその圏内に誘わんと欲し、百

方進藤を力説す。進藤断乎としてこれを斥けて曰く「公らはこれ進歩党なり。公らすでに改進党と結ぶ、以て国民の多数を利するを得べし。しかれどもこれ吾が党に一つの損益あるなし。もしそれ天下を挙げて進歩党とならんか、玄洋社は天下を相手として立たんのみ」と、意気昂然たるものあり。進藤三十九年平岡の補欠選挙に当たり、福岡市より選まれて代議士たり。次いで四十五年政友会鶴原定吉を以て福岡市の代議士候補者となす。すなわち国民党進藤を擁して鶴原に対峙せんとす。進藤固辞して起たず、国民党福岡支部員進藤固辞するものあるに関せず、進藤を候補者として激烈の競争をなすに至り、天下の耳目を聳動せしむ。当時大阪朝日総選挙前の地方政界中福岡県の部に記して曰く、

「征矢野氏は福岡県政友会に取って大切な人であった。総選挙前に当って政友会が征矢野氏を失ったのは、非常の打撃であると謂わねばならぬ。否、単に政友会のみではなく、福岡県政界の二人物として、今回国民党側の候補に至った玄洋社々長進藤喜平太氏と共に、味方からも敵からも推賞を受けていたのである。新候補者として福岡市の鶴原定吉氏に対し、国民党からは玄洋社々長たる進藤喜平太氏が起った。この取組は福岡県下のみならず、全国に取って興味ある好取組と思われる。一方は権謀家で一方は徳望家、彼は洋学の人、これは漢学の人である。鶴原氏が政友会の勢力と金力とを以てするに対し、進藤氏は誠実と徳望とを資本にしての果し合いであるから面白い。」

と。惜しむべし、進藤はわずかに百十票の差を以て鶴原に敗れたり。当時進藤派に属するものはみな自費を以てその運動に当たりたるに反し、鶴原の費すところ実に三万金なりしと云う。鶴原の軍資金供給者たりし安川らは「あれ程の金を費ってわずかに百票の違いとは甚だ心細き感あり」と愚痴を漏らせりと。それこれを思う、百万長者にして堂々たる天下の経済学者を敵とし、半銭を費さずしてこれを後に瞠若たらしめ得たる、また快ならずとせんや。

進藤旦に博多湾の静波に浴して身心を練り、夕に立花山上の暮雲に思いを走せ、興到れば大和歌にその所懐を述ぶ。詠ずる所の一に、

梓弓心のままに引きしめて　放つ一矢の透らざらめや

と。玄洋社組織されてより社長を迎うるもの三、曰く平岡、曰く箱田、曰く進藤これなり。初め平岡社長を退くに当たり、阿部武三郎一時これを代理す。阿部は進藤らと共に高場塾に学び、萩の乱に呼応せんとして、また頭山、進藤らと獄に下りし人、資性温良沈黙にしてすこぶる長者の風あり、常に同意の推重を受けたるも、のち実業界に入りたりき。いくばくもなく箱田これに代りて社長となり、箱田の死後進藤その任に就く。進藤職にあるすでに二十年、時に民権伸張を呼号し、時に国権伸張を謂うも、要は報国にあり、尽忠にあり、明月中天に懸り壮士惨として驕らざるもの正に進藤の統裁その宜しきに基かずんばあらず。中野天門、進藤を評して曰く「玄洋社に進藤を見る、宛として戦国時代の勇将に対するの感あり」と。至言と謂つべし。

香月恕経

香月恕経は晦処逸士と号す。筑前朝倉郡下浦の人香城忠達の子、天保十二年生まる。始め忠経と云う家世医を業とす。幼より聡慧読書を好み、佐野竹原に学ぶ。文久慶応年間四方の志士と交わり勤王を説きまた子弟を集めて教養す。明治初年秋月藩の教官となり、十四年甘木中学校長に任ぜられ、のち福陵新報主幹たり。

恕経人となり慷慨義を好む、博識強記文を善くす。大隈案条約中止運動に奔走し国論の鼓吹に努む。筑前協会より政府に建白せる条約改正案意見書（第21章「改正案と玄洋社」参照）は実に恕経の起草に係る。第一第二帝国議会に選ばれて衆議院議員たり。二十七年《ママ》　月歿《ママ》、年五十三なり。恕経の子弟教養に関し、杉山茂丸著『百魔』中に記するあり。

「時は明治の初め、所は九州の片田舎、丁度夜の十時頃である。山影は寂寞の間に四方を繞り、藪林は鬱蒼として前後を囲んでいる。その間に薄黒くニューッと聳えたる茅葺の大きな古びた家がある。これは人里離れた山村のお寺である。今宵何事の催しあるか分らぬが、本堂の中央に薄闇き灯を点し、その前に高き机を一脚置き、その前後左右を取り囲んでいる一団の壮士は、宵より堂の前に焚き棄てたる篝火を脊にして、或いは足を投げ出し、或いは横に臥せたりしてグドグドと私語き咄しをして何か物待ち顔でいる。須臾すると本堂の奥からニョッコリ一人の先生が現われ出た。

その先生の風采を見れば、頭は熊の毛のように乱れ、眼は猿の如く凹み、顔は蓆をつかみ立てたように醜く、鬚も髪も火に燬くが如くあかく、身の丈け高き大兵肥満の人である。下に白き衣物を着て、上に玄き道服を纏い、手に一巻の書物を携えている。これを見たる一堂の壮士は遽かに倉皇しく居ずまいを正し、水を打った様に静まった。この時彼先生はあたかも破鐘を撞くが如き声を発して曰く、

先生『満堂の壮士、善く気を鎮め耳をえぐりて予が説を聞け。いま予が汝らに語らんとする事柄は、当世至極の一大事である。すでに汝らと共に憂国の志を提げ、血を啜り指を割いて誓盟を祖霊に捧げたる所以のものは、明らかに天に代りて道を行い、人に代りて世を浄うせんがためである。

それ維新の鴻業一たび成って天下しばらく泰平に似たれども、士心の腐爛すでに骨に透り、薩長鄙流の小輩私に功を衒い、利を耕してさらに治国元本の理を思わず、早くも苟且偸安《こうしょとうあん》の術を弄してこれを大計長策と称し、徒に私党を廟廊の上に構えて威権の掠奪を事とする有様である。

そもそも世界の列国を通じてその国家を統治するの権は、基礎はなはだ紛混薄弱であって、決して我が日本帝国の如く尊厳優美にしてかつ純良簡明なるものはないのである。けだしその君臨統治の大権を知し召す天皇陛下聖徳の普及する処はあえて寸壌尺土を余さず、その令を享けその令を奉ずることの深甚忠実なることは、あたか

も彼の太陽の光射が下界の暗明を司どりて万象のこれにむかうにひとしきのである。かくの如き広大無辺の大権を奉じ、我々蒼生億兆の祖先よりすでに二千有余年の歴史を閲みして、長えに忠良の道を貴んで来たのであるが、天地汚黷の気は時に凝りてこの大権を蔽うの雲霧となり、ややもすれば類を集め党を植えてその利心の横暴をほしいままにせんとするのである。彼の源平の争の如き、北条、足利の掠奪の如き、豊臣、徳川の搏撃の如き、ことごとく天子統治の大権を挙げて臣姓僭偸の玩弄具となしたのである。しかれども元来天に二日なく地に二王なき謬の如く、一時の変態は、歴史的還元の妙機に支配せられて、著大《さし》も盛大を極めたる徳川の幕政も積弊天下に充満し、惰気山川に張溢し、政治の柱礎まさに腐朽して三百年の雨露に晒されたる封建最後の高廈大楼はすでに日没の傾斜をなしているから、もし一指を以てこれを押すもたちまちに轟然として倒潰してしまうのである。ただわずかに井伊、安藤ら、一、二本の柱によりてささえられていた処に、たまたま水戸浪士ありてこの二柱を斬り倒したるがため、もとよりこれを打ち捨て置くも顚覆の悲運を見るは当然であるが、時あたかも好し薩長剽悍の壮士はこの二柱たる井伊、安藤を斬り倒したるの一刹那、一斉協力、破屋に雪崩掛ってドッとばかりに押し潰したのである。そもそも人間の難事とするものは、破れんとするものを防ぎ、倒れんとするものを押し起こすが如きものを云うのであるが、破れんとするものをますます破り、倒れんとするものをますます倒すには、力を用うるの要もなく、智を用うるの余地もないのである。ヤヨ満堂の壮士よ、善く気を鎮め耳をえぐりて今予が談ずる処を聞け。彼ら薩長の壮士は当時幕府の痴弊を慷慨して、そのこれを倒潰したるの功は予もまたこれを多とするのであるが、その功は破れんとするものを破り、倒れんとするものを倒したるの功である。故に汝らは決してこの功を羨むべからず。この功を学ぶべからず。汝らが予に向って真に男児の大功として誇るべきの事は、この東瀛の波瀾澎湃の間に沈没せんとする我が帝国の危急を救い、まさに傾廃せんとする人心の堕落を押し起こすの大任を果したるの時を以て定まるのである。彼ら薩長壮輩の功が端なくも多年、天子の大権を蔽うたる雲霧の障遮を払うことになりたるがために、その身初めて陛下威烈の耀光に直射し、たちまちにして勲爵となり栄章となりて当世に誇るのであるから、勲爵必ずしも智あるに非ず、栄章必ずしも才あるに非ず、予はすでに汝らに前言する如くすなわち彼らはその承恩威名の時を距る未だ数年ならざるに、各党を廟廊の中に建てて功を衒い利を耕し、苟且偸安《こうしょとうあん》の外、他に治国の長計あることを思わぬの有様である。これ故に汝らは、国家に向ってかくの如き小功を争うことはならぬ。すべからく大功を期すべし。何をか小功と云う、名を成すに急なるがために死首を拾うが如きを云うのである。何をか大功と云う、士気を興奮し国勢を宣揚するが如きを云うのである。今の時はすでに縉紳私功に耽溺し、黎民窮途に流転す。士人の節義は年に消磨して徳風はまさに地を払わんとするのである。この時に当たりて汝らは実にこの頽勢を挽回し士人を興奮せしむるの重責があるのである。すなわちかくの如き国家の大功に向って邁往せんには、毫末の私を挟んではならぬ。正に明らかに天に代って道を行うの公心がなくてはならぬのである。何をか公心と云う、私を去るの謂である。自から能く私を去ると同時に世の私心団を撃破するのである。すなわち閥団を討尽して完膚なからしむるのである。けだし閥は私心の集団である。汝らは第一に藩閥を討尽すべし。第二に党閥を討尽すべし。第三に財閥を討尽すべし。第四に自ら己れの我閥を討尽すべし。けだしその討尽なるものは、その私心の集団が因縁結托を以て名利を弘充し、世を害し、民を傷《そこな》うの事を討尽撃破するのであるから、その間決して秋毫の猜忌憎悪の心を挟んではならぬのである。汝ら果してこの心を以て四閥を討尽したならば、ここに奉公の全心を挙げて改めて玄海の清波に洗い、つつしんでその玲瓏無垢の公心を提げて正に我が国の一威霊に奉事すべし。何をか一威霊と云う、金甌無欠の歴史によりて、尊厳世界に冠絶する汝らが祖宗二千年来の優恩を辱うしたる、我が大八州統治の大権を掌握し給う天皇陛下の威霊に奉事するのである。ああ満堂の壮士よ、かつその気を鎮めその耳をえぐりて予が言を聞け。国民最大の幸福は平和を以て基とす。平和の基は統一である、統一の基は威霊である。しかしてその威霊の盛んなるものは世界万国中あえて我が皇家の尊厳に比儔するものはないのである。今や我が国朝野の間ややもすれば朋党比周を以て維新の大詔を無視し、衆愚を集めて勢力と称し、徒に陛下統治の前面に踏ん反り返りて権利呼ばりをなし、私に来弁をほしいままにして国民平和の基礎を危うせんとするのである。これ故に汝らは善く国運の汚隆を理解し、所有身世の慾念を抛って国家の大事に勇往邁進する事を忘れてはならぬのである。」

と、これを聴く一堂の壮士らみな慷慨踊躍、感極まって隻手を奉げ一斉に声を発して曰く、

壮士「金玉の訓戒爽心一点の疑いを遺さず、あえて先生の高教を奉ずべし」云々。

篇中云う所の先生は実に香月恕経を指せるなり。恕経の碑、東公園崇福寺玄洋社墓地内にあり、碑文に曰く、

「先生諱恕経字子貫晦処其号也又号晦洞姓香月氏筑前人考僊春遷妣江藤氏家世業医先生幼聡慧好読書初従学佐野竹原翁于甘木翁深愛其才翁歿嗣子亦尋歿遺孤僅四歳先生乃使弟承家自携妻子移住甘木撫育遺孤以存師家祀文久慶応間海内外故先生与四方志士交唱勤王説明治初応秋月侯聘為教官又同郡政及藩廃乃罷十四年赴任甘木中学校長無幾辞職為福陵新報主幹二十二年為黒田侯○○（この二字凹凸甚だしく明らかならず）来東京編纂斉溥公伝会有条約改正議論騒然先生乃帰郷大有所謀明年選為衆議院議員其在議院蹇諤不阿依為衆所畏服二十七年三月十八日病条于東京霊南阪《ママ》僑居享年五十三帰葬于筑前千代村崇福寺先生有三男四女長春竜恭家先生容貌魁梧眼光炯炯射人及一交語則春風生座自奉倹素不喜虚飾常謂子弟曰学者所以養成智徳也智結所以修己処事也学焉而不能行之書簏耳不如不学之愈也牛木村有兄弟三人各分産別居父老迎養相争不決隣保援護挙村紛擾村更訴諸先生先生時司郡政乃集村民諭以人倫大義曰汝等各妻其妻子其子而独不能父其父是視其父妻子之不若也人誰不老使為子者皆如汝等則老者無所託身矣余今治此土而出不孝如汝等者是余之罪也余也蚤喪父母常憾侍養不久汝等君不能養父則余請代養之言畢涙涔涔下聴者無不感泣争訟頓止玄洋社者福岡志士所集先生掌管其教育一日壮士被酒大声争論至奮拳相撃先生傍聴不発一語翌日延衆戒曰丈夫苟抱大志不可不自重今汝等挙動軽如此豈非由平生大志耶衆之慚服嗚中以徳化人如先生者此果有幾人喬木仆焉更知其

大先生逝矣益覚其徳之盛也先生深于経学又善詩文及和歌所著有晦処文稿蓬蒿舎詩稾愚詠草等数巻蔵于家頃者門人知友相携欲建碑伝徳業于後来嘱文于予予不文然躬欽慕先生之風者乃知叙其梗槩一系之以銘曰、

道厚株泗　学之洛閩　清弟自奉
性行純真　論政諤々　教人諒諄
短母時幣　扶翼彝倫　松青沙白
博多之浜　斯勒貞石　表此偉人

明治三十四年八月

正五位文学博士　井上哲次郎識
（篆額は副島種臣伯也）」

奈良原到

奈良原到、本姓は宮川氏、轍の子、安政四年、福岡唐人町山上に生まる。弱冠にして同藩士奈良原氏を嗣ぎ、その姓を冒す。つとに文武館に学び、のち高場乱の塾に入る。

奈良原、明治八年箱田六輔、中島翔らと堅志社を興し、大いに青年子弟の元気涵養に努む。来島恒喜、月成太郎、成井亀三郎、内海重雄、中山繁らみな社中にあり。明治九年萩の乱に呼応せんと企て、箱田、頭山、進藤らと共に捕えられ獄に下る。西南の乱平ぎてのち釈されて福岡に帰来するや、宮川、頭山、進藤らとまた開墾社を興す。彼の大久保暗殺の報到るに及び、頭山と共に南海に板垣を訪い、大いに議論を上下してその自由民権説に賛し、板垣愛国社再興の意あるを聞き、頭山と共に再び福岡に帰来し、大いに民権伸張のために奔走す。奈良原また意を対外関係に用い、平岡、頭山らと画策する所多し。明治十二年血痕集を著し、のち玄洋社史の著あり。今なお玄洋社中に起臥し、進藤社長を扶け子弟の教養に努むるすくなからず。

来島恒喜

その抱負

来島恒喜については、その半面を既に記述せり。今しばらくその欠を補わん。恒喜は福岡市薬院研堀黒田藩士三百五十石取、来島又右衛門の次男にして安政六年十二月三十日出生、その二十歳の頃、的野茂太夫の養嗣子となり、明治二十二年八月旧姓来島に復す。郷儒金子善作、海妻甘蔵、柴田軍次郎に学び、のち高場乱の空華堂に学ぶ。来島は高場乱の薫陶、越智、武部、箱田、平岡、頭山の感化によって大義に殉じ、大節に死するの愛国的至誠を自得したるものと謂うべし。来島は眉目秀麗、性沈毅にして寡言友に信厚く、また父母に仕えて至孝、用意周到なるも義に勇み情に激し易く常に「思慮も思案も国家のためにゃ無分別にもなる男」と口誦す。明治十年福岡の変に際しては、彼年十八、その父来島が日常気を負い、天下国家に志あるを知るを以て、当時彼の軽挙を慮り、深く訓誡を加えて粕尾郡筵内村の知友に彼を預けたりき。

十五年朝鮮兵乱のことあるや、平岡ら同志を糾合して義勇兵に加わり、剣を按じて難に赴かんとせしも、済物浦条約成るに及び同志多くは上京す。来島また十六年四月、瓢然として東都に遊び、さらに奥羽より北越に至り大橋一蔵を訪う。大橋一蔵は、越後西蒲原郡弥彦村の人、家世々豪農の名あり、一蔵は愛国の志厚く明治九年前原一誠に呼応せんとして捕えられついに下獄せしが、十四年特赦によって放免、帰郷後は心機一転して私塾「明訓黌」を興し、子弟を教養す。大橋来島を迎えて遇すること甚だ厚く、いくばくならずして来島帰京し、中江兆民の「仏学塾」に入りて大いに政治学を研究し、かたわら学資および糊口の資を得るため、同郷の知己的野半介、前田下学、重野久太夫、福永義三太、正田宇吉、伊地知卯吉、藤木真次郎らと芝愛宕下町に一月を借り、八百屋を開きて昼はこれが販売に従い、夜は馬場辰猪、河野主一郎、野村忍助らと時事を論ず。副島種臣これを聞き、諸

岡正順を遣りて一詩を送る。曰く、

朝売菜夕売菜　売菜取代日十千
可以肉父母遺体　五経且飽腹便々、
中原渠曽有菜色　仁義満面果炳焉。

また来島、某の日、副島に道を問う、副島これに答えかつ書き示して曰く、

「尭曰、允執其中。子曰、一以貫之　一者何、即所謂中也」

と。副島、山岡鉄舟に語るに、来島の人となりを以てす。鉄舟、来島を谷中全生庵に招きて読書せしむ。来島大いに喜び講書研鑽鉄舟について修禅する所あり。来島また筑前学生の東都にある者のために、金子、栗野らに謀って寄宿舎を麹町番町に建て、自らその監督の任に当る。今の霊南坂筑前寄宿舎福陵閣は実にこれに芽生したるなり。

のち芝公園丸山弁天の附近に住す。時に朝鮮十七年変乱後に際し、金玉均ら日本に亡命す。来島雄心勃々禁じ難きものあり、的野ら同志と事を挙げんとせしも頭山の止むる所となり、次いで来島、的野、竹下と共に南洋探検を企て小笠原島に到る、時に明治十九年四月なり。当時にありては南洋探検の事もとより容易の事に非ず、彼らが小笠原にある時、たまたま金玉均政府より護送されてこの地に来たる。来島、的野、朝鮮問題につき金玉均と深く相約する所あり、ここにおいて南洋探検の志を翻すに至れり。二十年彼が内地に帰来せし時は、あたかも井上の改正条約案にて天下甚だ喧騒を極めたるの時なりき。来島が井上を狙うて果さざりしはすでにこれを説けり。彼が大隈を撃たんとして葛生に爆弾の入手奔走を嘱せし当時、葛生に語りて曰く、「予はこの条約問題なかりせば、一意金玉均、朴泳孝を助けて朝鮮改革のために全力を尽し、彼らの素志を貫かせんと思いおりしも、いま我が国にこの大事あり、須臾もこれを等閑に附すべからずして、ついに金、朴との約に背かんとするを憾む。そ

もそも我が国が東方の名主として覇を東半球に樹つるに非ざれば、ために東亜諸国の独立難し。日本がこれをなさんには先ず朝鮮問題を日本人の手によって解決せざるべからず。」

と論じ、意気当るべからざるものありきと云う。彼が胸中深く画きし抱負、以て想思すべし。彼、知友と共に撮影せし写真の後に題する所また彼の性格の一斑を推知するに足るものあり、今これをここに録す。

「題二撮影後一」　　来島恒喜

前面に踞する者は的野薫氏なり。同左に踞するものは前田河岳氏なり。その後に立って髯鬢蝟毛の如きものは村林氏なり。同左辺に泰然兀玄動かざること山の如きものは、これすなわち北筑の男子にて、その名未だ世人に多く知られずといえども、隠然天下の重きを以て任ずるの名士なり。士、名は恒喜、姓は的野、胸に孫呉の智を蔵し、常に孟徳仲達の人の孤児寡婦を欺き天下を奪うの拙なるを嗤う。ああこれ世にいわゆる臥竜と謂うべく、後世蓋棺の後炯然光輝を発するものあるべし。」

来島の墳墓

大隈は狙撃されたり。「大臣兇漢に刺さる」の飛報は全市民の熱血を湧かしめたり。全国志士の鼓動に波打たしめたり。世界の外交官をも驚畏せしめたり。

かくて外務省正門前に血に染まりて倒れたる来島の死骸は、やがて警吏によりて検査を行われ、その懐中《ポケット》より一葉の写真＝来島自身の＝発見され、その撮影所丸木写真館によって来島の身許は直ちに判明せり。されば一方犯人連累者検挙の手配りをなすと共に屍体を警視庁に搬入し、さらに麴町区役所に送りて十九日午前三時青山共同墓地に埋葬す。二十一日、岡保三郎、村山辰五郎ら自由党の援助のもとに来島の遺骸下げ渡しを警視庁に乞い、その許さるるや、縄田清太郎、木原勇三郎、大原義剛らと共に、諸般の準備を整え、青山南町二丁目竜泉寺において弔祭を行い、狼谷にて火葬し、二十二日遺髪を谷中天王寺に葬る。仏名を「浮心院節誉恒喜居士」と謚す。また遺骨はこれを福岡に送り、十一月一日東公園崇福寺境内玄洋社墓地に葬る。

頭山、平岡、進藤、香月ら同志無慮五千余名葬儀に加わり、葬列一里に亘り稀有の盛儀なりき。

葬儀当日崇福寺月松和尚の偈に曰く、

生滅元来都寂光　脚痕不動露堂々
玄洋一路漏春否　十円挿花発暗香

また末永純一郎長詩を賦して以て来島の霊を弔す、

爆裂断行

風蕭々兮虀紛紛。白虹貫日晴妖氛。有客擲丸大臣車。
外務省前血汾沄。外務省隣桜田門。余風尚懐当時迹。
当時老相硬而姦。酷似秦檜及安石。外交由来尊慎重。
智巧擅弄縦横策。既無公明正大略。逐臭朋党悉巾幗。
弥縫苟安非長計。邦家危殆日日迫。社稷有臣誰儔侶。
水府十有七人客。春風桜田門外路。落花和雪血痕赤。
閲来三十年前事。既往誰復説是非。其迹同兮其志一。
聞之焉得不歔欷。客姓来島名恒喜。隆準秀眉音吐爽。
少小生在武士家。温良仕親極孝養。功名有志未語人。
萍蹤南遊又東上。機也未到徒辛苦。且帰郷里伍郷党。
郷党狂顛何所謀。瓢然君去欲何往。只識外交如彼急。

廟議人心両揺蕩。　忽有二電激伝レ凶報一。　擲二爆裂弾一狙二大臣一。
大臣未レ殊客先死。　客是勤王第一人。　此報伝播市出レ虎。
紛紛何事囂二巷議一。　倉皇未レ遑レ詳二委曲一。　羅織余亦羅二繋累一。
君不レ見乎咸陽殿上塞二剣鋩一。　博浪沙中冷二鉄槌一。
一死所レ報即一耳。　使下他懦夫驚且悸上。
又不レ見匹夫殺レ身国是定。　爆裂弾裂動二天地一。
非常策施二非常時一。　只応レ貴レ不レ誤二大義一。　遺骨好向二故山一葬。
玄洋之南竈山西。　来弔聊欲レ払二墳墓一。　十里松林暮色迷。

崇福寺は九州における禅宗の巨刹、黒田氏宗廟のある処、かつて亀井南冥の弟、曇栄が住待たりし処、巨刹の幽雅、永く英霊の眠に適い亭々たる老松玄海の風翠色に芳ばし。

犠牲的愛国心

この年八月、来島博多湾頭より船出せんとするや、的野を顧み幾干《いくばく》かの金銭を嚢中に採りこれをその父母に捧げんことを托するや的野曰く。

「兄はいま旅中の人たらんとす、金なかるべからず、宜しくこれを収めよ。我、兄に代って兄の父母に贈る所あらん」と。来島聴かず「父母在すに吾遠く遊ばんとす。かくの如き少しばかりの金尤より何の用をなすものに非ず、されど吾父母に背くの不孝、何物を以てしてもこれに償い難し。ただ以て自ら慰むるのみ。」と。的野、来島の意中を推し、その孝心に動かされ、強いてこれを拒まず、孝子の志を空しくせざらんことを思い、すなわち来島の出す所の半ばに加うるに的野の所持する幾干銭を添え、これをその父母に送らん事を諭す。来島大いに喜び的野の厚誼を謝す。この孝心あり、その愛国的行動、ために一層の光彩を放つを見るべし。大隈の性、傲放不羈なりといえども、由来情に厚し。来島の葬儀あるを聞き、国士に対するの礼なりとして部下を遣りてこれに会葬せしめ、以後一週忌に至る間命日毎に人を派して墓前に香華を供えしむ。

明治三十九年平岡浩太郎の追弔会を東京築地本願寺に挙行するや、大隈来たり会し弔壇に上りて条約改正当時を追想し語りて曰く、

「来島の挙は犠牲的愛国の登現なり」としてこれを賞揚し、また遭難当時の状を他に語りて曰く、

「時は明治二十二年十月十八日午後五時頃であった、閣議に列して官邸へ帰ろうと馬車を駆って一、二間、外務省の門内に入った処をやられたのである。何様暮早い秋の事とて、薄ら寒い風に吹き寄せらるる暮気が、宇宙を包んで、人顔も微白く、街は朦朧と暮れかかっていた。

暮気を衝く我が輩の馬車が、轣轆として門内の石甃を徐行しつつあると、突如として風体怪しき一人の書生が駆けて来たと見ると、手に蝙蝠傘を提げている。これぞ誰あろう、刺客来島恒喜である。彼は爛々たる目を輝かして馬車の硝子越しに車内を窺うや否や、傘の内に隠し持てる爆烈弾をば、発矢と投げたのである。天地に轟く大音響、四辺を包む濛々たる硝煙、車軸は天に舞い、車体は微塵に飛んで、我が輩は揑と地響き打って倒れた。倒れて人事不省となった。

彼来島は我が輩の倒るるのを見て目的を達したのと思ったのであろう、懐中深く秘めていた九寸五分の短刀を抜くより早く莞爾と打ち笑み、咽喉掻き切って自刃した。処で我が輩は只脚一本を傷つけられただけで、未だにこうして生きている。元来人を殺す奴は臆病者である。人を殺して自己も死ぬという様な勇者は少ない。彼来島は我が輩の倒るるのを見て目的を達したと早合点し、止めも刺さずに自刃したのは、多少急燥ふためいたせいもあろうが、とにかく現場で生命を捨てたのは、日本男児の覚悟として実に天晴な最後である。

目的を達して現場で死ぬ……何と武士として美わしい覚悟ではないか。来島の最後は、彼の赤穂義士の最後よりも秀れている。豪い、たしかに豪い。赤穂義士が不倶戴天の仇たる吉良の首級を挙ぐると直に、何故吉良邸で割腹しなかったか。首を提げて泉岳寺へ引き揚げたのは、武士の原則からいうと間違った話だ。すなわちその動機においては、赤穂義士と来島とは、天地霄壌の差違はあれ、その結果においては来島の方が天晴である。

大久保を殪した島田一郎の如き非凡の豪傑であったそうだが、現場で腹を搔き切らないで、縲絏の恥辱を受け、刑場の露と消えたのは、真の武士道に背馳した見苦しい最後である。殊に来島という奴は、目先の見えた怜悧な奴であった。我が輩を殺つけるに、外務省の門内の狭い処を選んだ如き、馬鹿では到底そんな考えは出ない。斯く狭い道を通る時には、勢い馬車を徐行させねばならぬ。この徐行の場所に目をつけた彼はなかなか偉い。我が輩は彼のために片脚を奪われたが、しかし彼は実に心持の可い面白い奴と思っている。」云々

大正三年秋大隈九州に下り福岡に至るや、また来島の墓に人を遣りて、これを展せしめたり。

来島生前未だ娶らず、声色を近づけず、興到れば中島橋畔の月に嘯きて朗々高吟し、歓極まれば玄海の波に対して悲韻を走す。清妙巧調、余韻嫋々たり。福博の地、今なお「来島調」の吟詠法をなすと云う。

香月恕経、来島の勝海舟に贈る書翰の後に題して曰く、

題来島恒喜贈海舟書柬後。　香月恕経

是故来島恒喜氏之手稿也。娓々数千言。渾自二沛腑中一湧出来。氏為レ人深沉寡黙事二父母一孝謹与レ人不二苟合一有三一決二于心一、則敢行不レ疑二毀誉成敗一遂無下足レ動二其心一者上。其孤憤慷慨出二於赤誠一。如二是書一。可レ覧矣。抑現時国際条約之不レ利二十我一天下所二斉概一也。当局屢欲三改二正之一。而毎不レ得二其要一。

明治二十二年。大隈伯為二外務大臣一。亦従二事於斯一。而其所謂改正者大反二国人之所一レ望於レ是天下之志士翕然起非之氏為レ之致レ命。実是年十月十八日也大隈伯尋罷而其事遂中止。斯書距《ママ》二其致命之日纔一年也。書中極下言井上伯

入二内閣一之不可上。蓋以下其嘗有上レ敗二予条約改正一也。嗚呼条約改正者氏之命所二由以始終一也。後之観二斯書一者。庶幾有三内省而悚然所二自警一焉。氏有故初冒二的野氏一後復二来島一。是復姓以前之書也。故署曰二的野某一。井原君雅与レ氏善。一日訪レ之。氏出二一稿一。嘱レ君浄書。君乞二其原稿一而帰。無レ幾有二霞ヶ関之変一氏自殺。君遂装飾而蔵レ之云。頃者介二友人某一請二子題辞一。予対レ之愴然者久之。

明治二十四年十月二十一日　書於春吉寓居

晦処逸士　香月恕経

また来島の追悼会に当たり桜井熊太郎これを弔する一詩あり、録してここに来島の伝に筆を擱く。

来島恒喜追悼会

桜井熊太郎

無 欠 金 甌 忽 欲レ摧。 舎レ身 取レ義 気 豪 哉。

誰 知 赫 赫 邦 威 盛。 偏 自二霞 関 一 撃一来。

＊

容 態 書

外務大臣　大隈重信

右者明治二十二年十月十八日午後四時過ぎ外務省門前において負傷の部分を検査するに下脚部の二ヶ所において左の如き局所症を発見す。

第一、　脛骨下端すなわち内踝上際において長さ六センチメートル幅一半センチメートルの斜創あり、創内を検査するに脛骨下端の骨膜全く剥離せずといえども骨質は縦形或いは斜形に破砕して数片となり上は脛骨の中央に達しその靭帯の一部を存して距骨面を露出す。

第二、　脛骨上端のやや外側において長さ八センチメートル幅三センチメートルの創傷あり創内を検査するに骨膜は全く剥離せずといえども脛骨上端の骨質は全く破砕して脛骨の中央に達し、上は関節に及ぶ。

右の外腓腸部の中央三ヶ所の擦過傷あり、また膝蓋骨の下縁に当たり二個の擦過傷あるを認めたり。右創傷の現症に依れば下脚を能わざるものと診定し手術を施す事左の如し。

七時五十五分、法の如く全身魔酔《ママ》薬を施し駆血帯を行い防腐法に依りて大腿の下三分の一部において輪切法に依り全く大腿を切断せり。止血後縫綴を行い全く終りしは三十五分なり。

来島の剣と大隈の脚

明治四十一年の頃、東京大丸呉服店日本服装展覧会を開く。中に大隈が霞ヶ関遭難当時着用せる洋服を陳列す。跨服《ずぼん》の膝、滅茶々々に破れ、しかも処々に血痕斑々、うたた当時の惨状を忍ばしむるものあり。時に大隈招かれて席にあり、編者また当時読売新聞記者として招かれて会場を巡覧す。大隈がその遭難当時の服の傍に歩を進むを見、これに近づき問うて曰く、今ここにこの服を見る、閣下の感懐果して如何と。大隈曰く、左様……あの時は……と答えて黙想無言、少時ありて哄笑一番し、他を語らずして他室に歩を移す。彼が隻脚を失いたる時は、すなわちこの跨服を穿ちてありたるなりき。彼はついに難に遭うて隻脚不具の人となりおわんぬ。その隻脚いま何処にかある。『東京夕刊新報』その所在について記するあり。

「大隈首相の隻脚は何処にあるか。

大隈首相がチンバである事は改めて記すまでもない事で、立派な人杖を突いて不自由な歩行を運んでいるが、さて切断された隻脚が何処にあるかは知っている人はすくなかろう。さらにまた何故に隻脚を失ったのかと云う事すら知らぬ人がすくなくあるまい。本問題は隻脚探索の前に、掻い摘んで隻脚をもがれた顚末を記して置こう。

大隈侯が福岡玄洋社の刺客来島恒喜に襲われたのは、明治二十二年十月十八日の午後であった。条約改正問題に関し宮中廉前において、山県はじめ反対の諸公と論議退出の途中、外務省傍の外相官邸に入ろうとする門前で、来島に爆弾を叩きつけられて片脚を滅茶々にされて了ったのである。来島はその場を去らず皇城を拝して自刃した。その原因は大隈外相が主張した条約改正案なるものが非国民思想の反映であるとの非難から起った事で、大隈侯は実際の隻脚を失うと同時に、爾来廟堂からも失脚して在野党の頭梁として数十年を経、大正に及んだのである。さて爆裂弾を叩きつけられた時、大隈侯は官邸の者に扶けられて階下の広い一室に担ぎ込まれて中央の安楽椅子の上に横臥した。この大変を聞きつけて内閣諸公は勿論、矢野文雄、北畠治房男、医師としてベルツ、池田謙斎、伊藤方義その他の名手が息を凝して周囲に居並んでいる処へ佐藤博士（進男爵）が駆つけて治療に取りかかった。

大隈首相が隻脚を切断せる光景！　それは次の如くであった。先ず疵口を検べようとしたが、爆弾に焼かれた洋服のズボンが流血で固くくっついているので、「奥さん鋏を」と云うと、綾子夫人は早速鋏を持って来て佐藤博士に渡した。博士はジャキジャキと気味悪い音を立てながらズボンを切りとって診察したが、「速刻右脚を切断しなければ三時間後には危篤に陥ります」との事で夫人が侯の耳朶へ囁くと「ウム佐藤さんにやって貰おう」と承知して、いよいよ血腥い荒療治が始まった。

赤十字、慈恵両病院から取り寄せた外科器械を消毒しているうちに、英国公使と共に来合せたベルツ博士は魔《ママ》睡薬の用意をする。

「手術台」はと云うた処で急の間には合わない。それを取り寄せる余裕はない。「ハテ困ったな」と当惑していると「盆栽台があるが」と云うものがあって、「それが良かろう」と、早速盆栽台が運び込まれた。

盆栽台と云うといかにも小さく聞えるが、外務大臣の官邸に備え付けてあるのだから非常に大きなもので、二箇繋ぎ合せると六尺豊かな大隈侯の巨軀が楽々と仰向けに置かれた。魔睡薬を浸した白布が鼻辺におかれると、高木医師はじめ医界の大家は侯の頭や体を抑えた。

意識が五体を離脱すると、佐藤博士は大きな外科刀を執って大腿部の三分の一の箇所（上の三分の二を残し）から輪切りにして生肉を残して、滝の如く流れる血潮に鋸を加えてゴリゴリと骨を載ち切って了った。その生々しく傷ついた隻脚は、北畠治房男が油紙に包んで室外に持ち去った。しばらくは繃帯の雪が展べられ患部の手当を終るまで費した時間は五十二分間。大隈侯を安楽椅子に移してホッと安堵の顔を見合せて一段落がついた、……その時使用した血染の盆栽台は今もなお外務大臣官邸に保存してあるはずである。剛気な隈侯は魔睡が醒めてからもすこぶる元気で、見舞に来た伊藤公に向って「文明の利器は真にエライよ、スーッと黒いものがとんで来たと思ったらドンとやられた」などと談笑していたが、或る日佐藤博士が往診すると枕頭に白髪の北畠男が居合せた。そこで博士が「あなたは素人でありながら、先日切断した隻脚を始末なさいましたが、よく気味が悪くありませんでしたネ」と訊ねると、治房男は白髪を撫しながら「俺は戦場で血の雨を浴びた事があるので足の一本や二本は何でもない」と哄笑した。さて大隈侯の足の行衛はいかに。

大隈侯は余り多く酒を飲まぬ。ところが侯の分身たる隻脚が馬鹿々々しい大酒を呑むなぞはちょっと珍だ。さて外務大臣官邸で切断された隻脚がどうなったかと云うと、地へ埋める訳にも行かず、と云うて別に何とも方法がない。型の如く消毒した大きな甕ほどのガラスの瓶にアルコール漬として、お邸へ「閣下のお脚はいかに取計らいましょうか」と訊ねると「邸へ届けて下さい」と、命のまにまに早稲田邸へ担ぎ込んだ。

侯の患部が癒って義足までスッカリ出来る頃には、切断された隻脚はアルコールに浸って真白になってしまったが、この隻脚先生なかなかの贅沢屋で手数のかかること夥しい。月々アルコールを取り替えたり、それをポンプで入れ替えたりするにも素人にはうまくゆかず、止むなく月給幾干を出して「脚の御守り役」を雇い入れたが、その脚の呑むアルコール代が一ヶ月約六、七十円、一ヶ年八、九百円に上るので、流石に大名生活の会計さんも眼を丸くして、「この分で百年も二百年も飲み続けられては遣り切れない」と零し抜いた。

それかあらぬか、大隈家から佐藤博士に話があって、飲んだくれの隻は赤十字社病院へ参考品として引き取られ、爾来幾千日官費のアルコールに酔いつづけている訳である。その足の保管してある部屋は、院内で「開けず」の室と呼ばれる薄暗い陰気な所で、人間の頭とか、首とか云う様な無気味な品ばかり蔵ってある。侯の脚を入れてある大きな瓶はさらに木製の箱に収め、その蓋の上に「大隈重信卿之脚」としたためてあるが、かつてドイツの某皇族殿下が病院へならせられた時、この室に入って隈侯隻脚の由来を聞くと顔を反けて室外に出られてからは、一切何人にも拝見を許さぬ事にきめてあるそうな。

霞ヶ関に来島が大隈を狙撃せし当時着用したる朝礼服《モーニングコート》と洋傘とその自刃に用いし左文字の短剣とは、今収めて福岡市外東公園崇福寺にあり、その短剣光芒失せずといえども、鮮血膏《ちぬる》ところ既に錆あり、また短剣の切っ先に少しく刃砕《はこぼれ》あり。これその自刃に当たり、切っ先その着する襟飾《ネクタイ》の金具に当りしためにして、金具は美事半截されて居れり。その朝礼服《モーニングコート》は胸襟の辺り、一株の血痕なおなまぐさし。携う所の洋傘の如き絹張にして、当時にありては上流紳士のみこれを携え得たる位の品なり。洋服傘等みな平岡浩太郎のものなりとの説あるいは当らんか。しかれども的野半介氏の説く所は新調なりと言う。今直ちにいずれを是とすべきやは明らかならず、また当時来島のポケットの中に二十銭銀貨一箇あり、また今なおこれを崇福寺に蔵す。（東京夕刊所載）

編者これを思うに、大隈家に蔵する血染の衣服、赤十字病院に蔵するその隻脚、崇福寺に蔵する来島の短剣および血染の衣服什器を歴史参考館（例えば博物館または帝国大学史学科等）に陳列せば、明治史の実物史料として益するところ甚だ大なるべし。来島の一撃ついに大隈を斃すに至らざりしといえども、滄海壮士を得て秦を椎《つい》す博浪沙、韓に報じて成らずといえども天地みな震動するものあり、来島の挙あって屈辱の条約改正ついに中止さる、それ来島以て瞑すべきなり。

＊

隈侯と頭山翁

翁は隈侯を指して「今の日本に英雄らしい男を探せば先ず大隈より外にはあるまい。彼の物に屈せぬところ、大雑駁なやり口、大隈は多少英雄のおもかげがある」と褒めている。大隈侯の方でも「頭山は豪い。どこと摑み処のないのが頭山の豪い処だ」と蔭で推賞している。しかも両者が辿り来たれる政治舞台の過去の歴史には無気味な血なまぐさい秘密が潜んでいるにも拘わらず、お互に云わず語らず虚心平気で褒め合う器量はずんと見上げものではないか?! 取るにも足らぬ蝸牛角上の争いを根にもって公私ともに咬み合う現代社会の人々は、ちと翁侯の浄らかな心事に習うて明暗共に君国の《ママ》を載くの観念を抱くが宜かろう。

＊

勇桿仁平　頭山満談

博徒の中にはたしかに死ぬる奴がある。仲間の約束もなかなか面白い風儀がある。利に依って殺すも義に依って殺すも親分次第じゃ。ただ世の澆季と共にその親分がだんだん下卑て来たようじゃ。己の国の大野仁平は立派な男じゃ。元は博徒で玄洋社と喧嘩してその後かえって同志になったが、平岡の事業などでは大野の力が与って多きにいる。確かに筆にすべき値のある男じゃ。勇悍仁平、ウムその男の事じゃ。名に負う気を負う血気の連中が維新の大革命に際したのだからジッとしてはいられぬ。勇悍隊なるものを組織して戦に出かけたのが、勇悍仁平の名の起りじゃ。その後、野村翔と云う男が頭領となってその一団を率いたが何でも強そうな名がよかろうと云うので己が金剛党と命名した事があった。玄洋社との喧嘩か。ウム二、三度もやったろう。何分意気勢力ともに福岡の天地を圧倒している処に、玄洋社なる者が跡から起ったのだ。彼らの眼中には高が知れた木っ葉士族の寄合いだ、何をなし得るものかと思っているから、しばしば挑戦に来たものだ。玄洋社の若者も事あれかしと手ぐすね引いて待っている時だから堪らない。或る年の紀元節博多のドンタクに金剛党の連中が玄洋社の前に来て無礼を働いたが素で、大喧嘩を始めた末、社の者が散々彼らを擲き伏せた。爾来両者はますます反目を重ねておったが、その後明治十六、七年頃であった、柴四期が九州に来た事がある。玄洋社は彼のために一夜の盛宴を水茶屋の常磐館に開いていると、隣の一室に勇悍仁平の一連が車座で飲んでいる。皿を叩く火鉢を叩く妨碍の音が噪々しくて堪らない。そのころ平岡は早く仁平らと消息を通じておったから、静かにさせろと言うてやったをキッカケに、仁平らの一隊は「お酌をしまっしょう」と言いながら、こちらの座敷に躍り込んで来た。無論喧嘩仕掛けであるから、亡状無礼を極める。若手の血は煮えかえる。今しも米島恒喜が有合う燭台を持つが早いか、ウンと一声仁平を擲った。ト同時に常磐館の大酒宴場は鮮血淋漓たる一大修羅場と化し去った。今でも常磐館のおつね婆さんが涙ながらに米島と勇悍仁平との喧嘩の一節を語るのはこの時の事じゃ。その後己の宅へも襲撃した事があるが、根が意気と力の較べ合いで理窟も何にもない淡泊の喧嘩じゃ。互の力量を知り合って見れば、ソコはいわゆる俠客の男らしさ、一タビ和睦して以来玄洋社と彼らの間は肝胆相照らす仲となったのじゃ。仁平の外には喧嘩勘兵衛、堀和六など云う味な奴もおったが、今の若松の井上留吉、博多の古賀壮兵衛などもみな当時仁平の股肱じゃ。喧嘩勘兵衛が選挙競争に加勢して敵の大将永江純一の足を斬ったため捕縛された事がある。時の判事は勘兵衛の罪を有してやろうと思って、ピストルを打ったから貴様が斬ったのだろうと問うと、「イヤ打ったが早いか斬ったが早いか分らぬ」と答えたので、とうとう有罪になった事がある。理窟は知らぬが万事がこの意気じゃから面白いテ。(『日本及日本人』)

第36章　剣光余談

玄洋社員中これを伝すべきものすくなからず、しかりといえども多くはなお生存の人に関わる。今しばらくこれが記伝の筆を転じて、十年福岡挙兵にたずさわりし武夫を伝え剣光余談としてこれを録せんとす。また玄洋社史に関聯なしとせんや。

武部小四郎

武部小四郎は勤王家建部武彦の子、弘化三年七月福岡通町に生まる。家世黒田氏に仕え禄七百石を食み大組に列す。小四郎、名は自成燕之充と称し、のち小四郎に改む。小四郎はじめ修猷館に学び、のち高場乱の空華堂に入り研学する所あり。明治七年佐賀の乱に江藤に呼応せんとして果さず、八年板垣と大阪に会し自由民権説を聞くに及び、帰来会士に謀り矯志、強忍、堅志社を樹て民権説を唱導す、十年西南役に呼応し越智らと兵を福岡に挙ぐ（建部家のち故ありて姓を武部に改む）。

武部好んで長剣を帯び、携うる所の木筒煙管に彫して曰く「生不食五鼎、死烹五鼎耳」と。軀幹長大風姿颯爽古武士の如し。親しみ易く、しかも狎《なれ》るべからず、常に頂羽の剣は一人の敵のみ、学ぶに足らずの句を高唱す。

明治三年、小四郎久光忍太郎と共に鹿児島に遊ぶ。途上田舎の一茶店に憩いて茶菓を喫す。懐を探りて小銭なきを以てすなわち十円紙幣を投ず。茶店の老翁剰銭なきに苦しむ。小四郎曰く「残余は茶代じゃ、取って置け」と、顧みずして去る。七年佐賀役に至り大久保利通福岡に来たる。武部、箱田らとこれを要撃せん事を主張したるも、同志中諌止するありてまた果さず、福岡挙兵のこと武部時機尚早を説き隠忍自重を云う、同志聴かずその兵を挙ぐるや一敗また起つ能わざるに至り、同志武部の先見の明に感ず。

十年三月二十八日、事敗れて退くや、武部は再挙を画せんがために福岡を距る二里、浜男村の某客舎にあり、巡査これを怪しみ、尋問する所あり。武部答えて曰く、「僕は博多の商人なり」と、ことさらに戦慄の状を装う。巡査なお怪しみ、これを主人に質さんとして階を下る。武部急に屋上に登り、脱して海浜に出で、漁村の群児中に投じついに遁れ、身を香椎の森林中に投じ、長谷の地に入りて黙琴転じて博多に入り潜伏すること約二十日、県官ついにその所在を知り、一夜捕吏数十名を遣わし、その屋を包囲せしむ、時に武部褥中にあり蹶起して曰く、「汝ら我を捕えんと欲せば、来て力を較せよ」と、これと格闘し立ちどころに巡査数人を倒し、大笑して曰く「命窮り運つく、何んぞ徒に労せん」と、すなわち自ら縛に就く。その縛せんとするや、捕吏近づきて靴を挙げてその面を蹴る。額上肉破れ流血淋漓たり。武部従容捕吏の卑怯を嘲笑するあるのみ。

武部の父武彦、平生意を武備に留め、長沼流の兵法を究め、著す所兵書数十巻あり、それ将に刑場に赴かんとする前、家人に命じて曰く「酒肴を運ばしめ、満酌淡笑諧謔戯言、人をして愁傷の情を転じて抱腹せしむるものあり。すでにして酔臥すれば鼾声たちまち雷の如かりき」と。死に臨んでかくの如きもの、平常覚悟の士にあらざれば到底これを能くし得べからず。武部の豪雄まさにその血を承けたるものならず、武部の両足その踵におのおの白の痣あり、左は満月の如く円く、右は新月の如く欠けたり。見るもの奇異の感を懐かざるはなかりき。武部刑に就くのち福岡県令渡辺清、嘆じて曰く「武部父子は徹頭徹尾英雄の典型を具したる偉丈夫なり」と。武部潜伏中賦して曰く、

長剣元期レ斬二大蛇一、　如何雄略属二煙霞一　反人又灑賓王涙、
暫対二春風一見二落花一、　初覚人間夢裡遊、　無情山水却含レ愁、

春宵露臥桜花下、　憶起当年平薩州、

越智彦四郎

越智、幼にして父を喪い、叔父海妻甘蔵の養う所となる。父佐平太、藩儒にして名あり、藩主黒田氏の師傅たり。叔父甘蔵巳百斎と号し、朱子学の大家にして、貝原益軒以来の一人者と称せらる。教義塾を開き青年子弟を養成す。彦四郎、つとに叔父の教を受け、その感化少なからず。名は孚加、小字は第三郎、井土佐平太の第二子嘉永二年十月十二日那珂郡警固村大鋸谷に生まる。世黒田氏に仕え、その藩士たり。維新後、分家して本姓越智に改む。藩黌修猷館に学ぶ処あり、のち高場乱の空華堂に入る。七年、佐賀役に鎮撫隊として出征し、帰来武部小四郎らと矯志、強忍社を組織し、民権伸張に尽す所あり、十年西郷に呼応して兵を挙ぐ。

越智人となり状貌雄偉、長鬚戟の如く、眼光人を射る。事に処する果断、人に接する寛宏、平素国家を以て自ら任じ慷慨措かず、古烈士の風あり。衆望常にこれに帰するあり。越智戊辰の役、福岡藩大砲隊長根本源五左衛門の麾下に属し、東北の野に転戦す。藩兵奥州新田原の敵を破り、さらに浪江に追うてまたこれを破る。藩兵勝ちに乗じて深く進み、ついに敵の陥る所となり、利あらずして退く。越智奮然大刀を提げ、敵陣を衝き死を期して進まんとす。隊長根本、強いてこれを制するあり、越智わずかに止む。

佐賀の役、福岡党の諸士鎮撫隊を組織して肥筑の境に出づるや、彦四郎大髻を束ね、長刀を帯し威風凛然四辺を払うの概あり。時に隊士福屋等《ひとし》「足下は我が党の主将なり、宜しく長刀に代うるに短刀を以てすべし。もしそれ護身の具に至りては我愛蔵する所の短銃を用いられよ」と。越智答えて曰く、「足下の愛銃は我の望む所にあらず。愛銃に換うるに愛嬢を以てせよ」と。福屋これを快諾す。役平ぎ越智福屋の女を容れて室となす。

十年役後、越智縛せられ福岡監獄にあり。四月三十日、春雨蕭々転々感に堪えざるものあり。夜正に十一時監獄医西川黙蔵、青木謙斎、越智らに麦酒一ダース、折詰若干を贈る。同志らこの寄贈を得、その死期のいよいよ迫れるを知り、異口同音に曰く「来たれり、来たれり」と。先ず杯を挙げてこれを越智に属し、その辞世の吟を問う。越智大笑して曰く「僕の辞世は明日、断頭場の出放題に任せんのみ」と。悠然数杯を傾け、或いは吟詩、或いは謡曲、或いは今様、或いは都々逸、口に任せて放吟す。同囚の諸士またこれに和してこれに興じて放歌乱舞、夜を徹す。

四月三十一日黎明、獄吏来たりて先ず越智を呼ぶ。越智固く同志と握手し「いま久光と共に冥途の先駆たらん。想うに諸君は万々死刑を免るべし。望むらくは国家のために吾人の素志を継続せられんことを」と語りて悠然獄を出づ。村上、久光、加藤らまた死刑の宣告を受け、福岡枡小屋の刑場に送られ、五月一日ついに斬らる。

けだし武部と越智とは福岡青年党の先覚者にしてまた領袖なり。武部は断を以て勝り、勇を以て勝り、豪傑の態度あり、越智は材を以て勝ち、智を以て勝り、正に政治家の風格を負う。一長一短、彼有此無、相補い相援けて与《とも》に大義に就き共に大節に動く。ああ箱田を想い、平岡を想い、頭山を想う者、誰かまた武部、越智を十年の役に失いたるを惜しまざらんや。それこれを惜しむ、ただに玄洋社のためのみならんや。それを惜しむまたただに福岡県のためのみならんや。

内田良五郎と大野卯太郎

良五郎、黒田氏に仕え足軽たり。つとに尊王の志あり、平野国臣の門に出入し、その談論を聴くを楽しみとし、国事に奔走する所あり。しかして国臣歿後、藩の忌む所となり、国臣の二弟平山能忍、平野三郎、および戸田六郎、日高小藤太、同四郎らと共に幽囚に処せらる。戊辰の役、東北の野に転戦して功あり、禄四人扶持十二石に加増し、士籍に編入せられ、維新の初め藩政改革に際し軍事係となり、明治四年、陸軍少属に任ぜられ、七年佐賀の役、福岡鎮撫隊に加わり、筑肥の境に出征す。十年の役、越智彦四郎、武部小四郎らの薩軍に応ぜんとするや彦四郎の嘱を受け、急行して兼松に赴き、田原陥落の報をもたらして還り、大野卯太郎と共にその輜重係となり斡旋する所あり。二十年以来、弟浩太郎を輔佐して、赤池、豊国らの炭坑経営に従い、拮据多年、その功もっとも多きに居る。

良五郎、幼名は幸太郎、のち良之助と称し、さらに良五郎と改む。平岡仁三郎の第一子、天保八年四月九日、福岡地行五番町に生まる。十三歳、出でて内田武三の嗣となる。

明治二年良五郎、藩の軍制改革を主張し、これを建議せり。当時、福岡藩の兵制は十五歳以上六十歳以下を採用し、銃手二十人を一組とし、これに銃手頭一人を置き、四組八十人を一小隊とし、これに小隊長一人を置くの制なりしかば、老幼混同、節制その宜しきを得ず、統御上すこぶる困難を感じたりき。しかして良五郎建議の要点は、

（一）兵士の年令は、十六歳以上四十歳以下とし、これを常備兵となし、老者および幼者は藩内にありてその守備に任ぜしむること、（二）組織は一箇小隊に、小隊長、半隊長、分隊長、士長、伍長らを置き、これが指揮に任ずること、（三）糧餉は一箇小隊毎に一箇糧餉部隊を置き、その供給を敏活ならしむることこれなり。これけだし奥羽戦役の実戦上より経験したる考案にして、殊に糧餉に関しては、その考案する所の畳釜を献じてこれが参考に供し、以てその実行を逼りたり。当路者その議を容れ、すなわち良五郎を以て軍事掛書記に任じ、漸次その建議の主旨を行わしめんとせしが、未だいくばくならず、廃藩置県に際し終に中止し、良五郎はさらに陸軍少属に任じ、武器（旧藩所有の武器）保管を命ぜられ、五年、有栖川宮熾仁親王の福岡県知事として着任せらるるに当たり、随行員たる陸軍少将井田譲に対し、その保管に係る武器一切の引継ぎを了し、しかして後その職をし《ママ》これよりまた仕えず。

明治六年、百姓一揆筑前に蜂起するあり、良五郎、中村用六らと共に県庁の許可を得、義勇兵を募り、本営を勝立寺に置き、これが鎮撫に従事す。時に良五郎、鎮撫のため福岡市外二里余なる長者原に赴く。たまたま旧藩の兵一隊、一揆の包囲する所となるを見て、極力一揆を説諭しこれを退かしむ。良五郎帰来また一揆の博多方面に来襲せるを聞き、浅香茂徳、立花権一郎、立花半蔵らと共に、黒田清に従い崇福寺前に至り、これに説諭せしも、暴民熱狂、制すべからず、良五郎らしばらく寺内に休憩してその動静を窺いつつありしに、暴民躊躇して進まざるの状あるを見、将に福岡に帰らんとせしに、小野隆助ら兵を率いて来たるに会す。隆助曰く「博多の一揆を鎮定せんと欲して来たる」と。良五郎曰く「博多方面は吾人すでにこれを処分せり。足下宜しく福岡方面に向い禍乱を未然に制すべし」と。隆助すなわち還って福岡方面に至る。一揆すでに福岡市中に入り県庁を襲い、これに放火せんとするに至る。用六らその兵を率いて県庁を護り、ようやくこれを鎮制することを得たるも、のち用六を始めとし、吉田主馬、時枝何七郎ら、切腹してその失態を謝するに至れり。

十年の役、越智彦四郎、武部小四郎らの兵を挙げて薩軍に応ぜんとするや、同志の士、常に良五郎の家に会して軍議を凝らしたり。一日、越智、武部、久光、大畠、久世、加藤、平岡ら、あい会して福岡城襲撃の策を議す。時に良五郎曰く「福岡城を襲撃するは、宜しく四面より一斉に突入するを可とす。一は上橋門口より、一は下橋門口より、一は追廻橋門口より攻撃して、以て城兵を牽制し、しかしてのち潜かに杉土平裏より大堀を渉り、潮見櫓に上り、官軍主計官の庁舎を襲わば、城兵内外の守を失し、戦わずして潰ゆべく、また主計官庁舎貯蓄の官軍々用金を獲て我が用に供するを得べし」と。同志みなこれを可なりとす。しかれども兵寡少にして、終に行われざりき。福岡党の軍敗るるのち、良五郎同志と共に伊崎浦に佐藤力、石井惣三郎らの十数名と相会し、再挙を議す。みな警吏良五郎の宅を包囲してこれを捕えんとす。良五郎家にあらざるを見て、警吏すなわち良五郎の実弟平岡徳次郎、白石留吉を捕縛して去る。良五郎これを聞き、同志に謂って曰く「今や物色はなはだ厳なり、この際軽挙せば、徒に幽囚の辱を受けん。吾人同志密かに結び、表面その家業に勉励せば、以て警吏の注視を避け得べく、以て時機の到来を待つべし」と。残島その他に身を潜むること数年、ついに縛を免ると共に、また時勢の推移は彼ら再挙の事をも水泡に帰せしめたり。良五郎つとに武芸を修め、またその蘊奥を究めざるはなし。剣術は小野派一刀流幾岡平太郎の門に入り、その免許を得、中西忠太の皆伝を許され、柔術は扱心流を藩の師範石川雄兵衛に、棒術を天真正伝神道夢想流、および捕手一角流を平野吉右衛門に、砲術を津田武右衛門に学び、鎗術と共にことごとくその師の免許を受く。晩年に至り、自ら洋杖術を創案す。その術もっとも変化に富み、洋杖を以て対敵の用に供するに極めて効能あり、けだしその術は、棒術より会得したるものにして、棒術と共に東京において、これを剣客中山資信に皆伝せり。

良五郎、資性爽洒、事物に拘まず、身尺五尺六寸余、骨格雄偉、膂力群に超え、精力絶倫、少壮毎朝暁起、必ず四斗の米を搗き終り、しかしてのち武芸修錬に出づるを常とせり。良五郎また常に角觝を嗜み、年五十を過ぐるもなおこれを試む。その弟浩太郎を輔佐して炭坑経営に従うや、時に或いは坑内の工夫を拉して角觝の戯をなす。数百の工夫中、一人の能くこれに敵するものなかりしと云う。

良五郎長者の風あり、越智、武部らまたこれを慕うあり、今なお矍鑠としてあり。天佑俠にその名を知られ、露、満、韓等に我が日東国の国技柔道の誇りを示し、或いは満蒙の地を探検して、日露戦前大いに国事に尽す所あり。また黒竜会を組織して『西南記伝』を著し、或いは満蒙問題の研究に従い居れる内田良平は実に彼の第二子なり。良五郎にしてこの児ありと謂うべく、すでに良平あり、良五郎まさに安んずべきなり。

内田と共に福岡党の輜重係たりし大野卯太郎は、天保九年生にして黒田氏に仕え、銃手となり或いは京都守衛に任ぜられ、或いは東征の軍に従うて功あり、卯太郎武を好み、撃剣、柔術、十手棒等の技に長じ、また銃砲の事に精し。十年福岡党の敗るるや、捕えられて三年の刑に処せられたり。

宮川太一郎と松浦愚

宮川太一郎、名は鍛、嘉永元年七月二十四日福岡に生まる。世々黒田氏に仕え、つとに文武館に入り、もっぱら武技を講修し、一刀流の剣法、自得天心流の柔術の奥技を究む、併心隊を組織し青年派の牛耳を執り、明治三年、事を以て就義隊の箱田らと争い、屏居を命ぜられ、のち高場乱の門に入る。

佐賀の変、福岡臨時鎮撫隊の組織せらるるや、太一郎、六輔と共にこれに加わる。八年同志と共に矯志社を起し、九年十二月、萩の事変に坐して獄に下り、釈されてのち開墾社を博多向浜に開き、子弟の教養に努む。玄洋社の起るその源を尋ぬれば、宮川の力、与って多しと云うべし。宮川のち政治と意を断ち閑に就く。

宮川身長五尺七寸、武道に達し、骨格はなはだ頑強、剛勇無比と称せらる。かつてその福岡の獄に投ぜらるるや、獄中いわゆる牢頭なるものあり、傲然同囚を慴伏せしむ。一日宮川に便所の掃除を命ず、宮川大喝これを叱して曰く「余は天下の志士なり、汝ら如きに指揮を受くるものに非ず」と。牢頭大いに憤り、宮川を撲たんとす。宮川すなわち身を翻しこれを押えて曰く「汝無礼の奴、以後の懲しめ、宜しく牢内より放逐すべし」と。その頭をつかみ、牢格子の間よりこれを振り出さんとす。牢頭悲鳴を挙げ哀を乞う切なり。宮川これを許し、即日推されて牢頭となりし事ありと云う。

宮川いまはもっぱら実業に志すといえども、なお玄洋社のために尽すところすくなからず。

松浦愚は嘉永六年那珂郡高宮村に生まる。世々黒田氏の藩士たり。就義隊に入り、ついで箱田六輔らと共に高場乱の塾に学ぶ。明治八年同志と矯志社を組織し、九年萩の乱起るや宮川らと共にひそかに企画する所あり、のち縛に就き、翌年病を以て保釈を許され、六月二十五日歿す。年二十六。

松浦、性不羈卓落、俠気あり、信国鍛なる所の三尺三寸の朱鞘の太刀を腰に横たえ常に「以て天下を横行するに足る」と傲語せりと云う。

久光忍太郎と江上述直

久光忍太郎は、勤王家万代彦右衛門の第三子、嘉永五年九月生まる。父は世々黒田氏に仕え、録百石を食む。江上澄の養嗣となれる述直はその兄なり。

久光人となり沈毅にして濶達、識見あり、かつて佐賀鎮撫隊の相談役たり。或いは熊本に遊び、或いは鹿児島に遊び、志士と締盟する所あり。八年越智と共に強忍社を設立し十年西南呼応の挙兵に当たり、越智の大隊副官たり。福岡城を襲い、また各地に転戦す。四月二日秋月城を出でついに官軍と戦い、銃丸のためにその面部を貫かる。忍太郎屈せず将に進まんとし、左右の止むる所となり、越智らと共にその軍を散じ、馬見の農家中村忠七の家に潜伏せしが、ついに官軍の縛に就き、九州臨時裁判所において、判事小畑美稲の鞠問を受くるや、美稲その面部の創を見、問いて曰く「如今創未だ癒えざるか」。忍太郎微笑して曰く「微傷、幸いに意を労するなかれ」と。美稲これを頷き、先ず挙兵の理由を尋問す。忍太郎これに応じ、滔々数千言みな肺腑より出で、その論理すこぶる肯綮に中るものあり、聴者みなその識見を称せざるはなかりしという。

江上述直は、久光忍太郎の兄、嘉永元年生る。のち江上澄に養われてその嗣となる。黒田氏に仕え、馬廻格にして弓術師範たり。祖父および父、勤王の志厚く、その功少なからず、述直幼にして文武館に学ぶ。

述直、人となり気宇卓犖、武技を能くす。佐賀の変、福岡鎮撫隊に加わり小隊長たり、越智彦四郎らと共に強忍社を組織し、また選ばれて鹿児島に遊学す。十年の役、越智彦四郎、武部小四郎の兵を福岡に挙ぐるや、小隊長となりて各地に奮闘し、四月一日筑後乙隈の戦に陣歿す。時に年三十。

舌間慎吾

舌間慎吾は正則の第二子、もと牛原氏、天保十四年生る。出でて香間宗綱の嗣となり、その姓を冒す。舌間の家世、双水執流の柔術を以て黒田氏に仕え柔道師範たり。

慎吾、つとに父の業を受け、柔術の奥技を究め、また組討腰廻および剣術、剣術、砲術を修めて免許を得たり。文武館の師範役たり。慎吾の鹿児島に遊ぶや、桐野利秋、慎吾の武技に長じ剛勇無比なりしを以て、常にこれを「福岡の武勇客」と称し、深くこれを重んじたりという。舌間善く飲み斗酒辞せず、また甚だ角力を好む。その妻始めて産す、女子なり。これを遺憾とし、これに命ずるに健吉を以てす。戊辰の役、藩兵に従って東北の野に出征し、斥候および応接等の任に当る。明治二年藩兵小隊長に補せられ、兼ねて軍務に参与す。七年佐賀の変、福岡臨時鎮撫隊の参謀として出陣す。強忍社成るや、その幹事たり。鹿児島に遊び志士と交る。

明治九年、熊本、萩、秋月の変、福岡党同志中これに応ぜんとしてしばしば舌間に迫る。舌間「時なお早し」となし、これを諭し福岡事なきを得たりき。

十年、鹿児島の警報福岡に達するや、舌間奮然これに応ぜんと欲し、三月十九日、穴観音の会に臨み、推されて武部隊大隊副長となる。二十七日夜、福岡城攻撃に際し、大隊長武部小西郎と共に、中島橋以東の募兵四百余人を率いて県庁および警察署を襲撃するの予期なりしも、その夜集兵意の如くならず、ついにその機を失し、独り越智隊を趁《お》いて大休山に会す。爾来、金武、野芥、曲淵等に転戦し利あらず、さらに三瀬を経て秋月城に拠らんと欲し、軍を分かちて二となし、慎吾その前軍を督し、四月一日筑後乙隈村に至る。たまたま官軍の来襲する所となり、衆未だ刀鎗を執るにいとまあらず、慎吾独り率先これに当たり、奮戦激闘、身に六創を蒙り敵の肉薄するに及び自刃して死す。

村上彦十

村上彦十初め新之亟と称す。伊勢田常三郎の子、天保十四年早良郡西新町に生まる。中年村上源右衛門の家を襲ぐ。村上家世々黒田氏に仕え、録百石を食み、無足組たり。維新前藩に仕えて側役となりたり。戊辰の役奥羽に出征し、凱旋の後、藩の小隊長となり、ついで中隊長に進む。十年福岡の役に加わり各地に転戦し、四月一日乙隈に重傷を負うて縛に就き、五月一日斬罪に処せらる。

村上資性剛毅、体軀肥満、風采堂々、俠気に富む。少壮武術に達し、宝蔵院流の鎗術に妙を得、明治初年の交、夜須郡四三島村岡部守八の興廃に関すべき大訴訟事件あり。村上熱心事に当たり、終に守八勝つ。守八これを徳とし、多額の金を贈り以てこれに謝せんとす。村上これを辞して「我いま多額の金に用無し、他日もし余にして万一の事あらば、我をして後顧の憂えなからしめよ」と。十年の役、村上同志と共に四三島を過るや、守八ついにこれを迎え、一軍をねぎらう。村上篤くその遺族を保護し、その遺子二人を学業に就かしめたりという。

久世芳麿

久世芳麿は喜多村弥右衛門の第二子、嘉永二年生まる。久世半三郎の養う所となり、その家を嗣ぐ。世々黒田氏に仕え大組物頭役にあり、禄千二百石を食む。維新の後、藩兵の中隊長たり。

四月一日、乙隈の戦敗れ、十年福岡役に加わり福岡城を襲い、敗れて大休山に退き、次郎丸三瀬を経て秋月城に拠らんとす。四月一日乙隈の戦敗れ、舌間大畠、月成江上ら諸将相ついで斃るるに及び、芳麿憤恨屠腹してこれに死す。その子に久、庸失あり、共に名をなす。

芳磨人となり、才気縦横、雅量あり平生酒を嗜み、酔うてようやく頬熱すればすなわち談論風発、雄辞四筵を驚かす。しかも未だかつて人と争わず、また人と抗せず、すこぶる長者の風あり。

加藤堅武

加藤堅武《かたむ》、加藤司書の第一子にして通称を半之烝《ママ》と云う。嘉永六年生まる。世々黒田氏に仕え、禄二千八百石を食む。修猷館に学び、維新後、実業に志し、越智彦四郎、久光忍太郎らと共に、鞍手郡小竹村附近なる石炭坑の経営に従事す。

堅武性温厚にして沈着、剣道に達す。深く刀剣を愛し、すこぶるその鑑識に富む、堅武の父司書藩の中老たり、勤王党の領袖たり、慶応元年十月、建部武彦ら、十数人と共に屠腹を命ぜらる。のち司書の功、天聴に達し、正四位を贈らる。司書かつて一首の今様を詠じて、その懐を述ぶ。

歌に曰く、

すめら御国の武夫は、　如何なる事をか勉むべき
唯身に持てる真心を、　君と親とに尽すまで。

この歌、筑前の士気振策に与って力あり。

明治九年、福岡旧藩士の出願にかかる向浜山林を下附せらるるや、率先挙げてその権利を強忍社の基本財産に寄附し、他の名義者をして何れもこれに倣わしむるに至り、明治十年西南の役起るや、大隊長越智彦四郎を援けてその小隊長となり、二十七日の夜、その部隊を率いて、追廻門に向い、奮戦の後、大休山に退き越智と相合し、金武に戦い左足に傷つき、創をつつみて三瀬を越え、久保山を経、四月一日後軍と共に秋月城に入る。翌二日戦利あらず、その兵を散じて官軍の包囲線外に逃れ、森寛忠、丹羽哲郎と共に服を変じて土農に扮し、大分村に逃れんとする途上、ついに縛に就き、五月一日斬に処せらる。

この後堅武の弟大三郎またこれに加わる。大三郎、兄と共に軍に従わんことを請う。堅武肯んぜず、強いて家に留まらんことを命ず。大三郎意平かならず、原田弥蔵、樋口三一郎、原田延次らと共に三月二十八日、同志十八人を率い大休山に向う。途に官軍の囲を突いて大休山に達し、次いで曲淵に兄堅武と合す。四月一日、後軍に属して秋月城に拠る、二日官軍来たり襲うに及び、戦ついに利あらず、すなわち隊伍を解散し、事のなすべからざるを知り、大隈警察署に自首し、懲役十年の刑に処せられたり。

大畠太七郎

大畠太七郎は安政元年生まる。つとに文武館に学び、才学群を抜く、明治七年佐賀の変、福岡臨時鎮撫隊の組織せらるるやその嚮導となり、三瀬方面に戦いて傷つきたり。

大畠倜儻《てきとう》大志あり、義気に富む。佐賀の変、大畠銃丸を胸部に受け、収容せられて病院に入る。軍医これを診するに銃丸深くその創内に止まるあり、すなわち切解してこれを抉出せんとし麻酔薬を勧む。大畠これを斥け、従容として手術を受く。軍医らその剛勇に驚く。またかつて川越庸太郎、黒田平六、内海重男、林麟之助、江上清ら福岡の青年十数名と共に鹿児島に遊学し、巍然頭角を儕輩の間に顕わす。遊学生監督舌間慎吾また望みを大畠に属す。越智らと共に強忍社を組織し儕輩に重んぜらる。ついで鹿児島に遊学す。十年福岡挙兵に当り越智軍の小隊長となり福岡城を襲い、のち秋月城に拠らんとして乙隈村において官軍に包囲され奮闘して死す。年二十四。

八木和一

八木和一は、嘉永二年、早良郡原村に生まる。世々黒田氏に仕え、その藩士たり。少壮慷慨にして憂国の志あり、甚だ文に長ず。

明治九年、福岡県等外一等出仕となる。福岡挙兵に当たり久光の嘱を受け、軍令および檄文を起草してこれを同志間に頒つ。その旗鼓動くや、久光の麾下にあって使書の役に当り、募兵、糧食の事を司る。のち夜須郡椎木村浄円寺において縛に就き、懲役十年の刑に処せられたり。

川越庸太郎

川越庸太郎は嘉永五年福岡に生まる。世々黒田氏に仕え、禄三百石を食み、御用役たり。明治七年鹿児島に遊び、桐野利秋らと交を訂す。

川越資性閑雅、用意周密、事に処して遺算なし。明治八年、武部、越智らと強忍社を組織し、のち十一学舎の新たに興るや、これが幹事となり校務に鞅掌す。十年三月十六日、吉田震太郎と共に福岡挙兵応援の事を薩軍に通ぜんためその軍使となりて肥後に入り薩軍に投じ、使命を果たす。爾来、薩軍の本営附となり、のち出でて中隊を指揮す。八月十七日、薩軍の日向可愛岳を突出するや、これに従って鹿児島に入り、九月二十四日、城山に戦死せり。時に年二十六なりき。

失　題　　　　　　　　　　　　　　　　　　川越庸太郎

山禽叫絶水声喧、　点々青燐去有痕、

塵外猶懐処世憾、　臥牛山下月黄昏。

吉田震太郎（川越余代）

吉田震太郎、川越庸太郎の後を嗣ぎてその姓を冒し、名を改めて余代と称す。安政四年福岡に生まる。明治七年佐賀の役あるや鎮撫隊に加わり、のち鹿児島に遊学し、桐野利秋らについてその説を聞き、大いに得る所あり。

福岡に帰来ののち、越智らと共に強忍社を組織す。
十年三月庸太郎と共に福岡党を代表して、肥後に赴き薩軍に通ず。爾来薩軍の本営にありて斥候となり、偵察の任務に従う。八月十七日薩軍の日向可愛岳を突出するや、本隊と相失し、一週日絶食して可愛山中に潜む。九月五日、人吉七山の麓沢村山中において、巡査隊のために縛せられ、懲役二年の刑に処し、山形監獄に幽せらる。出獄の後、実業に志し、現に福岡春吉に住す。

震太郎獄中に賦して曰く

慷慨猶予志未レ酬、丹心一片不レ堪レ愁、
寒宵凛冽無辺月、影入二紗窓一照二楚興一。

*

頭山氏の活動目的　的野半介談

頭山氏が国事に奔走せる目的は何であるか？というと、由来王政維新の目的は徳川幕府顚覆が主眼でなく、幕府を倒して内治を整え、しかる後に朝鮮支那を指導するのが目標であったのである。これ頭山翁の目的で、また玄洋社の目的である。しかるに岩倉、大久保らの政府当局者は内治に汲々として東洋政策には何らの計画がないので、大西郷や江藤新平、前原一誠が、断然岩倉、大久保らと手を断って帰国し、これより君側の姦官を除き、時の政府を改造して維新の目的たる支那朝鮮の指導を遂行しようと企てたのである。しかし不幸にして、南洲も江藤も敗軍の酷めを見た。ところで頭山氏は、南洲でさえ武力を以て目的を達する事が出来なかった以上、是非とも自由民権を武器として政府を顚覆し、維新当初の目的を遂げようと思い立ったのである。万機公論に決するの御聖旨を戴き国民の輿論を楯に、南洲の遺志を体して不断の活動を続けたのである。

玄洋社社史　新活字復刻版

刊　行　2016年8月
著　者　玄洋社社史編纂会
刊行者　清藤　洋
刊行所　書肆心水
135-0016 東京都江東区東陽 6-2-27-1308
www.shoshi-shinsui.com
電話 03-6677-0101
ISBN978-4-906917-57-0 C0021

異貌の日本近代思想1　西田幾多郎・三木清・岸田劉生・山田孝雄ほか著　四六上製三二〇頁　本体二七〇〇円＋税

異貌の日本近代思想2　大川周明・権藤成卿・北一輝・内村鑑三ほか著　四六上製三二〇頁　本体二七〇〇円＋税

行き詰まりの時代経験と自治の思想　権藤成卿著　Ａ５上製二二四頁　本体三六〇〇円＋税

北一輝思想集成　増補新版　北一輝著　Ａ５上製六〇八頁　本体六九〇〇円＋税

奪われたるアジア　満川亀太郎著　Ｃ・Ｗ・Ａ・スピルマン＋長谷川雄一解説　Ａ５上製三八四頁　本体五五〇〇円＋税

特許植民会社制度研究　大航海時代から二十世紀まで　大川周明著　Ａ５上製二七二頁　本体五五〇〇円＋税

敗　戦　後　大川周明戦後文集　大川周明著　四六上製一七六頁　本体二二〇〇円＋税

安楽の門　大活字愛蔵版　大川周明著　Ａ５上製二八八頁　本体五四〇〇円＋税

大川周明世界宗教思想史論集　大川周明著　Ａ５上製二五六頁　本体五四〇〇円＋税

大川周明道徳哲学講話集　道　大川周明著　Ａ５上製一九二頁　本体二八〇〇円＋税

マホメット伝　大川周明著　Ａ５上製三八四頁　本体四七〇〇円＋税

古　蘭（コーラン）　上・下　大川周明訳・註釈　各Ａ５上製三五二頁　本体五二〇〇円＋税

近代日本官僚政治史　田中惣五郎著　Ａ５上製四一六頁　本体六三〇〇円＋税

維新の思想史　津田左右吉著　四六上製三二〇頁　本体三六〇〇円＋税

楽読原文　三酔人経綸問答　中江兆民著　（中江兆民奇行談　岩崎徂堂著）　Ａ５上製二四〇頁　本体三三〇〇円＋税

東亜協同体の哲学　世界史的立場と近代東アジア　三木清著　Ａ５上製四八〇頁　本体五五〇〇円＋税